調査官の「着眼点」と「指摘事項」の解説付き!!

海外取引と 最新の 税務調査対策

税理士
髙橋幸之助

一般財団法人
大蔵財務協会

は じ め に

　我が国の申告納税制度の下では、納税者が自ら納税額を計算し申告、納税という仕組となっています。

　したがって、納税者が税法の規定に従って納税額を計算していなかった場合には、税務当局による更正決定等が行われ納税額が是正されることになります。

　税務当局の更正決定等の機会は、税務調査を通じて行われることになりますが、税務調査において更正決定等が行われないためには、日々の経理処理、税務処理において、これを意識し日常の業務を行うことが大事になります。

　そのためには、税務当局の調査の際の調査官の着眼点と指摘事項を事前に理解し、調査対策をすることが重要であることは間違いありません。

　特に、海外取引を行う企業の調査には、海外取引に精通している税務当局の担当者が各企業に赴き、調査を行うことになります。

　本書は、海外取引を行う企業の調査の際の着眼点と指摘事項、そして、最新の調査対策について税目別（法人税・源泉所得税・消費税）に取り上げています。

　今後、海外の企業との取引がさらに増加することは容易に予想されます。

　税務調査で指摘を受ける事項について事前に理解し、更正されることのないように準備することが、将来における想定外の納税を避ける最良の方法といえます。

　最後に、これまで「源泉所得税の誤りが多い事例と判断に迷う事例Q&A」、「税目別実務上誤りが多い事例と判断に迷う事例Q&A」そして、本書の出版にあたり、ご尽力いただいた大蔵財務協会の編集局の皆様に、この場をお借りし、感謝を申し上げます。

令和3年　春

著者

目　　次

法人税課税編

源泉所得税課税編

消費税課税編

参考法令等

―――――【凡 例】―――――

　本書において使用している法令等の略語は以下によっています。

所法…………… 所得税法

所令…………… 所得税法施行令

所規則………… 所得税法施行規則

所基通………… 所得税基本通達

法……………… 法人税法

法令…………… 法人税法施行令

法規則………… 法人税法施行規則

法基通………… 法人税法基本通達

消法…………… 消費税法

消令…………… 消費税法施行令

消基通………… 消費税法基本通達

消規則………… 消費税法施行規則

措法…………… 租税特別措置法

措令…………… 租税特別措置法施行令

措則…………… 租税特別措置法施行規則

措通…………… 租税特別措置法関係通達

実特法………… 租税条約等の実施に伴う所得税法、法人税法及び地方
　　　　　　　　 税法の特例等に関する法律

実特令………… 租税条約等の実施に伴う所得税法、法人税法及び地方
　　　　　　　　 税法の特例等に関する法律の施行に関する省令

（表記例）

・「措法66の6①」とは「租税特別措置法第66条の6第1項」をいいます。

（注）　本書の内容は令和3年2月28日現在の法令通達等に基づいています。

法人税課税編

事例 1

輸出収益の計上もれ

質 問

> 当社は電気製品の輸出を行う法人です。
>
> この度、A国のS社に製品を船便で輸出することになりました。
>
> 輸出価格は本船渡し価格(FOB)としております。
>
> 輸出代金はS社から海外送金で回収し、送金があった日に輸出売上を収益計上しております。
>
> 税務調査の際に当社の輸出売上の収益計上は問題となるのでしょうか?

[本船渡し（FOB）のイメージ]

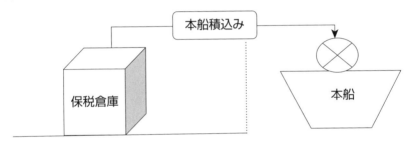

[経理処理のイメージ]

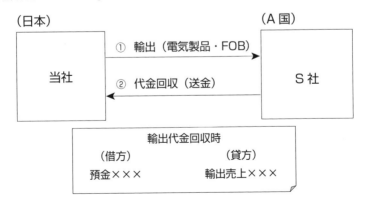

　税務調査の際には、輸出取引の収益計上に際し、<u>船積みした日に収益が計上されているか否か検討</u>することになります。

　検討対象となる書類は、船積書類のうち輸出商品を船会社が引き取った際に船会社が発行する**船荷証券（Bill of Landing）**で、その船荷証券に記載されている船積日を検討します。

　貴社の場合には、輸出代金の回収時に収益計上しているとのことですので、税務調査の際には、収益計上時期について指摘を受けることになります。

解　説

1　貿易の取引条件について

　海外への輸出は、貿易条件（輸出品に関する当事者間の費用と危険負担の範囲の取決め）に基づき行われることになりますが、主な貿易条件として、次の代表的な三つがあります。

○　FOB（本船渡し）

　貿易条件（当事者間の費用と危険負担の範囲の規定）の一つで、約定品を指定船積港で本船の船上で引き渡した時点で、売主の約定品の引渡義務が完了し、買主はその時から物品の一切の費用及び滅失・損傷の危険を負担しなければならないとするもの。

○　CFR（運賃込み）

　売主の引渡義務はFOBと同じ、売主は約定品を指定仕向港まで運送するための費用を負担する。

○　CIF取引（運賃保険料込み）

　売主の引渡義務はFOBと同じ、売主は約定品の指定仕向港までの運賃と運送中の物品の滅失・損傷についての買主の危険に対し海上保険を負担する。

2 収益の計上基準

資産の販売に係る収益の額は、その資産の引渡しの日の属する事業年度の益金に計上することとされています。 （法22の2①）

また、輸出取引の場合は船積みをした日が引渡しの日として合理的であるとされています。 （法基通2-1-2）

船積みをした日は、**船荷証券（Bill of Landing）** に記載された船積日となります。

[船荷証券発行のイメージ]

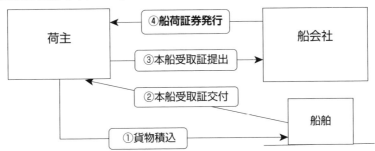

（参考）船荷証券の特徴
- ◎ 船会社が貨物受領の証明として発行する受取書
- ◎ 貨物の引換証
- ◎ 船会社と荷主との間の運送契約書
- ◎ 裏書きにより第三者に譲渡できる物的有価証券

貴社の税務調査対策

貴社の輸出取引は、電気製品が船舶に積み込まれたことを証明する船会社が発行する船荷証券（Bill of Loading）に記載された船積日の属する事業年度の収益に計上することになります。

（参考）船荷証券（Bill of Landing）の船積日

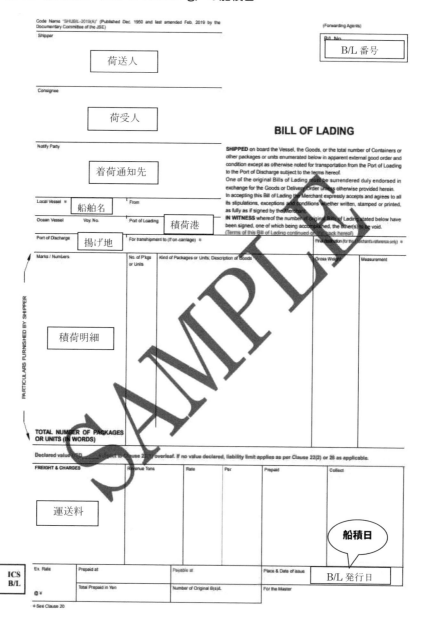

（出典「一般社団法人日本海運集会所」HPより）

（参考）輸出取引の基礎知識（信用状付輸出取引）

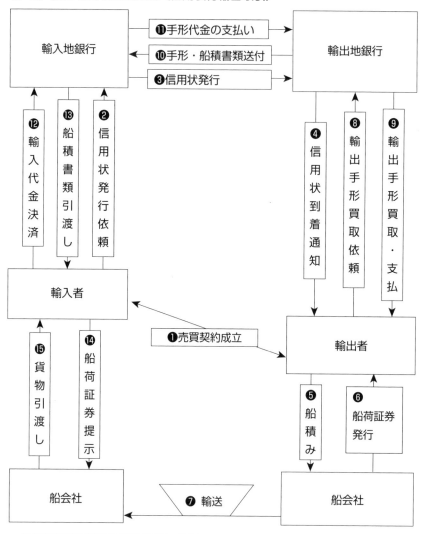

（参考）船積書類
① 商業送り状(Commercial Invoice)② 船荷証券(Bill of Landing)
③ 海上保険証券(Marine Insurance Policy)
④ 原産地証明書(Certificate of Origin)
⑤ 領事送り状(Consular Invoice)⑥ 税関送り状(Customs Invoice)

（参考）輸出取引の基礎知識（信用状付輸出取引）

［解説］

❶ 売買契約成立

売買契約成立
輸入者と輸出者との間で売買契約が成立します。

❷ 信用状発行依頼

輸入者は輸入代金決済のために、輸入地銀行（輸入者の取引銀行）に輸出地銀行（輸出者の取引銀行）宛の信用状の発行を依頼します。

❸ 信用状発行

輸入地銀行は輸入者の依頼に基づき輸出地銀行に信用状を発行します。

❹ 信用状到着通知

輸出地銀行は輸出者に対し輸入地銀行から信用状が到着したことを通知します。

❺ 船積み

輸出者は信用状が到着したことを確認し貨物を船舶に積込みます。

❻ 船荷証券発行

船会社は輸出者に対し貨物を船積したことを証明する船荷証券を発行します。

❼ 輸送

船会社は輸入地まで貨物を輸送します。

❽ 輸出手形買取依頼

輸出者は信用状により保証された為替手形を振出し、船積書類を添付し輸出地銀行に手形の買取を依頼します。

❾ 輸出手形買取・支払

輸出地銀行は輸出手形を買取り、手形代金（輸出代金）を輸出者に支払います。

❿ 手形・船積書類送付

輸出地銀行は為替手形と船積書類を輸入地銀行に送付し、手形代金を回収します。

⓫ 手形代金の支払い

輸入地銀行は輸出地銀行から為替手形と船積書類の送付を受け、輸出地銀行に手形代金を支払います。

⓬ 輸入代金決済

　輸入者は船積書類の引渡しを受けるために、輸入地銀行に対し為替手形の引受け又は手形代金の支払を行うことにより、輸入代金の決済を行います。

⓭ 船積書類引渡し

　輸入地銀行は輸入代金の決済と引き換えに船積書類を輸入者に引渡します。

⓮ 船荷証券提示

　輸入者は輸入貨物を引取るために船会社に船荷証券を提示します。

⓯ 貨物引渡し

　船会社は船荷証券の提示を受け輸入者に輸入貨物を引渡します。

事例2

三国間貿易の収益計上もれ

　当社は機械部品の製造メーカーです。

　得意先の海外進出に伴い、当社も2年前に東南アジアのA国に子会社B社（当社100%出資法人）を設立いたしました。

　当社は、B社で製造した機械部品をB社から仕入れ、S国のC社へ販売しております（機械部品はB社からC社へ船便により直送しています）。

　C社に対する売上については、B社からの出荷報告書の到着の都度、収益計上しております（出荷報告書は出荷の翌月末に到着します）。

　税務調査の際に、当社のC社に対する売上計上時期は問題となるのでしょうか？

[三国間貿易のイメージ]

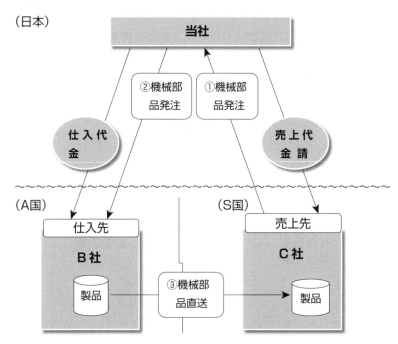

17

税務調査の際には、Ｃ社に対する機械部品の収益計上に際し、Ｂ社からの出荷報告書を検討し、<u>船積日に収益が計上されているか否か検討することになります。</u>

船積日を確認する際の検討対象となる書類は、船積書類のうち輸出商品を船会社が引き取った際に船会社が発行する**船荷証券（Bill of Landing）**で、その船荷証券に記載されている船積日を検討します。

貴社の場合には、Ｂ社からの出荷報告書の到着時に収益計上しているとのことですので、税務調査の際には、収益計上時期について指摘を受けることになります。

解 説

1 三国間貿易とは

三国間貿易とは、一般的には、実際の商品の受け渡しは、輸出国と輸入国との間で行われるが、直接は受け渡しに関わらない第三者が代金の決済を取り次ぐものをいいます。

典型的な事例は、Ａ国企業がＣ国企業と商品売買契約を締結したが、商品の製造はＢ国で行っていることから、商品はＢ国企業からＣ国企業に直送する場合で、Ａ国、Ｂ国、Ｃ国の三国の企業が関与する取引をいいます。

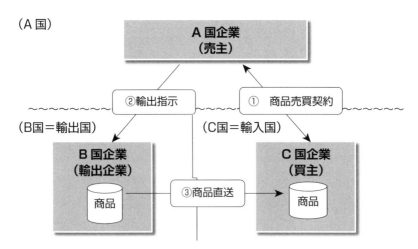

2　収益の計上基準

　資産の販売に係る収益の額は、その資産の引渡しの日の属する事業年度の益金に計上することとされています。　　　　　　　　　（法22の2①）

　また、輸出取引の場合は船積みをした日が引渡しの日として合理的であるとされています。　　　　　　　　　　　　　　　　（法基通2－1－2）

　船積みをした日は、**船荷証券（Bill of Landing）**に記載された船積日となります。

[船荷証券発行のイメージ]

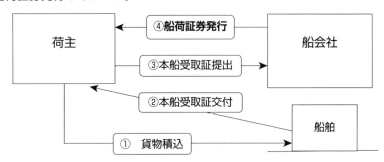

　（参考）船荷証券の特徴
　　　◎　船会社が貨物受領の証明として発行する受取書
　　　◎　貨物の引換証
　　　◎　船会社と荷主との間の運送契約書
　　　◎　裏書きにより第三者に譲渡できる物的有価証券

貴社の税務調査対策

　貴社のC社に対する売上の収益計上は、仕入先であるB社からの出荷報告書の到着時ではなく、B社がC社向け商品を積込んだことを証明する船会社が発行する船荷証券（Bill of Loading）に記載された船積日の属する事業年度の収益に計上することになります。

事例3

輸入在庫（未着品）の計上もれ

質問

　当社はB国のF社から原材料の輸入を行っております。

　F社に対しては、同社の要求に応じてB国での原材料の買入代金を随時送金しております。

　当社は、送金の都度、原材料の買入代金を仕入として計上しており、国内に原材料が到着し、輸入通関の後、自社倉庫に搬入した時から、自社在庫として管理しております。

　なお、原材料はB国から船便で約1ヶ月後に納品されております。

　税務調査において、特に問題となることがあるのでしょうか？

［取引のイメージ］

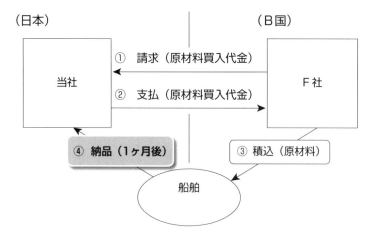

［経理処理のイメージ］

送金時（原材料買入代金）	
（借方）	（貸方）
仕入×××	預金×××

調査官の着眼点と指摘

　税務調査の際には、原材料はＢ国から国内まで、船便で約１ヶ月を要するとのことですので、<u>当期末まで到着していない原材料について検討する</u>ことになります。

　期末に到着していない原材料については、未着品（運送中の原材料）として期末在庫に計上すべきとの指摘があります。

解　説

1　未着品について

　当社は、輸入原材料に関しＦ社に送金の都度、仕入計上しているとのことですので、決算期末には在庫を確認し計上する必要があります。

　特に、Ｂ国から日本までは、船便で約１ヶ月を要するとのことですので、送金時に仕入計上するのであれば、現地出荷後の未着の原材料については、未着品として期末在庫に計上する必要があります。

[未着品のイメージ]

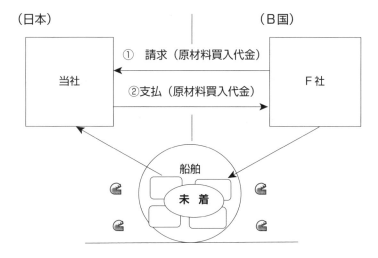

貴社の税務調査対策

　税務調査の際には、輸入原材料に関しＦ社に対する送金の都度、仕入計上しているとのことですので、決算期末のＢ国から未着の輸入原材料の有無を海外送金依頼書と期末現在の輸入通関後の申告書及び船積書類との突合を行い、現地出荷後の未着品について特定していきます。

　したがって、決算期末まで未着（運送中）の商品については、期末在庫として計上することになります。

［送金依頼書と輸入申告書等と突合のイメージ］

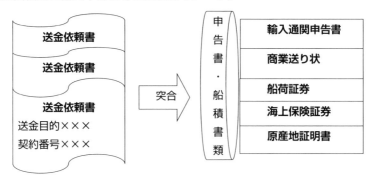

［決算期末の正しい処理のイメージ］

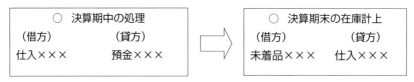

事例4

輸入在庫（輸入諸掛）の計上もれ

質 問

当社はB国のF社から工業用部品を輸入しています。

輸入貨物の船舶からの引取り、輸入通関業務はS社に依頼しており、輸入に関する諸掛(輸入通関料・荷役費・取扱手数料等)が発生します。

この輸入諸掛については、工業用部品の取得価額に含めず、支払の都度、損金に計上しております。

税務調査の際は、輸入諸掛を損金計上することについて問題となるのでしょうか？

[取引のイメージ]

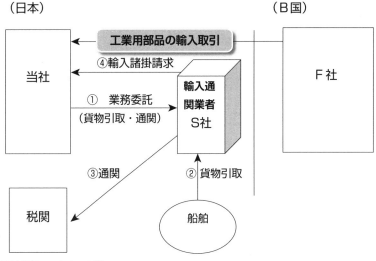

[経理処理のイメージ]

輸入通関業者支払時	
（借方）	（貸方）
輸入諸掛×××	預金×××

（参考）輸入諸掛とは次の費用をいいます。

① 輸入通関料（通関手数料）

② 海貨業者取扱手数料

③ CFSチャージ（コンテナ船の場合：混載貨物取扱料金）

④ 税関検査費用

⑤ デバンニング（コンテナ取り出し費用）

⑥ ドレージ費用（コンテナのままコンテナヤードより荷主倉庫等へ輸送する際の費用）

⑦ 総揚げ・自家取り費用（在来船の場合）

調査官の着眼点と指摘事項

　税務調査の際には、輸入通関業者からの請求書の内容と工業製品の購入価額を比較し、<u>工業製品の輸入諸掛の有無を確認することになります。</u>

　B国から輸入する工業用製品に関する輸入諸掛について工業用製品の取得価額に含めていない場合には、在庫の計上もれ（輸入諸掛の計上もれ）を指摘されることになります。

解　説

1　棚卸資産の取得価額について

　購入した棚卸資産の取得価額については、次に掲げる金額の合計額とされています。

① 当該資産の購入の代価（引取運賃・荷役費・運送保険料・購入手数料・関税・その他当該資産の購入に要した費用）

② 当該資産を消費し又は販売の用に供するに直接要した費用の額

（法令32①一）

2　F社から輸入する工業用製品の取得価額について

　F社から輸入する工業用製品の輸入諸掛は、その工業用製品の購入のために要した費用（輸入通関料・荷役費・取扱手数料等）に該当することから、取得価額に含める必要があります。

貴社の税務調査対策

　Ｆ社から輸入する工業用製品の輸入諸掛は、その工業用製品の購入のために要した費用（輸入通関料・荷役費・取扱手数料等）に該当することから、取得価額に含める必要がありますので、期末在庫に係る輸入諸掛を在庫金額に加算することになります。

[正しい経理処理のイメージ]

期末時の在庫金額

（借方）	（貸方）
期末在庫×××	輸入諸掛×××

海外在庫（海外子会社預かり）の計上もれ

　当社は、X国の海外子会社B社から精密機械を購入し、送金の都度、仕入として経理処理しています。

　また、B社との間で業務委託契約を締結し、同社に購入した製品を預け、製品管理と顧客への納品をお願いしております。

　なお、月初に前月20日現在の倉庫の入出庫報告を受けております。

　毎決算期末には、特に在庫報告を受けておりませんが、税務調査の際には、特に問題となるのでしょうか？

［業務委託契約のイメージ］

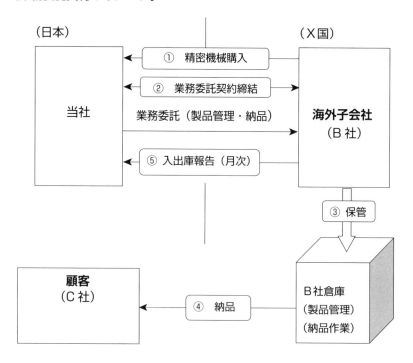

調査官の着眼点と指摘事項

　貴社は、海外子会社Ｂ社に製品管理及び納品業務を委託しております
ので、税務調査の際には、<u>Ｂ社の入出庫報告書を基に製品の入出庫状況
の確認を行い</u>、特に<u>決算期末の在庫の保有状況を確認</u>し、保有在庫が確
認されれば、海外倉庫の在庫計上もれとして指摘されることになります。

解　説

1　当社と海外子会社との間の業務委託契約

　当社はＢ社との間で業務委託契約を締結し、Ｘ国に有するＢ社倉庫の製
品管理と顧客への納品を委託しています。

2　業務委託契約のポイント

　業務委託契約を検討し、委託業務の内容と範囲を確認することにより、
次の①海外子会社Ｂ社からの製品購入状況、②海外子会社Ｂ社の倉庫の保
管状況、③海外子会Ｂ社から顧客への納品、④海外子会社Ｂ社から顧客へ
の納品報告・月次在庫報告等を確認することになります。

［業務委託契約のイメージ］

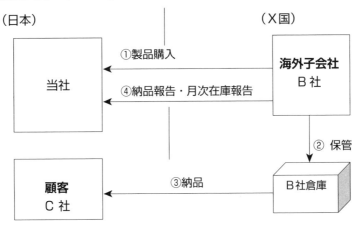

貴社の税務調査対策

　貴社は、海外子会社Ｂ社に製品管理及び納品業務を委託しておりますので、決算期末には、決算期末のＢ社倉庫の入出庫状況を確認し、決算期末の保有在庫が確認されれば、海外の在庫として申告することになります。

[決算期末海外在庫の確認のイメージ]

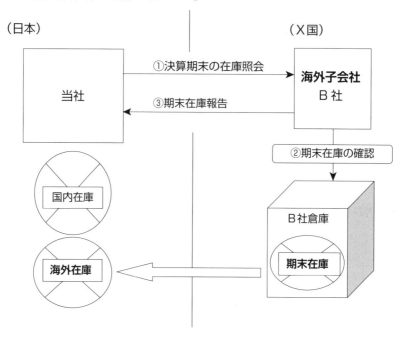

[正しい経理処理のイメージ]

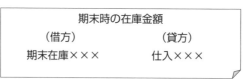

事例6

外貨預金（為替差益）の計上もれ

質 問

　当社は米国のE社に対しソフトウエアの開発を委託しており、開発費については、米国の現地通貨により支払う必要があることから、米国ドル預金を20万ドル保有しております。

　最近は、円安により、ドル預金の円換算差益の評価益が生じています。

　決算に際しては、この評価益を計上する必要があるのでしょうか？

　なお、米国ドル預金を開設時の換算レートは1ドル105円で、期末の換算レートは115円の円安になっています。

　税務調査の際には、為替差損益について指摘を受けるのでしょうか？

　なお、当社は外貨預金については期末時換算法を選択しております。

[開発費支払いのイメージ]

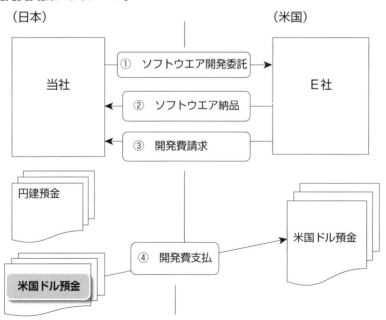

調査官の着眼点と指摘事項

> 貴社が、外貨預金の換算方法に関し、期末時換算法を選択している場合には、その外貨預金の決算期末の評価益については為替差益として収益計上すべきとの指摘を受けることになります。

解　説

1　外貨建資産等の換算について

　外貨建資産等については、資産の種類ごとに次の換算方法を用いて期末評価することになります　　　　　　　　　　　　　　　　　　（法61の9①）

> （1）外貨建債権及び外貨建債務
> 　　　発生時換算法又は期末時換算法
> （2）外貨建有価証券
> 　　イ　売買目的有価証券・・・期末時換算法
> 　　ロ　売買目的外有価証券・・・発生時換算法又は期末時換算法
> 　　ハ　イ又はロに掲げる有価証券以外の有価証券・・・発生時換算法
> （3）外貨預金
> 　　　発生時換算法又は期末時換算法
> （4）外国通貨
> 　　　期末時換算法

（注）　発生時換算法とは
　　　　外貨建取引を行った時における外国為替の売買相場により円換算額とする方法
（注）　期末時換算法とは
　　　　期末時における外国為替の売買相場により円換算額とする方法

2　当社が保有するドル預金の換算差益の取扱い

　当社が保有する外国通貨については、期末換算レートにより、また、外貨建預金については、期末時換算法を選択している場合には、同じく期末換算レートにより換算を行います。

貴社の税務調査対策

　税務調査においては、外貨建資産の換算、特に外国通貨と外貨建預金について決算期末の換算が正しく行われているかの確認が行われます。

　特に、為替変動（円高・円安）が激しい場合には、為替換算の差損益が課税所得に大きな影響を与えることから、重要な調査ポイントになります。

　貴社の場合には、「期末時換算法」を採用しているとのことですので、期末においては、米国ドル預金残高について次の円安による為替差益2,000,000円を収益として計上することになります。

　① 　米国ドル預金残高（開設時）

　　　200,000ドル・・・1米ドル105円×200,000ドル＝　21,000,000円

　② 　米国ドル預金残高（決算期末）

　　　200,000ドル・・・1米ドル115円×200,000ドル＝　23,000,000円

　③ 　為替差益・・・②－①

　　　23,000,000円－21,000,000円＝2,000,000円

[正しい経理処理のイメージ]

```
              期末時の在庫金額
         （借方）              （貸方）
     外貨預金 2,000,000円    為替差益 2,000,000円
```

事例 7

社内レートと為替差益の計上もれ

質 問

　当社は米国のE社に対しソフトウエアの開発を委託しておりました
が、月末に納品があり、同時に20万ドルの請求を受けました。

　支払は、来月行う予定で決算期末には、未払金として計上します。

　当社は、日々の外貨建取引の換算は社内レートにより行っています。

　社内レートは毎月の初めの為替レートを採用しており、今月は1ドル
105円としております。

　ソフトウエアの開発費20万ドルについては、社内レートにより計算
し、未払金21,000,000円として計上しております。

　当期期末は円高が進行しており、期末の換算レートは100円の円高に
なっていますが、未払金は社内レートにより計上しております。

　なお、当社は外貨建債権及び外貨建債務については期末時換算法を選
択しております。

　税務調査の際には、開発費の未払金について指摘を受けるのでしょう
か？

［開発費の未払金計上と社内レートのイメージ］

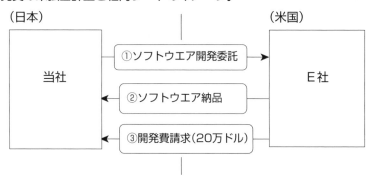

［経理処理のイメージ］

（借方）	（貸方）
開発費　21,000,000円	未払金　21,000,000円

調査官の着眼点と指摘事項

　貴社が、外貨建債務の換算方法に関し、期末時換算法を選択している場合には、開発費の未払金については、決算に際し、決算期末の換算レートにより換算しなければなりません。

　したがって、円高である場合には、為替差益の計上もれの指摘を受けることになります。

解　説

1　外貨建資産等の換算について

　外貨建資産等については、資産の種類ごとに次の換算方法を用いて期末評価することになります

（1）外貨建債権及び外貨建債務
　　　発生時換算法又は期末時換算法
（2）外貨建有価証券
　　イ　売買目的有価証券・・・期末時換算法
　　ロ　売買目的外有価証券・・・発生時換算法又は期末時換算法
　　ハ　イ又はロに掲げる有価証券以外の有価証券・・・発生時換算法
（3）外貨預金
　　　発生時換算法又は期末時換算法
（4）外国通貨
　　　期末時換算法

（注）　発生時換算法とは
　　　　外貨建取引を行った時における外国為替の売買相場により円換算額とする方法
（注）　期末時換算法とは
　　　　期末時における外国為替の売買相場により円換算額とする方法

2　当社の計上する未払金の為替換算差益の取扱い

　当社の計上する未払金については期末時換算法を選択していますので、

期末換算レートにより換算を行います。

税務調査においては、外貨建債権及び外貨建債務の換算、特に決算期末の換算が正しく行われているかの確認が行われます。

特に為替変動（円高・円安）が激しい場合には、為替換算の差損益が課税所得に大きな影響を与えることから、重要な調査ポイントになります。

貴社の場合には、「期末時換算法」を選択しているとのことですので、期末には開発費の未払金20万ドルについて期末レートにより換算を行い、次の円高による為替差益1,000,000円を収益として計上することになります。

①　未払金残高（社内レート１米国ドル＝105円）
　　200,000ドル・・・１米ドル105円×200,000ドル＝　21,000,000円
②　未払金残高（決算期末）
　　200,000ドル・・・１米ドル100円×200,000ドル＝　20,000,000円
③　為替差益・・・①－②
　　21,000,000円－20,000,000円＝1,000,000円

[正しい経理処理のイメージ]

（借方）		（貸方）	
開発費	21,000,000円	未払金	20,000,000円
		為替差益	1,000,000円

事例8

長期間計上されている買掛金

質 問

　当社は、Ｓ国のＢ社に対し５年前より買掛金が３千万円、Ｃ社に対し２千万円、Ｄ社に対し１千万円ほどありますが、Ｂ社、Ｃ社、Ｄ社からは請求がないことから、まだ、支払っておりません。

　現在は、Ｂ社、Ｃ社、Ｄ社との取引もありません。

　現状は未払の買掛金ですが、調査の際には、何か指摘を受けるのでしょうか？

[長期間計上されている買掛金のイメージ]

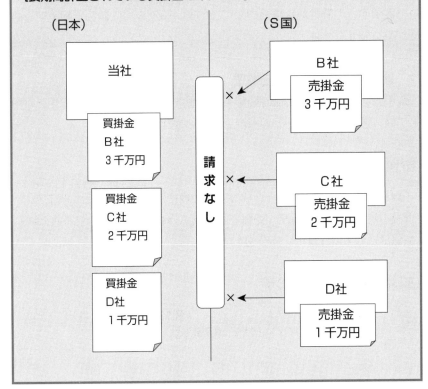

　貴社の買掛金が長期に未払として残っていることから、その買掛金は実際に存在し、支払う必要があるのかの疑問があります。

　税務調査の際には、Ｓ国のＢ社、Ｃ社及びＤ社とのこれまでの取引の経緯、内容、連絡状況について確認を行うことになります。

　その結果、債務を免除されている事実が確認されれば、その買掛金は債務免除益として計上すべきとの指摘があります。

解　説

1　長期未払の買掛金について

　長期に未払として残っている買掛金等については、電話、メール等により、取引先との間の債権債務の額について、毎決算期において確認する必要があります。

2　債務免除の場合の経理処理

　取引先との債権債務の確認の結果、債務を免除されている事実がある場合には、債務免除益として収益計上する必要があります。

貴社の税務調査対策

　買掛金が長期に未払として残っている場合には、取引先との間で債権債務の確認を行い、債務が免除され、支払う必要がない場合には、債務免除益として計上することになります。

[正しい経理処理のイメージ]

（借方）		（貸方）	
買掛金	60,000,000円	債務免除益	60,000,000円

事例9

海外子会社との間の債権債務残高の不一致

質 問

　当社は、M国に子会社B社を有していますが、決算期は、当社と同じ3月決算となっています。

　当期の決算に際し、当社と子会社B社の債権、債務の残高は一致させる必要がありましたが、子会社B社の事情により決算時には、債権、債務を残高一致させることができませんでした。

　法人税の申告書の提出後に、子会社B社から財務諸表（貸借対照表・損益計算書）の提出があり、確認したところ、当社の売掛金、買掛金及び貸付金の残高と子会社B社の買掛金、売掛金及び借入金の残高に次の不一致が判明しました。

　税務調査の際に、子会社との間の債権債務が不一致の場合には指摘を受けるのでしょうか？

[海外子会社との債権債務不一致のイメージ]

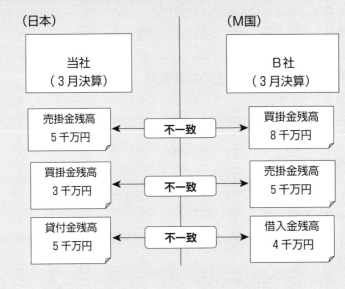

> 　貴社と海外子会社との取引がある場合には、税務調査の際に、親会社と子会社間の債権債務が一致しているかどうか、<u>貴社の財務諸表（損益計算書・貸借対照表）と海外子会社の財務諸表（損益計算書・貸借対照表）を比較検討する</u>ことになります。
>
> 　債権債務が一致しない場合には、売上計上もれ、仕入計上もれ、その他の収益又は費用の計上もれなどを指摘することになります。

解　説

1　債権債務の確認

　海外子会社との取引については、決算期末において債権債務の金額を一致させることが必要です。

　例えば、輸出売上について、輸出者は船積基準により売上を計上するが、輸入者は発注時に仕入を計上する場合などは、売掛金と買掛金の残高に差額が発生することになります。

　また、親会社が海外子会社に対し貸付金を有する場合に、海外子会社が親会社に有する債権との相殺により貸付金を減額している場合は、親会社の貸付金と子会社の借入金の残高に差額が発生する場合があります。

2　債権債務が不一致の場合の経理処理

　債権債務が不一致の場合には、親会社と子会社の損益に影響がありますので、正しい計算を行い必要があります。

> （1）　貴社の売掛金が過少の場合には、売上が過少に計上されている場合があります。
>
> （2）　貴社の買掛金が過少の場合には、仕入が過少に計上されている場合があります。
>
> （3）　貴社の貸付金が過大の場合には、貸付金利息が過大に計上されている場合があります。

事例10

前受金のうちの収益計上もれ

質 問

当社は、当期末において多額の前受金が計上されています。

前受金のうちS国のB社からの5千万円については、すでに、商品の納品が完了しておりますが、当期の売上目標は達成したことから当社の事情により当期末には、売上計上せずに、来期に売上計上する予定です。

税務調査の際には、指摘を受けるのでしょうか？

[商品の納品と前受金計上のイメージ]

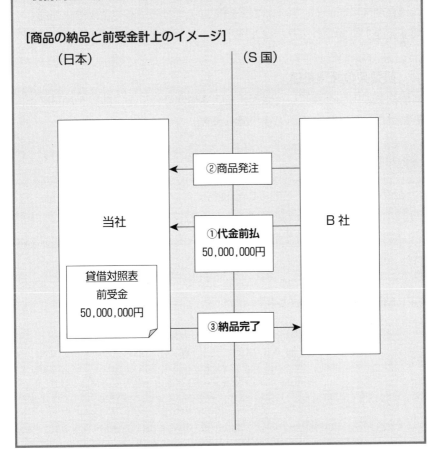

　貴社が前受金を多額に計上している場合には、税務調査の際に個別に内容を検討することになります。

　特に、前受金に関する売上原価計上の有無を確認し、売上原価が計上されており、売上が計上されていない場合には、前受金から売上の計上もれを指摘されることになります。

解　説

1　多額に計上されている前受金の確認

　決算期末において、前受金が多額に計上されている場合には、前受金に関する売上原価の計上がないか確認することになります。

2　前受金の経理処理

　前受金の内容を確認し、売上に計上すべき場合には、前受金から売上に振替処理し収益計上する必要があります。

貴社の税務調査対策

　前受金が多額に計上されている場合には、前受金の内容を確認し、売上に計上すべきものか判断することになります。

　また、売上原価の計上を確認し、前受金に係る原価が発生している場合には、前受金から売上に振替することになります。

［正しい経理処理のイメージ］

　　（借方）　　　　　　　（貸方）
　前受金　50,000,000円　売上　50,000,000円

事例11

海外の取引先からの売上割引計上もれ

質 問

　当社は、Ｓ国のＧ社の日本国内の販売代理店としてＧ社製品の輸入販売をしておりますが、この度、前年度の売上目標を達成したことから、Ｇ社から当社の代表取締役Ｓに売上割引として５万ドルが、Ｓの個人口座に送金されております。

　当社の売上目標達成は、代表取締役Ｓの販売戦略の貢献度合が大きく、Ｓの個人口座に送金されていることから、当社の収入には計上しておりません。

　税務調査の際には問題となるのでしょうか？

［売上割引と個人口座への入金のイメージ］

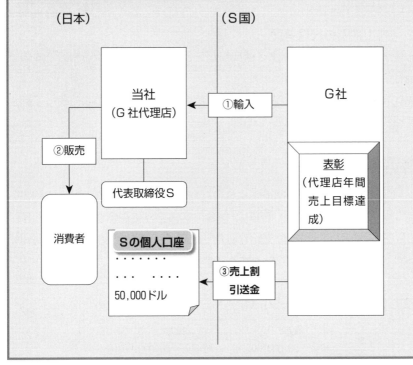

貴社とG社との間で売上割引の制度がある場合には、貴社とG社との間の契約書等の検討、また、代表取締役Sからの事業概況聴取により、売上割引の有無を確認することになります。

前年度の売上目標を達成したことによる代表取締役Sに対する売上割引5万ドルがSの個人口座に送金された事実を把握した場合には、その売上割引について収益計上すべきとの指摘があります。

解　説

1　売上割引の確認

当社と取引先Gとの間の契約書又は年間の売上高の集計等の確認により売上割引が支払われることが予想される場合には、G社との間で売上割引の支払金額及び支払時期について確認する必要があります。

2　売上割引の経理処理

売上割引は、当社が売上を達成したことに対し支払われるものですので、当社に帰属するものです。

代表取締役等の役員個人に支払われた場合には、当社の収益として計上することになります。

貴社の税務調査対策

前年度の売上目標の達成によりG社から当社の代表取締役Sに売上割引として5万ドル（5,000,000円）がSの個人口座に送金されていますが、この売上割引は、当社に支給されたものですので、代表取締役Sから回収し、当社の収益として計上することになります。

［正しい経理処理のイメージ］

（借方）		（貸方）	
預金	50,000,000円	雑収入	50,000,000円

事例12

ビジネスジェット使用料の収益計上もれ

質 問

　当社は、世界20カ国に事業所を有しております。

　当社の代表者は、効率的に各国の事業所の状況を把握するために、交通手段としてビジネスジェットを購入し、代表者が使用しております。

　代表者は多忙であることから、ビジネスジェットの使用状況については使用目的、渡航先について、特に管理しておりません。

　税務調査の際には、特に問題があるのでしょうか？

[ビジネスジェット利用のイメージ]

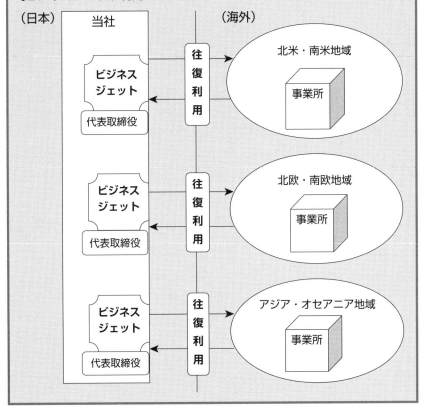

調査官の着眼点と指摘事項

　貴社がプライベートジェット機を所有している場合には、税務調査の際に、個人的な使用の有無について検討することになります。

　貴社の場合には、代表者の専用とのことですので、会社の業務用であることの証明を運行記録、操縦士の稼働状況、燃料の使用状況等から合理的に行う必要があり、代表者の個人的な使用があれば、使用料を徴収すべきとの指摘があります。

[調査官がイメージするプライベートジェットの使用管理]

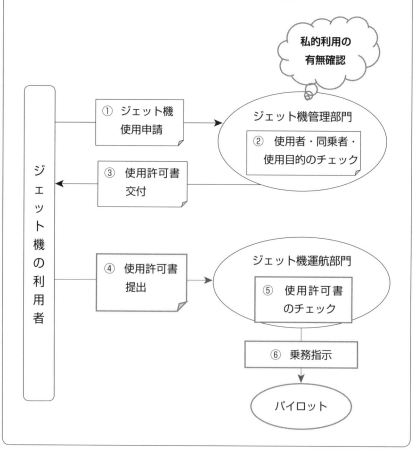

解　説

1　航空機の定義

	Ⓐ　航空機	Ⓑ　運航用途	Ⓒ　運航例
❶　軍用航空	自衛隊機等	公用、防衛用等	自衛隊機、米軍機
❷　ジェネラルアビエーション（軍用、商業以外）	公用機	行政目的等の公用	海上保安庁、警察、消防、飛行検査機
	航空機使用事業用機	旅客又は貨物の運送以外の行為の請負	取材ヘリ（委託）、農業散布、測量、航空写真撮影
	自家用機	レジャー、遊覧、観光、商用以外の運送	個人、アクロバット飛行、撮影用取材ヘリ、養成学校の練習機
	自家用機	ビジネス	プライベートジェット、役員・社員輸送用の社用機
❸　商業航空（航空会社等が貨客運送のため航空機を運行）	航空運送事業用機（国内定期航空運送事業を除く）	ビジネス / 商用目的以外の有償運送	オウンユースチャーター / ドクターヘリ、遭難救助、遊覧飛行、観光
	国内定期航空運送事業用機	定期便、不定期便、チャーター便	定期便、臨時便、チャーター、フェリー

（出典：国土交通省HP）

2　ビジネスジェットとは

　ビジネスジェットとは、数人〜十数人乗りの小型機で、個人の都合に合わせて目的地まで飛ぶことができる飛行機。

　主な利用者は、企業の経営層など時間的制約の厳しいユーザーが中心となっている。

　機内は机や椅子が準備され、移動しながらビジネスを行うことができ、

欧米ではグローバルにビジネスを行うツールとなっている。

（出典：国土交通省HP）

貴社の税務調査対策

　当社の場合には、代表者の専用とのことですのが、会社の業務用であることの証明を運行記録、操縦士の稼働状況、燃料の使用状況等から検討し、個人的な使用があれば、代表者から使用料を徴収し、収益に計上することになります。

[正しい経理処理のイメージ]

```
　（借方）　　　　　　　　（貸方）
預金　××××　円　　　航空機使用料　×××　円
```

事例13

海外に所有する福利厚生目的の不動産を巡る収益計上もれ

質 問

　当社は、全社員（役員を含む）の福利厚生用として、A国のB社からリゾート地に不動産（コンドミニアム）を賃借しております。

　なお、コンドミニアムは無償で役員と社員に提供しております。

　コンドミニアムの毎月の費用は、物件の賃借料、共益費、電気、ガス代、水道料等となります。

　現状は、役員のみが、夏と冬に使用している状況ですが、調査の際に、特に問題となることがあるのでしょうか？

［コンドミニアム利用のイメージ］

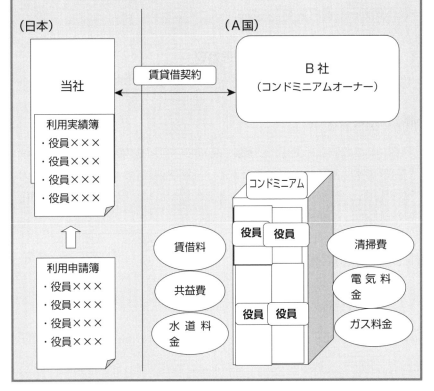

> <u>コンドミニアムの使用状況について、利用申請簿、利用実績簿の検討</u>
> <u>及び電気、ガス、水道料金の支払状況から利用の実態を確認します。</u>
> 　その結果、役員のみが利用し、社員が利用できない実態が確認された
> 場合には、通常の使用料を役員から徴収するよう指摘があります。

解　説

1　海外に所有又は賃借している不動産の管理

　福利目的で海外に所有又は賃借している不動産は遠隔地にあることから、役員等の一部の者のみが使用することのないよう、全社員にアナウンスが必要となります。

　また、利用に関する利用申請簿及び利用実績簿については厳格に管理し、一部の者のみが使用することのないようにします。

2　一部の者の使用の場合の経理処理

　一部の者のみが使用する場合は、利用料を徴収する必要があります。

貴社の税務調査対策

> 　コンドミニアムの使用の実態について、利用申請簿、利用実績簿の検討及び電気、ガス、水道料金の支払い状況を検討し、その結果、役員のみが利用し、社員が利用できない実態の場合には、役員から通常の使用料を徴収し、収益を計上することになります。

[正しい経理処理のイメージ]

```
　（借方）　　　　　　　　（貸方）
預金　××××　円　　　不動産使用料　×××　円
```

事例14

海外に居住する役員に対する報酬と損金性

質 問

　当社はＡ国の得意先Ｂ社の代表取締役Ｓ氏に当社の役員をお願いし、役員報酬を計上しております。

　業務は特に依頼しておらず、当社の取引先であることから就任をお願いしているものです。

　Ｓ氏は海外に居住していることから、特に当社の経営に関する重要な決定事項に関する助言等を求めることもなく、就任から数年が経過しております。

　このＳ氏に対する報酬について税務調査の際に指摘されることがありますでしょうか？

[海外に居住する非常勤役員と役務提供のイメージ]

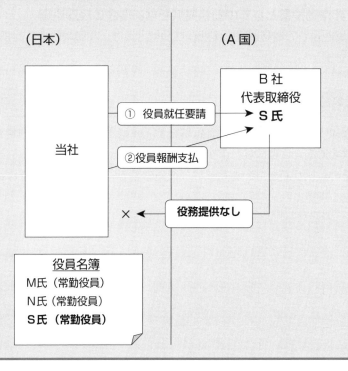

> 貴社が海外に居住する者を役員としている場合には、税務調査の際に、役員の具体的な業務内容に関する資料の提示が求められ、役員の職務の実態の確認が行われます。
>
> 役員としての職務の実態がない場合には、役員給与の損金算入について問題がありと指摘されることになります。

解　説

1　海外に居住する非常勤役員の業務について

海外に居住する役員については、居住地が遠隔地であることから、業務の内容については事前に当該役員との間で確認することが必要です。

また、役員の業務を遂行した場合には、その業務遂行の事実を証明する資料を後日の調査に備えて整えておくことが重要です。

2　非常勤役員としての勤務実態がない場合の経理処理

役員としての業務遂行の実態がない場合には、役員報酬として損金算入はできません。

> 役員の業務を遂行した場合には、その業務遂行の事実を証明する資料を備えておくことになります。
>
> その証明ができない場合には、役員の給与の損金経理ができないことになります。

事例15

海外子会社の管理費用を巡る課税もれ

質 問

　当社は、A国、B国及びC国に100%出資の子会社を有しています。

　当社の代表取締役は、親会社の業務と海外子会社の業務のために各国を訪問しております。

　海外出張の航空運賃、ホテル代、日当等はすべて当社が負担しています。

　税務調査の際には、特に問題となることがあるのでしょうか？

[海外子会社出張のイメージ]

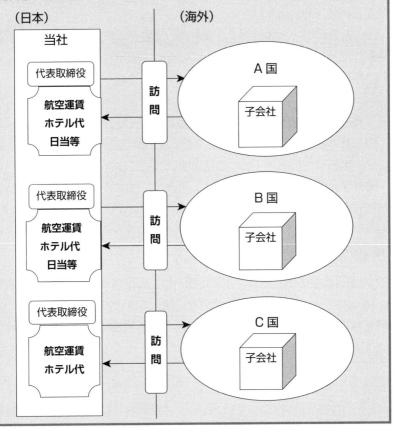

　貴社の代表取締役が親会社の業務と複数の海外子会社の業務のために出張する場合には、税務調査の際に、海外出張規定、出張に関する稟議書、出張予定表、出張報告書、経費精算書等から出張先及び出張目的を確認し、出張経費のうち各海外子会社の負担すべき費用については、各海外子会社に請求すべきとの指摘があります。

解　説

1　海外子会社のための出張経費の取扱い

　親会社の役員等が海外子会社の業務のために海外出張を行う場合においては、その海外出張の費用は、親会社のための海外出張の費用と厳格に区分する必要があります。

　そのためには、出張に関する稟議書、出張予定表、出張報告書、経費精算書等において、海外子会社の出張のための経費であることを明確に記載し、証憑書類（請求書、領収書等）を保存することになります。

2　海外子会社の出張のための出張費用及び日当等の取扱い

　親会社が海外子会社の出張のための出張費用及び日当等立て替えた場合には、後日、その海外子会社に請求することになります。

　海外子会社に請求しない場合は、親会社から海外子会社に対する寄附金として取り扱われます。
　　　　　　　　　　　　　　　　　　　　　　　　　　　　（措法66の4 ③）

貴社の税務調査対策

⑴　海外出張の航空運賃、ホテル代、日当等はすべて貴社が負担しているとのことですので、海外子会社に請求しなければなりません。

⑵　海外子会社に請求しない場合には、海外子会社に対する寄附金として取り扱います。

[正しい経理処理のイメージ⑴]

（借方）	（貸方）
未収金×××　円	出張旅費×××　円

[正しい経理処理のイメージ⑵]

（借方）	（貸方）
寄附金×××　円	出張旅費××

海外から派遣された役員のために負担する所得税の課税もれ

質　問

　当社の代表取締役M氏はA国の子会社B社から派遣されております。M氏の給与については、日本において勤務する場合においても、A国での税引手取額と日本における税引手取額に差額がでないように、手取額の保証を行う契約となっております。

　そのため、M氏の日本国内での所得税確定申告の納税額は当社が負担し、損金として計上しておりますが、この処理は、税務調査の際に、問題となるのでしょうか？

[所得税負担のイメージ]

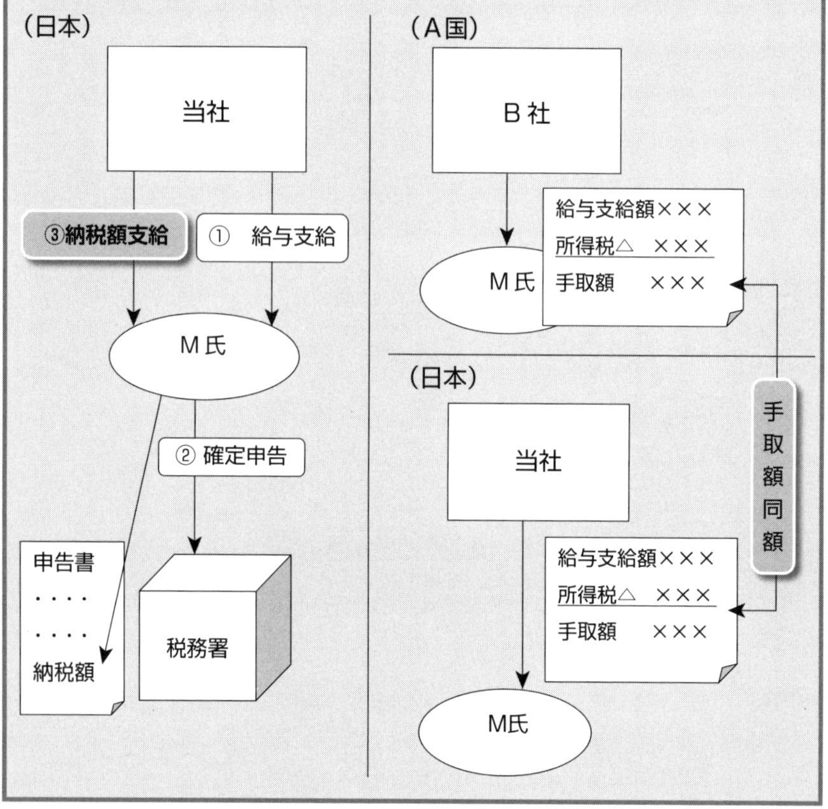

（日本）

当社

③納税額支給　　①　給与支給

M氏

②確定申告

申告書
・・・・
・・・・
納税額

税務署

（A国）

B社

M氏

給与支給額×××
所得税△　×××
手取額　　×××

（日本）

当社

給与支給額×××
所得税△　×××
手取額　　×××

M氏

手取額同額

調査官の着眼点と指摘事項

役員に対して支給する給与のうち損金の額に算入される給与とは、定期同額給与、事前確定届出給与及び業績連動給与に限定されています。

貴社がM氏のために負担する所得税はM氏に対する臨時的に支給される給与であることから、税務調査の際には、損金として計上できないとの指摘があります。

また、その負担した所得税については、給与（賞与）に該当し、源泉所得税を課税すべきとの指摘があります。

解 説

1 役員給与の取扱い

内国法人がその役員に対して支給する給与のうち、次に掲げる給与のいずれにも該当しないものは、各事業年度の所得金額の計算上、損金の額に算入しないこととされています。　　　　　　　　　　　　　　　（法34①）

【1】 定期同額給与

定期同額給与とは、その支給時期が一月以下の期間ごとである給与でその事業年度の各支給時期の支給額が同額であるものその他これに準ずるものとして、政令で定めるものとされています。　　　　　　（法34①一）

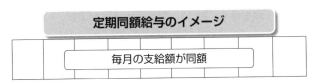

定期同額給与のイメージ

毎月の支給額が同額

【2】 事前確定届出給与

事前確定給与とは、その役員の職務につき所定の時期に、確定した額の金銭又は確定した数の株式若しくは新株予約権若しくは特定譲渡制限付株式若しくは特定新株予約権を交付する旨の定めに基づいて支給する給与で、定期同額給与及び業績連動給与のいずれにも該当しないもの。
　　　　　　　　　　　　　　　　　　　　　　　　　　　　（法34①二）

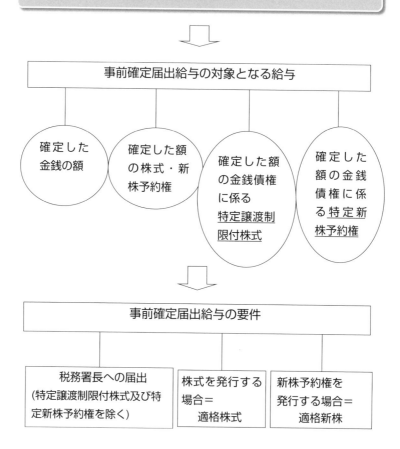

事前確定届出給与のイメージ

事前確定届出給与の対象となる給与

確定した
金銭の額

確定した額
の株式・新
株予約権

確定した額
の金銭債権
に係る
特定譲渡制
限付株式

確定した
額の金銭
債権に係
る特定新
株予約権

事前確定届出給与の要件

税務署長への届出
(特定譲渡制限付株式及び特
定新株予約権を除く)

株式を発行する
場合＝
適格株式

新株予約権を
発行する場合＝
適格新株

【3】業績連動給与

　内国法人がその業務執行役員に対して支給する業績連動給与で、次指標等を基礎とした給与　　　　　　　　　　　　　　　　　　（法34①三）

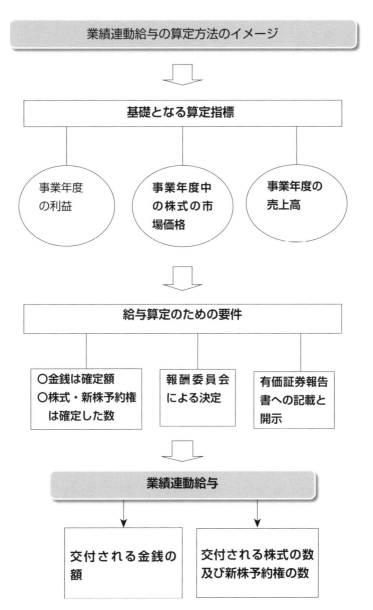

業績連動給与の算定方法のイメージ

基礎となる算定指標

事業年度の利益

事業年度中の株式の市場価格

事業年度の売上高

給与算定のための要件

○金銭は確定額
○株式・新株予約権は確定した数

報酬委員会による決定

有価証券報告書への記載と開示

業績連動給与

交付される金銭の額

交付される株式の数及び新株予約権の数

2 役員給与に該当しない場合の取扱い

　役員に対して支給する給与のうち損金の額に算入される給与とは、定期同額給与、事前確定届出給与及び業績連動給与に限定されていますので、臨時的な給与は所得金額の計算上、損金の額に算入できませんので、所得金額に加算することになります。

貴社の税務調査対策

　当社がM氏のために負担する所得税は、M氏（役員）に対する臨時的に支給される給与であることから、損金として計上できませんので、申告に際しては、所得金額に加算することになります。

　また、その負担した所得税については、給与（賞与）に該当しますので、臨時的な給与（賞与）として、その負担の際に、M氏に対し源泉所得税を課税することになります。

［申告時の所得加算のイメージ］

（別表４加算項目）

役員賞与×××　　その他流出×××

事例17

倒産の危機にある海外子会社に対する無利息貸付

質問

当社は、自動車部品を製造販売する法人です。

得意先のA国への海外進出に伴い、A国に製造子会社S社を3年前に設立し自動車部品の製造をしておりましたが、現地の不景気の影響で、S社は売上が急減したことから業績が悪化し倒産の危機に瀕しております。

現状は債務超過で自力での再建をすることもできない状況です。

当社は販売する製品をS社から100%輸入しており、現状を放置した場合には、当社の存続にも関わる事態となっております。

そこで、取締役会において、S社の再建支援のために、運転資金を無利子で融資しております。

なお、融資額の規模については合理的に算定するとともに、融資後の再建管理についても的確に行うこととしています。

海外の子会社に融資する場合には、貸付金利息を請求しなければならないと聞いておりますが、当社の場合には、無利子で融資しております。

税務調査の際に、無利子について指摘されるのでしょうか？

[無利息貸付のイメージ]

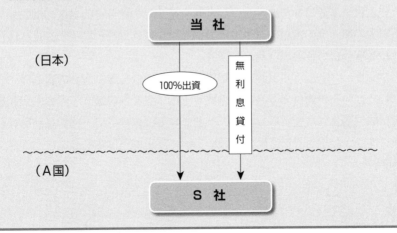

調査官の着眼点と指摘事項

> 海外の子会社との間でその子会社を再建する場合の無利息貸付は、国内と同様に適正な取引と取り扱い、課税関係は生じないこととされています。
>
> 税務調査の際には、<u>貴社のS社に対する無利息貸付は子会社再建のためであるかどうかの事実認定</u>が行われます。
>
> 子会社再建のための貸付と認められない場合は、貸付金利息の計上が指摘されます。

解　説

1　子会社等を再建する場合の無利息貸付け等

法人がその子会社等に対して金銭の無償若しくは通常の利率よりも低い利率での貸付け又は債権放棄等をした場合において、その無利息貸付け、債権放棄等が、例えば業績不振の子会社等の倒産を防止するために、やむおえず行われるもので合理的な再建計画に基づくものであるなど、その無利息貸付け等をしたことについて相当な理由があると認められるときは、その無利息貸付等により供与する経済的利益の額は、寄付金の額に該当しないものとされています。　　　　　　　　　　　　　　　　（法基通9－4－2）

2　海外の子会社等を再建する場合の無利息貸付け等

法人税基本通達9－4－2に規定する子会社再建などの合理的理由がある場合の無利息の金銭の貸付けについては、移転価格税制上も適正な取引として取り扱うこととされています。

（移転価格事務運営要領3－6「金銭の貸借取引」）

したがって、海外の子会社との間でその子会社を再建する場合の無利息貸付は、適正な取引と取り扱うこととされていますので、貸付金利息を徴収しなかったとしても、その利息について課税関係は生じないことになります。

3 子会社再建のための無利息貸付けが経済合理性を有するか否かの判断基準

　子会社再建のための無利息貸付が経済合理性を有するか否かの判断は、次の判断基準を総合勘案して判断することになります。

判断基準

(1)　損失負担等を受ける者は、「子会社等」に該当するか

(2)　子会社等は経営危機に陥っているか（倒産の危機にあるか）

(3)　損失負担等を行うことは相当か（支援者にとって相当な理由はあるか）

(4)　損失負担の額（支援額）は合理的であるか（過剰支援になっていないか）

(5)　整理・再建管理はなされているか（その後の子会社等の立ち直りの状況に応じて支援額を見直すこととされているか）

(6)　損失負担等をする支援者の範囲は相当であるか（特定の債権者等が意図的加わっていないなど恣意性がないか）

(7)　損失負担等の額の割合は合理的であるか（特定の債権者だけ不当に負担を重くし免れていないか）

（国税庁HP「子会社等を整理・再建する場合の損失負担等に係る質疑応答事例等」より）

貴社の税務調査対策

　貴社が子会社に無利息で貸付けを行う場合には、通常収受すべき利息については、特段の事情がない限り寄付金として取扱われ課税関係が生じます。

　しかし、S社の現状を上記の(1)～(7)の判断基準に基づき検討し、次の❶～❻状況から無利息貸付けについて相当な理由があると認められる場合には、無利息について課税関係は生じないと考えられますが、これらの要件を満たさない場合には、貸付金利息を計上することになります。

❶　S社は貴社の子会社である。

❷　S社は倒産の危機に瀕している。

❸ S社は債務超過で自力での再建をすることができない。

❹ S社の現状を放置した場合は貴社の存続にも関わる事態である。

❺ 融資額の規模については合理的に算定している。

❻ 融資後の再建管理について的確に行っている。

事例18

海外の現地有力者に対する手数料の取扱い

質 問

　当社は輸出商社ですが、Ａ国の取引拡大のために、現地の有力者であるＢ氏に市場調査等（市場の動向調査、マーケティング、顧客情報の提供）を依頼し、その対価として市場調査費10,000ドルを支払いました。

　なお、Ｂ氏から市場調査等に関する資料等の提出は、特にありません。

　税務調査の際に、この市場調査費は問題となるのでしょうか？

[情報提供の対価とイメージ]

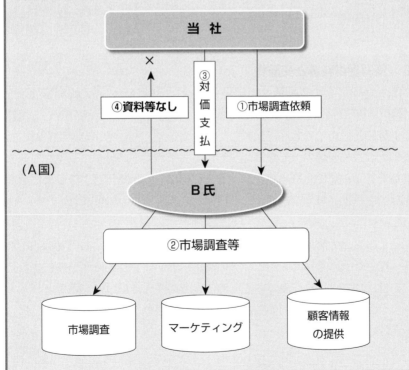

　貴社にB氏から市場調査等の情報の提供が行われており、その情報提供の対価が、その情報提供の対価として相当の金額であれば、費用（損金）となります。

　B氏からの具体的な役務の提供の事実がなく、その支払いが取引先等の紹介等に対する単なる謝礼にすぎないものであれば、税務調査の際には、交際費として取扱うべきとの指摘があります。

解　説

1　交際費等とは

　「交際費等」とは、交際費、接待費、機密費、その他の費用で法人がその得意先、仕入先その他事業に関係ある者等に対する接待、供応、慰安、贈答その他これらに類する行為のために支出するものです。

（措法61の4④）

2　情報提供料等と交際費

　法人が取引に関する情報の提供又は取引の媒介、代理、斡旋等（以下「情報提供等」といいます。）を行うことを業としていない者に対して情報提供等の対価として金品を交付した場合であっても、その金品の交付につき例えば次の要件の全てを満たしている等その金品の交付が正当な対価の支払であると認められるときは、その交付に要した費用は交際費等に該当しないこととされています。　　　　　　（措通達61の4(1)-8）

(1)　その金品の交付があらかじめ締結された契約に基づくものであること。
(2)　提供を受ける役務の内容がその契約において具体的に明らかにされており、かつ、これに基づいて実際に役務の提供を受けていること。
(3)　その交付した金品の価額がその提供を受けた役務の内容に照らし相当と認められること。

貴社の税務調査対策

　B氏に依頼した市場調査等が、あらかじめ締結された契約に基づくものであり、実際にB氏により役務の提供が行われており、その対価が、市場調査等の対価として相当の金額であれば、費用（損金）となります。

　しかし、B氏の具体的な役務の提供の事実がなく、その支払いが取引先等の紹介等に対する単なる謝礼にすぎないものであれば、交際費として取り扱うことになります。

事例19

海外子会社に対する支援費用に対する課税もれ

質　問

　当社は食品の製造メーカーです。

　2年前に東南アジアのA国に食品の製造を行う子会社B社（当社100％出資法人）を設立いたしました。

　B社の製造設備が本格稼働となり、東南アジアの景気回復により現地のスーパーから大量発注があり、製造ラインの社員が不足したことから、緊急の措置とし当社からB社に社員20名を6ヶ月間派遣することになりました。

　派遣に際しては、A国までの航空運賃、現地滞在費、給与などの費用（以下「費用」といいます）が発生しますが、B社は、資金繰りが厳しい状況にあることから、費用はすべて当社が負担することでB社との間で合意しております。

　当社が費用を負担することに関し、税務調査の際に問題となるのでしょうか？

[社員派遣と費用負担のイメージ]

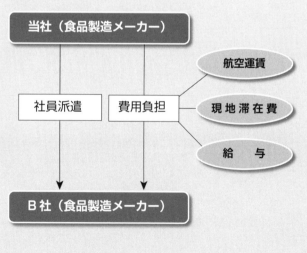

66

調査官の着眼点と指摘事項

　貴社がB社のために支出する費用については、B社との間で、貴社が負担することが合意されているとのことですので、税務調査の際には、その費用については、貴社からB社に対する寄附金の額として取り扱われます。

　また、B社は貴社の「国外関連者」となりますので、寄付金の額の全額が費用（損金）とならないとの指摘があります。

解　説

1　経済的な利益の贈与の取扱い

　経済的な利益を贈与した場合には、その経済的な利益はその贈与の時の時価により寄附金の額として取扱われます。　　　　　　　　　（法37⑦）

　ただし、その経済的利益の贈与が、経営危機の状況にある子会社の再建支援のためのものである場合などには、寄附金の額に該当しません。

（法基通9－4－2）

2　国外関連者に対する寄付金

　寄附金の額のうち国外関連者に対する寄付金の額は、全額が費用（損金）となりません。　　　　　　　　　　　　　　　　　　　（措法66の4③）

　国外関連者とは、外国法人で、その外国法人との間にいずれか一方の法人が他方の法人の発行済株式又は出資の総数又は総額の50％以上の数又は金額の株式又は出資を直接又は間接に保有する関係のあるものをいいます

（措法66の4①）

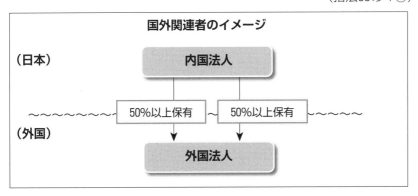

貴社とＢ社との間では、派遣する社員の費用はすべて貴社が負担するとの合意がされていますので、貴社は、航空運賃、現地滞在費及び給与の経済的な利益をＢ社に贈与していると認定します。

したがって、貴社の費用の負担はＢ社に対する寄附金の額として取扱い、また、貴社は外国法人であるＢ社の発行済株式の50％以上を保有していますので、Ｂ社は貴社の「国外関連者」に該当、Ｂ社に対する寄附金の額は、国外関連者に対する寄附金の額として、寄附金の額の全額を損金不算入とすることになります。

事例20

海外子会社に請求すべき費用に対する課税もれ

質 問

当社は精密機械の製造メーカーです。

東南アジアのS国に精密機械の製造子会社D社（当社100%出資法人）を３年前に設立いたしました。

当社はD社に対し精密機械の製造に必要な主要部品を販売しております

S国内の景気回復により、精密機械の大量受注があり、D社工場はフル稼働の状況が続いております。

D社工場の製造設備の継続的な稼働が重要であることから、保守・点検（以下「点検等」といいます）を実施するために、当社から技術者を派遣する予定です。

派遣に際しては、S国までの航空運賃、現地滞在費、給与などの費用（以下「技術者派遣費用」といいます）が発生します。

当社としては、費用は請求する予定でおりますが、現状は、まだ請求を行っておりません。

この場合に、税務調査の際には、どのような指摘があるのでしょうか？

[技術者派遣と派遣費用未請求のイメージ]

（日本）

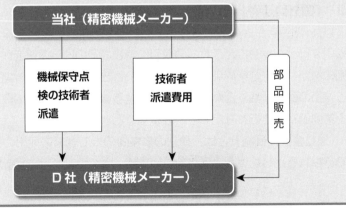

　貴社の本来の業務（部品販売）に付随して行われる点検等に関連する費用が貴社の原価の相当部分を占めておらず、また、点検等に際し貴社独自の技術あるいはノウハウ等が使用されていない場合には、税務調査の際に、点検等に関連する直接費用と間接費用等を請求すべきとの指摘があります。

解　説

1　貴社とB社との関係

　貴社は、外国法人であるB社の発行済株式の50％以上を保有（100％保有）していますので、B社は貴社の「国外関連者」に該当します。

（措法66の4①）

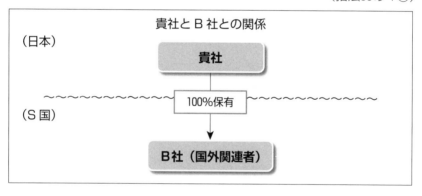

2　「国外関連者」との取引について

　「国外関連者」との間で資産の販売、資産の購入、役務の提供その他の取引を行った場合に、これらの取引につき、その国外関連者から受ける対価の額が「独立企業間価格」に満たないとき、又はその国外関連者に支払う対価の額が「独立企業間価格」を超えるときは、これらの取引は「独立企業間価格」で行われたものとみなすこととされています。

　「独立企業間価格」とは、独立の事業者の間で通常の取引の条件に従って行われるとした場合の価格をいいます。

（措法66の4①）

```
[独立企業間価格のイメージ]

・売上の独立企業間価格が 100 の場合

 ・売上価格を 90 で取引している場合
     ⟹    売上価格は 100（90＋10）とみなす

・仕入の独立企業間価格が 80 の場合

 ・仕入価格を 100 で取引している場合
     ⟹    仕入価格は 80（100－20）とみなす
```

3　本来業務に付随した役務提供の対価について

　本来業務に付随した役務提供の対価については、その役務提供に関連する費用が貴社の原価の相当部分を占めておらず、また、点検等に際し貴社独自の技術あるいはノウハウ等が使用されていない場合には、その役務提供の総原価の額を「独立企業間価格」とすることとされています。

　総原価には、原則として、その役務の直接費と合理的な配付基準基準により計算された一般管理費等の間接費の合計額となります。

(移転価格事務運営要領 3 －10(1))

貴社の税務調査対策

　貴社の本来の業務（部品販売）に付随して行われる点検等に関連する費用が貴社の原価の相当部分を占めておらず、また、独自の技術あるいはノウハウ等が使用されていない場合には、点検等に関連する直接費用と間接費用等を請求する必要があります。

　具体的には、次の金額になります。

---

① 　出張時の旅費・交通費、現地滞在費その他の出張に要した諸費用

② 　出張期間に対応する給与・賞与、社会保険料等

③ 　合理的な基準で配付される間接費（社員の担当部門及び補助部門の一般管理費等）

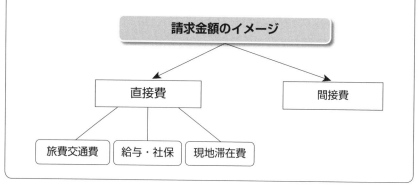

事例21

海外から帰国した役員に支給する所得税の損金性

質 問

　当社の役員Ａは、本年４月１日にＸ国子会社から帰国することになりました。

　当社と役員Ａとの間では、役員Ａの海外赴任中の給与の手取額を補償するためにＸ国での所得税を当社が負担しております。

　役員Ａの帰国に伴い、昨年分の所得税は当社が負担することになり、昨年分の所得税1,200,000円を５月31日にＸ国政府に支払いました。

　当社が負担した役員Ａ所得税は、税務調査の際に、問題となるのでしょうか？

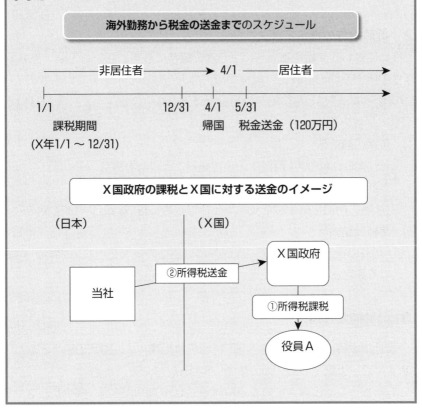

海外勤務から税金の送金までのスケジュール

────非居住者────▶ 4/1 ────居住者────▶

1/1　　　　　　　　12/31　4/1　5/31
課税期間　　　　　　　　帰国　税金送金（120万円）
（X年1/1 ～ 12/31）

Ｘ国政府の課税とＸ国に対する送金のイメージ

（日本）　　　　　（Ｘ国）

Ｘ国政府

当社　──②所得税送金──▶

①所得税課税

役員Ａ

> 貴社が負担した役員Ａの所得税1,200,000円は経済的利益の供与として取扱われ、役員Ａに対する給与として取扱われます。
>
> 税務調査の際には、臨時に支給された給与ですので、課税所得の計算上、費用（損金）とならないとの指摘があります。

解　説

1　役員に対する所得税の負担額の取扱い

貴社は社員Ａの現地での所得税（課税期間Ｘ年.1.1 ～ 12.31）を帰国後に負担（Ｘ年5.31送金）しておりますが、これは、貴社から役員Ａに対する経済的利益の供与に該当しますので、給与所得として取り扱われます。

（所法36）

2　役員給与の損金不算入

役員に対して支給する給与のうち次の給与に該当しないものは、各事業年度の所得金額の計算上、損金の額に算入しないと規定していますので、次の⑴～⑶に該当しない給与は損金不算入となります。　　　　（法34①）

⑴　定期同額給与

　　（その支給時期が１月以下の一定期間ごとである給与）

⑵　事前確定給与

　　（所定の時期に確定額を支給する旨の定めに基づいて支給する給与）

⑶　業績連動給与

　　（利益の状況を示す指標、株式の市場価格の状況を示す指標等を基礎として算定される給与）

貴社の税務調査対策

> 貴社が役員に支給した給与（所得税の負担額）は、臨時の給与となりますので、上記１の⑴～⑶に該当しません。
>
> したがって、役員Ａに対する所得税1,200,000円は費用（損金）となりませんので申告に際しては、所得金額に加算することになります。

事例22
米国の子会社に対する貸付金利息の計上もれ

質 問

　当社は米国に自動車部品を製造する子会社Ｂ社（当社100%出資）を設立していますが、昨年Ｂ社から工場拡張のための土地の購入や製造設備の増設に使用する資金２百万ドルの借入の申し込みがありました。

　現状は、Ｂ社は資金繰りが苦しいことから無利息で貸付しております。

　今後、税務調査の際には、無利息について指摘を受けるのでしょうか？

　なお、貸付金の調達と使途については、以下のようになっております。

貸付資金の調達と使途の状況

○　当社の貸付資金は、銀行等からの借入によって調達したものではありません。

○　当社はＢ社以外の者に貸付をしていません。

○　Ｂ社は借入資金を事業用資金として利用しており、他に貸付しておりません。

○　Ｂ社は当社以外から借入していません。

[海外子会社に対する貸付金のイメージ]

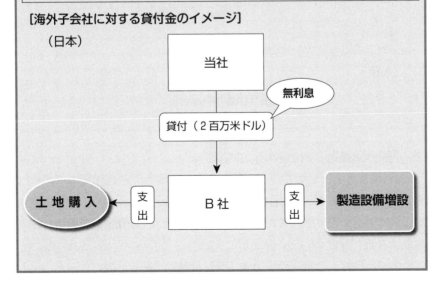

貴社はB社の株式を100％保有していますので、B社は貴社の国外関連者に該当します。

国外関連者との間の取引は独立企業間価格で行うことになりますので、B社に融資を行う場合には、独立企業間価格に基づく貸付金利息を徴収する必要があります。

貴社の場合は、発行日から満期償還日までの期間が貸付金の貸付期間と同じ、米国債券の利率により貸付金利息を徴収すべきとの指摘があります。

解 説

1　貴社とB社との関係

　貴社は、外国法人であるB社の発行済株式の50％以上を保有（100％保有）していますので、B社は貴社の「**国外関連者**」に該当します。

（措法66の4①）

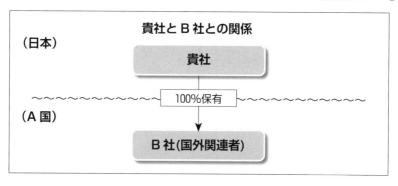

2　「国外関連者」との取引について

　「国外関連者」との間で資産の販売、資産の購入、役務の提供その他の取引（以下「**国外関連取引**」といいます。）を行った場合に、これらの取引につき、その国外関連者から受ける対価の額が「**独立企業間価格**」に満たないとき、又はその国外関連者に支払う対価の額が「独立企業間価格」を超えるときは、これらの取引は「独立企業間価格」で行われたものとみ

なすこととされています。

　「**独立企業間価格**」とは、独立の事業者の間で通常の取引の条件に従って行われるとした場合の価格をいいます。　　　　　　（措法66の４①）

・売上の独立企業間価格が 100 の場合
・仕入の独立企業間価格が 80 の場合

・売上価格を 90 で取引している場合
　　　　　⟹　　　売上価格は100（90＋10）とみなす
・仕入価格を 100 で取引している場合
　　　　　⟹　　　仕入価格は80（100－20）とみなす

3　独立企業間価格の算定について

　米国のＢ社は資本関係から、貴社の国外関連者となりますので、貸付利率は独立企業間価格としなければ、課税関係が生じることになります。独立企業間価格を算定する方法は、次の(1)及び(2)の取引ごとに定められており、取引に応じて最も適切な方法を選定することになります。

(1)　棚卸資産の販売又は購入の場合

　①　独立価格比準法
　②　再販売価格基準法
　③　原価基準法
　④　①～③の方法に準ずる方法その他政令で定める方法

（措法66の４②一）

(2)　上記(1)以外の取引の場合（金銭の貸借取引を含む）

　上記①～④に掲げる方法と同等の方法　　　　（措法66の４②二）

（注）「同等の方法」とは、棚卸資産の売買以外の取引において、それぞれの類型に応じて、①独立価格比準法、②再販売価格基準法及び③原価基準法の各方法に準じて独立企業間価格を算定する方法をいいます。

（措通達66の４(7)－１）

4 独立企業間価格の算定（金銭の貸付け又は借入の場合）

　金銭の貸借取引の場合には、上記3(2)に該当しますので、上記3(1)①〜④の方法と同等の方法により独立企業間価格を算定します。

　この場合に、<u>独立価格比準法と同等の方法又は原価基準法と同等の方法を適用する場合</u>には、次の点に留意する必要があります。

---

(1)　比較対象取引に係る通貨は国外関連取引に係る通貨と同一であること

(2)　比較対象取引における①貸借時期②貸借期間③金利の設定方式④借手の信用力⑤担保⑥保証の有無⑦その他の利率に影響を与える諸要因が国外関連取引と同様であること　　　　　（措通達66の4(7)－4）

（注）　国外関連取引の借手が銀行等からその国外関連取引と同様の条件の下で借り入れたとした場合に付されるであろう利率を比較対象取引における利率として独立企業間価格を算定する方法は、**独立価格比準法に準ずる方法と同等の方法**となります。

5 独立企業間価格の算定（貸手と借手が共に金銭の貸付等を行っていない場合）

　法人及び国外関連者が共に業として金銭の貸付け又は出資を行っていない場合において、その法人がその国外関連者との間で行う金銭の貸付け又は借入れについて<u>調査を行うとき</u>は、必要に応じ、次に掲げる利率を独立企業間の利率として用いる**独立価格比準法に準ずる方法と同等の方法**の適用について検討することとされています。

（移転価格事務運営要領3－7）

(1)　**国外関連取引の借手**が、非関連者である銀行等からその国外関連取引と通貨、貸借時期、貸借期間等が同様の状況の下で借り入れたとした場合に付されるであろう利率

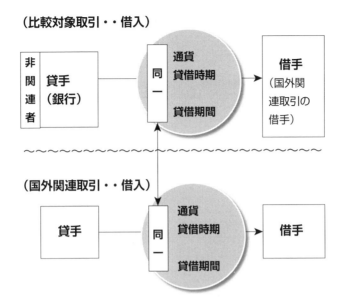

（比較対象取引‥‥借入）

（国外関連取引‥‥借入）

(2) **国外関連取引の貸手**が、非関連者である銀行等からその国外関連取引と通貨、貸借時期等が同様の状況の下で借り入れたとした場合に付されるであろう利率

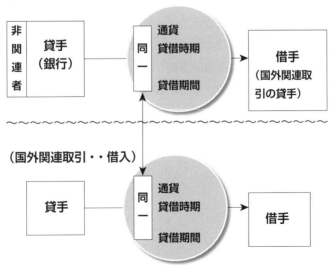

（比較対象取引‥‥借入）

（国外関連取引‥‥借入）

(3) 国外関連取引に係る資金を、その国外関連取引と通貨、取引時期、期間等が同様の状況の下で国債等により運用するとした場合に得られるであろう利率

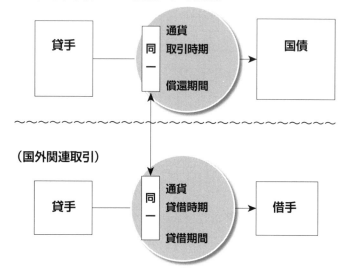

4 貴社の場合

貴社の場合について独立企業間価格を算定する過程は次のようになります。

(1) **基本三法と同等の方法が適用できるかについて**

　① 独立価格比準法と同等の方法について

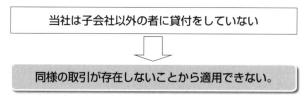

② 再販売価格基準法と同等の方法について

> 子会社は借入資金を事業用資金として利用しており、他に貸付ていない。

> A社は、借入資金を再貸付しておらず、事業用資金として使用していることから適用できない。

③ 原価基準法と同等の方法について

> 当社の貸付資金は、銀行等からの借入によって調達したものではない。

> 当社は自己資金を使用しており、資金を借入によって調達していないことから適用できない。

⑵ **基本三法に準ずる方法と同等の方法が適用できるかについて**

　法人及び国外関連者が共に業として金銭の貸付け又は出資を行っていない場合においては、次に掲げる利率を独立企業間の利率として用いる独立価格比準法に準ずる方法と同等の方法の適用について検討することとされています。

　つまり、①借り手の銀行調達金利、②貸し手の銀行調達金利、③国債等の運用利率の順番に検討し、独立企業間価格を算定することになります。

　① **借手の銀行調達金利が適用できるかについて**

　　A社は、非関連者である銀行等から借入の実績がないとのことですので、借手の銀行調達金利は適用できません。

　② **貸手の銀行調達金利が適用できるかについて**

　　貴社の貸付資金は、銀行等からの借入によって調達したものではありませんので、貸手の銀行調達金利は適用できません。

③ 国債等の運用利率について

　①借り手の銀行調達金利、②貸し手の銀行調達金利、③国債等の運用利率の順番に検討し、独立企業間価格を算定することになりますが、**借手及び貸手の調達金利が適用できませんので、貴社の場合は国債等の運用利率を適用することになります。**

貴社の税務調査対策

　国外関連者との間の取引は独立企業間価格で行うことになりますので、独立企業間価格に基づく貸付金利息を徴収することになります。

　貴社の場合は、発行日から満期償還日までの期間が、ご質問の貸付金の貸付期間と同じ、米国債券の利率により、Ｂ社から貸付金利息を徴収しなければなりません。

事例23

海外の子会社の管理費用に対する課税もれ

質 問

当社は精密機械を製造する会社で、昨年、Ａ国に販売子会社Ｂ社を設立しております。

Ｂ社の販売活動については、現地にすでに、専門商社を中心とする販売網を確立しており、特に心配がないのですが、Ｂ社には管理部門がないため、財務、法務、事務管理等（以下「管理事務」といいます）は当社が行っています。

[管理事務のイメージ]

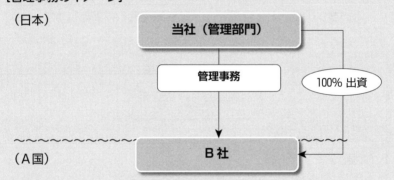

具体的には、次の業務を行っておりますが、その業務の対価を請求しておりません。

この場合に、税務調査の際には、どのような指摘があるのでしょうか？

[管理事務の内容]

◎ 毎期の予算案の作成と管理

◎ 月次会計処理と取引に関連する税務又は法律に関する相談

◎ 売上先の月次の債権管理と回収事務

◎ 社内及び外部との情報通信システムの運用と保守管理

◎ 余剰資金の運用又は事業資金の調達

◎ 従業員の採用又は教育に関する事務

> 貴社が行うＢ社の管理事務が<u>企業グループ内の役務提供</u>に該当し、<u>所定の要件を満たす場合</u>には、貴社は管理費用としてＢ社に次の金額を請求すべきとの指摘があります。
>
> **管理費用＝管理事務に関する費用＋（管理事務に関する費用×５％）**

解　説

1　貴社とＢ社との関係

　貴社は、外国法人であるＢ社の発行済株式の50%以上を保有（100%保有）していますので、Ｂ社は貴社の「国外関連者」に該当します。

（措法66の４①）

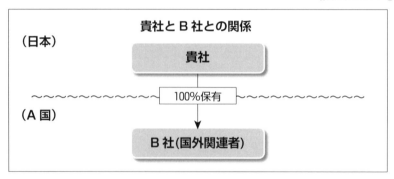

2　「国外関連者」との取引について

　「国外関連者」との間で資産の販売、資産の購入、役務の提供その他の取引を行った場合に、これらの取引につき、その国外関連者から受ける対価の額が「独立企業間価格」に満たないとき、又はその国外関連者に支払う対価の額が「独立企業間価格」を超えるときは、これらの取引は「独立企業間価格」で行われたものとみなすこととされています。「独立企業間価格」とは、独立の事業者の間で通常の取引の条件に従って行われるとした場合の価格をいいます。

（措法66の４①）

3　企業グループ内の役務提供の取扱い

　法人が国外関連者に対し役務提供を行う場合において、次に掲げる要件をすべて満たす場合は、次に掲げる金額を独立企業間価格とすることができます。

独立企業間価格＝役務提供に関する費用＋（役務提供に関する費用×５％）

（移転価格事務運営要領 3 － 9 (1)・ 3 － 10 (1)）

要件 1

> 　　次に掲げる企業グループ内の役務提供であること
> ①　企画又は調整
> ②　予算の管理又は財務上の助言
> ③　会計、監査、税務又は法務
> ④　債権又は債務の管理又は処理
> ⑤　情報通信システムの運用、保守又は管理
> ⑥　キャッシュフロー又は支払能力の管理
> ⑦　資金の運用又は調達
> ⑧　利子率又は外国為替レートに係るリスク管理
> ⑨　製造、購買、販売、物流又はマーケテイングに係る支援
> ⑩　雇用、教育その他の従業員の管理に関する事務
> ⑪　広告宣伝

要件 2

> 　その役務提供が支援的な性質のものであり、その法人及び国外関連者が属する企業グループの中核的事業活動に直接関連しないこと。

要件 3

> 　その役務提供を行う際に、役務の提供を行う法人又は国外関連者が保有し、又は他の者から使用許諾を受けた無形資産（特殊な技術及びノウハウ等）を使用していないこと。

要件4

その役務提供を行う際に、役務の提供を行う法人又は国外関連者が重要なリスクの引き受け若しくは管理又は創出を行っていないこと。

要件5

その役務提供の内容が次に掲げる業務のいずれにも該当しないこと。
- (イ) 研究開発
- (ロ) 製造、物流、原材料の購入、物流又はマーケティング
- (ハ) 金融、保険又は再保険
- (ニ) 天然資源の採掘、探査又は加工

要件6

その役務提供と同種の内容の役務提供が非関連者との間で行われていないこと

貴社の税務調査対策

貴社が行うB社の管理事務は企業グループ内の役務提供に該当しますので、その管理事務が次の要件を満たす場合には、管理費用として次の金額を請求する必要があります。

要件

(1) 貴社が行う管理事務がグループ内の中核的事業でないこと
(2) 貴社は役務提供に際し無形資産（特殊な技術及びノウハウ等）を使用していないこと
(3) 貴社は役務提供に際し重要なリスクを引受け又は創出していないこと
(4) 貴社はグループ外の企業にB社に対する管理事務と同様の役務提供を行っていないこと

請求金額

管理費用＝管理事務に関する費用＋(管理事務に関する費用×5％)

事例24

倒産の危機にある海外の子会社に対する売掛金の放棄

質 問

当社は、自動車部品を製造販売する法人です。

A国に販売子会社S社を3年前に設立し自動車部品の販売をしておりましたが、現地の不景気の影響で、S社は売上が急減したことから業績が悪化し倒産の危機に瀕しております。

現状は債務超過で自力での再建をすることもできない状況です。

S社は当社から輸入した製品を販売しており、現状を放置した場合には、当社の存続にも関わる事態となっております。

そこで、取締役会において、S社の再建支援のために、S社に対する売掛金を5千万円放棄いたしました。

この放棄した5千万円は、税務調査の際に、問題となるのでしょうか?

[海外子会社に対する債権放棄のイメージ]

（日本）

　貴社の海外の子会社との間でその子会社を再建する場合の債権放棄は、国内と同様に適正な取引と取り扱い、課税関係は生じないこととされていますが、その債権放棄が合理的な再建計画に基づくものでない場合には、債権放棄時に海外子会社に対する寄附金に該当するとの指摘があります。

解　説

1　子会社等を再建する場合の無利息貸付等

　法人がその子会社等に対して金銭の無償若しくは通常の利率よりも低い利率での貸付け又は債権放棄等をした場合において、その無利息貸付け、債権放棄等が、例えば業績不振の子会社等の倒産を防止するためにやむおえず行われるもので合理的な再建計画に基づくものであるなど、その無利息貸付け等をしたことについて相当な理由があると認められるときは、その無利息貸付等により供与する経済的利益の額は、寄附金の額に該当しないものとされています。　　　　　　　　　　　　　　　（法基通9－4－2）

2　子会社再建のための無利息貸付が経済合理性を有するかの判断基準

　子会社再建のための無利息貸付けが経済合理性を有するか否かの判断は、次の判断基準を総合勘案して判断することになります。

判断基準

(1)　損失負担等を受ける者は、「子会社等」に該当するか

(2)　子会社等は経営危機に陥っているか（倒産の危機にあるか）

(3)　損失負担等を行うことは相当か（支援者にとって相当な理由はあるか）

(4)　損失負担の額（支援額）は合理的であるか（過剰支援になっていないか）

(5)　整理・再建管理はなされているか（その後の子会社等の立ち直りの

状況に応じて支援額を見直すこととされているか）

(6)　損失負担等をする支援者の範囲は相当であるか（特定の債権者等が意図的加わっていないなど恣意性がないか）

(7)　損失負担等の額の割合は合理的であるか（特定の債権者だけ不当に負担を重くし免れていないか）

貴社の税務調査対策

　貴社が子会社に対する売掛金を放棄する場合には、特段の事情がない限り、寄附金として取り扱われ課税関係が生じます。

　したがって、S社の現状を上記2の(1)～(7)の判断基準に基づき検討し、次の①～③の状況について相当な理由があると認められない場合には、寄附金として処理します。

①　S社は倒産の危機に瀕している。

②　S社は債務超過で自力での再建をすることができない。

③　S社の現状を放置した場合は貴社の存続にも関わる事態である。

源泉所得税課税編

事例1

居住者・非居住者の判定と課税もれ

質問

当社は、ソフトウエア開発の先進国であるインドのS社から技術者2名を招き、本格的に自社ソフトウエアを開発することになりました。

来日する技術者は、開発スケジュールの都合により、A氏は令和元年4月1日から2年の滞在、また、B氏は10ケ月の滞在となります。

両名は当社と直接雇用契約を結び、給与等の支払いをしておりますが、源泉徴収に際しては、「給与所得者の扶養控除等（異動）申告書」を提出させ、月額表（甲欄）により税額計算を行っております。

今回、税務調査がありますが、特に問題となることはあるのでしょうか？

［海外から技術者を招聘する場合のイメージ］

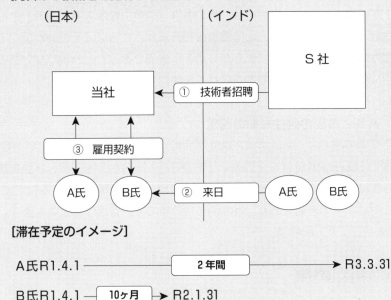

A氏とB氏の居住形態の判定を行うことになります。

日本での滞在期間が1年未満であるB氏は非居住者に該当します。

給与支払の際に20.42%の税率により源泉所得税を課税する必要があるとの指摘があります。

解　説

1　居住形態の判定（居住者か非居住者か）

我が国に入国した外国人に支払う給与の税額計算に際しては、居住者か非居住者かの判定を行います。

○　居住者とは、国内に住所を有し、又は現在まで引き続いて1年以上居所を有する個人をいいます。

○　非居住者とは居住者以外の個人をいいます。

また、その者が国内において、継続して1年以上居住することを通常必要とする職業を有する場合には、その者は「国内に住所を有する者」と推定され、課税上は居住者として取り扱われます。さらに、その者が国内での滞在期間が契約等によりあらかじめ1年未満であることが明らかである場合には、非居住者として取り扱われます。

2　A氏とB氏の居住形態の判定

ご質問の場合は、A氏は滞在期間が令和元年4月1日から2年の予定で、日本での滞在が継続して1年以上ですので、入国時から居住者となります。

B氏は滞在期間が令和元年4月1日から10ヶ月の予定であり、日本での滞在期間が1年未満であることが明らかですので、非居住者となります。（所法2三、五・所令14、15）

貴社の税務調査対策

B氏は滞在期間が1年未満であることから非居住者に該当しますので、給与支払の際に、20.42%の税率により源泉所得税を課税します。

事例 2

居住者・非居住者の判定（滞在期間が未確定の場合）と課税

質　問

当社は、英国に本店を有するＢ社の日本支店です。

日本支店の業務が多忙となったことから、英国本店に応援を要請していたところ、日本支店の業務支援のために、本年４月１日社員Ｓが来日し勤務しております。

勤務期間はおおむね１年としておりますが、正確な期間はまだ決まっておりません。

社員Ｓは非居住者と判定し、給与を支給する際の源泉所得税の税額は、20.42％の税率により計算しております。

今回、税務調査がありますが、特に問題となることがあるのでしょうか？

「本店からの社員派遣のイメージ」

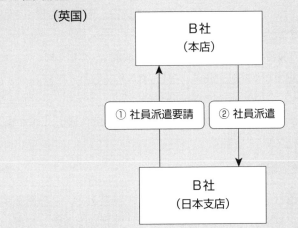

「社員Ｓの日本での勤務期間のイメージ」

社員Sは国内での滞在期間が1年未満であることが明らかではありませんので、課税上は居住者として取り扱うべきとの指摘があります。

解　説

1　居住形態の判定（居住者か非居住者か）

居住者とは、国内に住所を有し、又は現在まで引き続いて1年以上居所を有する個人をいいます。

非居住者とは居住者以外の個人をいいます。

また、その者が国内において、継続して1年以上居住することを通常必要とする職業を有する場合には、その者は「国内に住所を有する者」と推定され、課税上は居住者として取り扱われます。

さらに、国内に居住することになった者の国内での在留期間が契約等によりあらかじめ1年未満であることが明らかである場合を除き、「国内に住所を有する者」と推定され、課税上は居住者として取り扱われます。

（所法2三、五・所令14・所基通3-3）

2　S氏の居住形態

ご質問の場合には、日本での滞在期間がおおむね1年とされてはいますが、正確な期間はまだ、決まっていないということです。

したがって、日本での滞在期間が契約等によりあらかじめ1年未満であることが明らかではありませんので、S氏は居住者になります。

貴社の税務調査対策

課税上は「居住者」として取り扱われますので、源泉所得税の計算に際しては、「給与所得者の扶養控除等（異動）申告書」を提出させ、税額計算を行う必要があります。控除対象配偶者と控除対象扶養親族がいる場合には、生計を一にする事実と合計所得金額（48万円以下）を確認しなければなりません。

令和３年分給与所得者の扶養控除等（異動）申告書

扶

◎この申告書は、あなたの給与について扶養控除、障害者控除などの控除を受けるために提出するものです。
◎この申告書は、源泉控除対象配偶者、障害者に該当する同一生計配偶者及び扶養親族に該当する人がいない人も提出する必要があります。
◎この申告書は、2か所以上から給与の支払を受けている場合には、そのうちの1か所にしか提出することができません。
◎この申告書の記載に当たっては、裏面の「1　申告についてのご注意」等をお読みください。

令和３年分　給与所得者の扶養控除等（異動）申告書

所轄税務署長等	給与の支払者の名称（氏名）		（フリガナ） あなたの氏名	㊞	あなたの生年月日	明・大・昭・平・令　年　月　日
税務署長	給与の支払者の法人（個人）番号	※この申告書の提出を受けた給与の支払者が記載してください。	あなたの個人番号		世帯主の氏名	
					あなたとの続柄	
市区町村長	給与の支払者の所在地（住所）		あなたの住所又は居所	（郵便番号　－　）	配偶者の有無	有・無

従たる給与についての扶養控除等申告書の提出（提出している場合には、○印を付けてください。）

あなたに源泉控除対象配偶者、障害者に該当する同一生計配偶者及び扶養親族がなく、かつ、あなた自身が障害者、寡婦、ひとり親又は勤労学生のいずれにも該当しない場合には、以下の各欄に記入する必要はありません。

主たる給与から控除を受ける

区分等	（フリガナ） 氏名	個人番号 あなたとの続柄	生年月日	老人扶養親族（昭27.1.1以前生） 特定扶養親族（平11.1.2生～平15.1.1生）	令和３年中の所得の見積額 非居住者である親族	生計を一にする事実	住所又は居所	異動月日及び事由（令和3年中に異動があった場合に記載してください（以下同じです。）。）
A 源泉控除対象配偶者（注1）			明・大 昭・平　・　・		円			
B 控除対象扶養親族（16歳以上）（平18.1.1以前生） 1			明・大 昭・平　・　・	□同居老親等 □その他 □特定扶養親族	円			
2			明・大 昭・平　・　・	□同居老親等 □その他 □特定扶養親族	円			
3			明・大 昭・平　・　・	□同居老親等 □その他 □特定扶養親族	円			
4			明・大 昭・平　・　・	□同居老親等 □その他 □特定扶養親族	円			

C 障害者、寡婦、ひとり親又は勤労学生

□障害者　区分＼該当者	本人	同一生計配偶者（注2）	扶養親族	
一般の障害者			（　人）	□寡婦
特別障害者			（　人）	□ひとり親
同居特別障害者			（　人）	□勤労学生

上の該当する項目及び□欄にチェックを付け、（　）内には該当する扶養親族の人数を記入してください。

障害者又は勤労学生の内容（この欄の記載に当たっては、裏面の「2　記載についてのご注意」の(8)をお読みください。）

異動月日及び事由

（注）1　源泉控除対象配偶者とは、所得者（令和3年中の所得の見積額が900万円以下の人に限ります。）と生計を一にする配偶者（青色事業専従者として給与の支払を受ける人及び白色事業専従者を除きます。）で、令和3年中の所得の見積額が95万円以下の人をいいます。
2　同一生計配偶者とは、所得者と生計を一にする配偶者（青色事業専従者として給与の支払を受ける人及び白色事業専従者を除きます。）で、令和3年中の所得の見積額が48万円以下の人をいいます。

D 他の所得者が控除を受ける扶養親族等	氏名	あなたとの続柄	生年月日	住所又は居所	控除を受ける他の所得者 氏名	あなたとの続柄	住所又は居所	異動月日及び事由
			明・大・昭 平・令　・　・					
			明・大・昭 平・令　・　・					

○住民税に関する事項（この欄は、地方税法第45条の3の2及び第317条の3の2に基づき、給与の支払者を経由して市区町村長に提出する給与所得者の扶養親族申告書の記載欄を兼ねています。）

16歳未満の扶養親族（平18.1.2以後生）	（フリガナ） 氏名	個人番号	あなたとの続柄	生年月日	住所又は居所	控除対象外国外扶養親族	令和３年中の所得の見積額	異動月日及び事由
1				平・令　・　・			円	
2				平・令　・　・			円	
3				平・令　・　・			円	

（英語版）令和３年分給与所得者の扶養控除等（異動）申告書

◎ This application is to be submitted for tax deductions such as dependency exemption and/or deductions for disabled persons regarding your salary.
◎ This application needs to be submitted even if you have no spouse qualified for withholding deduction, disabled spouse living in the same household or dependent relatives.
◎ Even if you receive a salary from two salary payers or more, this application can be submitted to only one of them.
◉ Read "1. Notes on the application" or the like on the back side when describing this declaration.

(英語版)

扶

For 2021 Application for (Change in) Exemption for Dependents of Employment Income Earner

Competent district director

Director of tax office

Mayor of municipality

Name of salary payer (name)
Corporate (individual) number of salary payer
Location of salary payer (address)

Your name *To be filled in by the salary payer who received this application form.
Your individual number
Your domicile or residence

Your date of birth
Head of household
Relationship with you

Seal
(Postal code)
Marital status: Married / Single

You are not required to fill in ① below if you have no spouse qualified for withholding deduction, disabled spouse living in the same household or dependent relatives, and if you are not a disabled person, widow, single parent or working student.

To be exempted from the primary salary

Category or the like	(Pronunciation (furigana)) Name	Individual number	Relationship with you	Date of birth	Domicile or residence	Estimated income in 2021	Date of change and reason
A Spouse qualified for withholding deduction (Note 1)				/ /		yen	
B Dependent relatives qualified for deduction (16 years of age or older) (born on or before Jan. 1, 2006)	1			/ /	Elderly dependent relatives (born on or before Jan. 1, 1952) / Specified dependent relatives (born between Jan. 2, 1998 and Jan. 1, 2003) — Elderly parent living together or the like / Others / Specified dependent relative	yen	
	2			/ /	Elderly parent living together or the like / Others / Specified dependent relative	yen	
	3			/ /	Elderly parent living together or the like / Others / Specified dependent relative	yen	
	4			/ /	Elderly parent living together or the like / Others / Specified dependent relative	yen	

Check the applicable items and/or boxes, and fill in the number of dependent relatives in parentheses.

C Disabled person, widow, single parent or working student	Disabled person	Yourself	Disabled person	Special disabled person	Special disabled person living together	Dependent relatives ( )	Spouse living in the same household (Note 2)	Widow / Single parent / Working student

Contents of a disabled person or working student (Read (5) of "1. Notes on describing this application" or the like on the back side regarding how to describe this column.)

Other workers who receive deductions

Name	Domicile or residence	Relationship with you

D Dependent relatives or the like declared for tax deduction by other workers	(Pronunciation) Name	Relationship with you	Individual number	Date of birth	Domicile or residence	Non-resident relative	Estimated income in 2021	Date of change and reason
1				/ /			yen	
2				/ /			yen	
3				/ /			yen	

(Note) 1. A spouse qualified for withholding deduction is a spouse (except the one who receives a salary as a family employee of a blue return taxpayer or who is a white return taxpayer) who shares the same household with the worker (limited to those whose estimated income is 9,000,000 yen or less in 2021) and has estimated income of 950,000 yen or less in 2021.
2. A spouse living in the same household is a spouse who shares the same household with the worker (except the one who receives a salary as a family employee of a blue return taxpayer or who is a white return taxpayer) and had estimated income of 480,000 yen or less in 2021.

○ Matters related to inhabitants tax

(This column is also used to fill in for Declaration for Dependent Relatives of Salaried Worker that is required to submit to the mayor of municipality via the salary payer pursuant to Article 45-3(2) and Article 317-3(2) of the Local Tax Act.)

Dependent relatives under 16 years of age (born on or after Jan. 2, 2006)	(Pronunciation) Name	Individual number	Relationship with you	Date of birth	Domicile or residence	Non-resident dependent relative	Estimated income in 2021	Date of change and reason
1				/ /				
2				/ /				
3				/ /				

98

参　考

　平成27年度の税制改正により、所得税法の一部が改正され非居住者である親族（**国外居住親族**）を所得控除（扶養、配偶者、障害者控除又は配偶者特別控除）の対象とする場合には、新たに、その非居住者に関する「**親族関係書類**」や「**送金関係書類**」を源泉徴収義務者に提出し、又は提示しなければならないことになりました。

　　（根拠法令等所法84・所法2①三十四・所法2①三十四の二・三・四）

1　親族関係書類
とは国外居住者が居住者の親族であることを証明する右記の①又は②の書類

① 戸籍の付票の写しその他の国又は地方公共団体が発行した書類及び国外居住親族の旅券

② 外国政府又は外国の地方公共団体が発行した書類（国外居住親族の氏名、生年月日及び住所又は居所の記載があるものに限ります）

2　送金関係書類
とは、居住者がその年に国外居住親族の生活費又は教育費を支払ったことを証明する右記の①及び②の書類

① **外国送金依頼書**（金融機関が行う為替取引により居住者から国外居住親族に支払をしたことを明らかにする書類）

② **家族カードのクレジットカード利用明細書**(国外居住親族がクレジットカード発行会社が交付したカードを提示してその国外居住親族が商品等を購入したこと等により、その商品等の代金に相当する額の金銭をその居住者から受領した、又は受領することとなることを明らかにする書類)

居住者・非居住者の判定（海外滞在期間延長の場合）と課税

質　問

　当社は事業拡張のためＡ国のＢ支店を開設し、令和１年４月１日から６ヶ月の予定で社員Ｃを派遣しました。

　その後、Ｂ支店の事業が多忙となったことから、派遣した社員Ｃの派遣期間の延長要請があり派遣期間は令和１年10月１日から１年半延長しておりました。

　なお、派遣期間延長後も、社員Ｃの居住形態は居住者として取扱い、給与支払の際に源泉所得税を課税しております。

　今回、税務調査がありますが、社員Ｃの課税について指摘を受けるのでしょうか？

「社員派遣のイメージ」

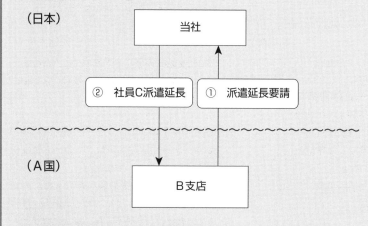

「派遣期間延長のイメージ」

　　①　当初派遣期間
　　　　R1.4.1 ──────→ ６ヶ月
　　②　派遣期間延長　　R1.10.1 ──────────→１年６ヶ月

調査官の着眼点と指摘事項

　海外に派遣された社員については、派遣期間を基に居住形態の判定を行い、居住者か非居住者かを判定することになります。また、その社員について派遣期間が延長された事実がある場合には、延長時からの居住形態の判定を行い、非居住者であるとの指摘があります。

解　説

1　居住形態の判定（居住者か非居住者か）

　国外に居住することとなった個人が、国外において継続して一年以上居住することを通常必要とする職業を有する場合は、その者は「国内に住所を有しない者」と推定され非居住者として取り扱われます。

2　社員C場合

　ご質問の場合には、令和1年4月1日から6ヶ月の予定で海外に滞在していますので、課税上の取扱は居住者となっていました。

　その後、令和1年10月1日からは、海外滞在期間がさらに1年半延長されましたので、この時点で、「国外に継続して一年以上居住することを通常必要とする職業を有する」ことになりますので、「国内に住所を有しない者」と推定され、A氏は非居住者になります。　　　　　　（所令15①一）

```
4/1──居住者　　9/30　10/1────非居住者────────→
←──────────────→　←──────────────────→
```

貴社の税務調査対策

　社員Cは、令和1年10月1日からは非居住者として取り扱われますので、A国内での勤務から生じる所得については、日本において源泉所得税の課税対象となりません。

居住者・非居住者の判定（国内滞在期間延長の場合）と課税

質　問

　当社は国内の事業拡張のためA国のB支店から、令和1年4月1日から6ヶ月の予定で社員Sの派遣を受けておりました。

　その後、当社の事業が多忙となったことから、B支店に対し派遣を受けた社員Sの派遣期間の延長を要請し、派遣期間は令和1年10月1日から1年半延長しておりました。

　なお、社員Sの居住形態は非居住者として取扱い、給与支払の際に源泉所得税を課税していました。

　今回の税務調査の際に、社員Cの課税について指摘を受けるのでしょうか？

「社員派遣のイメージ」

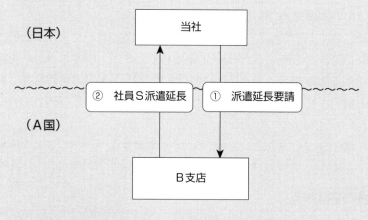

「派遣期間のイメージ」

　① 当初派遣期間
　　　R1.4.1 ──────→ 6ヶ月
　② 派遣期間延長　　R1.10.1 ──────────→1年6ヶ月

　海外から派遣された社員については、派遣期間を基に居住形態の判定を行い、居住者か非居住者かを判定することになります。また、その社員について派遣期間が延長された事実がある場合には、延長時からの居住形態の判定を行い、居住者であるとの指摘があります。

解　説

1　居住形態の判定（居住者か非居住者か）

　国内における勤務期間が、契約等においてあらかじめ1年未満の場合は、非居住者に該当することになります。

2　B氏の場合

　ご質問の場合には、当初の滞在は6カ月の予定ですので、令和元年4月1日からは課税上の取扱は非居住者となっていました。

　その後、令和元年10月1日からは、国内滞在期間がさらに1年半延長されましたので、この時点で、「国内に継続して一年以上居住することを通常必要とする職業を有する」ことになりますので、「国内に住所を有する者」と推定され、B氏は居住者になります。　　　　　　　　（所令14①一）

4／1―非居住者――9／30 10／1――――――居住者――――――――→

貴社の税務調査対策

　社員Sは、令和1年10月1日からは居住者として取り扱われますので、国内での勤務から生じる所得については、給与所得として源泉所得税の課税対象となります。

　給与所得の課税に際しては、「扶養控除等（異動）申告書」を提出させ、また、社員Sは、国外居住親族を所得控除（扶養、配偶者、障害者控除又は配偶者特別控除）の対象とする場合には、その非居住者に関する「親族関係書類」や「送金関係書類」を源泉徴収義務者に提出し、又は提示しなければならないこととされています。

事例5

扶養控除の対象とならない国外に居住する親族

質 問

　当社は、Ａ国の海外支店から外国人Ｂ氏を採用しています。

　Ｂ氏に「扶養控除等（異動）申告書」の提出を求めたところ、Ａ国に居住する３名の国外居住親族（Ｃ・Ｄ・Ｅ）を申告したいとの申し出がありましたので、その３名を扶養親族として年末調整を行っております。

　なお、Ｂ氏はその年に国外居住親族の生活費又は教育費を支払ったことの証明として海外送金をしましたが、Ａ国においては、ＤとＥが銀行口座を開設することが困難であることから、Ｃに対し一括で送金しました。

　今回の税務調査の際には、何か指摘されるのでしょうか？

「海外送金のイメージ」

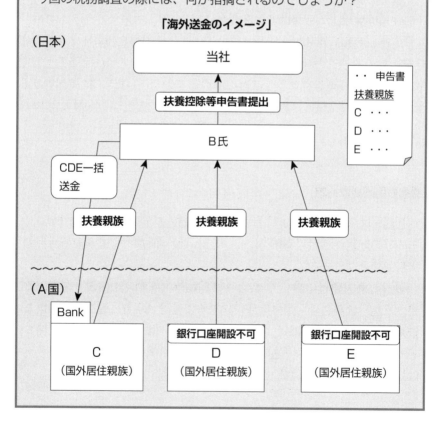

調査官の着眼点と指摘事項

> B氏は国外居住親族DとEに対し送金していませんので、扶養親族とするための海外送金の要件を満たしていないことから、DとEは扶養親族とすることはできないとの指摘があります。

解　説

1　国外居住親族を扶養親族とする要件

　所得税法上は、扶養親族が国外に居住しているか否かにかかわらず、税法上の控除対象扶養親族等の要件を満たせば、所得控除は可能です。

　国外居住親族を所得控除（扶養、配偶者、障害者控除又は配偶者特別控除）の対象とする場合には、新たに、その非居住者に関する「**親族関係書類**」や「**送金関係書類**」を源泉徴収義務者に提出し、又は提示しなければならないこととされています。

　この場合の送金は、扶養親族の対象とする親族ごとに送金する必要があります。　　　　　（所法84・所法2①三十四・所法2①三十四の二・三・四）

送金関係書類とは、居住者がその年に国外居住親族の生活費又は教育費を支払ったことを証明する書類

外国送金依頼書
（金融機関が行う為替取引により居住者から国外居住親族に支払をしたことを明らかにする書類）

2　B氏の扶養親族について

　B氏はD・Eの生活費をD・Eに送金していませんので、扶養親族とするための送金の要件を満たしていません。

　したがって、扶養親族とすることはできません。

> 　B氏はD・Eを扶養親族として源泉所得税の計算を行っていますが、B氏は生活費をD・Eに送金していませんので、扶養親族とするための送金の要件を満たしていません。
>
> 　したがって、扶養親族とすることはできませんので、年末調整の再計算を行、B氏に追徴課税することになります。

（参考）　国外居住親族に送金を行う場合の金融機関の範囲

1　送金関係書類の提出又は提示

　居住者が国外居住親族（国外居住障害者、国外居住配偶者又は国外居住扶養親族をいいます。）に係る各種の人的控除（障害者控除、配偶者控除、配偶者特別控除又は扶養控除）行う場合には、その国外居住親族がその居住者と生計を一にすることを明らかにする「送金関係書類」を給与等の支払者に提出又は提示することとされています。

（所法194⑥、所令316の２③,所規則73の２②、47の２⑥一）

2　送金関係書類とは

　送金関係書類とは、金融機関が行う為替取引によってその居住者からその国外居住者に支払をしたことを明らかにするするものをいいます。

3　金融機関とは

金融機関とは次のものをいいます。
- (1)　銀行法に規定する銀行等
- (2)　業として貯金の受入れをすることができる農業協同組合等
- (3)　日本銀行、農林中央金庫等
- (4)　資金決済に関する法律第二条第三項に規定する**資金移動業者**

（内国税の適正な課税の確保を図るための国外送金等に係る調書
の提出等に関する法律施行令第２条一〜四）

（参考）［資金決済に関する法律第二条第三項に規定する資金移動業者］

資金移動業者登録一覧

令和2年11月30日現在

【注意事項】
全国の財務局等に登録されている業者の一覧です。
登録状況の詳細等については、登録先の財務局等へお問い合わせください。
登録業者の登録事項については、登録先の財務局等で閲覧に供しています。

【全業者数：79】

所管	登録番号	登録年月日	資金移動業者名	法人番号	郵便番号	本店等所在地	代表等電話番号
関東財務局 [計76件]	関東財務局長 第000001号	平成22年4月1日	トラベレックスジャパン株式会社	3010401058641	107-0052	東京都港区赤坂２－９－１１ オリックス赤坂二丁目ビル６階	03-3568-1061
	関東財務局長 第000004号	平成22年6月11日	株式会社ウニードス	3010701023295	169-0073	東京都新宿区百人町２－４－８	03-3280-1029
	関東財務局長 第000006号	平成22年7月30日	ジャパンマネーエクスプレス株式会社	5010401089313	169-0073	東京都新宿区百人町１－１０－７ 大森ビル４階 ＡＢ号室	03-5475-3913
	関東財務局長 第000007号	平成22年11月15日	トランスリミックス株式会社	5010501030903	111-0053	東京都台東区浅草橋１－３－１４	03-5820-0303
	関東財務局長 第000008号	平成22年12月7日	ＳＢＩレミット株式会社	9010401089532	106-6013	東京都港区六本木１－６－１	03-6229-0792
	関東財務局長 第000010号	平成23年3月1日	Queen Bee Capital株式会社	6010401071583	105-0003	東京都港区西新橋２－８－６ 住友不動産日比谷ビル１１階	03-6809-2785
	関東財務局長 第000011号	平成23年4月11日	Speed Money Transfer Japan株式会社	9010001134572	130-0022	東京都墨田区江東橋２－１３－４ 錦糸町プレイビル	03-6869-8555
	関東財務局長 第000012号	平成23年5月18日	株式会社ＮＴＴドコモ	1010001067912	100-6150	東京都千代田区永田町２－１１－１ 山王パークタワー	03-5156-1111
	関東財務局長 第000013号	平成23年5月30日	株式会社クレディセゾン	2013301002884	170-6073	東京都豊島区東池袋３－１－１	03-3988-2111
	関東財務局長 第000014号	平成23年6月21日	ＮＴＴスマートトレード株式会社	8010001103611	102-0074	東京都千代田区九段南１－５－６	03-3515-0750
	関東財務局長 第000016号	平成23年7月26日	プラステル株式会社	5010601030547	130-0015	東京都墨田区横網２－６－２	050-6860-1059
	関東財務局長 第000017号	平成23年9月12日	ＳＢペイメントサービス株式会社	4010401058731	105-8025	東京都港区東新橋１－９－２	03-6889-2130
	関東財務局長 第000018号	平成23年11月16日	株式会社シースクエア	7011110036066	160-0022	東京都新宿区新宿１－３－６－７ 新宿内野ビルⅡ２階	03-3359-0028

所管	登録番号	登録年月日	資金移動業者名	法人番号	郵便番号	本店等所在地	代表等電話番号
	関東財務局長第00019号	平成23年12月7日	株式会社I-REMIT JAPAN	4010501033808	110-0015	東京都台東区東上野3-18-7 SKビル3階	03-5812-0203
	関東財務局長第00020号	平成24年2月8日	日本ゲームカード株式会社	1011100141279	110-0005	東京都台東区上野1-1-10	03-5812-7570
	関東財務局長第00021号	平成24年2月15日	株式会社Y&W	1011101057035	169-0072	東京都新宿区大久保1-17-7	03-5273-6018
	関東財務局長第00022号	平成24年2月17日	株式会社マネーパートナーズ	6010401075907	106-6233	東京都港区六本木3-2-1	03-4540-3800
	関東財務局長第00023号	平成24年2月27日	株式会社デジテル	4010401084380	169-0073	東京都新宿区百人町1-20-22	03-3362-0702
	関東財務局長第00024号	平成24年3月28日	株式会社ジャパンレミットファイナンス	1010401095934	105-0013	東京都港区浜松町1-2-15 モデューロ浜松町ビル3階	03-5733-4337
	関東財務局長第00025号	平成24年6月25日	CITY EXPRESS MONEY TRANSFER JAPAN株式会社	6011101062006	169-0073	東京都新宿区百人町2-11-23 新大久保ニューコミュニケーションビル1階	03-5937-3908
	関東財務局長第00026号	平成24年8月1日	PayPal Pte. Ltd.	3700150006491	107-0061	東京都港区北青山3-11-7 AOビル15階	03-6739-7475
	関東財務局長第00027号	平成24年10月4日	ウェルネット株式会社	5010001125807	105-0001	東京都港区虎ノ門1-3-1	03-3580-0199
	関東財務局長第00028号	平成24年11月16日	株式会社ヒューマントラスト	5010001027466	100-0005	東京都千代田区丸の内1-6-5	03-6757-3900
	関東財務局長第00029号	平成24年12月21日	株式会社フォレックスジャパン	2010040087071	130-0025	東京都墨田区千歳1-9-10	03-6868-0808
	関東財務局長第00030号	平成25年2月26日	株式会社イーコンテクスト	4011001091908	150-0022	東京都渋谷区恵比寿南3-5-7	03-6367-1150
	関東財務局長第00031号	平成25年6月17日	Unimoni株式会社	6010401094452	160-0023	東京都新宿区西新宿6-12-1 パークウエスト7階	03-6304-5210

所管	登録番号	登録年月日	資金移動業者名	法人番号	郵便番号	本店等所在地	代表等電話番号
	関東財務局長第000032号	平成25年6月26日	株式会社Cashwell Asset Management	9010401099531	104-0033	東京都中央区新川2－6－6－404	03-6280-3380
	関東財務局長第000033号	平成25年8月30日	株式会社N＆P JAPAN	6011101063994	169-0073	東京都新宿区百人町2－20－2 金子ハイツ2階	03-6302-1223
	関東財務局長第000034号	平成25年10月11日	メトロレミッタンスジャパン株式会社	1020001100705	220-0004	神奈川県横浜市西区北幸2－4－3	045-324-2430
	関東財務局長第000035号	平成26年8月29日	Credorax Japan株式会社	9010401105000	113-0033	東京都文京区本郷1－33－12－506	03-4578-0218
	関東財務局長第000036号	平成26年10月1日	LINE Pay株式会社	6011001100071	141-0033	東京都品川区西品川1－1－1	03-4316-2606
	関東財務局長第000037号	平成26年11月26日	GMOペイメントゲートウェイ株式会社	6011001005411	150-0043	東京都渋谷区道玄坂1－2－3	03-3464-2740
	関東財務局長第000038号	平成27年2月6日	株式会社海外送金ドットコム	6011001092945	110-0005	東京都台東区上野4－5－4 宮田ビル4階	03-6447-7888
	関東財務局長第000039号	平成27年8月18日	ウエスタンユニオンジャパン株式会社	5010401114302	105-0001	東京都港区虎ノ門5－1－5 メトロシティ神谷町7階	03-4589-2800
	関東財務局長第000040号	平成27年8月18日	トランスファーワイズ・ジャパン株式会社	4011001100453	100-0004	東京都千代田区大手町1－6－1	03-4405-9606
	関東財務局長第000041号	平成27年12月2日	BDOレミットジャパン株式会社	9010401113770	160-0023	東京都新宿区西新宿1－3－13	03-5909-0601
	関東財務局長第000043号	平成28年4月21日	GMOイプシロン株式会社	1011001053935	150-0043	東京都渋谷区道玄坂1－14－6	03-6415-6755
	関東財務局長第000044号	平成28年5月16日	株式会社デジタルワレット	8010001164001	102-0094	東京都千代田区紀尾井町3－6	03-6261-4391
	関東財務局長第000045号	平成28年6月23日	ペイオニア・ジャパン株式会社	4010001166406	107-0062	東京都港区南青山5－4－27 Barbizon104－302	03-6427-7147

所管	登録番号	登録年月日	資金移動業者名	法人番号	郵便番号	本店等所在地	代表等電話番号
	関東財務局長第00046号	平成28年11月30日	WorldRemit Ltd.	7700150006587	107-6012	東京都港区赤坂1－12－32 アーク森ビル12階	03-4360-9101
	関東財務局長第00047号	平成29年2月10日	FSR Holdings株式会社	8012401030014	153-0064	東京都目黒区下目黒2－23－16 パラスト目黒602	050-5532-6686
	関東財務局長第00048号	平成29年4月5日	ワールドファミリー株式会社	9011101071185	169-0073	東京都新宿区百人町2－4－6	03-3362-8055
	関東財務局長第00049号	平成29年7月3日	松井証券株式会社	2010001057425	102-8516	東京都千代田区麹町1－4	03-5216-0606
	関東財務局長第00050号	平成29年10月5日	株式会社pring	6011101080437	108-0073	東京都港区三田1－4－1 住友不動産麻布十番ビル3階	03-6453-8254
	関東財務局長第00052号	平成29年11月21日	株式会社アジアネット	1011101032839	112-0012	東京都文京区大塚5－9－2	03-3203-9611
	関東財務局長第00053号	平成29年11月28日	auペイメント株式会社	5010401069983	108-0075	東京都港区港南2－16－1	03-6369-9600
	関東財務局長第00054号	平成29年12月7日	株式会社C&B	2010001183865	104-0033	東京都中央区新川1－7－3 ウィンド新川ビル4階	03-4570-2220
	関東財務局長第00055号	平成30年1月17日	Solomon Capital Japan株式会社	3011101071892	133-0057	東京都江戸川区西小岩1－27－21	080-4737-0142
	関東財務局長第00056号	平成30年3月14日	株式会社KABAYAN INTERNATIONAL	8010601051334	110-0005	東京都台東区上野2－6－1 上野大平ビル2階	03-5817-8917
	関東財務局長第00057号	平成30年3月22日	株式会社メルペイ	1010401135178	106-6143	東京都港区六本木6－10－1	03-4405-3023
	関東財務局長第00058号	平成30年4月23日	株式会社セブン・ペイメントサービス	1010001188907	100-0005	東京都千代田区丸の内1－6－1 丸の内センタービルディング	03-5218-2670
	関東財務局長第00059号	平成30年6月12日	CURFEX JAPAN株式会社	3010001183897	100-0004	東京都千代田区大手町1－6－1 大手町ビルヂング4階	03-6555-2050

所管	登録番号	登録年月日	資金移動業者名	法人番号	郵便番号	本店等所在地	代表等電話番号
	関東財務局長第00060号	平成30年7月26日	REVOLUT TECHNOLOGIES JAPAN株式会社	8010001188396	106-0032	東京都港区六本木7-7-7	03-6629-3960
	関東財務局長第00061号	平成30年7月27日	株式会社RESPECT PAYMENT SERVICE	5011401019978	169-0073	東京都新宿区百人町1-11-31 新大久保ビルディングI-3階	03-6261-0244
	関東財務局長第00062号	平成30年8月15日	JALペイメント・ポート株式会社	4010701034738	140-8637	東京都品川区東品川2-4-11	03-5460-3840
	関東財務局長第00063号	平成30年10月2日	ホワイトカード株式会社	4011001117670	150-0012	東京都渋谷区広尾1-6-10	03-5423-6022
	関東財務局長第00064号	平成30年12月25日	株式会社エムティーアイ	6011101023123	163-1435	東京都新宿区西新宿3-20-2	03-5333-6789
	関東財務局長第00065号	令和元年5月16日	株式会社キュリカ	3013301041741	150-0002	東京都渋谷区渋谷2-12-19	03-5764-1464
	関東財務局長第00067号	令和元年9月24日	楽天Edy株式会社	3010901038102	158-0094	東京都世田谷区玉川1-14-1	050-5817-9800
	関東財務局長第00068号	令和元年9月25日	PayPay株式会社	5010001192707	102-0094	東京都千代田区紀尾井町1-3	03-6885-8181
	関東財務局長第00069号	令和元年10月24日	アキナルド・ジャパン株式会社	2010001186471	210-0006	神奈川県川崎市川崎区砂子2-3-19	044-223-8273
	関東財務局長第00070号	令和元年10月29日	ASIA PAY株式会社	7013301041449	160-0021	東京都新宿区歌舞伎町2-19-13	03-6907-3576
	関東財務局長第00071号	令和元年11月22日	ウェルスナビ株式会社	3010001167611	150-0002	東京都渋谷区渋谷2-22-3	03-6632-4915
	関東財務局長第00072号	令和元年12月2日	株式会社SBI証券	3010401049814	106-6019	東京都港区六本木1-6-1	03-5562-7210
	関東財務局長第00073号	令和元年12月23日	NIUM Japan株式会社	2010001190192	150-0036	東京都渋谷区南平台町16-28 Daiwa渋谷スクエア6階	03-4360-5161

所管	登録番号	登録年月日	資金移動業者名	法人番号	郵便番号	本店等所在地	代表等電話番号
	関東財務局長 第00074号	令和2年2月7日	株式会社イーヘイ・ジャパン	5011801019594	121-0011	東京都足立区中央本町3-5-3 TFビルB棟1階	03-4550-1409
	関東財務局長 第00075号	令和2年2月7日	株式会社OTEL INTERNATIONAL	3010001161300	111-0052	東京都台東区柳橋2-19-8 村橋会館4階	03-5833-8060
	関東財務局長 第00076号	令和2年2月26日	株式会社アンテフィユ	9011401020230	101-0021	東京都千代田区外神田5-1-5	03-6284-2370
	関東財務局長 第00077号	令和2年2月27日	株式会社JPY	9010401134148	105-0004	東京都港区新橋5-12-11	03-6777-3399
	関東財務局長 第00078号	令和2年3月5日	Kipp Financial Technologies株式会社	2010001190548	100-0004	東京都千代田区大手町1-6-1 大手町ビル4階	03-4520-9550
	関東財務局長 第00079号	令和2年3月9日	Mビリング株式会社	7040001086061	170-0005	東京都豊島区南大塚2-37-5	03-6161-0011
	関東財務局長 第00080号	令和2年4月1日	株式会社FinShot	6020001125152	231-0023	神奈川県横浜市中区山下町195 ラ・トゥール・クォー・ファンブ701号	045-225-8255
	関東財務局長 第00081号	令和2年8月13日	SG設立準備株式会社	7010001206332	104-0061	東京都中央区銀座8-4-17	03-6835-1920
	関東財務局長 第00082号	令和2年8月27日	株式会社Kyash	9011001103831	107-0062	東京都港区南青山5-2-1 NBF ALLIANCE201	03-6804-1253
	関東財務局長 第00083号	令和2年9月1日	ビットキャッシュ株式会社	3011001058899	150-0002	東京都渋谷区渋谷3-12-18 渋谷南東急ビル4F	03-5774-0320
	関東財務局長 第00084号	令和2年10月23日	株式会社スマートバンク	8011001127534	153-0063	東京都目黒区目黒4-23-17-1003	090-5051-9808
東海財務局 【計1件】	東海財務局長 第00001号	平成23年2月1日	株式会社電算システム	5200001003514	501-6196	岐阜県岐阜市日置江1-58	058-279-3482
北陸財務局 【計1件】	北陸財務局長 第00001号	平成24年6月15日	株式会社ディコミュニケーションズ	3210001014413	913-0016	福井県坂井市三国町三国東6-5-5	0776-82-6666
近畿財務局 【計1件】	近畿財務局長 第00001号	平成27年6月19日	株式会社アプラス	2120001137521	556-8535	大阪府大阪市浪速区湊町1-2-3	06-7635-6788

（関東財務局HPより）

（参考）［資金移動業について］

1　資金移動業とは

　　資金移動業とは、「資金決済に関する法律」に基づき、内閣総理大臣の登録を受け、銀行等以外のものが100万円に相当する額以下の為替取引を業として営むことをいいます。

2　資金移動業には大きく分けて3つのタイプがあります。

営業店型

【資金移動手順】

⑴　送金人が店舗Aで送金を依頼する。

⑵　店舗Aが送金額、受取先等の情報を店舗Bに連絡する。

⑶　受取人は店舗Bでお金を受け取る。

インターネット・モバイル型

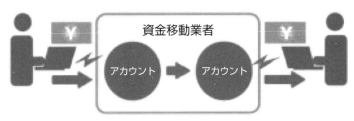

【資金移動手順】

⑴　送金人が資金移動業者のWebページ上でアカウントを作る。

⑵　送金人は⑴で作成したアカウントに入金し、受取人のアカウントに送金指示をする。

⑶　受取人は指定のアカウントでお金を受け取る。

（A）カード型

【資金移動手順】

⑴　送金人がアカウントに入金しカードを作成しアカウントからカードに
　　チャージ。

⑵　送金人はカードを持って渡航する。

⑶　送金人又は受取人は現地提携先のATMで通貨を引き出す。

（B）カード型

【資金移動手順】

⑴　送金人は店舗Aで証書（マネーオーダー）を購入する。

⑵　送金人は証書（マネーオーダー）を受取人に送る。

⑶　受取人は受け取った証書（マネーオーダー）を店舗Bで提示し、お金
　　を受け取る。

（出典：一般社団法人日本資金決済業協会HP）

事例6

海外に転勤した社員に支給した賞与の課税もれ

質 問

　当社の社員Aは3年の予定で本年4月1日にS国のB支店に転勤しました。

　その後6月20日に賞与を800,000円支給（支給対象期間令和元年10月1日～令和2年3月31日）しておりました。

　社員Aは、本年4月1日に出国しており、支給の際には非居住者であったことから、源泉徴収しておりません。

　今回、税務調査がありますが、社員Aに支給した賞与800,000円については、支払の際には源泉徴収が必要であったとの指摘を受けるのでしょうか？

「社員Aに対する賞与支給のイメージ」

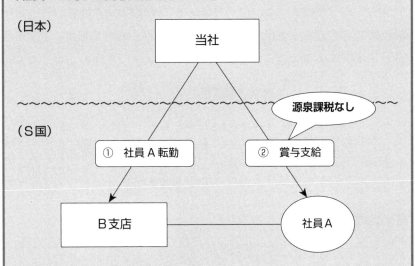

「社員Aに対する賞与支給までの流れ」

① 社員A出国（R2.4.1）

② 賞与支給（R2.6.20）

③ 賞与支給対象期間（R1.10.1～R2.3.31）

社員Aは、賞与の支給を受けた際には、非居住者ですが、賞与の支給対象期間は、社員Aの日本国内の居住者期間ですので、その期間の給与は国内源泉所得に該当します。

賞与の支払いは、非居住者である時期に行われていますので、非居住者に対する国内源泉所得として、日本で課税となるとの指摘があります。

解　説

1　居住形態の判定（居住者か非居住者か）

社員Aは3年の予定で米国支店に転勤するとのことですので、出国の翌日から非居住者として取り扱われます。

2　社員A対する賞与の取扱い

社員Aは、賞与の支給を受けた際（R2.6.20）には、非居住者ですが、賞与の計算期間（R1.10.1～R2.3.31）は、社員Aの日本国内の居住者期間ですので、その期間の給与は国内源泉所得（給与その他の人的役務に対する報酬のうち、国内において行う勤務その他の人的役務の提供に基因するもの）に該当します。

非居住者課税のイメージ

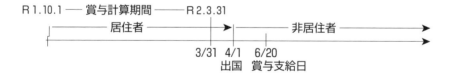

賞与の支払は非居住者である時期（R2.6.20）に行われていますので、非居住者に対する国内源泉所得として日本で課税となり、賞与を支払う際には、20.42%の税率により、源泉所得税を課税します。

（所法161①十二）

事例 7

海外から帰国した社員に支給する所得税の課税もれ

質 問

　当社の社員Aは本年4月1日にS国のB支店から帰国しました。

　当社と社員Aとの間では、海外赴任中の給与の手取額を日本国内での手取額と同額を補償するためにS国での所得税を当社が負担していました。

　本年も昨年分（平成31年1月1日～令和元年12月31日）の所得税を負担し、5月31日に1,200,000円をS国税務当局に支払いました。

　社員Aの所得税は非居住者期間の所得税ですので、S国の税務当局に支払の際には、源泉所得税は課税しておりません。

　今回、税務調査がありますが、当社が負担した社員Aの所得税について何か指摘があるのでしょうか？

「社員Aに対する所得税負担のイメージ」

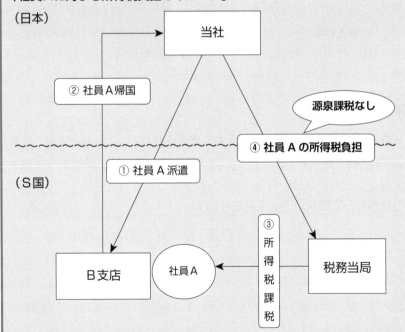

> 　社員Aは、所得税の会社負担の時点では居住者ですので、その所得税の会社負担は、社員Aに対する経済的利益の供与に該当しますので、給与として課税すべきとの指摘があります。

解　説

1　居住形態の判定

　社員Aは帰国の日から居住者として取り扱われます。

2　経済的利益の供与について

　帰国後に支給される給与又は経済的利益の供与はすべて給与所得として日本国内で課税されることになります。

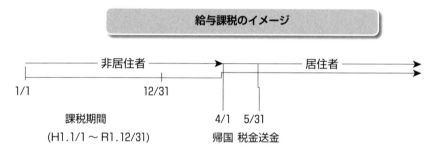

給与課税のイメージ

　非居住者 ── 居住者

1/1　　　　　　　　12/31　　　　　　　4/1　5/31

課税期間　　　　　　　　　　　　帰国 税金送金
(H1.1/1 ～ R1.12/31)

貴社の税務調査対策

> 　貴社は社員Aの現地での所得税（課税期間H31.1.1 ～ R1.12.31）を帰国後に負担（R2.5.31送金）しておりますが、これは、貴社から社員Aに対する経済的利益の供与に該当しますので、その所得税支払の際に給与所得として源泉所得税を課税します。　　　　　　　　　（所法36①）

事例 8

海外に勤務する内国法人の役員に対する課税もれ

質 問

当社はＡ国での事業活動を拡大するために専務取締役ＳをＡ国の子会社Ｂ社の代表取締役として、本年４月１日から３年間派遣いたしました。

Ｓ氏の当社の役員報酬については、国内での社会保険料の支払いのためにその一部をＳ氏の国内の口座へ支払い、残額は、海外の口座へ支払います。

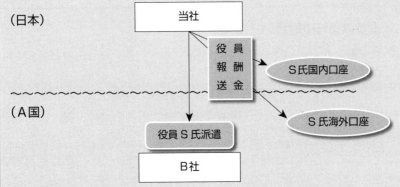

（日本）
当社
役員報酬送金
Ｓ氏国内口座

（Ａ国）
役員Ｓ氏派遣
Ｂ社
Ｓ氏海外口座

(1) Ｓ氏は当社の役員ではあるもののＢ社の代表取締役に就任し、国外に勤務していることから、役員報酬については源泉所得税を課税しておりません。

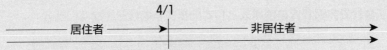

4/1
居住者 ← → 非居住者 →

(2) Ｓ氏の出国後には、出国前の勤務期間に係る賞与も支払いましたが、源泉所得税を課税しておりません。

(3) 毎月の取締役会や業務打合わせで来日し、一週間程度、国内に滞在する予定ですが、その際には、役員報酬とは別に、当社から手当を支給しておりますが、こちらも、源泉所得税を課税しておりません。

今回、税務調査がありますが、上記(1)～(3)について、何か指摘されるのでしょうか？

回　答

> ⑴　S氏はB社の代表取締役であると同時に、貴社の専務取締役も兼務しておりますので、B社での勤務は貴社の役員としての国外での勤務との指摘があります。
>
> ⑵　S氏は出国後、非居住者となりますので、貴社が出国後に支払った出国前の勤務期間の賞与は、国内での勤務の対価との指摘があります。
>
> ⑶　S氏が国内へ業務で来日した際に支払う手当は、国内での勤務の対価との指摘があります。

解　説

1　役員の給与の取扱い

　役員の給与については、役務提供地にかかわらず、日本で課税を行うこととされています。

　ただし、国外に勤務する役員すべてが課税の対象となるのではなく、「その内国法人の使用人として常時勤務を行う場合の当該役員としての勤務を除く」と規定しています。

　したがって、国外に勤務する内国法人の役員であっても、その勤務内容が内国法人の使用人として常時勤務を行う場合には、課税の対象となる役員から除外することになります。

　課税の対象から除外される役員とは、所基通161-42では、**支店長として常時勤務する場合**を事例として掲げています。また、所基通161-43では**子会社で内国法人の使用人として勤務する場合**を掲げています。

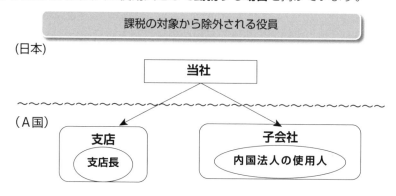

　ご質問の場合、Ｓ氏は、Ｂ社の代表取締役であること、また、貴社では専務取締役であること、これらの勤務の内容から、Ｂ社での勤務は貴社の使用人としての勤務ではなく内国法人の役員としての国外での勤務となります。

　したがって、Ｓ氏に支給する役員報酬は、非居住者に対する給与として支払いの際に源泉徴収し、その徴収の日の属する月の翌月10日までに納付します。

役員Ｓ氏の場合（内国法人の役員としての勤務）

(日本)

```
┌─────────────┐
│     当社      │
└─────────────┘
```

〜〜〜〜〜〜〜〜〜〜〜〜〜〜〜〜〜〜〜〜〜〜〜〜〜〜〜〜〜〜〜〜〜

（Ａ国）

```
┌─────────────────┐        ┌──────────┐
│    子会社 Ｂ      │        │    Ｓ氏    │
│  ┌───────────┐  │        ├──────────┤
│  │ Ｓ氏の勤務は当社の│  │        │専務取締役（当社）│
│  │ 役員としての勤務 │  │        ├──────────┤
│  └───────────┘  │        │代表取締役（Ｂ社）│
└─────────────────┘        └──────────┘
```

2　出国後に支払われる出国前の勤務期間の賞与の課税上の取扱い

　Ｓ氏の出国前の勤務期間に係る賞与は国内の勤務の対価ですので、非居住者に対する給与として、支払いの際に源泉徴収し、その徴収の日の属する月の翌月10日まで納付します。

令和元.4/1に出国し6/20に賞与〇〇万円を支給した場合

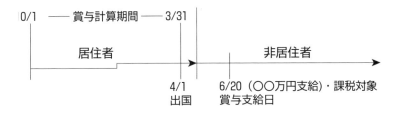

3　取締役会や業務打合わせで来日の際に支給される手当の取扱い

　S氏が国内へ業務で来日した際に支払う手当は、国内での勤務の対価ですので、非居住者に対する給与として、支払いの際に源泉徴収し、その徴収の日の属する月の翌月10日までに納付します。

（所法161十二・所令285・所基通161－42,43）

貴社の税務調査対策

(1)　B社での勤務は貴社の使用人としての勤務ではなく内国法人の役員としての国外での勤務となりますので、S氏に対する給与支払の際に源泉所得税を課税しなければなりません。

(2)　S氏の出国前の勤務期間に係る賞与は国内の勤務の対価ですので、非居住者に対する給与として、賞与支払の際に源泉所得税を課税しなければなりません。

(3)　S氏が国内へ業務で来日した際に支払う手当は、国内での勤務の対価ですので、非居住者に対する給与として、手当支払の際に源泉所得税を課税しなければなりません。

事例9

海外に転勤した社員に支払う家賃の課税もれ

質問

　当社は、社員Aを3年の予定で米国のS社に派遣しました。

　社員Aは、住宅を購入したばかりでしたので、まだ、住宅ローンが多額に残っていますので、会社として、その住宅を借り上げることにしました。

　社員Aに住宅の賃借料を支払う際に源泉所得税を課税しておりません。税務調査の際には、特に問題となるのでしょうか?

[社員派遣のイメージ]

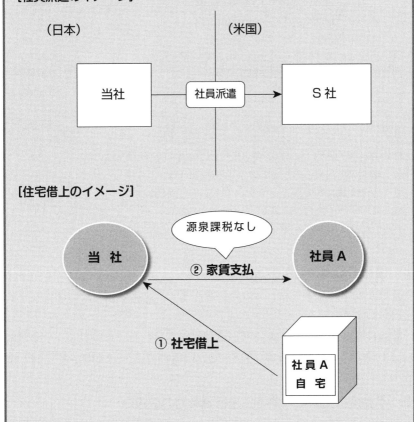

> 社員Aに支払う住宅の賃借料は、非居住者の国内源泉所得に該当し、賃借料を支払う際に、20.42%の税率により源泉徴収すべきとの指摘があります。

解 説

1 非居住者に国内源泉所得を支払う際の源泉徴収について

非居住者に対する次の国内源泉所得を支払う際には源泉徴収しなければなりません。 (所法212①)

国 内 源 泉 所 得	税率
① 組合契約事業利益の配分 (所法161①四)	20.42%
② 土地等の譲渡の対価 (所法161①五)	10.21%
③ 人的役務の提供事業の対価 (所法161①六)	20.42%
④ 不動産の賃貸料等 (所法161①七)	20.42%
⑤ 利子等 (所法161①八)	15.315%
⑥ 配当等 (所法161①九)	20.42%
⑦ 貸付金利子 (所法161①十)	20.42%
⑧ 使用料等 (所法161①十一)	20.42%
⑨ 給与その他の人的役務の提供に対する報酬 (所法161①十二)	20.42%
⑩ 事業の広告宣伝のための賞金 (所法161①十三)	20.42%
⑪ 生命保険契約に基づく年金等 (所法161①十四)	20.42%
⑫ 定期積金の給付補填金等 (所法161①十五)	15.315%
⑬ 匿名組合契約等に基づく利益の分配 (所法161①十六)	20.42%

2 住宅の賃借料の所得区分

社員Aは、3年の予定で海外へ行きますので、出国日の翌日から非居住者となります。

非居住者が国内で住宅を貸付し賃貸料を収受している場合は、その賃貸料は上記④の国内源泉所得（国内にある不動産の貸付の対価）に該当します。

3 不動産賃借料に対する日米租税条約の取扱い

「日米租税条約」第6条によりますと、不動産の直接使用、賃貸その他

の形式のすべての形式から生じる所得は「他方の締約国（日本）において租税を課すことができる」と規定しておりますので、不動産が存在する日本での課税となります。　　（所法161①七・所法212①.日米租税条約6）

貴社の税務調査対策

> 社員Aに支払う住宅の賃借料は、非居住者の国内源泉所得に該当することから、住宅の賃貸料を支払う際に20.42%の税率により源泉徴収する必要があります。

参考

○確定申告

　非居住者はその賃貸料について総合課税により確定申告する必要があり、確定申告する際には、事前に納税管理人を定める必要があります

[非居住者の確定申告（イメージ）]

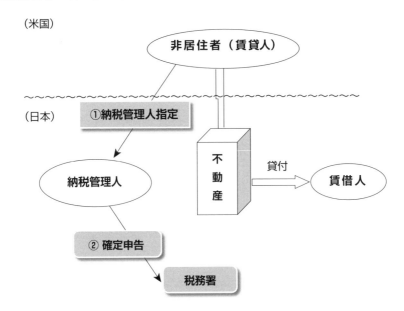

海外支店が支給する短期出張社員に対する給与の課税もれ

当社は、シンガポールに支店を有する法人です。

この度、同支店の社員Fが本社業務の応援で来日し、5ヶ月間働いてもらうことになりました。

本人の希望で日本での給与は、シンガポール支店から本人の口座に支払を行いました。

支払いは、シンガポール支店が行ったことから、当社は給与の支払の際に、源泉徴収を行っておりません。

税務調査の際に、問題となるのでしょうか？

[給与支払のイメージ]

（日本）

| 当社 |

| 社員F派遣
（期間5ヶ月） |

（シンガポール）

| シンガポール支店 | → 給与振込 → | 社員Fの
銀行口座 |

源泉課税なし

調査官の着眼点と指摘事項

　社員Ｆに対する給与の支払がシンガポール支店で行われているが、本店が日本にあることから、日本において給与の支払がおこなわれたものとみなし、シンガポール支店が給与を支払う際に、源泉徴収する必要があるとの指摘があります。

解　説

1　非居住者に国内源泉所得を支払う際の源泉徴収について

　非居住者に対する次の国内源泉所得を支払う際には源泉徴収しなければなりません。　　　　　　　　　　　　　　　　　　　（所法212①）

国 内 源 泉 所 得	税率
①　組合契約事業利益の配分（所法161①四）	20.42%
②　土地等の譲渡の対価（所法161①五）	10.21%
③　人的役務の提供事業の対価（所法161①六）	20.42%
④　不動産の賃貸料等（所法161①七）	20.42%
⑤　利子等（所法161①八）	15.315%
⑥　配当等（所法161①九）	20.42%
⑦　貸付金利子（所法161①十）	20.42%
⑧　使用料等（所法161①十一）	20.42%
⑨　給与その他の人的役務の提供に対する報酬（所法161①十二）	20.42%
⑩　事業の広告宣伝のための賞金（所法161①十三）	20.42%
⑪　生命保険契約に基づく年金等（所法161①十四）	20.42%
⑫　定期積金の給付補填金等（所法161①十五）	15.315%
⑬　匿名組合契約等に基づく利益の分配（所法161①十六）	20.42%

2　非居住者に支払う給与の所得区分

　社員Ｆは、5か月の予定で日本に入国していますので、入国時から非居住者として取り扱われます。　　　　　　　　　　　（所法161①十二）

　非居住者の国内での役務提供の対価である給与は、上記⑨の国内源泉所得（給与その他の人的役務の提供に対する報酬）に該当します。

　したがって、給与支払の際に、20.42%の税率により源泉所得税を課税します。

3 「みなし国内払い」について

　給与の支払が国外において行われる場合において、その支払をする者が、国内に事務所等を有するときは、その者がその給与を国内において支払うものとみなすこととされています。

　これを、「みなし国内払い」といいます。 （所法212②）

4 シンガポール支店が支払う給与の取扱い

　シンガポール支店が社員Fに給与を支払っていますが、貴社は国内に本店を有していますので、国内において支払うものとみなされます。

貴社の税務調査対策

　給与の支払が国外において行われる場合において、その支払をする者が、国内に事務所等を有するときは、その者がその給与を国内において支払うものとみなすこととされています。

　したがって、シンガポール支店が社員Fに給与を支払うとのことですが、貴社は、国内に本店を有していますので、国内において支払うものとみなされますので、シンガポール支店が給与を支払う際に、20.42％の税率により源泉所得税を課税しなければなりません。

「170条申告」とは

質　問

　当社は米国法人Ｘ社の日本子会社です。

　現在、本店からＡ氏とＢ氏の２名の社員（非居住者）が７ヶ月間の予定で派遣されております。給与については、親会社である米国法人Ｘが直接社員に支払います。

　社員の給与は、国外（米国）で支払われていますので、源泉徴収は必要ないと思っております。

　社員は、日本で働いていますので、日本で納税の義務があると思うのですが、社員５名の日本での納税はどのように行うのでしょうか？

［給与支払のイメージ］

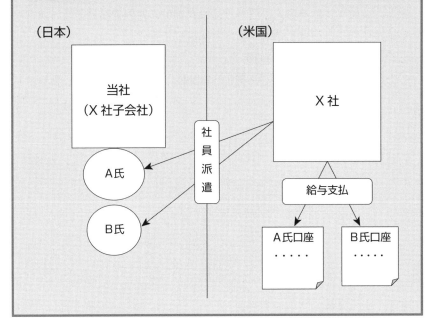

　ご質問の場合は、米国の親会社が国外で社員に給与を支払っていますので、貴社に源泉徴収義務はありません。

　米国法人Ｘ社の社員は日本での役務提供の対価の部分を給与所得として確定申告し、日本で納税します。

解　説

1　非居住者に国内源泉所得を支払う際の源泉徴収について

　非居住者に対し国内において国内で勤務した対価である給与の支払をする者は、その支払いの際に20.42%の税率により源泉徴収する必要があります。

2　源泉徴収の対象とならない国内源泉所得（給与所得）の課税の取扱い

　給与の支給を受ける各人が日本での役務提供の対価の部分を給与所得として確定申告し、日本で納税することになります。

　これを「172条申告」といいます。

　なお、非居住者ですので、税率は分離課税の税率（20.42%）となります。

（根拠法令等・所法170、172）

事例11

国外で使用した機械、装置及び用具の使用料の課税もれ

質 問

　当社は、自動車部品を輸出する会社ですが、昨年、輸出先である中国で販売代理店を対象とした営業会議を開催しました。

　その際に、会議に必要なイス・テーブル・カウンター・DVDプレイヤー等の会議用機材を現地のレンタル会社B社から賃借しました。

　賃借料2百万円は、後日、B社へ海外送金しました。

　昨年の会議は中国で開催したものであり、また、賃借した会議用機材は、すべて同国で使用しておりましたので賃借料支払の際には、源泉所得税を課税しておりません。

　今回、税務調査がありますが、何か指摘されることがあるのでしょうか？

「会議用機材の使用料支払のイメージ」

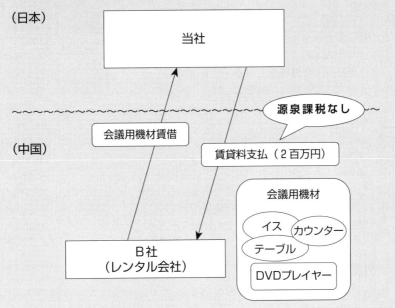

会議用機材は中国国内で使用されていますが、日本と中華人民共和国政府との間の租税条約では、会議用機材がどこで使用されたかにかかわらず、使用料の支払者の所在する日本で所得が発生し課税されることになります。

B社に対する会議用機材の賃借料支払の際に、源泉徴収すべきとの指摘があります。

なお、支払日の前日までに、B社が貴社経由で、「租税条約に関する届出書」（様式3）を貴社を所轄する税務署長に提出することにより税率は10%となります。

解　説

1　外国法人に国内源泉所得を支払う際の源泉徴収について

外国法人に対する次の国内源泉所得を支払う際には源泉徴収しなければなりません。　　　　　　　　　　　　　　　　　　　　　　　（所法212①）

国　内　源　泉　所　得	税率
①　組合契約事業利益の配分（所法161①四）	20.42%
②　土地等の譲渡の対価（所法161①五）	10.21%
③　人的役務の提供事業の対価（所法161①六）	20.42%
④　不動産の賃貸料等（所法161①七）	20.42%
⑤　利子等（所法161①八）	15.315%
⑥　配当等（所法161①九）	20.42%
⑦　貸付金利子（所法161①十）	20.42%
⑧　使用料等（所法161①十一）	20.42%
⑨　事業の広告宣伝のための賞金（所法161①十三）	20.42%
⑩　生命保険契約に基づく年金等（所法161①十四）	20.42%
⑪　定期積金の給付補填金等（所法161①十五）	15.315%
⑫　匿名組合契約等に基づく利益の分配（所法161①十六）	20.42%

2　外国法人について

国内に本店又は主たる事務所を有する法人（内国法人）以外の法人は、外国法人として取り扱われます。　　　　　　　　　　　　　　（法2七）

3　B社について

　B社は中国に本店を有する法人ですので、外国法人に該当します。

4　外国法人に支払う機械、装置及び用具の使用料の所得区分

　外国法人に支払う機械、装置及び用具の使用料は上記⑧の国内源泉所得（使用料等）に該当します。

5　会議用機材の賃借料の所得区分

　今回の会議に際し賃借した会議用機材の賃借料は上記の国内源泉所得の⑧の使用料等（機械、装置及び用具の使用料）に該当します。

6　国内法の取扱い

　国内法では、機械、装置及び用具の使用料については国内において業務を行う者から受ける使用料は課税の対象となります。

　つまり、会議用機材を日本国内で使用した場合にのみ国内源泉所得に該当し、使用した場所に所得源泉地があり日本で課税となります。

　これを**「使用地主義」**といいます。

7　租税条約による取扱い

　中華人民共和国政府との間の租税条約によりますと、会議用機材の賃借料は第12条の「産業上、商業上若しくは学術上の設備の使用の対価」として使用料に該当します。

　そして、貴社がB社へ支払う会議用機材の賃借料の所得源泉地については、その使用料を支払う債務者の居住地に所得源泉地があり課税となります。

　これを**「債務者主義」**といいます。

貴社の税務調査対策

(1)　租税条約と国内法とで異なる所得源泉地を規定している場合には租税条約が国内法に優先しますので、「債務者主義」により、会議用機材が日本で使用されるか否かにかかわらず、使用料を支払う日本国内に所得の源泉地があり日本で課税されます。

(2)　租税条約に基づく軽減税率について

　　所得税212条によりますと、今回の機材の使用料に適用される税率は20.42%ですが、中華人民共和国政府との間の租税条約では、<u>適用される税率は10%</u>となります。

　　租税条約に基づく軽減税率の適用を受ける場合は、Ｂ社が貴社経由で貴社の所轄税務署長に**「租税条約に関する届出書」（様式３）**を提出する必要があります。

（参考）債務者主義について

　　所得の源泉地について債務者主義が適用されるかどうかは、支払先の相手国との間の租税条約を確認する必要があります。

　　租税条約の中での債務者主義の表現としては、「その支払者が一方の締約国の政府、当該一方の締約国の地方公共団体又は<u>一方の締約国の居住者である場合には、当該一方の締約国内において生じたものとされる。</u>」となっています。

（所法161十一・所法212①・日中租税条約12）

［租税条約に関する届出書］

様式 3
FORM

払者受付印
支

務署受付印
税

税務署整理欄
（For official use only）

適用；有、無

租 税 条 約 に 関 す る 届 出 書
APPLICATION FORM FOR INCOME TAX CONVENTION

使用料に対する所得税及び復興特別所得税の軽減・免除
Relief from Japanese Income Tax and Special
Income Tax for Reconstruction on Royalties

この届出書の記載に当たっては、別紙の注意事項を参照してください。
See separate instructions.

番号
確認

身元
確認

税務署長殿
To the District Director, ＿＿＿＿＿＿＿＿＿＿Tax Office

□ 限度税率 ＿＿＿＿＿＿％
Applicable Tax Rate
□ 免 税（注11）
Exemption (Note 11)

1 適用を受ける租税条約に関する事項；
Applicable Income Tax Convention
日本国と＿＿＿＿＿＿＿＿＿＿との間の租税条約第＿＿条第＿＿項
The Income Tax Convention between Japan and＿＿＿＿＿＿＿＿＿,Article＿＿＿,para.＿＿＿

2 使用料の支払を受ける者に関する事項；
Details of Recipient of Royalties

氏　名　又　は　名　称 Full name		
個 人 番 号 又 は 法 人 番 号 （ 有 す る 場 合 の み 記 入 ） Individual Number or Corporate Number (Limited to case of a holder)		
個人の場合 Individual	住　所　又　は　居　所 Domicile or residence	（電話番号 Telephone Number）
	国　　　　　　籍 Nationality	
法人その他の 団体の場合	本店又は主たる事務所の所在地 Place of head office or main office	（電話番号 Telephone Number）
	設 立 又 は 組 織 さ れ た 場 所 Place where the Corporation was established or organized	
Corporation or other entity	事業が管理・支配されている場所 Place where the business is managed and controlled	（電話番号 Telephone Number）
下記「4」の使用料につき居住者として課税される 国及び納税地(注8) Country where the recipient is taxable as resident on Royalties mentioned in 4 below and the place where he is to pay tax (Note 8)		（納税者番号 Taxpayer Identification Number）
日本国内の恒久的施設の状況 Permanent establishment in Japan □ 有(Yes) ，□ 無(No) If "Yes", explain:	名　　称 Name	
	所　在　地 Address	（電話番号 Telephone Number）
	事 業 の 内 容 Details of Business	

3 使用料の支払者に関する事項；
Details of Payer of Royalties

氏　名　又　は　名　称 Full name		
住所（居所）又は本店（主たる事務所）の所在地 Domicile (residence) or Place of head office (main office)		（電話番号 Telephone Number）
個 人 番 号 又 は 法 人 番 号 （ 有 す る 場 合 の み 記 入 ） Individual Number or Corporate Number (Limited to case of a holder)		（事業の内容 Details of Business）
日本国内にある事務所等 Office, etc. located in Japan	名　称 Name	
	所　在　地 Address	（電話番号 Telephone Number）

4 上記「3」の支払者から支払を受ける使用料で「1」の租税条約の規定の適用を受けるものに関する事項（注9）；
Details of Royalties received from the Payer to which the Convention mentioned in 1 above is applicable (Note 9)

使用料の内容 Description of Royalties	契約の締結年月日 Date of Contract	契　約　期　間 Period of Contract	使用料の計算方法 Method of Computation for Royalties	使用料の支払期日 Due Date for Payment	使用料の金額 Amount of Royalties

5 その他参考となるべき事項（注10）；
Others (Note 10)

【裏面に続きます (Continue on the reverse) 】

6　日本の税法上、届出書の「2」の外国法人が納税義務者とされるが、租税条約の規定によりその株主等である者（相手国居住者に限ります。）の所得として取り扱われる部分に対して租税条約の適用を受けることとされている場合の租税条約の適用を受ける割合に関する事項等（注4）；
　　Details of proportion of income to which the convention mentioned in 1 above is applicable, if the foreign company mentioned in 2 above is taxable as a company under Japanese tax law, and the convention is applicable to income that is treated as income of the member (limited to a resident of the other contracting country) of the foreign company in accordance with the provisions of the convention (Note 4)

届出書の「2」の外国法人の株主等で租税条約の適用を受ける者の氏名又は名称 Name of member of the foreign company mentioned in 2 above, to whom the Convention is applicable	間接保有 Indirect Ownership	持分の割合 Ratio of Ownership	受益の割合＝ 租税条約の適用を受ける割合 Proportion of benefit = Proportion for Application of Convention
		%	%
		%	%
		%	%
		%	%
		%	%
合計 Total		%	%

届出書の「2」の欄に記載した外国法人が支払を受ける「4」の使用料について、「1」の租税条約の相手国の法令に基づきその株主等である者の所得として取り扱われる場合には、その根拠法令及びその効力を生じる日を記載してください。
If royalties mentioned in 4 above that a foreign company mentioned in 2 above receives are treated as income of those who are its members under the law in the other contracting country of the convention mentioned in 1 above, enter the law that provides the legal basis to the above treatment and the date on which it will become effective.

根拠法令　　　　　　　　　　　　　　　　　　　　　　　　　　　　　　効力を生じる日　　　　年　　　月　　　日
Applicable law　　　　　　　　　　　　　　　　　　　　　　　　　　　Effective date

7　日本の税法上、届出書の「2」の団体の構成員が納税義務者とされるが、租税条約の規定によりその団体の所得として取り扱われるものに対して租税条約の適用を受けることとされている場合の記載事項等（注5）；
　　Details if, while the partner of the entity mentioned in 2 above is taxable under Japanese tax law, and the convention is applicable to income that is treated as income of the entity in accordance with the provisions of the convention (Note 5)

他の全ての構成員から通知を受けこの届出書を提出する構成員の氏名又は名称
Full name of the partner of the entity who has been notified by all other partners and is to submit this form

届出書の「2」に記載した団体が支払を受ける「4」の使用料について、「1」の租税条約の相手国の法令に基づきその団体の所得として取り扱われる場合には、その根拠法令及びその効力を生じる日を記載してください。
If royalties mentioned in 4 above that an entity at mentioned in 2 above receives are treated as income of the entity under the law in the other contracting country of the convention mentioned in 1 above, enter the law that provides the legal basis to the above treatment and the date on which it will become effective.

根拠法令　　　　　　　　　　　　　　　　　　　　　　　　　　　　　　効力を生じる日　　　　年　　　月　　　日
Applicable law　　　　　　　　　　　　　　　　　　　　　　　　　　　Effective date

私は、この届出書の「4」に記載した使用料が「1」に掲げる租税条約の規定の適用を受けるものであることを、また、この届出書（及び付表）の記載事項が正確かつ完全であることを宣言します。

In accordance with the provisions of the Ministerial Ordinance for the Implementation of the Law concerning the Special Measures of the Income Tax Act, the Corporation Tax Act and the Local Tax Act for the Enforcement of Income Tax Conventions and the Ministerial Ordinance concerning Special Income Tax for Reconstruction, I hereby submit this application form under the belief that the provisions of the Income Tax Convention mentioned in 1 above is applicable to Royalties mentioned in 4 above and also hereby declare that the statement on this form (and attachment form) is correct and complete to the best of my knowledge and belief.

　　　　　年　　　月　　　日
Date

使用料の支払を受ける者又はその代理人の署名
Signature of the Recipient of Royalties or his Agent

○　代理人に関する事項　；　この届出書を代理人によって提出する場合には、次の欄に記載してください。
　　Details of the Agent　；　If this form is prepared and submitted by the Agent, fill out the following columns.

代理人の資格 Capacity of Agent in Japan	氏名（名称） Full name		納税管理人の届出をした税務署名 Name of the Tax Office where the Tax Agent is registered
□　納税管理人　※ 　　Tax Agent □　その他の代理人 　　Other Agent	住所（居所・所在地） Domicile (Residence or location)	（電話番号　Telephone Number）	税務署 Tax Office

※　「納税管理人」とは、日本国の国税に関する申告、申請、請求、届出、納付等の事項を処理させるため、国税通則法の規定により選任し、かつ、日本国における納税地の所轄税務署長に届出をした代理人をいいます。

※　"Tax Agent" means a person who is appointed by the taxpayer and is registered at the District Director of Tax Office for the place where the taxpayer is to pay his tax, in order to have such agent take necessary procedures concerning the Japanese national taxes, such as filing a return, applications, claims, payment of taxes, etc., under the provisions of Act on General Rules for National Taxes.

○　適用を受ける租税条約が特典条項を有する租税条約である場合；
　　If the applicable convention has article of limitation on benefits

特典条項に関する付表の添付　　　　　　　□有Yes
¨Attachment Form for Limitation on Benefits Article¨ attached

　　　　　□添付省略Attachment not required
（特典条項に関する付表を添付して提出した租税条約に関する届出書の提出日
Date of previous submission of the application for income tax convention with the ¨Attachment Form for Limitation on Benefits Article¨　　　　　年　　　月　　　日）

事例12

外国法人が所有する建物の賃借料の課税もれ

質 問

　当社は中国に本店を有するＳ社との間で「不動産賃貸借契約」を締結し、同社が投資目的で購入した首都圏のマンションを役員用住宅として月額50万円で賃借しております。

　マンションの賃借料はＳ社の日本国内の口座に支払っております。

　Ｓ社の国内の口座に振込んでいることから、賃借料支払の際には、源泉所得税を徴収しておりません。

　税務調査の際に、特に問題になるのでしょうか？

［中国企業からのマンション借上げのイメージ］

（日本）

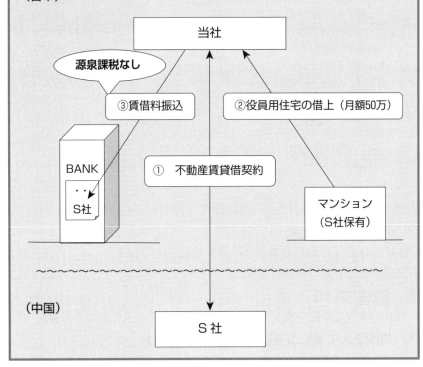

（中国）

中国に本店を有するＳ社は外国法人に該当しますので、貴社からＳ社に支払われるマンションの賃借料は、外国法人が国内にある不動産の貸付けの対価に該当し、賃借料支払の際に20.42%の税率により源泉徴収すべきとの指摘があります。

解　説

1　外国法人に国内源泉所得を支払う際の源泉徴収について

外国法人に対する次の国内源泉所得を支払う際には源泉徴収しなければなりません。　　　　　　　　　　　　　　　　　　　　　　　　（所法212①）

国 内 源 泉 所 得	税率
①　組合契約事業利益の配分（所法161①四）	20.42%
②　土地等の譲渡の対価（所法161①五）	10.21%
③　人的役務の提供事業の対価（所法161①六）	20.42%
④　不動産の賃貸料等（所法161①七）	20.42%
⑤　利子等（所法161①八）	15.315%
⑥　配当等（所法161①九）	20.42%
⑦　貸付金利子（所法161①十）	20.42%
⑧　使用料等（所法161①十一）	20.42%
⑨　事業の広告宣伝のための賞金（所法161①十三）	20.42%
⑩　生命保険契約に基づく年金等（所法161①十四）	20.42%
⑪　定期積金の給付補填金等（所法161①十五）	15.315%
⑫　匿名組合契約等に基づく利益の分配（所法161①十六）	20.42%

2　外国法人について

国内に本店又は主たる事務所を有する法人（内国法人）以外の法人は、外国法人として取り扱われます。　　　　　　　　　　　　　　（法２七）

3　Ｓ社について

Ｓ社は中国に本店を有する法人ですので、外国法人に該当します。

4　外国法人に支払う不動産賃借料の所得区分

外国法人が国内に保有する不動産の貸付けによる対価は、上記④の国内源泉所得（不動産の賃貸料等）に該当します。

5　S社に支払う不動産賃借料の所得区分

　中国に本店を有するS社は外国法人に該当しますので、貴社からS社に支払われるマンションの賃借料は、外国法人が国内に保有する不動産の貸付けの対価に該当します。　　　　　　　　　　　　　　（所法161①七）

6　租税条約の取扱い

　日本と中国との間の租税条約によりますと、中国の法人が日本国内の不動産から取得する所得に対しては、日本で租税を課することができると規定しています。　　　　　　　　　　　　　（日・中租税条約第6条1）

> 　一方の締約国の居住者が他方の締約国に存在する不動産から取得する所得に対しては、当該他方の締約国において租税を課することができる。
> 　　　　　　　　　　　　　　　　　　　　　　　　　　（第6条1）

貴社の税務調査対策

> 　中国に本店を有するS社は外国法人に該当しますので、貴社からS社に支払われるマンションの賃借料は、外国法人が国内に保有する不動産の貸付けの対価に該当し、賃借料支払の際に20.42%の税率により源泉所得税を課税する必要があります。　　　　　　　　　　（所212①）

事例13

ニュージーランドの会社に支払う機器のリース料に対する課税もれ

質 問

　当社は、ニュージーランドでコマーシャルの撮影を行う法人です。

　撮影機材については、現地のリース会社S社から借りております。

　撮影が無事終了し、S社から請求書が届き、撮影機材のリース料を送金することになりました。

　海外で機材をリースする場合でも、リース料支払の際に、源泉所得税を課税する場合があると聞きましたが、S社への送金に際しては、源泉徴収せず、請求額の全額を送金しましたが、税務調査の際に、特に問題があるのでしょうか？

［機器リース料支払のイメージ］

（日本）

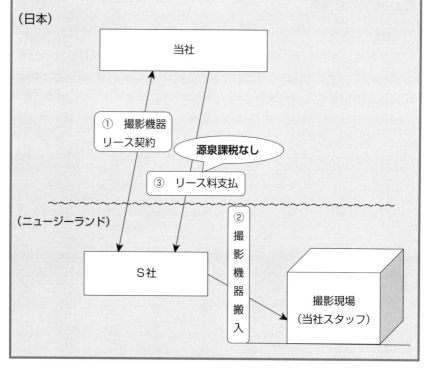

当社

① 撮影機器
リース契約

源泉課税なし

③ リース料支払

（ニュージーランド）

S社

② 撮影機器搬入

撮影現場
（当社スタッフ）

調査官の着眼点と指摘事項

撮影機材は国外（ニュージーランド）で使用されていますが、日本とニュージランドとの間の租税条約では、撮影用機材がどこで使用されたかにかかわらず、使用料の支払者の所在する日本で所得が発生し課税されることになります。

S社に対する撮影機材のリース料支払の際に、源泉徴収すべきとの指摘があります。

解　説

1　外国法人に国内源泉所得を支払う際の源泉徴収について

外国法人に対する次の国内源泉所得を支払う際には源泉徴収しなければなりません。　　　　　　　　　　　　　　　　　　　　　　　（所法212①）

国　内　源　泉　所　得	税率
①　組合契約事業利益の配分（所法161①四）	20.42%
②　土地等の譲渡の対価（所法161①五）	10.21%
③　人的役務の提供事業の対価（所法161①六）	20.42%
④　不動産の賃貸料等（所法161①七）	20.42%
⑤　利子等（所法161①八）	15.315%
⑥　配当等（所法161①九）	20.42%
⑦　貸付金利子（所法161①十）	20.42%
⑧　使用料等（所法161①十一）	20.42%
⑨　事業の広告宣伝のための賞金（所法161①十三）	20.42%
⑩　生命保険契約に基づく年金等（所法161①十四）	20.42%
⑪　定期積金の給付補填金等（所法161①十五）	15.315%
⑫　匿名組合契約等に基づく利益の分配（所法161①十六）	20.42%

2　外国法人について

国内に本店又は主たる事務所を有する法人（内国法人）以外の法人は、外国法人として取り扱われます。　　　　　　　　　　　　　　（法2七）

3　S社について

S社はニュージーランドに本店を有する法人ですので、外国法人に該当します。

4　外国法人に支払う機材のリース料の所得区分

国内において業務を行うもの者から受ける機械、装置等の使用料で、国内業務に係るものは、上記⑧の国内源泉所得（使用料等）に該当します。

（所法161①十一）

5　Ｓ社に支払う使用料の所得区分

ニュージーランドに本店を有するＳ社は外国法人に該当しますが、貴社からＳ社に支払われる撮影機材のリース料は、その機材が国外（ニュージーランド）で使用されていますので、上記⑧の国内源泉所得（使用料等）に該当しません。

6　租税条約の取扱い

日本とニュージーランドとの間の租税条約によりますと、撮影用機材がどこで使用されたかにかかわらず、使用料の支払者の所在する日本で所得が発生し課税されることになります。

（日・ニュージーランド租税条約第12条５）

> 使用料は、その支払者が一方の締約国の居住者である場合には、当該一方の締約国内において生じたものとされる。　　　　　（第12条５）

貴社の税務調査対策

(1)　所得の源泉地と課税の対象

　貴社がニュージーランドのS社からリースしている撮影機材は、国外（ニュージーランド）で使用されていますが、日本とニュージーランドとの間の租税条約によりますと、撮影用機材がどこで使用されたかにかかわらず、使用料の支払者の所在する日本で所得が発生し20.42％の税率により源泉所得税を課税することになります（「債務者主義」の適用）。

(2)　租税条約に基づく軽減税率について

　所得税212条によりますと、今回の機材の使用料に適用される税率は20.42％ですが、ニュージランドとの間の租税条約では、適用される税率は５％となります。

　租税条約に基づく軽減税率の適用をうける場合は、S社が貴社経由で貴社の所轄税務署長に**「租税条約に関する届出書」（様式３）**と**「特典条項に関する付表（ニュージーランド）」**を提出する必要があります。

［租税条約に関する届出書］

様式 3
FORM

払者受付印 支 者 受 付 印
務署受付印 税 務 署 受 付 印

租 税 条 約 に 関 す る 届 出 書
APPLICATION FORM FOR INCOME TAX CONVENTION

使用料に対する所得税及び復興特別所得税の軽減・免除
Relief from Japanese Income Tax and Special
Income Tax for Reconstruction on Royalties

この届出書の記載に当たっては、別紙の注意事項を参照してください。
See separate instructions.

税務署整理欄
For official use only

適用；有、無

番号 確認　　　身元 確認

限度税率　　　　　　％
Applicable Tax Rate
免　税（注11）
Exemption (Note 11)

　　　　　税務署長殿
To the District Director,　　　　　　　　　　　　　Tax Office
1　適用を受ける租税条約に関する事項；
　　Applicable Income Tax Convention
　日本国と　　　　　　　　　　　　　　との間の租税条約第　　条第　　項
　The Income Tax Convention between Japan and　　　　　　　　,Article　　,para.　　

2　使用料の支払を受ける者に関する事項；
　　Details of Recipient of Royalties

氏　名　又　は　名　称 Full name	
個 人 番 号 又 は 法 人 番 号（有 す る 場 合 の み 記 入） Individual Number or Corporate Number (Limited to case of a holder)	
個人の場合 Individual	住　所　又　は　居　所 Domicile or residence	（電話番号 Telephone Number）
	国　　　　　　　籍 Nationality	
法人その他の団体の場合 Corporation or other entity	本店又は主たる事務所の所在地 Place of head office or main office	（電話番号 Telephone Number）
	設 立 又 は 組 織 さ れ た 場 所 Place where the Corporation was established or organized	
	事業が管理・支配されている場所 Place where the business is managed and controlled	（電話番号 Telephone Number）
下記「4」の使用料につき居住者として課税される国及び納税地(注8) Country where the recipient is taxable as resident on Royalties mentioned in 4 below and the place where he is to pay tax (Note 8)	（納税者番号　Taxpayer Identification Number）
日本国内の恒久的施設の状況 Permanent establishment in Japan　□有(Yes)，□無(No) If "Yes", explain:	名　　　称 Name	
	所　在　地 Address	（電話番号 Telephone Number）
	事 業 の 内 容 Details of Business	

3　使用料の支払者に関する事項；
　　Details of Payer of Royalties

氏　名　又　は　名　称 Full name	
住所（居所）又は本店（主たる事務所）の所在地 Domicile (residence) or Place of head office (main office)	（電話番号 Telephone Number）
個 人 番 号 又 は 法 人 番 号（有 す る 場 合 の み 記 入） Individual Number or Corporate Number (Limited to case of a holder)	
日本国内にある事務所等 Office, etc. located in Japan	名　　　称 Name	（事業の内容 Details of Business）
	所　在　地 Address	（電話番号 Telephone Number）

4　上記「3」の支払者から支払を受ける使用料で「1」の租税条約の規定の適用を受けるものに関する事項（注9）；
　　Details of Royalties received from the Payer to which the Convention mentioned in 1 above is applicable (Note 9)

使用料の内容 Description of Royalties	契約の締結年月日 Date of Contract	契　約　期　間 Period of Contract	使用料の計算方法 Method of Computation for Royalties	使用料の支払期日 Due Date for Payment	使 用 料 の 金 額 Amount of Royalties

5　その他参考となるべき事項（注10）；
　　Others (Note 10)

【裏面に続きます（Continue on the reverse）】

6 日本の税法上、届出書の「2」の外国法人が納税義務者とされるが、租税条約の規定によりその株主等である者（相手国居住者に限ります。）の所得として取り扱われる部分に対して租税条約の適用を受けることとされている場合の租税条約の適用を受ける割合に関する事項等（注4）；
Details of proportion of income to which the convention mentioned in 1 above is applicable, if the foreign company mentioned in 2 above is taxable as a company under Japanese tax law, and the convention is applicable to income that is treated as income of the member (limited to a resident of the other contracting country) of the foreign company in accordance with the provisions of the convention (Note 4)

届出書の「2」の外国法人の株主等で租税条約の適用を受ける者の氏名又は名称 Name of member of the foreign company mentioned in 2 above, to whom the Convention is applicable	間接保有 Indirect Ownership	持分の割合 Ratio of Ownership	受益の割合＝ 租税条約の適用を受ける割合 Proportion of benefit = Proportion for Application of Convention
		%	%
		%	%
		%	%
		%	%
合計 Total		%	%

届出書の「2」の欄に記載した外国法人が支払を受ける「4」の使用料について、「1」の租税条約の相手国の法令に基づきその株主等である者の所得として取り扱われる場合には、その根拠法令及びその効力を生じる日を記載してください。
If royalties mentioned in 4 above that a foreign company mentioned in 2 above receives are treated as income of those who are its members under the law in the other contracting country of the convention mentioned in 1 above, enter the law that provides the legal basis to the above treatment and the date on which it will become effective.

根拠法令
Applicable law＿＿＿＿＿＿＿＿＿＿＿＿＿＿＿＿
効力を生じる日　　　年　　　月　　　日
Effective date＿＿＿＿＿＿＿＿＿＿＿

7 日本の税法上、届出書の「2」の団体の構成員が納税義務者とされるが、租税条約の規定によりその団体の所得として取り扱われるものに対して租税条約の適用を受けることとされている場合の記載事項等（注5）；
Details if, while the partner of the entity mentioned in 2 above is taxable under Japanese tax law, and the convention is applicable to income that is treated as income of the entity in accordance with the provisions of the convention (Note 5)

他の全ての構成員から通知を受けたこの届出書を提出する構成員の氏名又は名称＿＿＿＿＿＿＿＿＿＿＿
Full name of the partner of the entity who has been notified by all other partners and is to submit this form

届出書の「2」に記載した団体が支払を受ける「4」の使用料について、「1」の租税条約の相手国の法令に基づきその団体の所得として取り扱われる場合には、その根拠法令及びその効力を生じる日を記載してください。
If royalties mentioned in 4 above that an entity at mentioned in 2 above receives are treated as income of the entity under the law in the other contracting country of the convention mentioned in 1 above, enter the law that provides the legal basis to the above treatment and the date on which it will become effective.

根拠法令
Applicable law＿＿＿＿＿＿＿＿＿＿＿＿＿＿＿＿
効力を生じる日　　　年　　　月　　　日
Effective date＿＿＿＿＿＿＿＿＿＿＿

私は、この届出書の「4」に記載した使用料が「1」に掲げる租税条約の規定の適用を受けるものであることを、「租税条約の実施に伴う所得税法、法人税法及び地方税法の特例等に関する法律の施行に関する省令」及び「復興特別所得税に関する省令」の規定により届け出るとともに、この届出書(及び付表)の記載事項が正確かつ完全であることを宣言します。

Date＿＿＿＿＿＿＿＿　年　　　月　　　日

使用料の支払を受ける者又はその代理人の署名
Signature of the Recipient of Royalties or his Agent＿＿＿＿＿＿＿＿＿

In accordance with the provisions of the Ministerial Ordinance for the Implementation of the Law concerning the Special Measures of the Income Tax Act, the Corporation Tax Act and the Local Tax Act for the Enforcement of Income Tax Conventions and the Ministerial Ordinance concerning Special Income Tax for Reconstruction, I hereby submit this application form under the belief that the provisions of the Income Tax Convention mentioned in 1 above is applicable to Royalties mentioned in 4 above and also hereby declare that the statement on this form (and attachment form) is correct and complete to the best of my knowledge and belief.

○ 代理人に関する事項　；　この届出書を代理人によって提出する場合には、次の欄に記載してください。
Details of the Agent ; If this form is prepared and submitted by the Agent, fill out the following columns.

代理人の資格 Capacity of Agent in Japan	氏名（名称） Full name		納税管理人の届出をした税務署名 Name of the Tax Office where the Tax Agent is registered
□ 納税管理人 ※ Tax Agent □ その他の代理人 Other Agent	住所（居所・所在地） Domicile (Residence or location)	（電話番号 Telephone Number）	税務署 Tax Office

※　「納税管理人」とは、日本国の国税に関する申告、申請、請求、届出、納付等の事項を処理させるため、国税通則法の規定により選任し、かつ、日本国における納税地の所轄税務署長に届出をした代理人をいいます。

※ "Tax Agent" means a person who is appointed by the taxpayer and is registered at the District Director of Tax Office for the place where the taxpayer is to pay his tax, in order to have such agent take necessary procedures concerning the Japanese national taxes, such as filing a return, applications, claims, payment of taxes, etc., under the provisions of Act on General Rules for National Taxes.

○ 適用を受ける租税条約が特典条項を有する租税条約である場合；
If the applicable convention has article of limitation on benefits
特典条項に関する付表の添付 □有Yes
"Attachment Form for Limitation on Benefits Article attached
□添付省略Attachment not required
（特典条項に関する付表を添付して提出した租税条約に関する届出書の提出日
Date of previous submission of the application for income tax convention with the "Attachment Form for Limitation on Benefits Article　　　　年　　　月　　　日)

［特典条項に関する付表（ニュージーランド）］

様　式　17-ニュージーランド
FORM　17-New Zealand

特 典 条 項 に 関 す る 付 表 （ニュージーランド）
ATTACHMENT FORM FOR LIMITATION ON BENEFITS ARTICLE (New Zealand)
記載に当たっては、別紙の注意事項を参照してください。
See separate instructions.

1　適用を受ける租税条約の特典条項に関する事項；
　Limitation on Benefits Article of Applicable Income Tax Convention
　日本国とニュージーランドとの間の租税条約（該当する条項に✔印を付してください。）
　The Income Tax Convention between Japan and New Zealand（Check the applicable box）
　□第10条第3項　または、　　　　paragraph 3 of Article10, or
　□第22条　　　　　　　　　　　Article 22

2　この付表に記載される者の氏名又は名称；

Full name of Resident	居住地国の権限ある当局が発行した居住者証明書を添付してください（注5）。 Please Attach Residency Certification Issued by Competent Authority of Country of Residence. (Note5)

3　租税条約の特典条項の要件に関する事項；
　　AからCの順番に各項目の「□該当」又は「□非該当」の該当する項目に✔印を付してください。いずれかの項目に「該当」する場合には、
　それ以降の項目に記入する必要はありません。なお、該当する項目については、各項目ごとの要件に関する事項を記入の上、必要な書類を添付
　してください。（注6）
　　In order of sections A, B and C , check the applicable box in each line as "Yes" or "No". If you check any box as "Yes" in sections A to
　C, you need not fill in the lines that follow. Only the applicable lines need to be filled in and any necessary documents must be attached.(Note6)

A

(1)　第10条第3項の規定の適用を受ける場合
　　In the case where paragraph 3 of Article 10 of the Act is applicable.

公開会社（注7）　Publicly Traded Company（Note7）		□該当 Yes , □非該当 No
公認の有価証券市場の名称 Recognised Stock Exchange	シンボル又は証券コード Ticker Symbol or Security Code	

(2)　第22条の規定の適用を受ける場合
　　In the case where Article 22 of the Act is applicable.

①　個人 Individual		□該当 Yes , □非該当 No
②　適格政府機関（注8）　Qualified Governmental Entity（Note8）		□該当 Yes , □非該当 No
③　公開会社（注7）　Publicly Traded Company（Note7）		□該当 Yes , □非該当 No

公認の有価証券市場の名称 Recognised Stock Exchange	シンボル又は証券コード Ticker Symbol or Security Code

④　年金基金（注9）　Pension Fund（Note9）
　　直前の課税年度の終了の日においてその受益者、構成員又は参加者の50％を超えるものが日本又はニュージーランドの居住者である個人である
　ものに限ります。受益者等の50％超が、両締約国の居住者である事情を記入してください。
　　The "Pension Fund" is limited to those where more than 50% of beneficiaries, members or participants were individual residents of Japan
　or New Zealand as of the end of the prior taxable year. Please provide details below showing that more than 50% of beneficiaries et al. are
　individual residents of either contracting countries.

設立等の根拠法令　Law for Establishment

⑤　公益団体（注10）　Public Service Organisation（Note10）			□該当 Yes , □非該当 No
設立等の根拠法令　Law for Establishment	設立の目的　Purpose of Establishment	非課税の根拠法令　Law for Tax Exemption	

　Aのいずれにも該当しない場合は、Bに進んでください。If none of the lines in A are applicable, please proceed to B.

B

(1) 第10条第3項の規定の適用を受ける場合
In the case where paragraph 3 of Article 10 of the Act is applicable.

5以下のA(1)の公開会社に該当する法人又はこれによりその議決権の50%以上を直接又は間接に所有されている法人	□該当 Yes , □非該当 No
The company has at least 50 per cent of its voting power in the aggregate owned directly or indirectly by five or fewer companies referred to A(1).	

株主等の氏名又は名称 Name of Shareholder(s)	公認の有価証券市場の名称 Recognised Stock Exchange	シンボル又は証券コード Ticker Symbol or Security Code	間接保有 Indirect Ownership	株主等の持分 Number of Voting Power Owned
			□	
			□	
			□	
			□	
			□	
合　　計 Total（持分割合　Ratio（%）of Voting Power owned）				(%)

(2) 第22条の規定の適用を受ける場合
In the case where Article 22 of the Act is applicable.

個人以外の者 Person other than an Individual	□該当 Yes , □非該当 No
A(2)の①から⑤までの者である日本国又はニュージーランドの居住者が、議決権その他の受益に関する持分の 50%以上を直接又は間接に所有する場合に限ります。（注11） The "Person other than an Individual" is limited to the person, where residents of Japan or New Zealand who fall under ①,②,③,④ or ⑤ of A(2) own, either directly or indirectly, at least 50% of the voting power or other beneficial interests of the person.（Note11）	

＿＿＿ 年 ＿ 月 ＿ 日現在の株主等の状況　State of Shareholders, etc. as of（date）＿＿＿＿ ／＿＿ ／＿＿

株主等の氏名又は名称 Name of Shareholder(s)	居住地国における納税地 Place Where Shareholder(s) is Taxable in Country of Residence	Aの番号 Number of Line A	間接保有 Indirect Ownership	株主等の持分 Number of Voting Power Owned
			□	
			□	
			□	
合　　計 Total（持分割合　Ratio（%）of Voting Power owned）				（　%）

➡ 第22条の規定の適用を受ける場合であって、Bに該当しないときは、Cに進んでください。
In the case where Article 22 of the Act is applicable, if B does not apply, proceed to C.

C

次の(a)から(c)の要件を全て満たす者 Resident satisfying all of the following conditions from (a) through (c)	□該当 Yes , □非該当 No

居住地国において行っている事業の概要(注12)；Description of business in residence country (Note12)

(a) 居住地国において行っている事業が、自己の勘定のために投資を行い又は管理するもの（銀行、保険会社又は証券会社が行う銀行業、保険業又は証券業を除きます。）ではないこと（注13）：　　　　　　□はい Yes , □いいえ No
　　The business in the country of residence is other than that of making or managing investments for the resident's own account (unless the business is banking, insurance or a securities business carried on by a bank, insurance company or securities dealer) (Note13)

(b) 所得が居住地国において行っている事業に関連又は付随して取得されるものであること（注14）：　　□はい Yes , □いいえ No
　　An item of income is derived in connection with or is incidental to that business in the country of residence (Note14)

(c) （日本国内において行う事業から所得を取得する場合）居住地国において行う事業が日本国内において行う事業との関係で実質的なものであること（注15）：　　　　　　　　　　　　　　　　　　　　　　□はい Yes , □いいえ No
　　(If you derive an item of income from a business in Japan) The business carried on in the country of residence is substantial in relation to the business carried on in in Japan. (Note 15)

日本国内において行っている事業の概要；Description of Business in Japan.

D　国税庁長官の認定（注16）；
　　Determination by the NTA Commissioner (Note16)
　　　国税庁長官の認定を受けている場合は,以下にその内容を記載してください。その認定の範囲内で租税条約の特典を受けることができます。なお、上記AからCまでのいずれかに該当する場合には,原則として、国税庁長官の認定は不要です。
　　　If you have received determination from the NTA Commissioner, please describe below the nature of the determination. The convention benefits will be granted within the range of the determination. If any of the above mentioned Lines A through to C are applicable, then in principle, determination from the NTA Commissioner is not necessary.

　　　　　　　　　　　　　　　　　　　　　　　　　　年　　　　月　　　　日
　・認定を受けた日　Date of determination ＿＿＿＿＿＿＿＿＿＿＿＿＿＿＿＿

　・認定を受けた所得の種類
　　Type of income for which the determination was received＿＿＿＿＿＿＿＿＿＿＿＿＿＿＿＿＿＿＿＿＿＿＿＿＿＿＿＿＿＿＿

148

事例14
インド法人に支払う役務提供の対価に対する課税もれ

質 問

　当社は、ソフトウエア開発を行う法人ですが、この度、ソフトウエア開発技術者の派遣を行うインドに本店を有するＤ社との間で技術者派遣契約を締結し、５名の技術者の派遣を受けました。

　業務委託料はＤ社に支払っておりますが、支払の際には、源泉所得税を課税しておりません。

　この場合に、税務調査に際し、特に問題となるのでしょうか？

[インド法人との間の技術者派遣契約のイメージ]

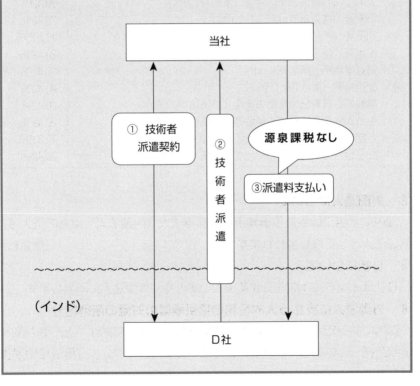

（日本）

　　当社

① 技術者
　 派遣契約

② 技術者派遣

源泉課税なし

③派遣料支払い

（インド）

　　Ｄ社

専門性を有するソフトウエア技術者派遣の対価は、インドとの間の租税条約に規定する「技術上の役務に対する料金」として使用料等に該当し、源泉徴収すべきとの指摘があります。

解　説

1　外国法人に国内源泉所得を支払う際の源泉徴収について

外国法人に対する次の国内源泉所得を支払う際には源泉徴収しなければなりません。　　　　　　　　　　　　　　　　　　　　　（所法212①）

国 内 源 泉 所 得	税率
①　組合契約事業利益の配分（所法161①四）	20.42%
②　土地等の譲渡の対価（所法161①五）	10.21%
③　人的役務の提供事業の対価（所法161①六）	20.42%
④　不動産の賃貸料等（所法161①七）	20.42%
⑤　利子等（所法161①八）	15.315%
⑥　配当等（所法161①九）	20.42%
⑦　貸付金利子（所法161①十）	20.42%
⑧　使用料等（所法161①十一）	20.42%
⑨　事業の広告宣伝のための賞金（所法161①十三）	20.42%
⑩　生命保険契約に基づく年金等（所法161①十四）	20.42%
⑪　定期積金の給付補填金等（所法161①十五）	15.315%
⑫　匿名組合契約等に基づく利益の分配（所法161①十六）	20.42%

2　外国法人について

国内に本店又は主たる事務所を有する法人（内国法人）以外の法人は、外国法人として取り扱われます。　　　　　　　　　　　　　（法2七）

3　D社について

D社はインドに本店を有する法人ですので、外国法人に該当します。

4　外国法人に支払う人的役務の提供事業の対価の所得区分

国内において人的役務の提供を主たる内容とする事業は、上記③の国内源泉所得（人的役務の提供事業の対価）に該当します。　　（所法161①六）

5　D社に支払う使用料の所得区分

　ソフトウエア開発技術者の派遣を行うD社との間で技術者派遣契約により支払う派遣料は上記③の国内源泉所得（人的役務の提供事業の対価）に該当します。

6　租税条約の取扱い

　技術者派遣契約により支払う派遣料は、専門性を有するソフトウエア開発技術者派遣の対価であり、日本とインドとの間の租税条約に規定する「技術上の役務に対する料金」に該当すると考えられ、使用料等として日本で課税の対象となります。　　　　　　　　（日・インド租税条約第12条4）

　「技術上の役務に対する料金」とは、技術者その他の人員によって提供される役務を含む経営的若しくは技術的性質の役務又はコンサルタントの役務の対価としてのすべての支払金（支払者のその雇用する者に対する支払金及び第14条に定める独立の人的役務の対価としての個人に対する支払金を除く。）をいう。　　　　　　　　　　　　　　（第12条4）

貴社の税務調査対策

(1)　課税の対象

　技術者派遣契約により支払う派遣料は、専門性を有するソフトウエア開発技術者派遣の対価であり、日本とインドとの間の租税条約に規定する「技術上の役務に対する料金」に該当し、使用料と考えられますので、その派遣料支払の際に、20.42％の税率により、源泉所得税を課税する必要があります。

(2)　租税条約に基づく軽減税率について

　所得税212条によりますと、技術者派遣の対価に適用される税率は20.42％ですが、インドとの間の租税条約では、適用される税率は10％となります。租税条約に基づく軽減税率の適用をうける場合はD社が貴社経由で貴社の所轄税務署長に**「租税条約に関する届出書」（様式3）**を提出する必要があります。

［租税条約に関する届出書］

様式 3
FORM

租 税 条 約 に 関 す る 届 出 書
APPLICATION FORM FOR INCOME TAX CONVENTION

使用料に対する所得税及び復興特別所得税の軽減・免除
Relief from Japanese Income Tax and Special
Income Tax for Reconstruction on Royalties

この届出書の記載に当たっては、別紙の注意事項を参照してください。
See separate instructions.

税務署整理欄
For official use only

適用；有、無

番号 確認　身元 確認

□ 限度税率　　　　　　％
Applicable Tax Rate
□ 免　税（注11）
Exemption (Note 11)

払者受付印 支払者受付印　務署受付印 税務署受付印

税務署長殿
To the District Director, _____ Tax Office

1 適用を受ける租税条約に関する事項；
Applicable Income Tax Convention
日本国と_____との間の租税条約第____条第____項
The Income Tax Convention between Japan and_____, Article____, para.____

2 使用料の支払を受ける者に関する事項；
Details of Recipient of Royalties

氏　名　又　は　名　称 Full name	
個 人 番 号 又 は 法 人 番 号（有する場合のみ記入） Individual Number or Corporate Number (Limited to case of a holder)	
個 人 の 場 合 Individual	住　所　又　は　居　所 Domicile or residence	（電話番号 Telephone Number）
	国　　　籍 Nationality	
法人その他の団体の場合 Corporation or other entity	本店又は主たる事務所の所在地 Place of head office or main office	（電話番号 Telephone Number）
	設 立 又 は 組 織 さ れ た 場 所 Place where the Corporation was established or organized	
	事業が管理・支配されている場所 Place where the business is managed and controlled	（電話番号 Telephone Number）
下記「4」の使用料につき居住者として課税される国及び納税地(注8) Country where the recipient is taxable as resident on Royalties mentioned in 4 below and the place where he is to pay tax (Note 8)		（納税者番号 Taxpayer Identification Number）
日本国内の恒久的施設の状況 Permanent establishment in Japan	名　　　称 Name	
	所　在　地 Address	（電話番号 Telephone Number）
□ 有(Yes)，□ 無(No) If "Yes", explain:	事 業 の 内 容 Details of Business	

3 使用料の支払者に関する事項；
Details of Payer of Royalties

氏　名　又　は　名　称 Full name	
住所（居所）又は本店（主たる事務所）の所在地 Domicile (residence) or Place of head office (main office)	（電話番号 Telephone Number）
個 人 番 号 又 は 法 人 番 号（有する場合のみ記入） Individual Number or Corporate Number (Limited to case of a holder)	（事業の内容 Details of Business）
日 本 国 内 に あ る 事 務 所 等 Office, etc. located in Japan	名　　　称 Name	（事業の内容 Details of Business）
	所　在　地 Address	（電話番号 Telephone Number）

4 上記「3」の支払者から支払を受ける使用料で「1」の租税条約の規定の適用を受けるものに関する事項(注9)；
Details of Royalties received from the Payer to which the Convention mentioned in 1 above is applicable (Note 9)

使 用 料 の 内 容 Description of Royalties	契約の締結年月日 Date of Contract	契 約 期 間 Period of Contract	使用料の計算方法 Method of Computation for Royalties	使用料の支払期日 Due Date for Payment	使 用 料 の 金 額 Amount of Royalties

5 その他参考となるべき事項（注10）；
Others (Note 10)

【裏面に続きます (Continue on the reverse) 】

6 日本の税法上、届出書の「2」の外国法人が納税義務者とされるが、租税条約の規定によりその株主等である者（相手国居住者に限ります。）の所得として取り扱われる部分に対して租税条約の適用を受けることとされている場合の租税条約の適用を受ける割合に関する事項等（注4）；
Details of proportion of income to which the convention mentioned in 1 above is applicable, if the foreign company mentioned in 2 above is taxable as a company under Japanese tax law, and the convention is applicable to income that is treated as income of the member (limited to a resident of the other contracting country) of the foreign company in accordance with the provisions of the convention (Note 4)

届出書の「2」の外国法人の株主等で租税条約の適用を受ける者の氏名又は名称 Name of member of the foreign company mentioned in 2 above, to whom the Convention is applicable	間接保有 Indirect Ownership	持分の割合 Ratio of Ownership	受益の割合＝ 租税条約の適用を受ける割合 Proportion of benefit = Proportion for Application of Convention
	「 」	%	%
	「 」	%	%
	「 」	%	%
	「 」	%	%
	「 」	%	%
合計 Total			

届出書の「2」の欄に記載した外国法人が支払を受ける「4」の使用料について、「1」の租税条約の相手国の法令に基づきその株主等である者の所得として取り扱われる場合には、その根拠法令及びその効力を生じる日を記載してください。
If royalties mentioned in 4 above that a foreign company mentioned in 2 above receives are treated as income of those who are its members under the law in the other contracting country of the convention mentioned in 1 above, enter the law that provides the legal basis to the above treatment and the date on which it will become effective.

根拠法令 _____ 効力を生じる日 ____ 年 ___ 月 ___ 日
Applicable law Effective date

7 日本の税法上、届出書の「2」の団体の構成員が納税義務者とされるが、租税条約の規定によりその団体の所得として取り扱われるものに対して租税条約の適用を受けることとされている場合の記載事項等（注5）；
Details if, while the partner of the entity mentioned in 2 above is taxable under Japanese tax law, and the convention is applicable to income that is treated as income of the entity in accordance with the provisions of the convention (Note 5)

他の全ての構成員から通知を受けたこの届出書を提出する構成員の氏名又は名称_____
Full name of the partner of the entity who has been notified by all other partners and is to submit this form

届出書の「2」に記載した団体が支払を受ける「4」の使用料について、「1」の租税条約の相手国の法令に基づきその団体の所得として取り扱われる場合には、その根拠法令及びその効力を生じる日を記載してください。
If royalties mentioned in 4 above that an entity at mentioned in 2 above receives are treated as income of the entity under the law in the other contracting country of the convention mentioned in 1 above, enter the law that provides the legal basis to the above treatment and the date on which it will become effective.

根拠法令 _____ 効力を生じる日 ____ 年 ___ 月 ___ 日
Applicable law Effective date

私は、この届出書の「4」に記載した使用料が「1」に掲げる租税条約の規定の適用を受けるものであることを、「租税条約等の実施に伴う所得税法、法人税法及び地方税法の特例等に関する法律の施行に関する省令」及び「復興特別所得税に関する省令」の規定により申し出るとともに、この届出書（及び付表）の記載事項が正確かつ完全であることを宣言します。
年 ___ 月 ___ 日
Date_____

使用料の支払を受ける者又はその代理人の署名
Signature of the Recipient of Royalties or his Agent

In accordance with the provisions of the Ministerial Ordinance for the Implementation of the Law concerning the Special Measures of the Income Tax Act, the Corporation Tax Act and the Local Tax Act for the Enforcement of Income Tax Conventions and the Ministerial Ordinance concerning Special Income Tax for Reconstruction, I hereby submit this application form under the belief that the provisions of the Income Tax Convention mentioned in 1 above is applicable to Royalties mentioned in 4 above and also hereby declare that the statement on this form (and attachment form) is correct and complete to the best of my knowledge and belief.

○ 代理人に関する事項 ； この届出書を代理人によって提出する場合には、次の欄に記載してください。
Details of the Agent ; If this form is prepared and submitted by the Agent, fill out the following columns.

代理人の資格 Capacity of Agent in Japan	氏名（名称） Full name		納税管理人の届出をした税務署名 Name of the Tax Office where the Tax Agent is registered
□ 納税管理人 ※ Tax Agent □ その他の代理人 Other Agent	住所（居所・所在地） Domicile (Residence or location)	（電話番号 Telephone Number）	税務署 Tax Office

※ 「納税管理人」とは、日本国の国税に関する申告、申請、請求、届出、納付等の事項を処理させるため、国税通則法の規定により選任し、かつ、日本国における納税地の所轄税務署長に届出をした代理人をいいます。

※ "Tax Agent" means a person who is appointed by the taxpayer and is registered at the District Director of Tax Office for the place where the taxpayer is to pay his tax, in order to have such agent take necessary procedures concerning the Japanese national taxes, such as filing a return, applications, claims, payment of taxes, etc., under the provisions of Act on General Rules for National Taxes.

○ 適用を受ける租税条約が特典条項を有する租税条約である場合；
If the applicable convention has article on limitation on benefits
特典条項に関する付表の添付 ：有Yes
"Attachment Form for Limitation on Benefits Article" attached ：添付省略Attachment not required
（特典条項に関する付表を添付して提出した租税条約に関する届出書の提出日
Date of previous submission of the application for income tax convention with the "Attachment Form for Limitation on Benefits Article" ____ 年 ___ 月 ___ 日)

153

事例15

海外から帰国した社員のために負担した家賃に対する課税もれ

質　問

　当社はＳ国の関係会社Ｔ社に社員Ｂを２年間派遣しておりましたが、本年４月１日に帰国いたしました。

　社員Ｂの帰国後に、Ｓ国滞在時の家賃の未払分２百万円の請求書が届きました。

　Ｓ国での社員Ｂの滞在経費については、当社がすべて負担する契約であることから、当社で２百万円を負担し、５月31日に家主に送金いたしました。

　この家賃については、Ｓ国での住宅に関するものなので、特に、社員Ｂに請求していませんが、税務調査の際に、特に問題となるのでしょうか？

　[未払家賃の請求と負担のイメージ]

（日本）

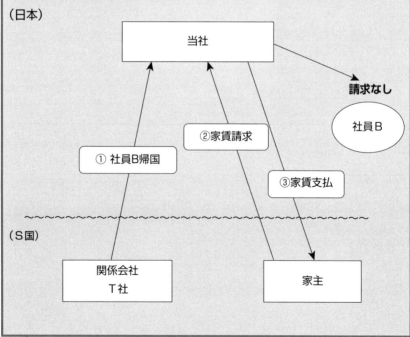

調査官の着眼点と指摘事項

　社員Ｂは、２年間の海外派遣後、現在は、居住者です。

　貴社が社員Ｂのために負担した家賃は貴社と社員Ｂとの間の雇用契約に基づき負担するもので、その負担額は経済的利益の供与に該当し、社員Ｂに対する給与として課税すべきとの指摘があります。

解　説

1　居住形態の判定

　社員Ａは帰国の日から居住者として取り扱われます。

2　経済的利益の供与について

　帰国後に支給される給与又は経済的利益の供与はすべて給与所得として日本で課税されることになります。　　　　　　　　　　　　　　（所法36①）

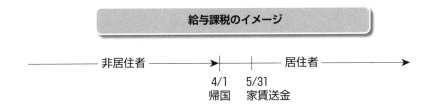

貴社の税務調査対策

　貴社は社員Ｂの現地での家賃（２百万円）を帰国後に家主に送金しておりますが、これは、貴社から社員Ａに対する経済的利益の供与に該当しますので、家賃支払の際に給与所得として課税する必要があります。

事例16

著作権等の使用料に対する課税もれ

質 問

　当社は、デンマークのB社との間でソフトウエアの開発委託契約を締結し、ソフトウエアの開発を依頼しておりましたが、昨年、開発が終了し、ソフトウエアと技術に関する書類の引き渡しを受けました。

　なお、開発の成果（著作権等の知的財産権）は、開発委託契約書において開発受託者であるB社に帰属することとされています。

　ソフトウエア開発の対価として20万ドルを支払いましたが、税務調査において問題となるのでしょうか？

［開発委託契約書］

　［第9条・知的財産権の所有権］

　「契約の両当事者は、本開発委託契約の遂行から生じる著作権等を含む知的財産権すべては、別段の合意がない限り、B社が所有することにつき合意する。・・・・・・」

［ソフトウエア開発委託契約のイメージ］

（日本）

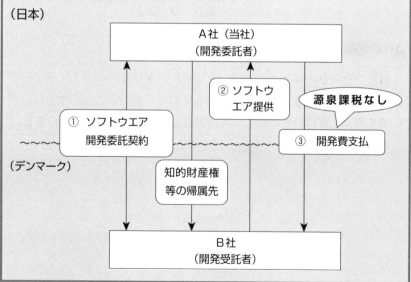

調査官の着眼点と指摘事項

> 貴社がデンマークのＢ社に開発を依頼したソフトウエアの著作権等を含む知的財産権はＢ社に帰属するとのことですので、<u>貴社は同社から著作権の使用の許諾を受けたことになります。</u>
>
> 日本国内で業務を行う者から支払を受ける著作権の使用の許諾の対価は、国内源泉所得として、国内で課税対象となり、貴社がデンマークのＢ社に開発費を支払う際に、源泉所得税の課税対象との指摘があります。

解　説

1　外国法人に国内源泉所得を支払う際の源泉徴収について

外国法人に対する次の国内源泉所得を支払う際には源泉徴収しなければなりません。　　　　　　　　　　　　　　　　　　　　　　（所法212①）

国 内 源 泉 所 得	税率
①　組合契約事業利益の配分（所法161①四）	20.42%
②　土地等の譲渡の対価（所法161①五）	10.21%
③　人的役務の提供事業の対価（所法161①六）	20.42%
④　不動産の賃貸料等（所法161①七）	20.42%
⑤　利子等（所法161①八）	15.315%
⑥　配当等（所法161①九）	20.42%
⑦　貸付金利子（所法161①十）	20.42%
⑧　使用料等（所法161①十一）	20.42%
⑨　事業の広告宣伝のための賞金（所法161①十三）	20.42%
⑩　生命保険契約に基づく年金等（所法161①十四）	20.42%
⑪　定期積金の給付補填金等（所法161①十五）	15.315%
⑫　匿名組合契約等に基づく利益の分配（所法161①十六）	20.42%

2　外国法人について

国内に本店又は主たる事務所を有する法人（内国法人）以外の法人は、外国法人として取り扱われます。　　　　　　　　　　　　　（法２七）

3　Ｂ社について

Ｂ社はデンマークに本店を有する法人ですので、外国法人に該当します。

4 外国法人に支払うソフトウエア開発の対価の所得区分

(1) 著作権法上のソフトウエアの取扱い

著作権法上、ソフトウエアは著作権法 2 ①一、2 ①十、10①九の規定により著作物として取り扱われています。

著作権法第 2 条第 1 項第 1 号

（定義）著作物とは思想又は勘定を創作的に表現したものであって、文芸、学術、美術又は音楽の範囲に属するものをいう。

著作権法第 2 条第 1 項第10号

（定義）プログラムとは電子計算機を昨日させて一の結果を得ることができるようにこれに対する指令を組み合わせたものとして表現したものをいう。

著作権法第10条第 1 項第 9 号

（著作物の例示）この法律にいう著作物を例示すると、おおむね次のとおりである。

九　プログラムの著作物

(2) 所得税法上の取り扱い

ソフトウエアの使用の対価は、所法161条第11号の国内源泉所得として支払いの際に、20.42%の税率により源泉所得税の課税対象となります。

所得税法161条第11号

　国内において業務を行う者から受ける次に掲げる使用料又は対価で当該業務に係るもの

イ　工業所有権その他の技術に関する権利、特別の技術による生産方式若しくはこれらに準ずるものの使用料又はその譲渡による対価

ロ　著作権（出版権及び著作隣接権その他これに準ずるものを含む。）の使用料又はその譲渡による対価

ハ　機械、装置その他政令で定める用具の使用

所得税法基通通達161−23

・・・・・所得税法第161条第11号ロの著作権の使用料とは、著作物（著作権法第2条第1項第1号（定義）に規定する著作物をいう。以下この項において同じ。）の複製、上演、演奏、放送、展示、上映、翻訳、編曲、脚色、映画化その他の著作物の利用又は出版権の設定につき支払を受ける対価の一切をいうのであるから、これらの使用料には、契約を締結するに当たって支払を受ける頭金、権利金等のほか・・・・・・

5　B社に支払う使用料の所得区分

　開発の成果（著作権等の知的財産権）は、開発委託契約書において開発受託者であるB社に帰属することとされていますので、貴社は、B社が開発したソフトウエアの使用を許諾されたことになります。

　したがって、デンマークのB社との間でソフトウエアの開発委託契約に基づくソフトウエアの開発費用は上記⑧の国内源泉所得（使用料等）に該当します。

6　租税条約の取扱い

　日本とデンマークとの間の租税条約によりますと、デンマークの法人に支払う著作権の使用の対価は使用料として課税の対象とされています。

（租税条約第12条1・第12条3）

貴社の税務調査対策

(1) 課税の対象

　デンマークのＢ社との間のソフトウエアの開発委託契約に基づくソフトウエアの開発費用は上記⑧の国内源泉所得（使用料等）に該当します。

　また、日本とデンマークとの間の租税条約によりますと、デンマークの法人に支払う著作権の使用の対価は使用料として課税の対象とされています。

(2) 租税条約に基づく軽減税率について

　所得税212条によりますと、著作権の使用の対価に適用される税率は20.42％ですが、デンマークとの間の租税条約では、適用される税率は10％となります。

　租税条約に基づく軽減税率の適用をうける場合はＢ社が貴社経由で貴社の所轄税務署長に**「租税条約に関する届出書」（様式３）**と**「特典条項に関する付表（デンマーク王国)」**を提出する必要があります。

事例17

著作権等の譲渡に対する課税もれ

質 問

　当社は、デンマークのB社との間でソフトウエアの開発委託契約を締結し、ソフトウエアの開発を依頼しておりましたが、昨年、開発が終了し、ソフトウエアと技術に関する書類の引き渡しを受けました。

　なお、開発の成果（著作権等の知的財産権）は、開発委託契約書において開発委託者である当社に帰属することとされています。

［開発委託契約書］

　［第9条・知的財産権の所有権］

　「契約の両当事者は、本開発委託契約の遂行から生じる著作権等を含む知的財産権すべては、別段の合意がない限り、A社が所有することにつき合意する。・・・・・・」

　ソフトウエア開発の対価として20万ドルを支払いましたが、税務調査において問題となるのでしょうか？

［ソフトウエア開発委託契約のイメージ］

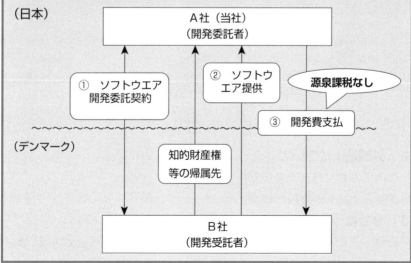

161

> 貴社がデンマークのＢ社に開発を依頼したソフトウエアの著作権等を含む知的財産権は貴社に帰属するとのことですので、貴社は同社から著作権の譲渡を受けたことになります。
>
> 日本国内で業務を行う者から支払を受ける著作権の譲渡の対価は、国内源泉所得として、国内で課税対象となり、貴社がデンマークのＢ社に開発費を支払う際に、源泉所得税の課税対象との指摘があります。

解　説

1　外国法人に国内源泉所得を支払う際の源泉徴収について

外国法人に対する次の国内源泉所得を支払う際には源泉徴収しなければなりません。　　　　　　　　　　　　　　　　　　　　　　　　（所法212①）

国　内　源　泉　所　得	税率
①　組合契約事業利益の配分（所法161①四）	20.42%
②　土地等の譲渡の対価（所法161①五）	10.21%
③　人的役務の提供事業の対価（所法161①六）	20.42%
④　不動産の賃貸料等（所法161①七）	20.42%
⑤　利子等（所法161①八）	15.315%
⑥　配当等（所法161①九）	20.42%
⑦　貸付金利子（所法161十）	20.42%
⑧　使用料等（所法161①十一）	20.42%
⑨　事業の広告宣伝のための賞金（所法161①十三）	20.42%
⑩　生命保険契約に基づく年金等（所法161①十四）	20.42%
⑪　定期積金の給付補塡金等（所法161①十五）	15.315%
⑫　匿名組合契約等に基づく利益の分配（所法161①十六）	20.42%

2　外国法人について

国内に本店又は主たる事務所を有する法人（内国法人）以外の法人は、外国法人として取り扱われます。　　　　　　　　　　　　　　（法２七）

3　Ｂ社について

Ｂ社はデンマークに本店を有する法人ですので、外国法人に該当します。

4　外国法人に支払うソフトウエア開発の対価の所得区分

　ソフトウエアの譲渡の対価は、所法161条第11号の国内源泉所得として支払いの際に、20.42%の税率により源泉所得税の課税対象となります。

所得税法161条第11号

　国内において業務を行う者から受ける次に掲げる使用料又は対価で当該業務に係るもの

イ　工業所有権その他の技術に関する権利、特別の技術による生産方式若しくはこれらに準ずるものの使用料又はその譲渡による対価

ロ　著作権（出版権及び著作隣接権その他これに準ずるものを含む。）の使用料又はその譲渡による対価

ハ　機械、装置その他政令で定める用具の使用

5　B社に支払う使用料の所得区分

　開発の成果（著作権等の知的財産権）は、開発委託契約書において開発委託者である貴社に帰属することとされていますので、貴社は、B社が開発したソフトウエアの譲渡を受けたことになります。

　したがって、デンマークのB社との間でソフトウエアの開発委託契約に基づくソフトウエアの開発費は上記⑧の国内源泉所得（使用料等）に該当します。

6　租税条約の取扱い

　日本とデンマーク王国との間の租税条約によりますと、デンマーク王国の法人に支払う著作権の譲渡の対価は使用料として課税の対象とされています。　　　　　　　　　　　　　　　　　　（日・デンマーク租税条約第12条6）

　1、2及び5の規定は、文学上、美術上若しくは学術上の著作物（映画フィルムを含む。）の著作権、特許権、商標権、意匠若しくは模型、図面又は秘密方式若しくは秘密工程から生ずる収入についても、同様に適用する。ただし、その収入に係る収益について第13条2の規定が適用される場合は、この限りでない。　　　　　　　　　　　　　（第12条6）

貴社の税務調査対策

(1) 課税の対象

　デンマークのＢ社との間のソフトウエアの開発委託契約に基づくソフトウエアの開発費用は上記⑧の国内源泉所得（使用料等）に該当します。また、日本とデンマークとの間の租税条約によりますと、デンマークの法人に支払う著作権の譲渡の対価は使用料として課税の対象とされています。

(2) 租税条約に基づく軽減税率について

　所得税212条によりますと、著作権の譲渡の対価に適用される税率は20.42％ですが、デンマークとの間の租税条約では、適用される税率は10％となります。

　租税条約に基づく軽減税率の適用をうける場合はＢ社が貴社経由で貴社の所轄税務署長に**「租税条約に関する届出書」（様式３）**と**「特典条項に関する付表（デンマーク王国）」**を提出する必要があります。

［租税条約に関する届出書］

様式 3
FORM

払者受付印 支

務署受付印 税

税務署整理欄
For official use only

適用；有、無

租 税 条 約 に 関 す る 届 出 書
APPLICATION FORM FOR INCOME TAX CONVENTION

使用料に対する所得税及び復興特別所得税の軽減・免除
Relief from Japanese Income Tax and Special
Income Tax for Reconstruction on Royalties

この届出書の記載に当たっては、別紙の注意事項を参照してください。
See separate instructions.

番号 確認

身元 確認

_____税務署長殿
To the District Director,_____Tax Office

□ 限度税率_____％
 Applicable Tax Rate
□ 免 税（注11）
 Exemption (Note 11)

1 適用を受ける租税条約に関する事項；
 Applicable Income Tax Convention
 日本国と_____との間の租税条約第___条第___項___
 The Income Tax Convention between Japan and_____, Article____,para.____

2 使用料の支払を受ける者に関する事項；
 Details of Recipient of Royalties

氏　名　又　は　名　称 Full name		
個 人 番 号 又 は 法 人 番 号 （有する場合のみ記入） Individual Number or Corporate Number (Limited to case of a holder)		
個人の場合 Individual	住　所　又　は　居　所 Domicile or residence	（電話番号 Telephone Number）
	国　　　　　籍 Nationality	
法人その他の 団体の場合 Corporation or other entity	本店又は主たる事務所の所在地 Place of head office or main office	（電話番号 Telephone Number）
	設立又は組織された場所 Place where the Corporation was established or organized	
	事業が管理・支配されている場所 Place where the business is managed and controlled	（電話番号 Telephone Number）
下記「4」の使用料につき居住者として課税される 国及び納税地（注8） Country where the recipient is taxable as resident on Royalties mentioned in 4 below and the place where he is to pay tax (Note 8)		（納税者番号 Taxpayer Identification Number）
日本国内の恒久的施設の状況 Permanent establishment in Japan □有(Yes) , □無(No) If "Yes", explain:	名　　　称 Name	
	所　在　地 Address	（電話番号 Telephone Number）
	事 業 の 内 容 Details of Business	

3 使用料の支払者に関する事項；
 Details of Payer of Royalties

氏　名　又　は　名　称 Full name		
住所（居所）又は本店（主たる事務所）の所在地 Domicile (residence) or Place of head office (main office)		（電話番号 Telephone Number）
個 人 番 号 又 は 法 人 番 号 （有する場合のみ記入） Individual Number or Corporate Number (Limited to case of a holder)		
日本国内にある事務所等 Office, etc. located in Japan	名　　　称 Name	（事業の内容 Details of Business）
	所　在　地 Address	（電話番号 Telephone Number）

4 上記「3」の支払者から支払を受ける使用料で「1」の租税条約の規定の適用を受けるものに関する事項（注9）；
 Details of Royalties received from the Payer to which the Convention mentioned in 1 above is applicable (Note 9)

使用料の内容 Description of Royalties	契約の締結年月日 Date of Contract	契　約　期　間 Period of Contract	使用料の計算方法 Method of Computation for Royalties	使用料の支払期日 Due Date for Payment	使 用 料 の 金 額 Amount of Royalties

5 その他参考となるべき事項（注10）；
 Others (Note 10)

【裏面に続きます（Continue on the reverse）】

6 日本の税法上、届出書の「2」の外国法人が納税義務者とされるが、租税条約の規定によりその株主等である者（相手国居住者に限ります。）の所
得として取り扱われる部分に対して租税条約の適用を受けることとされている場合の租税条約の適用を受ける割合に関する事項等（注４）；
　Details of proportion of income to which the convention mentioned in 1 above is applicable, if the foreign company mentioned in 2 above is
taxable as a company under Japanese tax law, and the convention is applicable to income that is treated as income of the member (limited to
a resident of the other contracting country) of the foreign company in accordance with the provisions of the convention (Note 4)

届出書の「2」の外国法人の株主等で租税条約の適用を受ける者の氏名又は名称 Name of member of the foreign company mentioned in 2 above, to whom the Convention is applicable	間接保有 Indirect Ownership	持分の割合 Ratio of Ownership	受益の割合＝ 租税条約の適用を受ける割合 Proportion of benefit ＝ Proportion for Application of Convention
		％	％
		％	％
		％	％
		％	％
		％	％
合計 Total		％	％

届出書の「2」の欄に記載した外国法人が支払を受ける「4」の使用料について、「1」の租税条約の相手国の法令に基づきその株主等である者
の所得として取り扱われる場合には、その根拠法令及びその効力を生じる日を記載してください。
　If royalties mentioned in 4 above that a foreign company mentioned in 2 above receives are treated as income of those who are its
members under the law in the other contracting country of the convention mentioned in 1 above, enter the law that provides the legal basis
to the above treatment and the date on which it will become effective.

根拠法令　　　　　　　　　　　　　　　　　　　　　　　　　　　　効力を生じる日　　　　　年　　　　月　　　　日
Applicable law_____ Effective date_____

7 日本の税法上、届出書の「2」の団体の構成員が納税義務者とされるが、租税条約の規定によりその団体の所得として取り扱われるものに対して
租税条約の適用を受けることとされている場合の記載事項等（注５）；
　Details if, while the partner of the entity mentioned in 2 above is taxable under Japanese tax law, and the convention is applicable to
income that is treated as income of the entity in accordance with the provisions of the convention (Note 5)

他の全ての構成員から通知を受けナこの届出書を提出する構成員の氏名又は名称_____
　Full name of the partner of the entity who has been notified by all other partners and is to submit this form

届出書の「2」に記載した団体が支払を受ける「4」の使用料について、「1」の租税条約の相手国の法令に基づきその団体の所得として取り扱
われる場合には、その根拠法令及びその効力を生じる日を記載してください。
　If royalties mentioned in 4 above that an entity at mentioned in 2 above receives are treated as income of the entity under the law in the
other contracting country of the convention mentioned in 1 above, enter the law that provides the legal basis to the above treatment and the
date on which it will become effective.

根拠法令　　　　　　　　　　　　　　　　　　　　　　　　　　　　効力を生じる日　　　　　年　　　　月　　　　日
Applicable law_____ Effective date_____

私は、この届出書の「4」に記載した使用料が「1」に掲げる租税条
約の規定の適用を受けるものであることを、「租税条約等の実施に伴う
所得税法、法人税法及び地方税法の特例等に関する法律の施行に関する
省令」及び「復興特別所得税に関する省令」の規定により届け出るとと
もに、この届出書（及び付表）の記載事項が正確かつ完全であることを宣
言します。

　　　　　　　　　　　年　　　　月　　　　日
Date_____

使用料の支払を受ける者又はその代理人の署名
Signature of the Recipient of Royalties or his Agent　_____

In accordance with the provisions of the Ministerial Ordinance for the
Implementation of the Law concerning the Special Measures of the Income
Tax Act, the Corporation Tax Act and the Local Tax Act for the
Enforcement of Income Tax Conventions and the Ministerial Ordinance
concerning Special Income Tax for Reconstruction, I hereby submit this
application form under the belief that the provisions of the Income Tax
Convention mentioned in 1 above is applicable to Royalties mentioned in 4
above and also hereby declare that the statement on this form (and
attachment form) is correct and complete to the best of my knowledge and
belief.

○　代理人に関する事項　；　この届出書を代理人によって提出する場合には、次の欄に記載してください。
　　Details of the Agent　；　If this form is prepared and submitted by the Agent, fill out the following columns.

代理人の資格 Capacity of Agent in Japan	氏名（名称） Full name		納税管理人の届出をした税務署名 Name of the Tax Office where the Tax Agent is registered
☐ 納税管理人 ※ 　 Tax Agent ☐ その他の代理人 　 Other Agent	住所（居所・所在地） Domicile（Residence or location)	（電話番号 Telephone Number)	税務署 Tax Office

※　「納税管理人」とは、日本国の国税に関する申告、申請、請求、届
出、納付等の事項を処理させるため、国税通則法の規定により選任
し、かつ、日本国における納税地の所轄税務署長に届出をした代理人
をいいます。

※　"Tax Agent" means a person who is appointed by the taxpayer
and is registered at the District Director of Tax Office for the
place where the taxpayer is to pay his tax, in order to have such
agent take necessary procedures concerning the Japanese
national taxes, such as filing a return, applications, claims,
payment of taxes, etc., under the provisions of Act on General
Rules for National Taxes.

○　適用を受ける租税条約が特典条項を有する租税条約である場合；
　　If the applicable convention has article of limitation on benefits
特典条項に関する付表の添付　☐有Yes
"Attachment Form for ☐添付省略Attachment not required
Limitation on Benefits （特典条項に関する付表を添付して提出した租税条約に関する届出書の提出日　　　　年　　　　月　　　　日)
Article" attached Date of previous submission of the application for income tax
convention with the "Attachment Form for Limitation on Benefits
Article

［特典条項に関する付表（デンマーク王国）］

様式 17－デンマーク王国
Form 17-
the Kingdom of Denmark

特 典 条 項 に 関 す る 付 表（デンマーク王国）

ATTACHMENT FORM FOR LIMITATION ON BENEFITS (ENTITLEMENT TO BENEFITS) ARTICLE (the Kingdom of Denmark)

記載に当たっては、別紙の注意事項を参照してください。

See separate instructions.

1 適用を受ける租税条約の特典条項に関する事項；
　Limitation on Benefits Article of applicable Income Tax Convention
　日本国とデンマーク王国との間の租税条約第21条第1項から第7項
　The Income Tax Convention between Japan and the Kingdom of Denmark, paragraph 1 to paragraph 7 of Article 21

2 この付表に記載される者の氏名又は名称；
　Full name of Resident

	居住地国の権限ある当局が発行した居住者証明書を添付してください(注5)。 Please Attach Residency Certification issued by Competent Authority of Country of residence. (Note5)

3 租税条約の特典条項の要件に関する事項；
　AからCの順番に各項目の「□該当」又は「□非該当」の該当する項目に✓印を付してください。いずれかの項目に「該当」する場合には、それ以降の項目に記入する必要はありません。なお、該当する項目については、各項目ごとの要件に関する事項を記入の上、必要な書類を添付してください。(注6)
　In order of sections A, B and C, check the applicable box in each line as "Yes" or "No". If you check any box as "Yes" in sections A to C, you need not fill in the lines that follow. Only the applicable lines need to be filled in and any necessary documents must be attached.

A

(1) 個人 Individual	□該当 Yes ，□非該当 No

(2) 適格政府機関（注7） Qualified Governmental Entity（Note7）	□該当 Yes ，□非該当 No

(3) 公開会社（注8） Publicly Traded Company（Note8）	□該当 Yes ，□非該当 No

公認の有価証券市場の名称 Recognised Stock Exchange	シンボル又は証券コード Ticker Symbol or Security Code

(4) 年金基金（注9） Pension Fund（Note9）　　　　　　　　　　　　　□該当 Yes ，□非該当 No
　（特典の申請が行われる課税期間の開始の時において、その受益者、構成員又は参加者の50％以上が日本又はデンマーク王国の居住者である個人であるものに限ります。受益者等の50％以上が、日本又はデンマーク王国の居住者である個人である事情を記入の上、必要である書類を添付してください。）
　(The "Pension Fund" is limited to funds for which at the beginning of the taxable period for which the claim to the benefit is made at least 50% of its beneficiaries, members or participants are individuals who are residents of Japan or the Kingdom of Denmark. Please provide details below showing that at least 50% of the beneficiaries, etc. are individuals who are residents of either Japan or the Kingdom of Denmark.)

設立等の根拠法令　Law for Establishment	非課税の根拠法令　Law for Tax Exemption

 Aのいずれにも該当しない場合は、Bに進んでください。If none of the lines in A are applicable, please proceed to B.

B

(1) 個人以外の者
　Person other than an Individual　　　　　　　　　　　　　　　　　□該当 Yes ，□非該当 No
　「個人以外の者」の場合、Aの(1)から(4)までのいずれかに該当する日本又はデンマーク王国の居住者が、議決権その他の受益に関する持分の50％以上を直接若しくは間接に所有するものに限ります。(注10)
　The "Person other than an Individual" is limited to a person, where residents of Japan or the Kingdom of Denmark who fall under (1),(2),(3),or (4) of A own, either directly or indirectly, at least 50% of the voting power or other beneficial interests of the person. (Note10)

　　年　　月　　日現在の株主等の状況 State of Shareholders, etc. as of (date) ＿＿＿＿＿／＿＿＿／＿＿＿

株主等の氏名又は名称 Name of Shareholder(s)	株主等の居住地国における納税地 Place where Shareholder(s) is taxable in Country of residence	Aの番号 Number in A	間接保有 Indirect Ownership	株主等の持分 Number of Shares owned
			□	
			□	
			□	
			□	
			□	
合　　計 Total（持分割合　Ratio (%) of Shares owned）				（　　　％）

167

(2) デンマーク王国の居住者
Resident of the Kingdom of Denmark　　　　　　　　　　　　　　　　　　　□該当 Yes , □非該当 No

(a) 年金基金については、特典の申請が行われる課税期間の開始の時において、その受益者、構成員又は参加者の75%以上が「同等受益者」（注11）である個人である場合に限ります。　　　　　　　　　　　　　　　　　　　　　　　　　　　　　　　□はい Yes , □いいえ No
　　受益者等の75%以上が同等受益者である個人である事情を記入してください。
In the case of a pension fund, at the beginning of the taxable period for which the claim to the benefit is made, at least 75% of its beneficiaries, members or participants are individuals who are "equivalent beneficiaries" (Note11).
Please provide details below showing that at least 75% of beneficiaries, members or participants are individual of equivalent beneficiaries.

(b) その他の全ての場合については、同等受益者（注11）が、その居住者の議決権その他の受益に関する持分の75%以上を直接又は間接に所有する場合に限ります。（注10）　　　　　　　　　　　　　　　　　　　　　　　　　　　　□はい Yes , □いいえ No
　　「同等受益者」に関する事情を記入してください。（注12）
In all other cases, the resident is limited to those whose shares representing at least 75% of the voting power of the company are owned, either directly or indirectly, by persons who are equivalent beneficiaries. (Note10)(Note11)
Please provide details below regarding equivalent beneficiaries. (Note12)

　　　　年　　　月　　　日現在の株主等の状況 State of Shareholders, etc. as of (date) ＿＿＿＿＿ / ＿＿ / ＿＿

株主等の氏名又は名称 Name of Shareholder(s)	株主等の居住地国 における納税地 Place where Shareholder(s) is taxable in Country of residence	「同等受益者」か否か Satisfaction of "equivalent beneficiaries"	間接保有 Indirect Ownership	株主等 の持分 Number of Shares owned
		□はい Yes , □いいえ No	□	
		□はい Yes , □いいえ No	□	
		□はい Yes , □いいえ No	□	
		□はい Yes , □いいえ No	□	
		□はい Yes , □いいえ No	□	
		□はい Yes , □いいえ No	□	
		□はい Yes , □いいえ No	□	
		□はい Yes , □いいえ No	□	
		□はい Yes , □いいえ No	□	
合　　　　計 Total (持分割合 Ratio(%) of Shares owned)				(　　　%)

Bに該当しない場合は、Cに進んでください。If B does not apply, proceed to C.

C

次の(a)から(c)の要件を全て満たすデンマーク王国の居住者
Resident of the Kingdom of Denmark satisfying all of the following conditions from (a) through (c)　　　　□該当 Yes , □非該当 No
デンマーク王国において行っている事業の概要（注13）; Description of business in the Kingdom of Denmark (Note13)

(a) デンマーク王国において行っている事業が、自己の勘定のために投資を行い、又は管理するもの（銀行、保険会社又は証券会社が行う銀行業、保険業又は証券業を除きます。）ではないこと（注14）:
The business in the Kingdom of Denmark is other than that of making or managing investments for the resident's own account (unless the business is banking, insurance or securities business carried on by a bank, insurance company or securities dealer). (Note14)

(b) 所得がデンマーク王国において行っている事業に関連し、又は付随して取得されるものであること（注15）:　　　□はい Yes , □いいえ No
An item of income is derived in connection with or is incidental to that business in the Kingdom of Denmark. (Note15)

(c) （日本国内において行う事業から所得を取得する場合）デンマーク王国において行う事業が日本国内において行う事業との関係で実質的なものであること（注16）:
(If you derive an item of income from a business in Japan) The business carried on in the Kingdom of Denmark is substantial in relation to the business carried on in Japan. (Note16)　　　　　　　　　　　　　　　　　　　　□はい Yes , □いいえ No

日本国内において行っている事業の概要; Description of Business in Japan.

D 国税庁長官の認定（注17）；
Determination by the NTA Commissioner (Note17)
国税庁長官の認定を受けている場合は、以下にその内容を記載してください。その認定の範囲内で租税条約の特典を受けることができます。なお、上記Aからまでのいずれかに該当する場合には、国税庁長官の認定は不要です。
If you have received authorization from the NTA Commissioner, please describe below the nature of the authorization. The Convention benefits will be granted within the range of the authorization. If any of the above mentioned Lines A through C are applicable, then authorization from the NTA Commissioner is not necessary.

・認定を受けた日　Date of authorization　　　　　　年　　　　月　　　　日

・認定を受けた所得の種類
　Type of income for which the authorization was received _____

事例18

JETプログラムにより来日した英語教師に対する課税

質 問

当市では、小中学生の英語能力向上のためにJETプログラムを利用し、アメリカから英語教師を２年の期間で受け入れています。

アメリカから来日した英語講師は所得税が免除されると聞いておりますが、英語の講師の対価としての給与と住宅の無償提供のよる経済的利益については給与所得として課税しております。

今後、調査があった場合には、どのような点が指摘されるのでしょうか？

[英語教師に対する給与と経済的利益の供与のイメージ]

（日本）　　　　　　　　　　　　　　　　（米国）

地方自治体

③給与支払

②雇用契約締結による採用

英語教師

① JETプログラムによる来日

英語教師

④住宅の提供（無償）

調査官の着眼点と指摘事項

　英語教師に支払う報酬と住宅の無償提供については、「日米租税条約」により非課税となります。

　ただし、英語教師は「租税条約に関する届出書」を支払日の前日までに、支払者である市を通じて市を所轄する税務署長に提出しなければなりません。

解　説

1　英語教師の居住形態

　英語教師は1年以上の予定で入国することから、入国時から居住者となります。

2　租税条約上の取扱い

　英語教師が教育又は研究につき取得する報酬については、「日米租税条約」第20条の教授免税の条項により免税となります。　（日米租税条約20）

（教授免税とは）

　租税条約の教授免税とは、大学その他の公認された教育機関において教育又は研究を行うために一時的に滞在する教授等が取得する報酬については、国内法では課税ですが、租税条約により免税とする規定です。

　租税条約を締結している国からの教授等のみに適用されます。

（日米租税条約の教授免税）

第20条（教授）

1　一方の締約国内にある大学、学校その他の教育機関において教育又は研究を行うために当該一方の締約国内に一時的に滞在する個人であって、他方の締約国において第四条1にいう居住者に引き続き該当するものが、教育又は研究につき取得する報酬については、当該一方の締約国に到着した日から2年を超えない期間当該一方の締約国において租税を免除する。

> **（日米租税条約の教授免税）**
>
> 第20条（教授）
>
> 2　1の規定は、主として一又は二以上の特定の者の私的利益のために
> 　行われる研究から生じる所得については、適用しない。

3　免税の要件

　「租税条約に関する届出書」を支払者経由で支払者を所轄する税務署長
に支払日の前日までに提出しなければなりません。

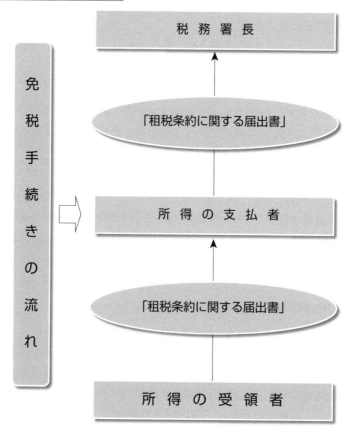

172

3 教授免税の条約締結国

教授免税の条約締結国	
締 約 国 名	免除期間
アメリカ・アイルランド・インド・イタリア イタリア・イスラエル・ザンビア・韓国・スペイン・スリランカ・ソビエト連邦・タイ・ハンガリー・ドイツ・デンマーク・チェコスロバキア・ルーマニア・ポーランド・ブルガリア・フランス・フィンランド・フィリピン・バングラデッシュ	2年を超えない期間
中華人民共和国	3年を超えない期間
サウジアラビア	期間の規定なし

貴社の税務調査対策

(1)　教授免税による還付

　英語教師は1年以上の予定で入国することから、入国時から居住者に該当し、支給される給与と住宅の無償提供による経済的利益は、国内法では給与所得として課税となりますが、「日米租税条約」第20条の教授免税の条項により免税となり、これまでの納付税額は還付を受けることができます。

(2)　還付の手続き

　英語教師は免税と還付を受けるために、**「租税条約に関する届出書」（様式8）、「租税条約に関する源泉徴収税額の還付請求書」（様式11）、「特典条項に関する付表（米）」、「居住者証明書」**を地方自治体を経由し、その地方自治体を所轄する税務署長に提出しなければなりません。

(参考)JETプログラムについて

JETプログラムとは

(1) JETプログラムとは、The Japan Exchange and Teaching Programme（語学指導等を行う外国青年招致事業）の略称で、地方自治体が、総務省、外務省、文部科学省及び一般財団法人自治体国際化協会の協力の下に、実施している語学指導者等の招致事業です。

(2) 事業の趣旨

地方公共団体が事業の主体となり、外国からJETプログラムの参加者を招致し、その参加者が、全国の小中学校や高校で語学指導等に従事し、各自治体の地域の住民との様々な交流を深めています。

これによりわが国の外国語教育の充実と地域レベルの草の根の国際交流の進展を図り、我が国の国際化の促進を期待するものです。

(3) 参加者の三つの職種

(イ) 外国語指導助手（ALT:Assistant LanguageTeacher）は教育委員会に配属され、日本人外国語担当教員の助手として外国語授業に携わり、また、教育教材の準備や英語研究会のような課外活動に従事します。

(ロ) 国際交流員（CIR:Coordinator for InternationalRelation）主に地方公共団体の国際交流活動に従事します。

(ハ) スポーツ国際交流員（Sports ExchangeAdvisor）

主に地方公共団体に配属され、スポーツ指導等を行います。特定種目のスポーツ専門家として、スポーツトレーニング方法やスポーツ関連事業の立案などを通じて、国際交流活動に従事します。

(4) 参加者のビザ

JET参加者には3年の労働ビザが発行されます。

ALTには「教育」、CIRには「人文知識／国際業務」が発行されます。

（出典：財団法人自治体国際化協会HP）

［租税条約に関する届出書］

様 式 8
FORM

租 税 条 約 に 関 す る 届 出 書

APPLICATION FORM FOR INCOME TAX CONVENTION

（税務署整理欄
For official use only）

教授等・留学生・事業等の修習者・交付金等の受領者の報酬・交付金等に
対する所得税及び復興特別所得税の免除

Relief from Japanese Income Tax and Special Income Tax for Reconstruction on
Remunerations, Grants, etc., Received by Professors, Students, or Business Apprentices

この届出書の記載に当たっては、別紙の注意事項を参照してください。
See separate instructions.

適用；有、無

番号　　　　身元
確認　　　　確認

税務署長殿
To the District Director,＿＿＿＿＿＿＿＿Tax Office

1　適用を受ける租税条約に関する事項；
　　Applicable Income Tax Convention
　　日本国と＿＿＿＿＿＿＿＿との間の租税条約第＿＿条第＿＿項
　　The Income Tax Convention between Japan and＿＿＿＿＿, Article＿＿, para.＿＿

2　報酬・交付金等の支払を受ける者に関する事項；
　　Details of Recipient of Remuneration, etc.

氏　　名　Full name	
日本国内における住所又は居所 Domicile or residence in Japan	（電話番号 Telephone Number）
個人番号（有する場合のみ記入）Individual Number (Limited to case of a holder)	
入国前の住所 Domicile before entry into Japan	（電話番号 Telephone Number）
（年齢 Age）（国籍 Nationality）（入国年月日 Date of Entry）（在留期間 Authorized Period of Stay）（在留資格 Status of Residence）	
下記「4」の報酬・交付金等につき居住者として課税される国及び納税地(注6) Country where the recipient is taxable as resident on Remuneration, etc., mentioned in 4 below and the place where he is to pay tax (Note 6)	（納税者番号 Taxpayer Identification Number）
日本国において教育若しくは研究を行い又は在学し若しくは訓練を受ける学校、事業所等 School or place of business in Japan where the Recipient teaches, studies or is trained	名称 Name
	所在地 Address （電話番号 Telephone Number）

3　報酬・交付金等の支払者に関する事項；
　　Details of Payer of Remuneration, etc.

氏名又は名称 Full name	
住所（居所）又は本店（主たる事務所）の所在地 Domicile (residence) or Place of head office (main office)	（電話番号 Telephone Number）
個人番号又は法人番号（有する場合のみ記入）Individual Number or Corporate Number (Limited to case of a holder)	
日本国内にある事務所等 Office, etc. located in Japan	名称 Name （事業の内容 Details of Business）
	所在地 Address （電話番号 Telephone Number）

4　上記「3」の支払者から支払を受ける報酬・交付金等で「1」の租税条約の規定の適用を受けるものに関する事項；
　　Details of Remuneration, etc., received from the Payer to which the Convention mentioned in 1 above is applicable

所得の種類 Kind of Income	契約期間 Period of Contract	報酬・交付金等の支払期日 Due Date for Payment	報酬・交付金等の支払方法 Method of Payment of Remunerations, etc.	報酬・交付金等の金額及び月額・年額の区分 Amount of Remunerations, etc. (per month, year).

報酬・交付金等の支払を受ける者の資格及び提供する役務の内容 Status of Recipient of Remuneration, etc., and the Description of Services rendered	

5　上記「3」の支払者以外の者から日本国内における勤務又は人的役務の提供に関して支払を受ける報酬・給料に関する事項（注7）；
　　Other Remuneration, etc., paid by Persons other than 3 above for Personal Services, etc., performed in Japan (Note 7)

【裏面に続きます（Continue on the reverse）】

175

6 その他参考となるべき事項（注8）；
  Others (Note 8)

　私は、この届出書の「4」に記載した報酬・交付金等が「1」に掲げる租税条約の規定の適用を受けるものであることを、「租税条約等の実施に伴う所得税法、法人税法及び地方税法の特例等に関する法律の施行に関する省令」及び「復興特別所得税に関する省令」の規定により届け出るとともに、この届出書（及び付表）の記載事項が正確かつ完全であることを宣言します。

In accordance with the provisions of the Ministerial Ordinance for the Implementation of the Law concerning the Special Measures of the Income Tax Act, the Corporation Tax Act and the Local Tax Act for the Enforcement of Income Tax Conventions and the Ministerial Ordinance concerning Special Income Tax for Reconstruction, I hereby submit this application form under the belief that the provisions of the Income Tax Convention mentioned in 1 above is applicable to Remuneration, etc., mentioned in 4 above and also hereby declare that the statement on this form (and attachment form) is correct and complete to the best of my knowledge and belief.

　　　　　　年　　　月　　　日
Date_____

　　　報酬・交付金等の支払を受ける者の署名
　　　Signature of the Recipient of Remuneration, etc.　_____

○　代理人に関する事項　；　この届出書を代理人によって提出する場合には、次の欄に記載してください。
　　Details of the Agent　；　If this form is prepared and submitted by the Agent, fill out the following columns.

代 理 人 の 資 格 Capacity of Agent in Japan	氏　名　（　名　称　） Full name		納税管理人の届出をした税務署名 Name of the Tax Office where the Tax Agent is registered
□ 納税管理人　※ 　Tax Agent □ その他の代理人 　Other Agent	住所（居所・所在地） Domicile　　（Residence or location）	（電話番号　Telephone Number）	税務署 Tax Office

　※　「納税管理人」とは、日本国の国税に関する申告、申請、請求、届出、納付等の事項を処理させるため、国税通則法の規定により選任し、かつ、日本国における納税地の所轄税務署長に届出をした代理人をいいます。

※　"Tax Agent" means a person who is appointed by the taxpayer and is registered at the District Director of Tax Office for the place where the taxpayer is to pay his tax, in order to have such agent take necessary procedures concerning the Japanese national taxes, such as filing a return, applications, claims, payment of taxes, etc., under the provisions of Act on General Rules for National Taxes.

○　適用を受ける租税条約が特典条項を有する租税条約である場合：
　　If the applicable convention has article of limitation on benefits
　特典条項に関する付表の添付　　　□ 有Yes
　"Attachment Form for
　Limitation on Benefits
　Article" attached

□ 添付省略 Attachment not required
（特典条項に関する付表を添付して提出した租税条約に関する届出書の提出日　　　年　　　月　　　日）
Date of previous submission of the application for income tax convention with the "Attachment Form for Limitation on Benefits Article _____

［特典条項に関する付表（米）］

様 式 17-米
FORM 17-US

特 典 条 項 に 関 す る 付 表 (米)

ATTACHMENT FORM FOR LIMITATION ON BENEFITS ARTICLE (US)

記載に当たっては、別紙の注意事項を参照してください。
See separate instructions.

1 適用を受ける租税条約の特典条項に関する事項；
Limitation on Benefits Article of applicable Income Tax Convention
日本国とアメリカ合衆国との間の租税条約第22条
The Income Tax Convention between Japan and The United States of America, Article 22

2 この付表に記載される者の氏名又は名称；
Full name of Resident this attachment Form

	居住地国の権限ある当局が発行した居住者証明書を添付してください(注5)。Attach Residency Certification issued by Competent Authority of Country of residence. (Note 5)

3 租税条約の特典条項の要件に関する事項；
AからCの順番に各項目の「□該当」又は「□非該当」の該当する項目に✓印を付してください。いずれかの項目に「該当」する場合には、それ以降の項目に記入する必要はありません。なお、該当する項目については、各項目ごとの要件に関する事項を記入の上、必要な書類を添付してください。(注6)
In order of sections A, B and C , check applicable box "Yes" or "No" in each line. If you check any box of "Yes", in section A to C, you need not fill the lines that follow. Applicable lines must be filled and necessary document must be attached. (Note6)

A

(1) 個人 Individual □該当 Yes , □非該当 No

(2) 国、地方政府又は地方公共団体、中央銀行
Contracting Country, any Political Subdivision or Local Authority, Central Bank □該当 Yes , □非該当 No

(3) 公開会社(注7) Publicly Traded Company (Note 7) □該当 Yes , □非該当 No
(公開会社には、下表のC欄が6％未満である会社を含みません。)(注8)
("Publicly traded Company" does not include a Company for which the Figure in Column C below is less than 6%.)(Note 8)

株式の種類Kind of Share	公認の有価証券市場の名称Recognized Stock Exchange	シンボル又は証券コードTicker Symbol or Security Code	発行済株式の総数の平均Average Number of Shares outstanding	有価証券市場で取引された株式の数 Number of Shares traded on Recognized Stock Exchange	B/A(%)
			A	B	C
					%

(4) 公開会社の関連会社 Subsidiary of Publicly Traded Company □該当 Yes , □非該当 No
(発行済株式の総数(_____株)の50％以上が上記(3)の公開会社に該当する5以下の法人により直接又は間接に所有されているものに限ります。)(注9)。
("Subsidiary of Publicly Traded Company" is limited to a company at least 50% of whose shares outstanding (_____shares) are owned directly or indirectly by 5 or fewer "Publicly Traded Companies" as defined in (3) above.)(Note 9)
年　　月　　日現在の株主の状況 State of Shareholders as of (date)_____/_____/_____

株主の名称Name of Shareholder(s)	居住地国における納税地Place where Shareholder is taxable in Country of residence	公認の有価証券市場Recognized Stock Exchange	シンボル又は証券コードTicker Symbol or Security Code	間接保有Indirect Ownership	所有株式数Number of Shares owned
1				□	
2				□	
3				□	
4				□	
5				□	
合 計 Total (持株割合 Ratio (%) of Shares owned)					(　　%)

(5) 公益団体(注10) Public Service Organization (Note 10) □該当 Yes , □非該当 No
設立の根拠法令 Law for Establishment　　　　設立の目的 Purpose of Establishment

(6) 年金基金(注11) Pension Fund (Note 11) □該当 Yes , □非該当 No
(直前の課税年度の終了の時においてその受益者、構成員又は参加者の50％を超える者が日本又はアメリカ合衆国の居住者である個人であるものに限ります。受益者等の50％超が、両締約国の居住者である事情を記入してください。)
"Pension Fund" is limited to one more than 50% of whose beneficiaries, members, or participants were individual residents of Japan or the United States of America as of the end of the prior taxable year. Provide below details showing that more than 50% of beneficiaries etc. are individual residents of either contracting country.

設立等の根拠法令 Law for Establishment　　　　非課税の根拠法令 Law for Tax Exemption

Aのいずれにも該当しない場合は、Bに進んでください。If none of the lines in A applies, proceed to B.

B

次の(a)及び(b)の要件のいずれも満たす個人以外の者 Person other than an Individual, and satisfying both (a) and (b) below   □該当 Yes，□非該当 No
(a) 株式や受益に関する持分(＿＿＿＿＿＿＿＿)の 50%以上が、Aの(1)、(2)、(3)、(5)及び(6)に該当する日本又はアメリカ合衆国の居住者により直接又は間接に所有されていること (注12)
Residents of Japan or the United States of America who fall under (1),(2),(3),(5) or (6) of A own directly or indirectly at least 50% of Shares or other beneficial Interests (＿＿＿＿＿＿) in the Person. (Note 12)
　年　　月　　日現在の株主等の状況 State of Shareholders, etc. as of (date)＿＿＿＿/＿＿/＿＿

株主等の氏名又は名称 Name of Shareholders	居住地国における納税地 Place where Shareholders is taxable in Country of residence	Aの番号 Number of applicable Line in A	間接所有 Indirect Ownership	株主等の持分 Number of Shares owned
			□	
			□	
			□	
	合　　計 Total（持分割合 Ratio(%) of Shares owned)			（　　%）

(b) 総所得のうち、課税所得の計算上控除される支出により、日本又はアメリカ合衆国の居住者に該当しない者（以下「第三国居住者」といいます。）に対し直接又は間接に支払われる金額が、50%未満であること (注13)
Less than 50% of the person's gross income is paid or accrued directly or indirectly to persons who are not residents of Japan or the United States of America ("third country residents") in the form of payments that are deductible in computing taxable income in country of residence (Note 13)
第三国居住者に対する支払割合 Ratio of Payment to Third Country Residents　　　　　　　　（通貨 Currency:　　　　　　）

		申告　Tax Return			源泉徴収税額　Withholding Tax
		当該課税年度 Taxable Year	前々課税年度 Taxable Year three Years prior	前々課税年度 Taxable Year two Years prior	前課税年度 Prior taxable Year
第三国居住者に対する支払 Payment to third Country Residents	A				
総所得 Gross Income	B				
A/B 　　　（%）	C	%	%	%	%

◀━━━━━ Bに該当しない場合は、Cに進んでください。If B does not apply, proceed to C.

C

次の(a)から(c)の要件を全て満たす者 Resident satisfying all of the following Conditions from (a) through (c)   □該当 Yes，□非該当 No
居住地国において従事している営業又は事業の活動の概要 (注14)；Description of trade or business in residence country (Note 14)

(a) 居住地国において従事している営業又は事業の活動が、自己の勘定のために投資を行い又は管理する活動（商業銀行、保険会社又は登録を受けた証券会社が行う銀行業、保険業又は証券業の活動を除きます。）ではないこと (注15)：   □はい Yes，□いいえ No
Trade or business in country of residence is other than that of making or managing investments for the resident's own account (unless these activities are banking, insurance or securities activities carried on by a commercial bank, insurance company or registered securities dealer) (Note 15)

(b) 所得が居住地国において従事している営業又は事業の活動に関連又は付随して取得されるものであること (注16)：   □はい Yes，□いいえ No
Income is derived in connection with or is incidental to that of trade or business in country of residence (Note 16)

(c) （日本国内において営業又は事業の活動から所得を取得する場合）居住地国において行う営業又は事業の活動が日本国内において行う営業又は事業の活動との関係で実質的なものであること (注17)：   □はい Yes，□いいえ No
(If you derive income from a trade or business activity in Japan) Trade or business activity carried on in the country of residence is substantial in relation to the trade or business activity carried on in Japan. (Note 17)
日本国内において従事している営業又は事業の活動の概要；Description of Trade or Business in Japan.

D 国税庁長官の認定（注18）；
Determination by the NTA Commissioner (Note18)
国税庁長官の認定を受けている場合は、以下にその内容を記載してください。その認定の範囲内で租税条約の特典を受けることができます。なお、上記Aから Cまでのいずれかに該当する場合には、原則として、国税庁長官の認定は不要です。
If you have been a determination by the NTA Commissioner, describe below the determination. Convention benefits will be granted to the extent of the determination. If any of the above mentioned Lines A through to C are applicable, then in principle, determination by the NTA Commissioner is not necessary.

・認定を受けた日 Date of determination ＿＿＿年＿＿＿月＿＿＿日＿＿＿＿＿＿＿

・認定を受けた所得の種類
Type of income for which determination was given＿＿＿＿＿＿＿＿＿＿＿＿＿＿＿＿＿＿＿＿＿＿＿＿＿＿＿＿＿＿

［租税条約に関する源泉徴収税額の還付請求書］

様 式 11
FORM

租税条約に関する源泉徴収税額の還付請求書
（発行時に源泉徴収の対象となる割引債及び芸能人等の役務提供事業の対価に係るものを除く。）

APPLICATION FORM FOR REFUND OF THE OVERPAID WITHHOLDING TAX OTHER THAN REDEMPTION OF SECURITIES WHICH ARE SUBJECT TO WITHHOLDING TAX AT THE TIME OF ISSUE AND REMUNERATION DERIVED FROM RENDERING PERSONAL SERVICES EXERCISED BY AN ENTERTAINER OR A SPORTSMAN IN ACCORDANCE WITH THE INCOME TAX CONVENTION

この還付請求書の記載に当たっては、裏面の注意事項を参照してください。
See instructions on the reverse side.

（税務署整理欄 For official use only）

税務署長殿
To the District Director, _____ Tax Office

1 還付の請求をする者（所得の支払を受ける者）に関する事項；
Details of the Person claiming the Refund (Recipient of Income)

フリガナ Furigana 氏 名 又 は 名 称（注5） Full name (Note 5)	（納税者番号 Taxpayer Identification Number）
住所（居所）又は本店（主たる事務所）の所在地 Domicile(residence) or Place of head office(main office)	（電話番号 Telephone Number）
個 人 番 号 又 は 法 人 番 号（有する場合のみ記入） Individual Number or Corporate Number (Limited to case of a holder)	

2 還付請求金額に関する事項；
Details of Refund

(1) 還付を請求する還付金の種類；（該当する下記の条項の□欄に✓印を付してください（注6）.)
Kind of Refund claimed; (Check applicable box below(Note 6).)

租税条約等の実施に伴う所得税法、法人税法及び地方税法の特例等に関する法律の施行に関する省令第15条第1項
Ministerial Ordinance of the Implementation of the Law concerning the Special Measures of the Income Tax Act, the Corporation Tax Act and the Local Tax Act for the Enforcement of Income Tax Conventions, paragraph 1 of Article 15

□ 第1号(Subparagraph 1)
□ 第3号(Subparagraph 3)
□ 第5号(Subparagraph 5)
□ 第7号(Subparagraph 7)
に掲げる還付金 Refund in accordance with the relevant subparagraph

(2) 還付を請求する金額 Amount of Refund claimed ¥_____ 円

(3) 還付金の受領場所等に関する希望；（該当する下記の□欄に✓印を付し、次の欄にその受領を希望する場所を記入してください。）
Options for receiving your refund; (Check the applicable box below and enter your information in the corresponding fields.)

受取希望場所 Receipt by transfer to:	銀行 Bank	支店 Branch	預金種類及び口座番号又は記号番号 Type of account and account number	口座名義人 Name of account holder
□ 日本国内の預金口座 a Japanese bank account				
□ 日本国外の預金口座(注7) a bank account outside Japan(Note 7)	支店住所(国名, 都市名)Branch Address (Country ,City):		銀行コード(Bank Code)	送金通貨(Currency)
□ ゆうちょ銀行の貯金口座 an ordinary savings account at the Japan Post Bank			—	—
□ 郵便局等の窓口受取りを希望する場合 the Japan Post Bank or the post office (receipt in person)			—	—

3 支払者に関する事項；
Details of Payer

氏 名 又 は 名 称 Full name	
住所（居所）又は本店（主たる事務所）の所在地 Domicile(residence) or Place of head office(main office)	（電話番号 Telephone Number）
個 人 番 号 又 は 法 人 番 号（有する場合のみ記入） Individual Number or Corporate Number (Limited to case of a holder)	

4 源泉徴収義務者の証明事項；
Items to be certified by the withholding agent

(1) 所得の種類 Kind of Income	(2) 所得の支払期日 Due Date for Payment	(3) 所得の支払金額 Amount paid	(4)(3)の支払金額から源泉徴収した税額 Withholding Tax on (3)	(5)(4)の税額の納付年月日 Date of Payment of (4)	(6)租税条約を適用した場合に源泉徴収すべき税額 Tax Amount to be withheld under Tax Convention	(7)還付を受けるべき金額 Amount to be refunded ((4)−(6))
		円 yen	円 yen		円 yen	円 yen

上記の所得の支払金額につき、上記のとおり所得税及び復興特別所得税を徴収し、納付したことを証明します。
I hereby certify that the tax has been withheld and paid as shown above.

Date_____ 年____ 月____ 日 源泉徴収義務者 Signature of withholding agent _____印

【裏面に続きます (Continue on the reverse)】

179

私は、日本国と＿＿＿＿＿＿＿＿＿＿＿＿＿との間の租税条約第＿＿条第＿＿項の規定の適用を受ける上記「4」の所得について源泉徴収された税額につき、「租税条約等の実施に伴う所得税法、法人税法及び地方税法の特例等に関する法律の施行に関する省令」及び「復興特別所得税に関する省令」の規定により還付の請求をするとともに、この還付請求書の記載事項が正確かつ完全であることを宣言します。

＿＿＿＿年＿＿＿月＿＿＿日
Date＿＿＿＿＿＿＿＿＿＿＿＿＿

還付の請求をする者又はその代理人の署名
Signature of the Applicant or his Agent＿＿＿＿＿＿＿＿＿＿＿＿＿＿＿＿＿＿＿＿

In accordance with the provisions of the Ministerial Ordinance for the Implementation of the Law concerning the Special Measures of the Income Tax Act, the Corporation Tax Act and the Local Tax Act for the Enforcement of Income Tax Conventions and the Ministerial Ordinance concerning Special Income Tax for Reconstruction, I hereby claim the refund of tax withheld on the Income of 4 above to which subparagraph＿＿＿＿of paragraph＿＿＿＿of Article＿＿＿＿of Income Tax Convention between Japan and＿＿＿＿＿＿＿＿＿＿＿＿＿is applicable and also hereby declare that the above statement is correct and complete to the best of my knowledge and belief.

○　代理人に関する事項　；　この届出書を代理人によって提出する場合には、次の欄に記載してください。
　　Details of the Agent　；　If this form is prepared and submitted by the Agent, fill out the following columns.

代 理 人 の 資 格 Capacity of Agent in Japan	氏 名 （ 名 称 ） Full name		納税管理人の届出をした税務署名 Name of the Tax Office where the Tax Agent is registered
☐ 　納税管理人　※ 　　Tax Agent ☐ 　その他の代理人 　　Other Agent	住所（居所・所在地） Domicile （Residence or location)	（電話番号 Telephone Number）	税 務 署 Tax Office

※　「納税管理人」については、「租税条約に関する届出書」の裏面の説明を参照してください。

※　"Tax Agent" is explained on the reverse side of the "Application Form for Income Tax Convention".

事例19

非居住者に支払う不動産購入代金に対する課税もれ

質 問

当社は、工場の増設のために近隣の土地を購入することになりました。

土地の登記を確認したところ、所有者は米国のH氏（非居住者）であることが判明しましたが、H氏との交渉が順調に進み、この度、その土地を購入し、購入代金2億円をH氏へ送金いたしました。

この場合、税務調査の際に、特に問題があるのでしょうか？

[非居住者からの土地購入のイメージ]

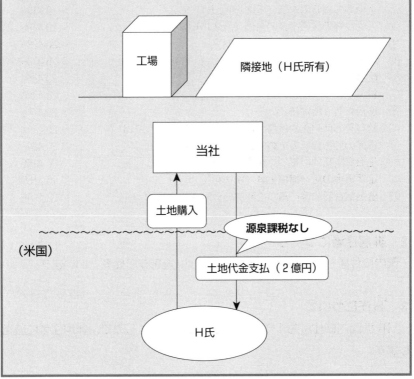

貴社が非居住者から土地を購入し、その購入代金を支払う場合には、その対価は、不動産の譲渡の対価として国内源泉所得に該当し、その対価を外国人H氏に支払う際に、10.21%の税率により源泉所得税を課税すべきとの指摘があります。

解　説

1　非居住者に国内源泉所得を支払う際の源泉徴収について

非居住者に対する次の国内源泉所得を支払う際には源泉徴収しなければなりません。 (所法212①)

国　内　源　泉　所　得	税率
①　組合契約事業利益の配分（所法161①四）	20.42%
②　土地等の譲渡の対価（所法161①五）	10.21%
③　人的役務の提供事業の対価（所法161①六）	20.42%
④　不動産の賃貸料等（所法161①七）	20.42%
⑤　利子等（所法161①八）	15.315%
⑥　配当等（所法161①九）	20.42%
⑦　貸付金利子（所法161①十）	20.42%
⑧　使用料等（所法161①十一）	20.42%
⑨　給与その他の人的役務の提供に対する報酬（所法161①十二）	20.42%
⑩　事業の広告宣伝のための賞金（所法161①十三）	20.42%
⑪　生命保険契約に基づく年金等（所法161①十四）	20.42%
⑫　定期積金の給付補填金等（所法161①十五）	15.315%
⑬　匿名組合契約等に基づく利益の分配（所法161①十六）	20.42%

2　非居住者について

国内に住所も１年以上の居所も有しない人を非居住者といいます。

(法２三)

3　H氏について

H氏は国内に住所も１年以上の居所も有しませんので、非居住者に該当します。

4 非居住者が国内で不動産を譲渡した場合の所得区分

　非居住者が国内で土地を譲渡した場合は上記②国内源泉所得（土地等の譲渡の対価）に該当します。

　ただし、次の対価は、土地等の譲渡の対価から除かれています。

（所令281の3）

　土地等の譲渡による対価（その金額が1億円を超えるものを除く）で、その土地等を自己又はその親族の居住に供するために譲り受けた個人から支払われるもの。（所令281の3）

---

5 租税条約の取扱い

　米国との間の租税条約によりますと、不動産の譲渡によって取得する収益は、その不動産の存在する国において課税することができるとされています。

（日・米租税条約第13条1）

　一方の締約国の居住者が他方の締約国内に存在する不動産の譲渡によって取得する収益に対しては、当該他方の締約国において租税を課すことができる。

（第13条1）

貴社の税務調査対策

　H氏は国内に住所も1年以上の居所も有しませんので、非居住者に該当しますので、H氏の土地の譲渡による収益は、国内源泉所得（土地等の譲渡の対価）に該当し、その譲渡対価2億円支払の際に、10.21%の税率により、源泉所得税を課税する必要があります。

　　　（譲渡代金）　　　（税率）　　　（源泉所得税）
　　　200,000,000円　　10.21%　　　20,420,000円

海外の法人に支払う損害賠償金に対する課税もれ

質　問

　当社はＳ国のＡ社との間で、現地で好評のテレビドラマの「映像提供契約」を締結し、3年間映像の提供を受けることになりました。番組の提供を受けるに際しては使用料1億円を支払い、支払の際に10％の税率により源泉所得税を課税しておりました。

　その後、番組が好評なことから、3ヶ月延長し放送をしたところ、Ａ社から、契約による3年間の期間を経過して映像権を使用したことに伴う損害賠償請求を受け、最近、3千万円を支払いました。

　損害金3千万円については、Ａ社に対する損害賠償金であることから、支払の際には、源泉所得税を課税しませんでした。

　この場合に、調査の際に、特に問題となるのでしょうか？

［海外から映像権使用のイメージ］

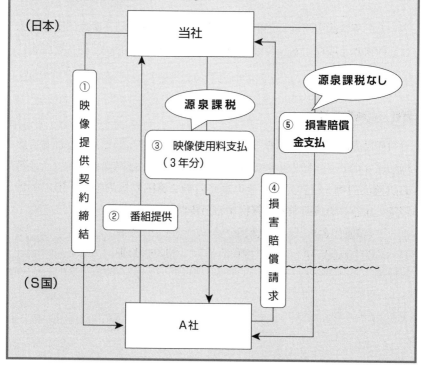

調査官の着眼点と指摘事項

> 貴社がＳ国のＡ社に支払う損害賠償金は、映像使用権の一部であることから、支払の際には源泉所得税を課税すべきとの指摘があります。

解 説

1 外国法人に国内源泉所得を支払う際の源泉徴収について

外国法人に対する次の国内源泉所得を支払う際には源泉徴収しなければなりません。 (所法212①)

国 内 源 泉 所 得	税率
① 組合契約事業利益の配分（所法161①四）	20.42%
② 土地等の譲渡の対価（所法161①五）	10.21%
③ 人的役務の提供事業の対価（所法161①六）	20.42%
④ 不動産の賃貸料等（所法161①七）	20.42%
⑤ 利子等（所法161①八）	15.315%
⑥ 配当等（所法161①九）	20.42%
⑦ 貸付金利子（所法161①十）	20.42%
⑧ 使用料等（所法161①十一）	20.42%
⑨ 事業の広告宣伝のための賞金（所法161①十三）	20.42%
⑩ 生命保険契約に基づく年金等（所法161①十四）	20.42%
⑪ 定期積金の給付補填金等（所法161①十五）	15.315%
⑫ 匿名組合契約等に基づく利益の分配（所法161①十六）	20.42%

2 外国法人について

国内に本店又は主たる事務所を有する法人（内国法人）以外の法人は、外国法人として取り扱われます。 (法２七)

3 Ａ社について

Ａ社はＳ国に本店を有する法人ですので、外国法人に該当します。

4 外国法人に支払う映像権使用の対価の所得区分

映像権は、著作権法上の著作物に該当しますので、映像権使用の対価は、所法161条第11号の国内源泉所得として支払いの際に、20.42%の税率により源泉所得税の課税対象となります。

　国内において業務を行う者から受ける次に掲げる使用料又は対価で当該業務に係るもの

イ　工業所有権その他の技術に関する権利、特別の技術による生産方式若しくはこれらに準ずるものの使用料又はその譲渡による対価

ロ　著作権（出版権及び著作隣接権その他これに準ずるものを含む。）の使用料又はその譲渡による対価

ハ　機械、装置その他政令で定める用具の使用

5　A社に支払う損害賠償金の所得区分

　使用料には、使用料として支払われるものばかりでなく、その使用料に代わる性質を有する損害賠償金等も含まれることとされています。

(所基通161－46)

　したがって、当社がS国のA社との間で締結した「映像提供契約」に基づく損害賠償金は、著作権の使用料として国内源泉所得に該当します。

貴社の税務調査対策

　貴社がS国のA社に支払う損害賠償金は、映像使用権の一部であることから、使用料等に該当し、損害賠償金支払の際には、その賠償金に10％の税率により、源泉所得税を課税する必要があります。

（損害賠償金）	（税率）	（源泉所得税）
30,000,000円	10%	3,000,000円

事例21

「租税条約に関する届出書」の未提出の場合の使用料に対する課税もれ

質 問

　当社は、英国のＢ社に、工業所有権の使用料を毎月支払っております。英国との間の租税条約においては、使用料は免税となっていることから、支払の際に、源泉所得税を課税しておりません。

　なお、免税であることから、「租税条約に関する届出書」は提出しておりません。

　この場合に、税務調査の際に、特に問題があるのでしょうか？

　ご教示をお願いいたします。

[「租税条約に関する届出書」未提出のイメージ]

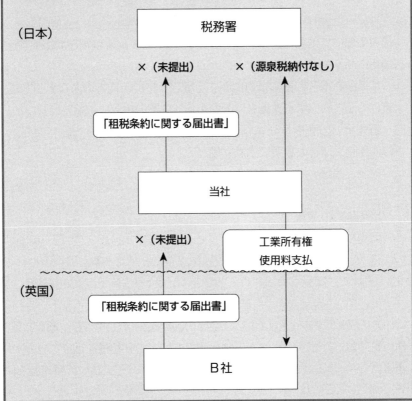

英国のＢ社が日本で免税を受けるためには、「租税条約に関する届出書」を、貴社経由で、支払日の前日まで、貴社を所轄する税務署長に提出しなければなりません。

「租税条約に関する届出書」の提出がない場合には、貴社は、工業所有権の使用料を支払いする際に、20.42%の税率により源泉所得税を課税しなければならないとの指摘があります。

解　説

1　工業所有権の使用料に対する課税の取扱い

工業所有権は、所法161条第11号の国内源泉所得として支払いの際に、20.42%の税率により源泉所得税の課税対象となります。

所得税法161条第11号

国内において業務を行う者から受ける次に掲げる使用料又は対価で当該業務に係るもの

イ　工業所有権その他の技術に関する権利、特別の技術による生産方式若しくはこれらに準ずるものの使用料又はその譲渡による対価

ロ　著作権（出版権及び著作隣接権その他これに準ずるものを含む。）の使用料又はその譲渡による対価

ハ　機械、装置その他政令で定める用具の使用

2　租税条約の取扱い

「日英租税条約」第12条によりますと、日本国内において生じ、英国の法人に支払う使用料は、英国のみで課税することができると取り扱われており、日本では課税が免除されております。　（日・英租税条約第12条１）

一方の締約国内において生じ、他方の締約国の居住者が受益者である使用料に対しては、当該他方の締約国においてのみ租税を課すことができる。

（第12条１）

　なお、課税の免除を受けるためには、「租税条約に関する届出書」と「特典条項に関する付表（英）」を税務署長に提出する必要があります。

（実特令第2条1）

貴社の税務調査対策

　日本と英国との間の租税条約においては、工業所有権の使用料は英国でのみ課税されることとされており、日本では免税として取扱われております。

　しかし、B社は、工業所有権の対価支払の日の前日まで、貴社を通じて、貴社を所轄する税務署長あてに「租税条約に関する届出書」と「特典条項に関する付表（英）」を提出していません。

　したがって、貴社がB社に工業所有権の対価を支払の際には、20.42％の税率により源泉所得税を課税しなければなりません。

税務調査により課税された源泉所得税の還付手続について

　租税条約の免税の適用を受けなかっことにより、課税された源泉所得税について免除を受けようとするときは、その課税された源泉所得税の還付請求をすることができます（実特令第2条8）。

　B社から徴収し税務署に納付した源泉所得税（税20.42％）と限度税率（10％）との差額は、税務署に対し還付の請求を行うことになります。

　なお、源泉所得税は、英国のB社に対して還付されます。

　B社は還付請求に際し、次の書類を貴社経由で貴社を所轄する税務署長に提出することになります。

①　「租税条約に関する届出書」

②　「特典条項に関する付表（英）」

③　[租税条約に関する源泉徴収税額の還付請求書]

④　「居住者証明書」（英国政府発行）

⑤　その他の必要書類

(参考)

[還付手続きと還付の流れ]

（日本）

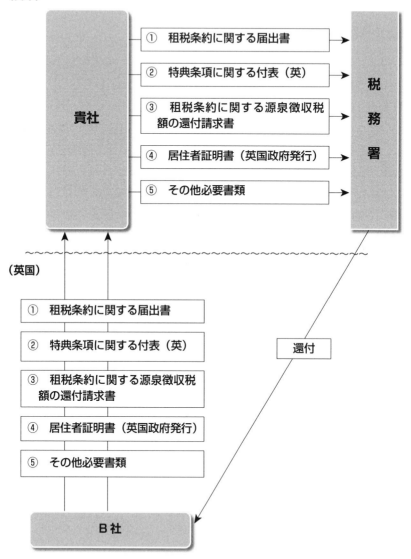

（英国）

① 租税条約に関する届出書

② 特典条項に関する付表（英）

③ 租税条約に関する源泉徴収税
額の還付請求書

④ 居住者証明書（英国政府発行）

⑤ その他必要書類

貴社

① 租税条約に関する届出書

② 特典条項に関する付表（英）

③ 租税条約に関する源泉徴収税
額の還付請求書

④ 居住者証明書（英国政府発行）

⑤ その他必要書類

税務署

還付

Ｂ社

［租税条約に関する届出書］

様式 3
FORM

租 税 条 約 に 関 す る 届 出 書
APPLICATION FORM FOR INCOME TAX CONVENTION

使用料に対する所得税及び復興特別所得税の軽減・免除
Relief from Japanese Income Tax and Special
Income Tax for Reconstruction on Royalties

この届出書の記載に当たっては、別紙の注意事項を参照してください。
See separate instructions.

税務署整理欄
For official use only

適用；有、無

番号確認　身元確認

┌ 限度税率＿＿＿％
Applicable Tax Rate
┌ 免　税（注11）
Exemption (Note 11)

支払者受付印　税務署受付印

税務署長殿
To the District Director, ＿＿＿＿＿＿＿Tax Office

1 適用を受ける租税条約に関する事項；
Applicable Income Tax Convention
日本国と＿＿＿＿＿＿＿との間の租税条約第＿＿条第＿＿項
The Income Tax Convention between Japan and＿＿＿＿＿＿＿, Article＿＿, para.＿＿

2 使用料の支払を受ける者に関する事項；
Details of Recipient of Royalties

氏　名　又　は　名　称　Full name	
個人番号又は法人番号（有する場合のみ記入）Individual Number or Corporate Number (Limited to case of a holder)	
個人の場合 Individual	住所又は居所 Domicile or residence（電話番号 Telephone Number）
	国籍 Nationality
法人その他の団体の場合 Corporation or other entity	本店又は主たる事務所の所在地 Place of head office or main office（電話番号 Telephone Number）
	設立又は組織された場所 Place where the Corporation was established or organized
	事業が管理・支配されている場所 Place where the business is managed and controlled（電話番号 Telephone Number）
下記「4」の使用料につき居住者として課税される国及び納税地（注8）Country where the recipient is taxable as resident on Royalties mentioned in 4 below and the place where he is to pay tax (Note 8)	（納税者番号 Taxpayer Identification Number）
日本国内の恒久的施設の状況 Permanent establishment in Japan ┌有(Yes), ┌無(No) If "Yes", explain:	名称 Name
	所在地 Address（電話番号 Telephone Number）
	事業の内容 Details of Business

3 使用料の支払者に関する事項；
Details of Payer of Royalties

氏　名　又　は　名　称　Full name	
住所（居所）又は本店（主たる事務所）の所在地 Domicile (residence) or Place of head office (main office)	（電話番号 Telephone Number）
個人番号又は法人番号（有する場合のみ記入）Individual Number or Corporate Number (Limited to case of a holder)	
日本国内にある事務所等 Office, etc. located in Japan	名称 Name（事業の内容 Details of Business）
	所在地 Address（電話番号 Telephone Number）

4 上記「3」の支払者から支払を受ける使用料で「1」の租税条約の規定の適用を受けるものに関する事項（注9）；
Details of Royalties received from the Payer to which the Convention mentioned in 1 above is applicable (Note 9)

使用料の内容 Description of Royalties	契約の締結年月日 Date of Contract	契約期間 Period of Contract	使用料の計算方法 Method of Computation for Royalties	使用料の支払期日 Due Date for Payment	使用料の金額 Amount of Royalties

5 その他参考となるべき事項（注10）；
Others (Note 10)

【裏面に続きます (Continue on the reverse) 】

191

6　日本の税法上、届出書の「2」の外国法人が納税義務者とされるが、租税条約の規定によりその株主等である者（相手国居住者に限ります。）の所得として取り扱われる部分に対して租税条約の適用を受けることとされている場合の租税条約の適用を受ける割合に関する事項等（注4）；
Details of proportion of income to which the convention mentioned in 1 above is applicable, if the foreign company mentioned in 2 above is taxable as a company under Japanese tax law, and the convention is applicable to income that is treated as income of the member (limited to a resident of the other contracting country) of the foreign company in accordance with the provisions of the convention (Note 4)

届出書の「2」の外国法人の株主等で租税条約の適用を受ける者の氏名又は名称 Name of member of the foreign company mentioned in 2 above, to whom the Convention is applicable	間接保有 Indirect Ownership	持分の割合 Ratio of Ownership	受益の割合＝ 租税条約の適用を受ける割合 Proportion of benefit = Proportion for Application of Convention
	□	%	%
	□	%	%
	□	%	%
	□	%	%
	□	%	%
合計 Total		%	%

届出書の「2」の欄に記載した外国法人が支払を受ける「4」の使用料について、「1」の租税条約の相手国の法令に基づきその株主等である者の所得として取り扱われる場合には、その根拠法令及びその効力を生じる日を記載してください。
If royalties mentioned in 4 above that a foreign company mentioned in 2 above receives are treated as income of those who are its members under the law in the other contracting country of the convention mentioned in 1 above, enter the law that provides the legal basis to the above treatment and the date on which it will become effective.

根拠法令
Applicable law____________________

効力を生じる日　　年　　月　　日
Effective date____________________

7　日本の税法上、届出書の「2」の団体の構成員が納税義務者とされるが、租税条約の規定によりその団体の所得として取り扱われるものに対して租税条約の適用を受けることとされている場合の記載事項等（注5）；
Details if, while the partner of the entity mentioned in 2 above is taxable under Japanese tax law, and the convention is applicable to income that is treated as income of the entity in accordance with the provisions of the convention (Note 5)

他の全ての構成員から通知を受けこの届出書を提出する構成員の氏名又は名称____________________
Full name of the partner of the entity who has been notified by all other partners and is to submit this form

届出書の「2」に記載した団体が支払を受ける「4」の使用料について、「1」の租税条約の相手国の法令に基づきその団体の所得として取り扱われる場合には、その根拠法令及びその効力を生じる日を記載してください。
If royalties mentioned in 4 above that an entity at mentioned in 2 above receives are treated as income of the entity under the law in the other contracting country of the convention mentioned in 1 above, enter the law that provides the legal basis to the above treatment and the date on which it will become effective.

根拠法令
Applicable law____________________

効力を生じる日　　年　　月　　日
Effective date____________________

私は、この届出書の「4」に記載した使用料が「1」に掲げる租税条約の規定の適用を受けるものであることを、「租税条約等の実施に伴う所得税法、法人税法及び地方税法の特例等に関する法律の施行に関する省令」及び「復興特別所得税に関する省令」の規定により届け出るとともに、この届出書(及び付表)の記載事項が正確かつ完全であることを宣言します。

In accordance with the provisions of the Ministerial Ordinance for the Implementation of the Law concerning the Special Measures of the Income Tax Act, the Corporation Tax Act and the Local Tax Act for the Enforcement of Income Tax Conventions and the Ministerial Ordinance concerning Special Income Tax for Reconstruction, I hereby submit this application form under the belief that the provisions of the Income Tax Convention mentioned in 1 above is applicable to Royalties mentioned in 4 above and also hereby declare that the statement on this form (and attachment form) is correct and complete to the best of my knowledge and belief.

年　　月　　日
Date____________________

使用料の支払を受ける者又はその代理人の署名
Signature of the Recipient of Royalties or his Agent____________________

○　代理人に関する事項　；　この届出書を代理人によって提出する場合には、次の欄に記載してください。
Details of the Agent　；　If this form is prepared and submitted by the Agent, fill out the following columns.

代理人の資格 Capacity of Agent in Japan	氏名（名称） Full name		納税管理人の届出をした税務署名 Name of the Tax Office where the Tax Agent is registered
□ 納税管理人 ※ Tax Agent □ その他の代理人 Other Agent	住所（居所・所在地） Domicile (Residence or location)	（電話番号 Telephone Number）	税務署 Tax Office

※　「納税管理人」とは、日本国の国税に関する申告、申請、請求、届出、納付等の事項を処理させるため、国税通則法の規定により選任し、かつ、日本国における納税地の所轄税務署長に届出をした代理人をいいます。

※ "Tax Agent" means a person who is appointed by the taxpayer and is registered at the District Director of Tax Office for the place where the taxpayer is to pay his tax, in order to have such agent take necessary procedures concerning the Japanese national taxes, such as filing a return, applications, claims, payment of taxes, etc., under the provisions of Act on General Rules for National Taxes.

○　適用を受ける租税条約が特典条項を有する租税条約である場合；
If the applicable convention has article of limitation on benefits

特典条項に関する付表の添付
"Attachment Form for Limitation on Benefits Article" attached

□ 有Yes
□ 添付省略Attachment not required
（特典条項に関する付表を添付して提出した租税条約に関する届出書の提出日　　年　　月　　日）
Date of previous submission of the application for income tax convention with the "Attachment Form for Limitation on Benefits Article"

［特典条項に関する付表（英）］

様 式 17-英
FORM 17-UK

特 典 条 項 に 関 す る 付 表 （英）
ATTACHMENT FORM FOR LIMITATION ON BENEFITS ARTICLE (UK)

記載に当たっては、別紙の注意事項を参照してください。
See separate instructions.

1 適用を受ける租税条約の特典条項に関する事項；
Limitation on Benefits Article of applicable Income Tax Convention
日本国とグレートブリテン及び北アイルランド連合王国との間の租税条約第 22 条
The Income Tax Convention between Japan and The United Kingdom of Great Britain and Northern Ireland, Article 22

2 この付表に記載される者の氏名又は名称；
Full name of Resident

	居住地国の権限ある当局が発行した居住者証明書を添付してください（注5）。Please Attach Residency Certification issued by Competent Authority of Country of residence. (Note5)

3 租税条約の特典条項の要件に関する事項；
A からの順番に各項目の「□該当」又は「□非該当」の該当する項目に✓印を付してください。いずれかの項目に「該当」する場合には、それ以降の項目は記入する必要はありません。なお、該当する項目については、各項目ごとの要件に関する事項を記入の上、必要な書類を添付してください。（注6）
In order of sections A, B and C , check the applicable box in each line as "Yes" or "No". If you check any box as "Yes" in sections A to C, you need not fill in the lines that follow. Only the applicable lines need to be filled in and any necessary documents must be attached. (Note6)

A

(1) 個人 Individual   □該当 Yes , □非該当 No

(2) 適格政府機関（注7） Qualified Governmental Entity （Note7）   □該当 Yes , □非該当 No

(3) 公開会社又は公開信託財産（注8） Publicly Traded Company, Publicly Traded Trust （Note8）   □該当 Yes , □非該当 No

主たる種類の株式又は持分証券の別Principal class of Shares/Units	公認の有価証券市場の名称Recognised Stock Exchange	シンボル又は証券コードTicker Symbol or Security Code
□株式 Shares □持分証券 Units		

(4) 年金基金又は年金計画（注9） Pension Fund, Pension Scheme （Note9）   □該当 Yes , □非該当 No

（直前の課税年度又は賦課年度の終了の日においてその受益者、構成員又は参加者の 50%を超えるものが日本又はグレートブリテン及び北アイルランド連合王国（以下「英国」といいます。）の居住者である個人であるものに限ります。受益者等の 50%以上が、両締約国の居住者である事情を記入してください。
The "Pension Fund" or "Pension Scheme" is limited to those where over 50% of beneficiaries, members or participants were individual residents of Japan or the United Kingdom as of the end of the prior taxable year or chargeable period. Please provide details below showing that more than 50% of beneficiaries et al. are individual residents of either contracting countries.

設立等の根拠法令 Law for Establishment   非課税の根拠法令 Law for Tax Exemption

(5) 公益団体（注10） Public Service Organisation （Note10）   □該当 Yes , □非該当 No
設立等の根拠法令 Law for Establishment   設立の目的 Purpose of Establishment   非課税の根拠法令 Law for Tax Exemption

▶ Aのいずれにも該当しない場合は、Bに進んでください。If none of the lines in A are applicable, please proceed to B.

B

(1) 個人以外の者又は信託財産若しくは信託財産の受託者   □該当 Yes , □非該当 No
Person other than an Individual, Trust or Trustee of a Trust
（「個人以外の者」の場合、日本又は英国の居住者であるAの(1)から(5)までの者が、議決権の 50%以上に相当する株式その他の受益持分を直接又は間接に所有するものに限ります。また、「信託財産若しくは信託財産の受託者」の場合、日本若しくは英国の居住者であるAの(1)から(5)までの者又はB(2)(a)の「同等受益者」が、その信託財産の受益持分の 50%以上を直接又は間接に所有するものに限ります。（注11））
The "Person other than an Individual" refers to residents of Japan or the United Kingdom who fall under (1),(2),(3),(4) or (5) of A and own either directly or indirectly shares or other beneficial interests representing at least 50% of the voting power of the person.The "Trust or Trustee of a Trust" refers to residents of Japan or the United Kingdom who fall under (1),(2),(3),(4) or (5) of A or "equivalent beneficiaries" of B(2)(a) and own either directly or indirectly at least 50% of the beneficial interest.(Note11)
年 月 日現在の株主等の状況 State of Shareholders, etc. as of (date)

株主等の氏名又は名称Name of Shareholder(s)	居住地国における納税地Place where Shareholder(s) is taxable in Country of residence	Aの番号又は同等受益者Line A number, or equivalent beneficiaries	間接保有Indirect Ownership	株主等の持分Number of Shares owned
			□	
			□	
			□	
		合 計 Total （持分割合 Ratio (%) of Shares owned）		(%)

B

(2) 英語の居住者である法人　　　　　　　　　　　　　　　　　　　□該当 Yes ，□非該当 No
　　Company that is a resident of the United Kingdom
　　次の(a)又は(b)の要件を満たす 7 以下の者（「同等受益者」といいます。）が，その法人の議決権の 75%以上に相当する株式を直接又は間接に保有する場合
　に限ります。「同等受益者」に関する事情を記入してください。(注 12)
　(a)　日本との間に租税条約を有している国の居住者であって，次の(aa)から(cc)までの要件を満たすもの
　　(aa)　その租税条約が実効的な情報交換に関する規定を有すること
　　(bb)　その租税条約において，その居住者が特典条項における適格者に該当すること（その租税条約が，特典条項を有しない場合には，日本と英国との
　　　　間の租税条約（以下「日英租税条約」といいます。）の特典条項における適格者に該当すること）
　　(cc)　その租税条約に規定する税率その他の要件が，日英租税条約の税率その他の要件よりも制限的でないこと (注 13)
　(b)　A の(1)から(5)までの者
　　　The company is limited to those whose shares representing at least 75% of the voting power of the company are owned, either directly or
　　indirectly, by seven or fewer persons who meet requirement (a) or (b) ("equivalent beneficiaries"). Please provide details below regarding
　　equivalent beneficiaries. (Note12)
　(a)　The resident of a country that has a convention for avoidance of double taxation between that country and Japan, and meets the following
　　requirements from (aa) through to (cc)
　　(aa)　that convention contains provisions for effective exchange of information
　　(bb)　that resident is a qualified person under the limitation on benefits provisions in that convention (where there are no such provisions in that
　　　　convention, would be a qualified person when that convention is read as including provisions corresponding to the limitation on the benefits
　　　　provisions of the Japan-UK Income Tax Convention)
　　(cc)　The rate or other conditions of that convention are no less restrictive than those in the Japan-UK Income Tax Convention (Note13)
　(b)　Person listed in (1) through to (5) in Line A

株主の氏名又は名称 Name of Shareholders	居住地国における納税地 Place where Shareholder is taxable in Country of residence	(a)の場合 (a)			(b)の場合 (b)	株主等の持分 Number of Shares owned
		(aa)を満たすか Requirement (aa)	(bb)を満たすか Requirement (bb)	(cc)を満たすか Requirement (cc)	A の番号 Line A number	
		□はい Yes ，□いいえ No	□はい Yes ，□いいえ No	□はい Yes ，□いいえ No		
		□はい Yes ，□いいえ No	□はい Yes ，□いいえ No	□はい Yes ，□いいえ No		
		□はい Yes ，□いいえ No	□はい Yes ，□いいえ No	□はい Yes ，□いいえ No		
			合　計 Total（持分割合 Ratio(%) of Shares owned）			（　　%）

Bに該当しない場合は，Cに進んでください。If B does not apply, proceed to C.

C

次の(a)から(c)の要件を全て満たす者　　　　　　　　　　　　　　　□該当 Yes ，□非該当 No
Resident satisfying all of the following Conditions from (a) through (c)
　居住地国において行っている事業の概要 (注 14)；Description of business in residence country (Note14)

　(a)　居住地国において行っている事業が，自己の勘定のために投資を行い又は管理するもの（銀行，保険会社又は証券会社が行う銀行業，保険業又は証券業
　　を除きます。）ではないこと (注 15)：　　　　　　　　　　　　　　　□はい Yes ，□いいえ No
　　　The business in the country of residence is other than that of making or managing investments for the resident's own account (unless the business
　　is banking, insurance or a securities business carried on by a bank, insurance company or securities dealer) (Note15)
　(b)　所得等が居住地国において行っている事業に関連又は付随して取得されるものであること (注 16)：　　□はい Yes ，□いいえ No
　　　An item of income, profit or gain is derived in connection with or is incidental to that business in the country of residence (Note16)
　(c)　（日本国内において行う事業から所得等を取得する場合）居住地国において行う事業が日本国内において行う事業との関係で実質的なものであること (注
　　17)：　　　　　　　　　　　　　　　　　　　　　　　　　　　　□はい Yes ，□いいえ No
　　　(If you derive an item of income, profit or gain from a business in Japan) The business carried on in the country of residence is substantial in
　　relation to the business carried on in Japan. (Note 17)
　　　日本国内において行っている事業の概要；Description of Business in Japan.

D　国税庁長官の認定 (注 18)：
　Determination by the NTA Commissioner (Note18)
　国税庁長官の認定を受けている場合は，以下にその内容を記載してください。その認定の範囲内で租税条約の特典を受けることができます。なお，上記Aか
　らCまでのいずれかに該当する場合には，国税庁長官の認定は不要です。
　　If you have received authorization from the NTA Commissioner, please describe below the nature of the authorization. The convention benefits will
　be granted within the range of the authorization. If any of the above mentioned Lines A through to C are applicable, then authorization from the NTA
　Commissioner is not necessary.
　　　　　　　　　　　　　　　　　　　　　　年　　　　　月　　　　　日
　・認定を受けた日　Date of authorization ＿＿＿＿＿＿＿＿＿＿＿＿＿＿＿＿＿＿＿

　・認定を受けた所得の種類
　　Type of income for which the authorization was received＿＿＿＿＿＿＿＿＿＿＿＿＿＿＿＿＿＿＿

［租税条約に関する源泉徴収税額の還付請求書］

様 式 11
FORM

租税条約に関する源泉徴収税額の還付請求書
（発行時に源泉徴収の対象となる割引債及び芸能人等の役務提供事業の対価に係るものを除く。）

APPLICATION FORM FOR REFUND OF THE OVERPAID WITHHOLDING TAX OTHER THAN REDEMPTION OF SECURITIES WHICH ARE SUBJECT TO WITHHOLDING TAX AT THE TIME OF ISSUE AND REMUNERATION DERIVED FROM RENDERING PERSONAL SERVICES EXERCISED BY AN ENTERTAINER OR A SPORTSMAN IN ACCORDANCE WITH THE INCOME TAX CONVENTION

この還付請求書の記載に当たっては、裏面の注意事項を参照してください。
See instructions on the reverse side.

（税務署整理欄）
For official use only

税務署長殿
To the District Director, _____ Tax Office

1 還付の請求をする者（所得の支払を受ける者）に関する事項；
Details of the Person claiming the Refund (Recipient of Income)

フリガナ Furigana 氏 名 又 は 名 称（注5） Full name (Note 5)	（納税者番号 Taxpayer Identification Number）
住所（居所）又は本店（主たる事務所）の所在地 Domicile(residence) or Place of head office (main office)	（電話番号 Telephone Number）
個 人 番 号 又 は 法 人 番 号 （有する場合のみ記入） Individual Number or Corporate Number (Limited to case of a holder)	

2 還付請求金額に関する事項；
Details of Refund

(1) 還付を請求する還付金の種類；（該当する下記の条項の□欄に✓印を付してください（注6）。）
Kind of Refund claimed; (Check applicable box below (Note 6).)

租税条約等の実施に伴う所得税法、法人税法及び地方税法の特例等に関する法律の施行に関する省令第15条第1項
Ministerial Ordinance of the Implementation of the Law concerning the Special Measures of the Income Tax Act, the Corporation Tax Act and the Local Tax Act for the Enforcement of Income Tax Conventions, paragraph 1 of Article15

□ 第1号(Subparagraph 1)
□ 第3号(Subparagraph 3)
□ 第5号(Subparagraph 5)
□ 第7号(Subparagraph 7)

に掲げる還付金 Refund in accordance with the relevant subparagraph

(2) 還付を請求する金額；
Amount of Refund claimed ￥ _____ 円

(3) 還付金の受領場所等に関する希望；（該当する下記の□欄に✓印を付し、次の欄にその受領を希望する場所を記入してください。）
Options for receiving your refund; (Check the applicable box below and enter your information in the corresponding fields.)

受取希望場所 Receipt by transfer to:	銀行 Bank	支店 Branch	預金種類及び口座番号又は記号番号 Type of account and account number	口座名義人 Name of account holder
□ 日本国内の預金口座 a Japanese bank account				
□ 日本国外の預金口座(注7) a bank account outside Japan(Note 7)	支店住所(国名、都市名)Branch Address (Country ,City):		銀行コード(Bank Code)	送金通貨(Currency)
□ ゆうちょ銀行の貯金口座 an ordinary savings account at the Japan Post Bank	—			
□ 郵便局等の窓口受取りを希望する場合 the Japan Post Bank or the post office (receipt in person)			—	—

3 支払者に関する事項；
Details of Payer

氏 名 又 は 名 称 Full name	
住所（居所）又は本店（主たる事務所）の所在地 Domicile (residence) or Place of head office (main office)	（電話番号 Telephone Number）
個 人 番 号 又 は 法 人 番 号 （有する場合のみ記入） Individual Number or Corporate Number (Limited to case of a holder)	

4 源泉徴収義務者の証明事項；
Items to be certified by the withholding agent

(1)所得の種類 Kind of Income	(2)所得の支払期日 Due Date for Payment	(3)所得の支払金額 Amount paid	(4)(3)の支払金額から源泉徴収した税額 Withholding Tax on (3)	(5)(4)の税額の納付年月日 Date of Payment of (4)	(6)租税条約を適用した場合に源泉徴収すべき税額 Tax Amount to be withheld under Tax Convention	(7)還付を受けるべき金額 Amount to be refunded ((4)-(6))
		円 yen	円 yen		円 yen	円 yen

上記の所得の支払金額につき、上記のとおり所得税及び復興特別所得税を徴収し、納付したことを証明します。
I hereby certify that the tax has been withheld and paid as shown above.

Date _____ 年 _____ 月 _____ 日　源泉徴収義務者 Signature of withholding agent _____ 印

【裏面に続きます (Continue on the reverse)】

195

私は、日本国と＿＿＿＿＿＿との間の租税条約第＿＿＿条第＿＿＿項の規定の適用を受ける上記「4」の所得について源泉徴収された税額につき、「租税条約等の実施に伴う所得税法、法人税法及び地方税法の特例等に関する法律の施行に関する省令」及び「復興特別所得税に関する省令」の規定により還付の請求をするとともに、この還付請求書の記載事項が正確かつ完全であることを宣言します。

In accordance with the provisions of the Ministerial Ordinance for the Implementation of the Law concerning the Special Measures of the Income Tax Act, the Corporation Tax Act and the Local Tax Act for the Enforcement of Income Tax Conventions and the Ministerial Ordinance concerning Special Income Tax for Reconstruction, I hereby claim the refund of tax withheld on the Income of 4 above to which subparagraph＿＿＿of paragraph＿＿＿of Article＿＿＿of Income Tax Convention between Japan and＿＿＿＿＿＿＿is applicable and also hereby declare that the above statement is correct and complete to the best of my knowledge and belief.

＿＿＿＿＿年＿＿＿月＿＿＿日
Date＿＿＿＿＿＿＿＿

還付の請求をする者又はその代理人の署名
Signature of the Applicant or his Agent＿＿＿＿＿＿＿＿＿＿＿＿＿＿＿＿

○　代理人に関する事項　；　この届出書を代理人によって提出する場合には、次の欄に記載してください。
Details of the Agent ; If this form is prepared and submitted by the Agent, fill out the following columns.

代 理 人 の 資 格 Capacity of Agent in Japan	氏　名　（名称） Full name		納税管理人の届出をした税務署名 Name of the Tax Office where the Tax Agent is registered
□　納税管理人　※ 　　Tax Agent □　その他の代理人 　　Other Agent	住所（居所・所在地） Domicile (Residence or location)	（電話番号 Telephone Number）	税　務　署 Tax Office

※　「納税管理人」については、「租税条約に関する届出書」の裏面の説明を参照してください。

※ "Tax Agent" is explained on the reverse side of the "Application Form for Income Tax Convention".

196

事例22

租税条約の改正と適用時期を巡る使用料に対する課税もれ

質 問

　当社はベルギー王国の映像製作会社Ｓ社との間で映像使用契約を締結し、3年前からベルギー国内の観光地の映像の提供を受け、使用料支払いの際に、「租税条約に関する届出書」に基づき、10％の源泉所得税を課税しています。

　現状は当社の資金繰りから、毎月支払ができず、支払が遅れているものもあります。

　昨年、日本国とベルギー王国との間の租税条約の改正（以下「新条約」といいます）が行われ、当社が支払う映像使用料は令和2年1月1日から免税となったことから、次の未払の映像使用料27百万円について新条約を適用し、免税として取り扱い、本年3月1日に支払いました。

　税務調査の際には、特に問題となるのでしょうか？

未払の映像使用料の内訳

使用料発生月	支払期日	金額
令和元年5月分	令和元年6月10日	3,000,000円
令和元年6月分	令和元年7月10日	3,000,000円
令和元年7月分	令和元年8月10日	3,000,000円
令和元年8月分	令和元年9月10日	3,000,000円
令和元年9月分	令和元年10月10日	3,000,000円
令和元年10月分	令和元年11月10日	3,000,000円
令和元年11月分	令和元年12月10日	3,000,000円
令和元年12月分	令和2年1月10日	3,000,000円
令和2年1月分	令和2年2月10日	3,000,000円
		合計 27,000,000円

[新条約の効力発生日と適用開始日]

①新条約の効力発生日	令和元年1月19日
②新条約の適用開始日	令和2年1月1日

　免税の対象となる使用料は、支払期日が令和2年1月1日以後のものに限られ、また、新日・ベルギー租税条約の適用を受けるためには、加えて「特典条項に関する付表（様式17）」を提出し、これにベルギー政府が納税者に発行する「居住者証明書」を添付しなければならないとの指摘があります。

解　説

1　新租税条約の適用時期とは

　免税の適用開始日については、課税期間に基づいて課される租税と課税期間に基づかないで課される租税に区分し新条約において規定しています。

（日・ベルギー租税条約第30条2(a)(ⅰ)(ⅱ)）

① **課税期間に基づいて課される租税**

　この条約が効力を生ずる年の翌年1月1日以後に開始する各課税期間の租税から適用する。

② **課税期間に基づかないで課される租税**

　この条約が効力を生ずる年の翌年の1月1日以後に課される租税から適用する。

（第30条2(a)(ⅰ)(ⅱ)）

2　特典条項とは

　第三国の居住者が形式的に相手国の居住者となることにより条約の特典を不当に受けるのを防止するため、新条約では、その特典に関し所定の条件を規定し制限しています。　　　　　（日・ベルギー租税条約22）

［イメージ（日本とベルギーとの間の条約の特典を第三国のCが受ける）］

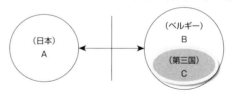

3　条約の特典の対象となる一方の締約国の居住者について

　条約の特典の対象となる一方の締約国の居住者とは次の適格者等をいいます。

1　適格者

次の①～⑥のいずれかに該当する適格者

①　個人

②　当該一方の政府、地方政府若しくは地方公共団体又は中央銀行

③　法人（その主たる種類の株式が、一又は二以上の公認の有価証券市場において通常取引されるものに限る。）

④　銀行、保険会社又は証券会社

⑤　当該一方の締約国の法令に基づいて設立された団体（宗教、慈善、教育、科学、芸術、文化その他の目的のために運営されるもの）

⑥　個人以外の者

（日ベルギー条約22②）

2　上記1の適格者に該当しない場合（次の⑴又は⑵に該当）

⑴　**派生的受益基準**

　一方の締約国の居住者は、同等受益者である者が当該居住者の議決権その他の受益に関する持分の75％以上を直接又は間接に所有する場合には、これらの規定により認められる特典を受ける権利を有する。

（日ベルギー条約22③）

⑵　**能動的事業基準**

　一方の締約国の居住者は、他の締約において取得する配当、利子又は使用料に関し、次の①及び②の要件を満たす場合には、これらの規定により認められる特典を受ける権利を有する。

①当該居住者が当該一方の締約国内において事業を行っていること。（当該事業が、事業者の自己の勘定のために投資を行い、管理するものは除く）

②当該所得が①に規定する事業に関連し、又は付随して取得されるもの

（日ベルギー条約22⑤）

3　上記1又は2に該当しない場合

権限のある当局による認定

　上記1又は2に該当しない場合には、他方の締約国の権限ある当局による認定

（日ベルギー条約22⑦）

（注）　同等受益者とは

　「同等受益者」とは、条約の特典を濫用する恐れがないと考えられる第三国の居住者をいい、次の要件を満たすものをいいます。

　一方の締約国に対してこの条約の特典が申請される所得について、当該一方の法令、この条約又は他の国際的な枠組みに基づき、当該一方の締約国により認められる特典（この条約に基づき当該所得について認められる特典と同等であるものに限る。）を受ける権利を有する者をいいます。

4　改正租税条約により免税となる源泉所得税

　改正後の租税条約によりますと、「源泉徴収される租税に関しては、協定が効力を生じる年の翌年一月一日以後に租税を課される額」は免税とすると規定されています。

　したがって、技術使用料の支払期日が令和2年1月1日以後であるものについては免税となります。

　また、支払期日が定められていない支払いについては、実際の支払日が令和2年1月1日以後であるものについては免税となります。

貴社の税務調査対策

　貴社の場合には、技術使用料の支払期日は技術使用料の発生月の翌月10日とされています。

　したがって、支払期日が令和元年12月31日以前であるものについては源泉所得税は課税となりますが、支払期日が令和2年1月1日以後のものについては免税となります。

　また、新日・ベルギー租税条約の適用を受けるためには、「租税条約に関する届出書（様式3）」に加えて「特典条項に関する付表（様式17)」を提出し、これにベルギー政府が納税者に発行する「居住者証明書」を添付しなければなりません。

租税条約改正後の課税区分

（技術使用料発生月）	（支払期日）	課税区分
令和元年5月分〜11月分	令和元年6月10日〜12月10日	課税
令和元年12月分〜2年1月分	令和2年1月10日〜2月10日	免税

[租税条約に関する届出書]

様 式 3
FORM

租 税 条 約 に 関 す る 届 出 書

APPLICATION FORM FOR INCOME TAX CONVENTION

使用料に対する所得税及び復興特別所得税の軽減・免除
Relief from Japanese Income Tax and Special
Income Tax for Reconstruction on Royalties

この届出書の記載に当たっては、別紙の注意事項を参照してください。
See separate instructions.

支払者受付印

税務署受付印

税務署整理欄
For official use only

適用；有、無

番号確認　　身元確認

税務署長殿
To the District Director,＿＿＿＿＿＿＿＿＿Tax Office

1 適用を受ける租税条約に関する事項；
Applicable Income Tax Convention
日本国と＿＿＿＿＿＿＿＿＿との間の租税条約第＿＿条第＿＿項
The Income Tax Convention between Japan and＿＿＿＿＿＿＿＿,Article＿＿,para.＿＿

□ 限度税率＿＿＿＿％
Applicable Tax Rate
□ 免 税（注11）
Exemption (Note 11)

2 使用料の支払を受ける者に関する事項；
Details of Recipient of Royalties

氏　名　又　は　名　称　Full name	
個 人 番 号 又 は 法 人 番 号 （ 有 す る 場 合 の み 記 入 ）Individual Number or Corporate Number (Limited to case of a holder)	
個人の場合Individual	住　所　又　は　居　所　Domicile or residence	（電話番号 Telephone Number）
	国　　　　　籍　Nationality	
法人その他の団体の場合Corporation or other entity	本店又は主たる事務所の所在地　Place of head office or main office	（電話番号 Telephone Number）
	設 立 又 は 組 織 さ れ た 場 所　Place where the Corporation was established or organized	
	事業が管理・支配されている場所　Place where the business is managed and controlled	（電話番号 Telephone Number）
下記「4」の使用料につき居住者として課税される国及び納税地(注8)Country where the recipient is taxable as resident on Royalties mentioned in 4 below and the place where he is to pay tax (Note 8)		（納税者番号 Taxpayer Identification Number）
日本国内の恒久的施設の状況Permanent establishment in Japan□有(Yes) , □無(No)If "Yes", explain:	名　　称　Name	
	所　在　地　Address	（電話番号 Telephone Number）
	事 業 の 内 容　Details of Business	

3 使用料の支払者に関する事項；
Details of Payer of Royalties

氏　名　又　は　名　称　Full name	
住所（居所）又は本店（主たる事務所）の所在地Domicile (residence) or Place of head office (main office)	（電話番号 Telephone Number）
個 人 番 号 又 は 法 人 番 号 （ 有 す る 場 合 の み 記 入 ）Individual Number or Corporate Number (Limited to case of a holder)	
日 本 国 内 に あ る 事 務 所 等Office, etc. located in Japan	名　称　Name	（事業の内容 Details of Business）
	所　在　地　Address	（電話番号 Telephone Number）

4 上記「3」の支払者から支払を受ける使用料で「1」の租税条約の規定の適用を受けるものに関する事項（注9）；
Details of Royalties received from the Payer to which the Convention mentioned in 1 above is applicable (Note 9)

使 用 料 の 内 容Description of Royalties	契約の締結年月日Date of Contract	契　約　期　間Period of Contract	使用料の計算方法Method of Computation for Royalties	使用料の支払期日Due Date for Payment	使 用 料 の 金 額Amount of Royalties

5 その他参考となるべき事項（注10）；
Others (Note 10)

【裏面に続きます (Continue on the reverse) 】

6 日本の税法上、届出書の「2」の外国法人が納税義務者とされるが、租税条約の規定によりその株主等である者（相手国居住者に限ります。）の所得として取り扱われる部分に対して租税条約の適用を受けることとされている場合の租税条約の適用を受ける割合に関する事項等（注4）；
Details of proportion of income to which the convention mentioned in 1 above is applicable, if the foreign company mentioned in 2 above is taxable as a company under Japanese tax law, and the convention is applicable to income that is treated as income of the member (limited to a resident of the other contracting country) of the foreign company in accordance with the provisions of the convention (Note 4)

届出書の「2」の外国法人の株主等で租税条約の適用を受ける者の氏名又は名称 Name of member of the foreign company mentioned in 2 above, to whom the Convention is applicable	間接保有 Indirect Ownership	持分の割合 Ratio of Ownership	受益の割合＝ 租税条約の適用を受ける割合 Proportion of benefit = Proportion for Application of Convention
		％	％
		％	％
		％	％
		％	％
合計 Total		％	％

届出書の「2」の欄に記載された外国法人が支払を受ける「4」の使用料について、「1」の租税条約の相手国の法令に基づきその株主等である者の所得として取り扱われる場合には、その根拠法令及びその効力を生じる日を記載してください。
If royalties mentioned in 4 above that a foreign company mentioned in 2 above receives are treated as income of those who are its members under the law in the other contracting country of the convention mentioned in 1 above, enter the law that provides the legal basis to the above treatment and the date on which it will become effective.

根拠法令 _____ 効力を生じる日 ____ 年 ___ 月 ___ 日
Applicable law Effective date

7 日本の税法上、届出書の「2」の団体の構成員が納税義務者とされるが、租税条約の規定によりその団体の所得として取り扱われるものに対して租税条約の適用を受けることとされている場合の記載事項等（注5）；
Details if, while the partner of the entity mentioned in 2 above is taxable under Japanese tax law, and the convention is applicable to income that is treated as income of the entity in accordance with the provisions of the convention (Note 5)

他の全ての構成員から通知を受けこの届出書を提出する構成員の氏名又は名称 _____
Full name of the partner of the entity who has been notified by all other partners and is to submit this form

届出書の「2」に記載した団体が支払を受ける「4」の使用料について、「1」の租税条約の相手国の法令に基づきその団体の所得として取り扱われる場合には、その根拠法令及びその効力を生じる日を記載してください。
If royalties mentioned in 4 above that an entity at mentioned in 2 above receives are treated as income of the entity under the law in the other contracting country of the convention mentioned in 1 above, enter the law that provides the legal basis to the above treatment and the date on which it will become effective.

根拠法令 _____ 効力を生じる日 ____ 年 ___ 月 ___ 日
Applicable law Effective date

私は、この届出書の「4」に記載した使用料が「1」に掲げる租税条約の規定の適用を受けるものであることを、「租税条約等の実施に伴う所得税法、法人税法及び地方税法の特例等に関する法律の施行に関する省令」及び「復興特別所得税に関する省令」の規定により届け出るとともに、この届出書（及び付表）の記載事項が正確かつ完全であることを宣言します。

In accordance with the provisions of the Ministerial Ordinance for the Implementation of the Law concerning the Special Measures of the Income Tax Act, the Corporation Tax Act and the Local Tax Act for the Enforcement of Income Tax Conventions and the Ministerial Ordinance concerning Special Income Tax for Reconstruction, I hereby submit this application form under the belief that the provisions of the Income Tax Convention mentioned in 1 above is applicable to Royalties mentioned in 4 above and also hereby declare that the statement on this form (and attachment form) is correct and complete to the best of my knowledge and belief.

____ 年 ___ 月 ___ 日
Date

使用料の支払を受ける者又はその代理人の署名
Signature of the Recipient of Royalties or his Agent _____

○ 代理人に関する事項 ； この届出書を代理人によって提出する場合には、次の欄に記載してください。
Details of the Agent ； If this form is prepared and submitted by the Agent, fill out the following columns.

代理人の資格 Capacity of Agent in Japan	氏名（名称） Full name		納税管理人の届出をした税務署名 Name of the Tax Office where the Tax Agent is registered
□ 納税管理人 ※ Tax Agent □ その他の代理人 Other Agent	住所（居所・所在地） Domicile (Residence or location)	（電話番号 Telephone Number）	税務署 Tax Office

※ 「納税管理人」とは、日本国の国税に関する申告、申請、請求、届出、納付等の事項を処理させるため、国税通則法の規定により選任し、かつ、日本国における納税地の所轄税務署長に届出をした代理人をいいます。

※ "Tax Agent" means a person who is appointed by the taxpayer and is registered at the District Director of Tax Office for the place where the taxpayer is to pay his tax, in order to have such agent take necessary procedures concerning the Japanese national taxes, such as filing a return, applications, claims, payment of taxes, etc., under the provisions of Act on General Rules for National Taxes.

○ 適用を受ける租税条約が特典条項を有する租税条約である場合；
If the applicable convention has article of limitation on benefits

特典条項に関する付表の添付 ："有Yes
"Attachment Form for Limitation on Benefits Article" attached

："添付省略Attachment not required
（特典条項に関する付表を添付して提出した租税条約に関する届出書の提出日
Date of previous submission of the application for income tax convention with the "Attachment Form for Limitation on Benefits Article" ____ 年 ___ 月 ___ 日)

[特典条項に関する付表（ベルギー王国）]

様式 17－ベルギー王国
Form 17- the Kingdom of Belgium

特 典 条 項 に 関 す る 付 表 （ベルギー王国）

ATTACHMENT FORM FOR LIMITATION ON BENEFITS (ENTITLEMENT TO BENEFITS) ARTICLE (the Kingdom of Belgium)

記載に当たっては、別紙の注意事項を参照してください。
See separate instructions.

1 適用を受ける租税条約の特典条項に関する事項；
Limitation on Benefits Article of applicable Income Tax Convention
日本国とベルギー王国との間の租税条約第 22 条第 1 項から第 8 項
The Income Tax Convention between Japan and the Kingdom of Belgium, paragraph 1 to paragraph 8 of Article 22

2 この付表に記載される者の氏名又は名称；
Full name of Resident

	居住地国の権限ある当局が発行した居住者証明書を添付してください(注5)。 Please Attach Residency Certification issued by Competent Authority of Country of residence. (Note5)

3 租税条約の特典条項の要件に関する事項；
Aから C の順番に各項目の「□該当」又は「□非該当」の該当する項目に ✓印を付してください。いずれかの項目に「該当」する場合には、それ以降の項目に記入する必要はありません。なお、該当する項目については、各項目ごとの要件に関する事項を記入の上、必要な書類を添付してください。(注6)
In order of sections A, B and C, check the applicable box in each line as "Yes" or "No". If you check any box as "Yes" in sections A to C, you need not fill in the lines that follow. Only the applicable lines need to be filled in and any necessary documents must be attached.(Note6)

A

(1) 個人 Individual　　　　　　　　　　　　　　　　　　□該当 Yes , □非該当 No

(2) 適格政府機関 (注7)　Qualified Governmental Entity (Note7)　　□該当 Yes , □非該当 No

(3) 公開会社 (注8)　Publicly Traded Company (Note8)　　　　　□該当 Yes , □非該当 No

公認の有価証券市場の名称 Recognised Stock Exchange	シンボル又は証券コード Ticker Symbol or Security Code

(4) 銀行、保険会社又は証券会社 （ベルギー王国の法令に基づいて設立され、かつ、規制されるものに限ります。）　□該当 Yes , □非該当 No
Bank, insurance company or securities dealer that is established and regulated as such under the laws of the Kingdom of Belgium

設立の根拠法令　Law for Establishment　　　　規制の根拠法令　Law for Regulation

(5) 年金基金 (注9)　Pension Fund (Note9)　　　　　　　　　　□該当 Yes , □非該当 No
（特典の申請が行われる課税期間の開始の時において次の(a)又は(b)に該当するものに限ります。受益者等の 50%超が、日本又はベルギー王国の居住者である個人である事情、又は基金の 75%超が適格者 (注 10) である日本又はベルギー王国の居住者が拠出した年金基金である事情を記入してください。）
(a) その受益者、構成員又は参加者の 50%超が日本又はベルギー王国の居住者である個人であるもの
(b) その基金の 75%超が適格者である日本又はベルギー王国の居住者によって拠出されたもの
(The "Pension Fund" is limited to the fund which fall under (a) or (b) as of the beginning of the taxable period in which the claim to the benefit is made. Please provide details below showing that more than 50% of beneficiaries, etc. are individual residents of either Japan or the Kingdom of Belgium, or more than 75% of the contributions made to the pension fund is derived from residents of either Japan or the Kingdom of Belgium which are qualified persons.)
(a) more than 50% of the beneficiaries, members or participants of the pension fund are individuals who are residents of Japan or the Kingdom of Belgium
(b) more than 75% of the contributions made to the pension fund is derived from residents of Japan or the Kingdom of Belgium which are qualified persons(Note10)

・設立等の根拠法令　Law for Establishment

・金融サービス・金融市場庁若しくはベルギー国立銀行によって監督されていること又はベルギー連邦財務省に登録されていること：
　　　　　　　　　　　　　　　　　　　　　　　　　　　□はい Yes , □いいえ No
Supervised by the Financial Services and Markets Authority or by the National Bank of Belgium or registered with the Belgian Federal Public Service Finance

(6) 公益団体 (注 11)　Public Service Organisation (Note11)　　　□該当 Yes , □非該当 No

設立等の根拠法令 Law for Establishment　　設立の目的 Purpose of Establishment　　非課税の根拠法令 Law for Tax Exemption

Aのいずれにも該当しない場合は、Bに進んでください。If none of the lines in A are applicable, please proceed to B.

203

B

(1) 個人以外の者
Person other than an Individual　　　　　　　　　　　　　　　　　□該当 Yes , □非該当 No

（「個人以外の者」の場合、Aの(1)から(6)までのいずれかに該当する日本又はベルギー王国の居住者が、議決権その他の受益に関する持分の50％以上を直接又は間接に所有するものに限ります。（注12））
The "Person other than an Individual" is limited to a person, where residents of Japan or the Kingdom of Belgium who fall under (1),(2),(3),(4),(5) or (6) of A own, either directly or indirectly, at least 50% of the voting power or other beneficial interests of the person. (Note12)

　　　年　　月　　日現在の株主等の状況 State of Shareholders, etc. as of (date) ＿＿＿/＿＿/＿＿

株主等の氏名又は名称 Name of Shareholder(s)	株主等の居住地国における納税地 Place where Shareholder(s) is taxable in Country of residence	Aの番号 Number in A	間接保有 Indirect Ownership	株主等の持分 Number of Shares owned
			□	
			□	
			□	
			□	
			□	
合　　計 Total（持分割合　Ratio (%) of Shares owned)				（　　%）

(2) ベルギー王国の居住者
Resident of the Kingdom of Belgium　　　　　　　　　　　　　　　□該当 Yes , □非該当 No

「同等受益者」が、その居住者の議決権その他の受益に関する持分の75％以上を直接又は間接に所有する場合に限ります。「同等受益者」に関する事情を記入してください。（注12）（注13）
（注）同等受益者とは、日本国とベルギー王国との間の租税条約（以下「日・ベルギー租税条約」といいます。）の特典を申請する所得について、日本の法令、日・ベルギー租税条約又は他の国際的な枠組みに基づき、日本により認められる特典（日・ベルギー租税条約に基づきその所得について認められる特典と同等であるものに限ります。）を受ける権利を有する者をいいます。

The resident is limited to those whose shares representing at least 75% of the voting power or other beneficial interests of that resident are owned, either directly or indirectly, by persons who are "equivalent beneficiaries". Please provide details below regarding equivalent beneficiaries. (Note12) (Note13)
(Note) "equivalent beneficiaries" means any person who would be entitled to a benefit, with respect to the item of income in respect of which the benefit of this Convention is claimed to Japan, granted by Japan under the law of Japan, this Convention or any other international instrument, provided that such benefit is equivalent to the benefit to be granted to that item of income under the Convention.

　　　年　　月　　日現在の株主等の状況 State of Shareholders, etc. as of (date) ＿＿＿/＿＿/＿＿

株主等の氏名又は名称 Name of Shareholder(s)	株主等の居住地国における納税地 Place where Shareholder(s) is taxable in Country of residence	「同等受益者」か否か Satisfaction of "equivalent beneficiaries"	間接保有 Indirect Ownership	株主等の持分 Number of Shares owned
		□はい Yes , □いいえ No	□	
		□はい Yes , □いいえ No	□	
		□はい Yes , □いいえ No	□	
		□はい Yes , □いいえ No	□	
		□はい Yes , □いいえ No	□	
		□はい Yes , □いいえ No	□	
		□はい Yes , □いいえ No	□	
		□はい Yes , □いいえ No	□	
		□はい Yes , □いいえ No	□	
合　　計 Total（持分割合 Ratio(%) of Shares owned)				（　　%）

Bに該当しない場合は、Cに進んでください。If B does not apply, proceed to C.

204

C

(1) 次の(a)及び(b)の要件を満たすベルギー王国の居住者
Resident of the Kingdom of Belgium satisfying all of the following conditions of (a) and (b)
□該当 Yes , □非該当 No

(a) 多国籍企業集団の本拠である法人(※)として機能すること
The resident functions as a headquarters company for a multinational corporate group (※)
□はい Yes , □いいえ No

※ ベルギー王国の居住者が、次の(i)から(vi)までの要件を全て満たす場合に限り、(a)の適用上多国籍企業集団の本拠である法人とされます。
The resident of the Kingdom of Belgium shall be considered a headquarters company for a multinational corporate group for the purpose of (a) only if all of the following conditions from (i) through (vi) are satisfied

(i) ベルギー王国の居住者が、その多国籍企業集団の全体の監督及び運営の実質的な部分を行うこと又はその多国籍企業集団の資金供給を行うこと
The resident of the Kingdom of Belgium provides a substantial portion of overall supervision and administration of the group or provides financing for the group

(ii) その多国籍企業集団が、5以上の国の居住者である法人により構成され、それらの法人が5以上の国の国内において事業を行うこと。ただし、それらの5以上の国のうちいずれかの5の国の国内において行われる事業が、いずれもその多国籍企業集団の総所得の5%以上を生み出す場合に限ります。(注14)
The group consists of companies which are residents in, and are carrying on business in, at least five countries, and the business carried on in each of the five countries generates at least 5% of the gross income of the group (Note14)

(iii) ベルギー王国以外の一の国の国内において行われる事業が、いずれもその多国籍企業集団の総所得の50%未満しか生み出さないこと(注14)
The business carried on in any one country other than the Kingdom of Belgium generate less than 50% of the gross income of the group (Note14)

(iv) ベルギー王国の居住者の総所得のうち、日本国内において取得するものの占める割合が50%以下であること(注14)
No more than 50% of its gross income is derived from Japan (Note14)

(v) (i)の機能を果たすために、その居住者であるベルギー王国の居住者が独立した裁量的な権限を有し、かつ、行使すること
The resident of the Kingdom of Belgium has, and exercises, independent discretionary authority to carry out the functions referred to in clause (i)

(vi) そのベルギー王国の居住者が、ベルギー王国において、所得に対する課税上の規則であって(2)に規定する者が従うものと同様のものに従うこと
The resident of the Kingdom of Belgium is subject to the same income taxation rules in the Kingdom of Belgium as persons described in (2)

(b) 所得が上記(ii)の事業に関連し、又は付随して取得されるものであること
An item of income is derived in connection with, or is incidental to, the business referred to above (ii)
□はい Yes , □いいえ No

(2) 次の(a)から(c)の要件を全て満たすベルギー王国の居住者
Resident of the Kingdom of Belgium satisfying all of the following conditions from (a) through (c)
□該当 Yes , □非該当 No

ベルギー王国において行っている事業の概要(注15) ; Description of business in the Kingdom of Belgium (Note15)

(a) ベルギー王国において行っている事業が、自己の勘定のために投資を行い、又は管理するもの(銀行、保険会社又は証券会社が行う銀行業、保険業又は証券業を除きます。)ではないこと(注16)
The business in the Kingdom of Belgium is other than that of making or managing investments for the resident's own account (unless the business is banking, insurance or a securities business carried on by a bank, insurance company or securities dealer). (Note16)
□はい Yes , □いいえ No

(b) 所得がベルギー王国において行っている事業に関連し、又は付随して取得されるものであること(注17) :
An item of income is derived in connection with or is incidental to that business in the Kingdom of Belgium. (Note17)
□はい Yes , □いいえ No

(c) (日本国内において行う事業から所得を取得する場合)ベルギー王国において行う事業が日本国内において行う事業との関係で実質的なものであること(注18) :
(If you derive an item of income from a business in Japan) The business conducted in the Kingdom of Belgium is substantial in relation to the business carried on in Japan. (Note 18)
□はい Yes , □いいえ No

日本国内において行う事業の概要 ; Description of Business in Japan.

D 国税庁長官の認定(注19) :
Determination by the NTA Commissioner (Note19)
国税庁長官の認定を受けている場合は、以下にその内容を記載してください。その認定の範囲内で租税条約の特典を受けることができます。なお、上記AからCまでのいずれかに該当する場合には、国税庁長官の認定は不要です。
If you have received authorization from the NTA Commissioner, please describe below the nature of the authorization. The Convention benefits will be granted within the range of the authorization. If any of the above mentioned Lines A through C are applicable, then authorization from the NTA Commissioner is not necessary.

・認定を受けた日 Date of authorization ＿＿＿＿年＿＿＿月＿＿＿日

・認定を受けた所得の種類
Type of income for which the authorization was received ＿＿＿＿＿＿＿＿＿＿＿＿＿＿＿＿＿＿

事例23

租税条約の適用を受けることができない支払に対する課税もれ

当社は、米国のＡ社との間で特許権の使用許諾契約（以下、「許諾契約」といいます）を締結しました。

その手続きの中で、Ａ社はＸ国のＳ社から使用許諾を受けた特許権を当社にサブライセンスすることが判明いたしました。

日本とＸ国との間には租税条約の締結はありません。

また、Ｓ社は日本及び米国の居住者ではありません。

当社は、許諾契約の相手先が米国の法人ですので、日米租税条約（以下「条約」といいます）に基づく免税の手続きを行い使用料の支払の際には源泉所得税を課税しておりません。

税務調査の際には、特に問題となるのでしょうか？

「使用料の再許諾契約のイメージ」

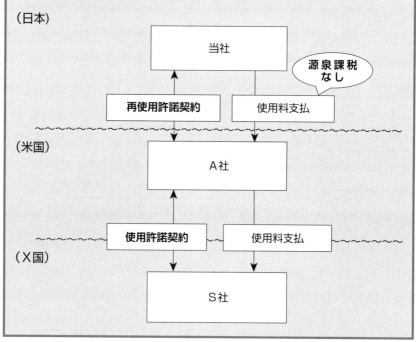

調査官の着眼点と指摘事項

　貴社は、米国のＡ社と許諾契約を締結しますが、Ｘ国のＳ社からのサブライセンスということですので、いわゆる「導管取引」としてＡ社は条約の免税が受けられず、貴社は、Ａ社に特許権の使用料を支払う際に20.42％の税率により源泉徴収すべきとの指摘があります。

解　説

1　国内法の取扱い

　貴社が米国Ａ社から提供をうける特許権の使用の対価は、国内源泉所得に該当しますので、支払う際には、20.42％の税率により源泉徴収する必要があります。　　　　　　　　　　　　　　　　（所法161①十一・212①）

2　日米条約の取扱い

　条約によりますと日本国内で生じた特許権使用の対価は米国でのみ課税できることとされています。　　　　　　　　　　　　（日米租税条約12①）

3　日米条約の適用対象者

　条約は、真に、適用を受けるものに適用されることから、適用対象者及び対象取引には制限が行われております。

(1)　適用対象者

　次に掲げる者が対象とされております。

> **Ａ　適格者基準の要件を満たす者**
>
> ①　個人‥（第22条１(a)）
> ②　国、地方政府（地方公共団体）、日本銀行、連邦準備銀行
> 　　　　　　　　　　　　　　　　　　　　　　　　　　（第22条１(b)）
> ③　特定の公開会社、公開会社の関連会社　‥‥‥（第22条１(c) i ii）
> ④　公益団体　‥‥‥‥‥‥‥‥‥‥‥‥‥‥‥‥‥（第22条１(d)）
> ⑤　年金基金　‥‥‥‥‥‥‥‥‥‥‥‥‥‥‥‥‥（第22条１(e)）
> ⑥　個人以外の者で支配基準と課税ベース浸食基準の両方の要件を満たすもの

B　支配基準の要件を満たす者

　個人以外の者でその者の株式等の50％以上が、上記①〜⑤の個人、政府等、特定の公開会社、公益団体又は年金基金により直接又は間接に所有されていること。 （第22条 1 (f) i ）

C　課税ベース浸食基準の要件を満たす者

　個人以外の者でその者の総所得のうちに第三国の者に直接又は間接に支払われるべきものの額の占める割合が50％未満であること。

（第22条 1 (f) ii ）

D　能動的事業活動基準の要件を満たす者

(1)　能動的事業基準とは、次の三条件を満たす場合である。
　①　居住地国で、営業又は事業の活動（投資活動を除く。）に従事していること。
　②　その取得する所得が上記①の営業又は事業の活動に関連又は付随して取得されるものであること。
　③　その取得する所得に関し、個別の条項に別に定める特典を受けるための要件を満たしていること。 （第22条 2 (a)）
(2)　さらに、他方の締約国内で支店又は子会社等を通じて営業又は事業活動を行う場合には追加の要件を満たす必要があり、居住地国で行う営業活動等が他方の締約国で行う営業活動等との関係において実質的なものでなければならない。（営業活動等が実質的であるか否かの判断は、すべての事実と状況により判断する。・・・例えば、居住地国の事業規模と支店等の事業規模の比較、あるいは営業活動全体に対する本店と支店等の貢献度の比較など。） （第22条 2 (b)）

(2)　使用料の「導管取引」を規制する規定

　その取引が「導管取引」であり、<u>真に適用を受けようとする者が条約締結国の者ではなく条約が締結されていない国の者である</u>場合には、日米租税条約12条 5 の規定により租税条約は適用されません。

導管取引の要件

① 一方の締約国の居住者がある無体財産権の使用に関して他方の締約国の居住者から使用料の支払いを受ける場合。
② 次に該当する者が、①と同一の無体財産権に関し一方の締約国の居住者から支払を受ける。
　○ ①の使用料に関し、一方の居住者に対し条約により認められる特典を受ける権利を有しない。
　○ いずれの締約国の居住者でもないこと

日米租税条約第12条5（導管取引を規制する規定）

　一方の締約国の居住者がある無体財産権の使用に関して他方の締約国の居住者から使用料の支払いを受ける場合において、次の(a)及び(b)に該当する者が当該無体財産権と同一の無体財産権の使用に関して当該一方の締約国の居住者から使用料の支払いを受けないとしたならば、当該一方の締約国の居住者が当該無体財産権の使用に関して当該他方の締約国の居住者から使用料の支払いを受けることはなかったであろうと認められるときは、当該一方の締約国の居住者は、当該使用料の受益者とはされない。
　(a) 当該他方の締約国内において生ずる使用料に関し、当該一方の締約国の居住者に対してこの条約により認められる特典と同等の又はそのような特典よりも有利な特典を受ける権利を有しないこと。
　(b) いずれの締約国の居住者でもないこと。

（第12条5）

貴社の税務調査対策

　ライセンスの原所有者がX国のS社であり、貴社はサブライセンスを受けていますので、X国のS社は米国のA社を通じて租税条約の恩典を受けようとしているものと考えられます。
　S社は日米租税条約の特典を受ける者に該当せず、また、日本又は米

国の居住者でもありません。

　したがって、貴社は、Ａ社に支払う際に20.21%の税率により源泉徴収しなければなりません。

事例24

代理人に支払う使用料に対する課税もれ

質 問

　当社は、米国のＢ社との間で映画の映像提供契約を締結し、映像使用料を年間５千万円支払っております。

　「租税条約に関する届出書」は、Ｂ社が免税を受ける者として税務署長に届出を行っておりましたが、映像使用料の支払はＢ社の代理人であるＹ国のＣ社に支払い、支払いの際には、源泉税の課税を行っておりません。

　この場合に、税務調査の際に、特に指摘されることがあるのでしょうか？

[代理人に映像使用料を支払う場合のイメージ]

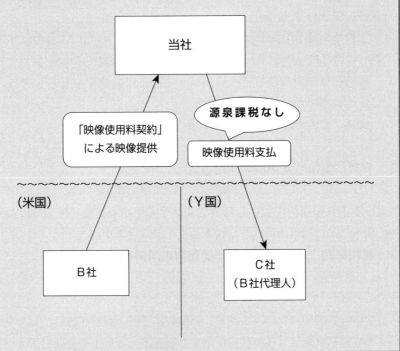

　貴社は、米国のＢ社との間で映画の映像使用料の契約を締結していますが、映像使用料はＢ社の代理人であるＹ国のＣ社に支払っていることから、米国との間の租税条約による免税は受けられないとの指摘があります。

解　説

1　外国法人に支払う映像権使用の対価の所得区分

　映像権は、著作権法上の著作物に該当しますので、映像権使用の対価は、所法161条第11号の国内源泉所得として支払いの際に、20.42％の税率により源泉所得税の課税対象となります。

所得税法161条第11号

　国内において業務を行う者から受ける次に掲げる使用料又は対価で当該業務に係るもの

イ　工業所有権その他の技術に関する権利、特別の技術による生産方式若しくはこれらに準ずるものの使用料又はその譲渡による対価

ロ　著作権（出版権及び著作隣接権その他これに準ずるものを含む。）の使用料又はその譲渡による対価

ハ　機械、装置その他政令で定める用具の使用

2　Ｂ社に支払う使用料の所得区分

　貴社が米国のＢ社との間で締結した「映像提供契約」に基づく映像使用料は、国内源泉所得に該当しますので、その使用料支払の際には、20.42％の税率により源泉所得税を課税することになります。

3　租税条約上のＢ社に支払う使用料の所得区分

　「日米租税条約」によりますと、日本国内で生じた映像使用の対価は米国でのみ課税できることとされています（日米租税条約12①）。

　Ｂ社は、映像使用料の支払を受ける前日までに、貴社を通じ、貴社を管轄する税務署長宛に「租税条約に関する届出書」を提出した場合には、Ｂ

社に支払う映像使用料は免税として取り扱われます。

4　租税条約上の免税適用対象者

　日米租税条約においては、同条約に別段の定めがある場合を除くほか、一方又は双方の締約国の居住者である者のみに適用するとされています。

（日・米租税条約第１条１）

　この条約は、この条約に別段の定めがある場合を除くほか、一方又は双方の締約国の居住者である者のみ適用する。（第１条１）

5　Y国のC社に対する取扱い

　C社は、米国の居住者ではありませんので、日米租税条約の適用を受けることはできません。

貴社の税務調査対策

　貴社は、米国のB社との間で映画の映像使用料の契約を締結し、映像使用料を支払っておりますが、映像使用料の支払はB社の代理人であるY国のC社に支払っております。

　C社は条約締約国である米国の居住者ではありませんので、米国との間の租税条約により免税は受けられません。

　Y国のCに映像使用料を支払う際には、20.42%の税率により源泉所得税を課税しなければなりません。

（映像使用料）	（税率）	（源泉所得税）
50,000,000円	20.42%	10,210,000円

「教授免税」の適用対象とならない者に対する課税もれ

質 問

　当大学では、米国のＮ大学から人工知能に関する最先端技術の知識を有するＥ教授を招聘し、２年間の予定で講義をお願いしておりましたが、３年目の今年に延長をお願いしました。

　講師料については、日米租税条約第20条の「教授免税」の規定により、これまでと同様に免税としております。

　この場合、税務調査の際には、問題となるのでしょうか？

［教授免税の対象とならない滞在期間のイメージ］

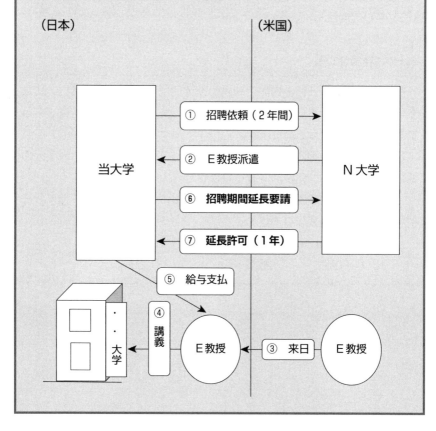

調査官の着眼点と指摘事項

　日米租税条約の教授免税条項は、入国から2年間を超えない期間、免税としているものです。
　したがって、3年目の今年からは、日米租税条約の免税の適用はできないとの指摘があります。

解　説

1　大学教授の居住形態

　英語教師は1年以上の予定で入国することから、入国時から居住者となります。

2　租税条約上の取扱い

　大学教授が教育又は研究につき取得する報酬については、「日米租税条約」第20条の教授免税の条項により免税となります。

（日・米租税条約第20条2）

（教授免税とは）

　租税条約の教授免税とは、大学その他の公認された教育機関において教育又は研究を行うために一時的に滞在する教授等が取得する報酬については、国内法では課税ですが、租税条約により免税とする規定です。
　租税条約を締結している国からの教授等のみに適用されます。

（日米租税条約の教授免税）

第20条（教授）

1　一方の締約国内にある大学、学校その他の教育機関において教育又は研究を行うために当該一方の締約国内に一時的に滞在する個人であって、他方の締約国において第四条1にいう居住者に引き続き該当するものが、教育又は研究につき取得する報酬については、当該一方の締約国に到着した日から2年を超えない期間当該一方の締約国において租税を免除する。

第20条（教授）

2　1の規定は、主として一又は二以上の特定の者の私的利益のために行われる研究から生じる所得については、適用しない。

3　教授免税の条約締結国

教授免税の条約締結国

締　約　国　名	免除期間
アメリカ・アイルランド・インド・イタリア イタリア・イスラエル・ザンビア・韓国・スペイン・スリランカ・ソビエト連邦・タイ・ハンガリー・ドイツ・デンマーク・チェコスロバキア・ルーマニア・ポーランド・ブルガリア・フランス・フィンランド・フィリピン・バングラデッシュ	2年を超えない期間
中華人民共和国	3年を超えない期間
サウジアラビア	期間の規定なし

4　E教授の教授免税の適用期間

　日米租税条約の教授免税条項は、入国から2年間を超えない期間、免税としているものです。

　したがって、来日3年目からは教授免税を適用することはできません、

貴社の税務調査対策

　日米租税条約の教授免税条項においては、入国から2年間のみ、免税としているものです。

　3年目の今年からは、日米租税条約の免税の適用はできませんので、E教授に支給する給与は課税の対象となります。

「短期滞在者免税」とは

質 問

当社は米国法人Ｘ社の日本子会社です。

現在、親会社から５名の社員（非居住者）が５ケ月の予定で、派遣されております。

給与は親会社であるＸ社が負担し、米国が直接社員に支払っております。

社員は、日本で働いていますので、日本で納税の義務があると思うのですが、先日、同業者から短期の日本滞在者であれば、租税条約により免税になるとの話を聞き、源泉所得税を課税しておりません。

なぜ、免税となるのか教えて下さい。

［米国法人Ｘ社からの短期滞在者のイメージ］

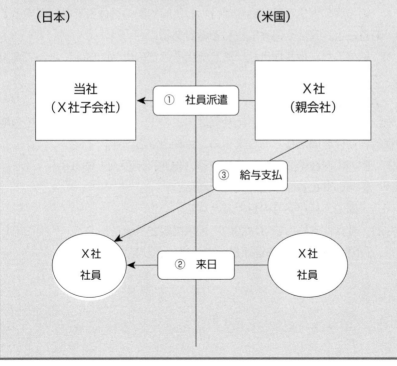

回答

　米国法人Ｘから派遣された社員は、「日米租税条約」による短期滞在者に該当し、日本では免税となります。

解　説

1　短期滞在者免税の趣旨

　海外支店あるいは子会社への短期出張の際に、滞在国で課税が行われた場合には、滞在国と居住国の双方で課税されることになり、二重課税となり、納税あるいは還付手続きが煩雑になります。

　このことを回避するために、租税条約において、滞在国での課税を免除しております。

2　日米租税条約の短期滞在者免税の要件

① 　滞在期間が課税年度または継続する12か月を通じて合計183日を超えないこと

② 　給与等の支払者が、勤務が行われた締約国の居住者でない雇用者であること、又はその者に代わる者であること

③ 　給与等が、役務提供地にある支店その他の恒久的施設によって負担されないこと。

3　Ｘ社社員の取扱い

　米国法人Ｘ社から派遣された社員は、次の(1)〜(3)の日米租税条約の短期滞在者の要件を満たしておりますので免税となります。

(1) 　国内の滞在期間は５か月である（183日を超えていない）

(2) 　給与の支払者は米国法人Ｘである

(3) 　米国法人Ｘが給与の負担者となる

　なお、社員に支払う給与は国内で源泉徴収されませんので、免税に際しては、「租税条約に関する届出書」の提出は必要ありません。

事例26

「短期滞在者免税」の対象とならない滞在期間の延長と課税もれ

質　問

　当社は米国法人S社の日本支店ですが、本店の社員Xは昨年10月から４ヶ月の予定で日本支店に来日し国内の業務に従事しておりました。

　社員Xの給与はS社の本店が負担し、米国内で支払われております。

　滞在期間は４ヶ月間の予定でしたので、日米租税条約に基づく「短期滞在者免税の届出書」を税務署へ提出し、源泉所得税の免除を受けておりました。

　このたび、日本支店の業務拡大に伴い本年２月から滞在期間が３ヶ月間延長され滞在日数が183日を超えることになりましたが、源泉所得税を免除しております。

　税務調査の際に、問題となるのでしょうか？

［短期滞在者免税の対象とならない滞在期間のイメージ］

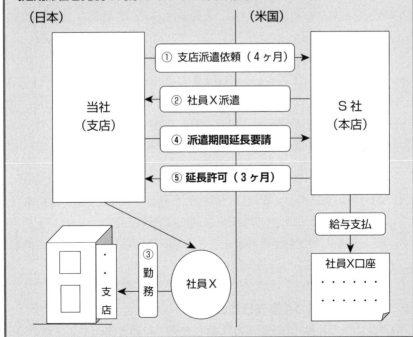

> 社員Ｘの国内での滞在期間（当初滞在期間＋延長滞在期間）を日米租税条約に規定する滞在期間で計算すると、昨年10月から本年4月まで継続する滞在期間の合計期間（7ヶ月）は183日を超えますので、同条約の短期滞在者の免税の要件を満たさなくなるとの指摘がりあります。

解　説

1　非居住者に対する課税について

社員Ｘは、1年未満の予定で入国し、Ｓ社日本支店に勤務していますので、勤務の対価は、非居住者に対する国内において行う勤務の対価に該当します。　　　　　　　　　　　　　　　　　　　　　　（所法161①十一）

2　源泉徴収について

国外払いの給与であっても、その支払者が日本国内に住所（又は居所）を有し、又は、日本国内に事務所、事業所その他これに準じるものを有するときは、その者がその給与等を国内において支払ったものとみなして、源泉徴収をしなければなりません。この場合の法定納期限は、支払日の属する月の「翌月末日」となります。　　　　　　　　（所法212②）

ご質問の社員Ｘの給与は米国において支払われているとのことですが、米国法人Ｓ社は日本支店を有していますので、米国払いの給与は日本国内において支払ったものとみなされますので、社員Ｘに対し給与を支払う際に源泉徴収し支払日の属する月の翌月末まで納付しなければなりません。

3　租税条約に基づく短期滞在者免税の要件

> ⑴　滞在期間が課税年度又は継続する12ヶ月を通じて183日を超えない。
> ⑵　給与等の支払者は、勤務が行われた締約国の居住者でない雇用者又はこれに代わるものから支払われるものであること。
> ⑶　給与等が役務提供地にある支店その他の恒久的施設によって負担されるものでないこと。

4　租税条約に基づく滞在日数の計算

海外支店への短期出張者について課税が行われると本国と滞在先での二

重課税の問題や納税などの煩雑な様々な問題が生じます。

　このため、租税条約においては、次の条件がクリアされた場合には、短期出張者の滞在先での所得を免税としています。

短期滞在者免税の滞在日数の計算について

　租税条約による短期滞在者免税の要件の一つである滞在日数の183日は各国との間の租税条約の規定に基づき計算することになります。

　各国との間の租税条約に基づく滞在期間の計算の規定は次のように分類されます。

1　課税年度中の滞在日数が合計183日を超えないとする条約
◎ {締結国名}
　アイルランド、オーストラリア等
◎ {条文}
　「その報酬の受領者が当該課税年度を通じて合計183日を超えない期間・・・滞在・・」

2　暦年中の滞在日数が183日を超えないとする条約
◎ {締結国名}
　イタリア、インドネシア、ヴェトナム、カナダ等
◎ {条文}
　「その報酬の受領者がその年（又は当該年）を通じて合計183日を超えない期間・・・滞在・・」

3　継続する12ヶ月を通じて183日を超えないとする条約
◎ {締約国名}
　アメリカ、イギリス、オーストラリア、オランダ等
◎ {条文}
　「当該課税年度において開始又は終了するいずれかの十二箇月のいずれかの期間においても・・滞在する期間が合計183日を超えない」

5　本事例の租税条約に基づく滞在日数の計算

　社員Xの給与は本店が負担し、本店が支払うとのことですので、上記3の短期滞在者の免税要件のうち(2)及び(3)の要件を満たしています。

　次に、短期滞在者の免税要件のうち(1)の国内での滞在日数については、日米租税条約第14条第2項(a)の規定により計算することになります。

　滞在日数は、継続する12ヶ月を通じて滞在日数が183日を超えているかにより判断することになります。

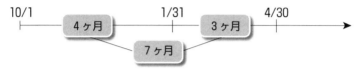

　社員Xの滞在期間は昨年10月から本年4月までの7ヶ月ですので、継続する12ヶ月を通じて滞在日数は183日を超えることになります。

　したがって、短期滞在者免税は適用できませんので、昨年の10月に遡及して20.42％の税率により所得税を源泉徴収しなければなりません。

貴社の税務調査対策

(1)　免税要件について

　日本での滞在期間は、昨年10月から本年4月まで継続する7ヶ月間で、183日を超えますので、同条約の短期滞在者の免税の要件を満たさなくなります。

　社員Xに対する給与は、米国内で支払われているとのことですが、米国法人S社は日本に支店を有していますので、米国内での支払も日本国内で支払うものとみなされ、昨年の10月に遡及して20.42％の税率により所得税を源泉徴収しなければなりません。

(2)　租税条約に基づく課税免除について

　所得税212条によりますと、給与等に適用される税率は20.42％です。

　米国との間の租税条約では、課税は免除されますので、免除の適用を受ける場合は社員Xが貴社経由で貴社の所轄税務署長に**「租税条約に関する届出書」（様式7）**と**「特典条項に関する付表（米)」**を提出する必要があります。

[租税条約に関する届出書]

様式 7
FORM

払者受付印 支 務署受付印 税

税務署整理欄
For official use only

租 税 条 約 に 関 す る 届 出 書
APPLICATION FORM FOR INCOME TAX CONVENTION

自由職業者・芸能人・運動家・短期滞在者の報酬・給与に対する所得税及び復興特別所得税の免除
Relief from Japanese Income Tax and Special Income Tax for Reconstruction on Income Earned by Professionals, Entertainers, Sportsmen, or Temporary Visitors

この届出書の記載に当たっては、別紙の注意事項を参照してください。
See separate instructions.

適用；有、無

番号確認		身元確認

＿＿＿＿＿税務署長殿
To the District Director, ＿＿＿＿＿＿＿＿＿Tax Office

1 適用を受ける租税条約に関する事項；
Applicable Income Tax Convention
日本国と＿＿＿＿＿＿＿＿＿＿との間の租税条約第＿＿条第＿＿項＿＿
The Income Tax Convention between Japan and＿＿＿＿＿＿＿＿＿,Article＿＿＿,para.＿＿＿

2 報酬・給与の支払を受ける者に関する事項；
Details of Recipient of Salary or Remuneration

氏　　　　　　　　　　名 Full name	
住　　　　　　　　　　所 Domicile	(電話番号 Telephone Number)
個 人 番 号 (有 す る 場 合 の み 記 入) Individual Number (limited to case of a holder)	
日 本 国 内 に お け る 居 所 Residence in Japan	(電話番号 Telephone Number)
(国 籍 Nationality)　(入国年月日 Date of Entry)　(在留期間 Authorized Period of Stay)　(在留資格 Status of Residence)	
下記「4」の報酬・給与につき居住者として課税される国及び納税地(注6) Country where the recipient is taxable as resident on Salary or Remuneration mentioned in 4 below and the place where he is to pay tax (Note6)	(納税者番号 Taxpayer Identification Number)
自由職業者、芸能人又は運動家の場合（短期滞在者に該当する者を除く。）：日本国内の恒久的施設又は固定的施設の状況 In case of Professionals, Entertainers or Sportsmen (other than Temporary Visitors) : Permanent establishment or fixed base in Japan □有(Yes) ，□無(No) If "Yes",explain:	名　　称 Name	
	所 在 地 Address	(電話番号 Telephone Number)
	事業の内容 Details of Business	
短期滞在者の場合：以前に日本国に滞在したことの有無及び在留したことのある場合にはその入国年月日 In case of Temporary Visitors: Particulars on previous stay □有(Yes) ，□無(No) If "Yes",explain:	(以前の入国年月日) Date of Previous Entry　(以前の出国年月日) Date of Previous Departure　(以前の在留資格) Previous Status Residence	

3 報酬・給与の支払者に関する事項；
Details of Payer of Salary or Remuneration

氏　名　又　は　名　称 Full name	
住所（居所）又は本店（主たる事務所）の所在地 Domicile (residence) or Place of head office (main office)	(電話番号 Telephone Number)
個 人 番 号 又 は 法 人 番 号 （ 有 す る 場 合 の み 記 入 ） Individual Number or Corporate Number (Limited to case of a holder)	
日本国内にある事務所等 Office, etc. located in Japan	名　称 Name	(事業の内容 Details of Business)
	所 在 地 Address	(電話番号 Telephone Number)

4 上記「3」の支払者から支払を受ける報酬・給与で「1」の租税条約の規定の適用を受けるものに関する事項（注7）；
Details of Salary or Remuneration received from the Payer to which the Convention mentioned in 1 above is applicable (Note 7)

提供する役務の概要 Description of Services performed	役 務 提 供 期 間 Period of Services performed	報酬・給与の支払期日 Due Date for Payment	報酬・給与の支払方法 Method of Payment of Salary, etc.	報酬・給与の金額及び月類・年額の区分 Amount of Salary, etc. (per month, year)

5 上記「3」の支払者以外の者から日本国内における勤務又は人的役務の提供に関して支払を受ける報酬・給与に関する事項（注8）；
Others Salaries or Remuneration paid by Persons other than 3 above for Personal Services performed in Japan (Note 8)

【裏面に続きます（Continue on the reverse）】

223

6 その他参考となるべき事項 (注9) ：
  Others (Note 9)

　私は、この届出書の「4」に記載した報酬・給与が「1」に掲げる租税条約の規定の適用を受けるものであることを、「租税条約等の実施に伴う所得税法、法人税法及び地方税法の特例等に関する法律の施行に関する省令」及び「復興特別所得税に関する省令」の規定により届け出るとともに、この届出書(及び付表)の記載事項が正確かつ完全であることを宣言します。

In accordance with the provisions of the Ministerial Ordinance for the Implementation of the Law concerning the Special Measures of the Income Tax Act, the Corporation Tax Act and the Local Tax Act for the Enforcement of Income Tax Conventions and the Ministerial Ordinance concerning Special Income Tax for Reconstruction, I hereby submit this application form under the belief that the provisions of the Income Tax Convention mentioned in 1 above is applicable to Salary etc., mentioned in 4 above and also hereby declare that the statement on this form (and attachment form) is correct and complete to the best of my knowledge and belief.

　　　　　　　年　　　　月　　　　日
Date＿＿＿＿＿＿＿＿＿＿＿＿＿＿

報酬・給与の支払を受ける者
Signature of the Recipient of Salary or Remuneration ＿＿＿＿＿＿＿＿＿＿＿＿＿＿＿＿＿＿＿＿＿＿＿＿＿＿＿＿＿

○　代理人に関する事項　　；　この届出書を代理人によって提出する場合には、次の欄に記載してください。
　　Details of the Agent　；　If this form is prepared and submitted by the Agent, fill out the following columns.

代理人の資格 Capacity of Agent in Japan	氏名（名称） Full name		納税管理人の届出をした税務署名 Name of the Tax Office where the Tax Agent is registered
「　納税管理人　※ 　　Tax Agent 」　その他の代理人 　　Other Agent	住所（居所・所在地） Domicile (Residence or location)	（電話番号　Telephone Number）	 　　　　　　　　税務署 　　　　　　　　Tax Office

※　「納税管理人」とは、日本国の国税に関する申告、申請、請求、届出、納付等の事項を処理させるため、国税通則法の規定により選任し、かつ、日本国における納税地の所轄税務署長に届出をした代理人をいいます。

※　"Tax Agent" means a person who is appointed by the taxpayer and is registered at the District Director of Tax Office for the place where the taxpayer is to pay his tax, in order to have such agent take necessary procedures concerning the Japanese national taxes, such as filing a return, applications, claims, payment of taxes, etc., under the provisions of Act on General Rules for National Taxes.

○　適用を受ける租税条約が特典条項を有する租税条約である場合 ；
　　If the applicable convention has article of limitation on benefits
特典条項に関する付表の添付　　　　　「　有Yes
Attachment Form for　　　　　　　　「　添付省略 Attachment not required
Limitation on Benefits　　　　（特典条項に関する付表を添付して提出した租税条約に関する届出書の提出日　　年　　　月　　　日）
Article attached　　　　　　　Date of previous submission of the application for income tax
　　　　　　　　　　　　　　convention with the "Attachment Form for Limitation on Benefits
　　　　　　　　　　　　　　Article"

[特典条項に関する付表（米）]

様式 17-米
FORM 17-US

特典条項に関する付表（米）
ATTACHMENT FORM FOR LIMITATION ON BENEFITS ARTICLE(US)

記載に当たっては、別紙の注意事項を参照してください。
See separate instructions.

1 適用を受ける租税条約の特典条項に関する事項；
Limitation on Benefits Article of applicable Income Tax Convention
日本国とアメリカ合衆国との間の租税条約第 22 条
The Income Tax Convention between Japan and The United States of America, Article 22

2 この付表に記載される者の氏名又は名称；
Full name of Resident this attachment Form

居住地国の権限ある当局が発行した居住者証明書を添付してください（注5）。 Attach Residency Certification issued by Competent Authority of Country of residence. (Note 5)

3 租税条約の特典条項の要件に関する事項；
Aからの順番に各項目の「□該当」又は「□非該当」の該当する項目に✔印を付してください。いずれかの項目に「該当」する場合には、それ以降の項目に記入する必要はありません。なお、該当する項目については、各項目ごとの要件に関する事項を記入の上、必要な書類を添付してください。（注6）
In order of sections A, B and C , check applicable box "Yes" or "No" in each line. If you check any box of "Yes", in section A to C, you need not fill the lines that follow. Applicable lines must be filled and necessary document must be attached. (Note6)

A

⑴ 個人 Individual	□該当 Yes , □非該当 No

⑵ 国、地方政府又は地方公共団体、中央銀行 Contracting Country, any Political Subdivision or Local Authority, Central Bank	□該当 Yes , □非該当 No

⑶ 公開会社(注7)Publicly Traded Company (Note 7)　　　　　　　　　　□該当 Yes , □非該当 No
（公開会社には、下表のC欄が6％未満である会社を含みません。）(注8)
("Publicly traded Company" does not include a Company for which the Figure in Column C below is less than 6%.)(Note 8)

株式の種類 Kind of Share	公認の有価証券市場の名称 Recognized Stock Exchange	シンボル又は証券コード Ticker Symbol or Security Code	発行済株式の総数の平均 Average Number of Shares outstanding	有価証券市場で取引された株式の数 Number of Shares traded on Recognized Stock Exchange	B/A(%)
			A	B	C
					%

⑷ 公開会社の関連会社 Subsidiary of Publicly Traded Company　　　　　□該当 Yes , □非該当 No
（発行済株式の総数（＿＿＿＿＿＿株）の 50％以上が上記⑶の公開会社に該当する 5 以下の法人により直接又は間接に所有されているものに限ります。）(注9)。
("Subsidiary of Publicly Traded Company" is limited to a company at least 50% of whose shares outstanding (＿＿＿＿＿＿shares) are owned directly or indirectly by 5 or fewer "Publicly Traded Companies" as defined in (3) above.)(Note 9)
　　　　年　　月　　日現在の株主の状況 State of Shareholders as of (date)　　／　　／

株主の名称 Name of Shareholder(s)	居住地国における納税地 Place where Shareholder is taxable in Country of residence	公認の有価証券市場 Recognized Stock Exchange	シンボル又は証券コード Ticker Symbol or Security Code	間接保有 Indirect Ownership	所有株式数 Number of Shares owned
1				□	
2				□	
3				□	
4				□	
5				□	
合　計 Total（持株割合 Ratio (%) of Shares owned）					(　　%)

⑸ 公益団体(注10)Public Service Organization (Note 10)　　　　　　　　　□該当 Yes , □非該当 No
設立の根拠法令 Law for Establishment　　　　　　　　設立の目的 Purpose of Establishment

⑹ 年金基金(注11)Pension Fund (Note 11)　　　　　　　　　　　　　　　□該当 Yes , □非該当 No
（直前の課税年度の終了の日においてその受益者、構成員又は参加者の 50％を超える者が日本又はアメリカ合衆国の居住者である個人であるものに限ります。受益者等の50％超が、両締約国の居住者である事情を記入してください。）
"Pension Fund" is limited to one more than 50% of whose beneficiaries, members, or participants were individual residents of Japan or the United States of America as of the end of the prior taxable year. Provide below details showing that more than 50% of beneficiaries etc. are individual residents of either contracting country.

設立等の根拠法令 Law for Establishment　　　　　　　　非課税の根拠法令 Law for Tax Exemption

Aのいずれにも該当しない場合は、Bに進んでください。If none of the lines in A applies, proceed to B.

B

次の(a)及び(b)の要件のいずれも満たす個人以外の者 Person other than an Individual, and satisfying both (a) and (b) below　☐該当 Yes，☐非該当 No

(a)　株式や受益に関する持分(　　　　　　　　)の 50%以上が、Aの(1)、(2)、(3)、(5)及び(6)に該当する日本又はアメリカ合衆国の居住者により直接又は間接に所有されていること (注12)
Residents of Japan or the United States of America who fall under (1),(2),(3),(5) or (6) of A own directly or indirectly at least 50% of Shares or other beneficial Interests (　　　　　　　) in the Person. (Note 12)
年　　　月　　　日現在の株主等の状況 State of Shareholders, etc. as of (date)＿＿＿＿＿／＿＿＿／＿＿＿

株主等の氏名又は名称 Name of Shareholders	居住地国における納税地 Place where Shareholders is taxable in Country of residence	Aの番号 Number of applicable Line in A	間接所有 Indirect Ownership	株主等の持分 Number of Shares owned
			☐	
			☐	
			☐	
		合　　　計 Total（持分割合 Ratio(%) of Shares owned）		(　　%)

(b)　総所得のうち、課税所得の計算上控除される支出により、日本又はアメリカ合衆国の居住者に該当しない者（以下「第三国居住者」といいます。）に対し直接又は間接に支払われる金額が、50%未満であること (注13)
Less than 50% of the person's gross income is paid or accrued directly or indirectly to persons who are not residents of Japan or the United States of America ("third country residents") in the form of payments that are deductible in computing taxable income in country of residence (Note 13)
第三国居住者に対する支払割合　Ratio of Payment to Third Country Residents　　　　　　　　　（通貨 Currency:　　　　　）

	申告　Tax Return		源泉徴収税額　Withholding Tax	
	当該課税年度 Taxable Year	前々課税年度 Taxable Year three Years prior	前々課税年度 Taxable Year two Years prior	前課税年度 Prior taxable Year
第三国居住者に対する支払 Payment to third Country Residents	A			
総所得 Gross Income	B			
A/B (%)	C　　　　%	%	%	%

▶ Bに該当しない場合は、Cに進んでください。If B does not apply, proceed to C.

C

次の(a)から(c)までの要件を全て満たす者 Resident satisfying all of the following Conditions from (a) through (c)　　☐該当 Yes，☐非該当 No
居住地国において従事している営業又は事業の活動の概要(注14)；Description of trade or business in residence country (Note 14)

(a)　居住地国において従事している営業又は事業の活動が、自己の勘定のために投資を行い又は管理する活動（商業銀行、保険会社又は登録を受けた証券会社が行う銀行業、保険業又は証券業の活動を除きます。）ではないこと (注15)：
Trade or business in country of residence is other than that of making or managing investments for the resident's own account (unless these activities are banking, insurance or securities activities carried on by a commercial bank, insurance company or registered securities dealer) (Note 15)　　☐はい Yes，☐いいえ No

(b)　所得が居住地国において従事している営業又は事業の活動に関連又は付随して取得されるものであること(注16)：
Income is derived in connection with or is incidental to that trade or business in country of residence (Note 16)　　☐はい Yes，☐いいえ No

(c)　（日本国内において営業又は事業の活動から所得を取得する場合）居住地国において行う営業又は事業の活動が日本国内において行う営業又は事業の活動との関係で実質的なものであること (注17)：
(If you derive income from a trade or business activity in Japan) Trade or business activity carried on in the country of residence is substantial in relation to the trade or business activity carried on in Japan. (Note 17)　　☐はい Yes，☐いいえ No

日本国内において従事している営業又は事業の活動の概要；Description of Trade or Business in Japan.

D　国税庁長官の認定（注18）；
Determination by the NTA Commissioner (Note18)
国税庁長官の認定を受けている場合は、以下にその内容を記載してください。その認定の範囲内で租税条約の特典を受けることができます。なお、上記AからCまでのいずれかに該当する場合には、原則として、国税庁長官の認定は不要です。
If you have been a determination by the NTA Commissioner, describe below the determination. Convention benefits will be granted to the extent of the determination. If any of the above mentioned Lines A through to C are applicable, then in principle, determination by the NTA Commissioner is not necessary.

・認定を受けた日　Date of determination＿＿＿＿＿＿年＿＿＿＿月＿＿＿＿日

・認定を受けた所得の種類
　Type of income for which determination was given＿＿＿＿＿＿＿＿＿＿＿＿＿＿＿＿＿＿＿＿＿＿＿＿＿

事例27

機器の代金と一緒に支払ったソフトウエアの使用料に対する課税もれ

質 問

　当社は、Ｓ国に本店を有するＢ社が所有するソフトウエアの使用ライセンスの供与を受け、使用料（年額20万ドル）を支払っております。

　今回、ソフトウエアをインストールする通信機器（購入金額80万ドル）もＢ社から購入することになりました。

　Ｂ社から、ソフトウエアのライセンス使用料は、機器の代金に含めて支払うよう指示がありました。

　当社としては、Ｂ社の指示どおりに100万ドルの支払いをしております。

　この場合に、税務調査の際、特に指摘されることがあるのでしょうか？

[ソフトウエア使用料と通信機器支払のイメージ]

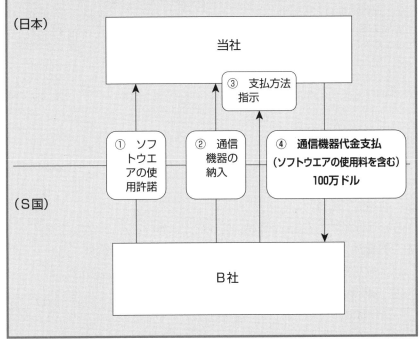

　B社に支払った100万ドルのうちS国のB社が所有するソフトウエアの使用ライセンスの供与を受け支払う使用料（年額20万ドル）については、源泉所得税を課税すべきとの指摘があります。

解　説

1　外国法人に国内源泉所得を支払う際の源泉徴収について

　外国法人に対する次の国内源泉所得を支払う際には源泉徴収しなければなりません。　　　　　　　　　　　　　　　　　　　　　　　（所法212①）

国　内　源　泉　所　得	税率
①　組合契約事業利益の配分（所法161①四）	20.42%
②　土地等の譲渡の対価（所法161①五）	10.21%
③　人的役務の提供事業の対価（所法161①六）	20.42%
④　不動産の賃貸料等（所法161①七）	20.42%
⑤　利子等（所法161①八）	15.315%
⑥　配当等（所法161①九）	20.42%
⑦　貸付金利子（所法161①十）	20.42%
⑧　使用料等（所法161①十一）	20.42%
⑨　事業の広告宣伝のための賞金（所法161①十三）	20.42%
⑩　生命保険契約に基づく年金等（所法161①十四）	20.42%
⑪　定期積金の給付補填金等（所法161①十五）	15.315%
⑫　匿名組合契約等に基づく利益の分配（所法161①十六）	20.42%

2　外国法人について

　国内に本店又は主たる事務所を有する法人（内国法人）以外の法人は、外国法人として取り扱われます。　　　　　　　　　　　　　　　（法２七）

3　B社について

　B社はS国に本店を有する法人ですので、外国法人に該当します。

4　外国法人に支払うソフトウエアの使用料の所得区分

　ソフトウエアは、著作権法の著作物として取り扱われています。

(1)　著作権法上のソフトウエアの取扱い

　著作権法上、ソフトウエアは著作権法２①一、２①十、10①九の規定

により著作物として取り扱われています。

著作権法第2条第1項第1号

（定義）著作物とは思想又は勘定を創作的に表現したものであって、文芸、学術、美術又は音楽の範囲に属するものをいう。

著作権法第2条第1項第10号

（定義）プログラムとは電子計算機を昨日させて一の結果を得ることができるようにこれに対する指令を組み合わせたものとして表現したものをいう。

著作権法第10条第1項第9号

（著作物の例示）この法律にいう著作物を例示すると、おおむね次のとおりである。
　　九　プログラムの著作物

(2) 所得税法上の取り扱い

　ソフトウエアの使用の対価は、所法161条第11号の国内源泉所得として支払いの際に、20.42%の税率により源泉所得税の課税対象となります。

所得税法161条第11号

　国内において業務を行う者から受ける次に掲げる使用料又は対価で当該業務に係るもの
イ　工業所有権その他の技術に関する権利、特別の技術による生産方式若しくはこれらに準ずるものの使用料又はその譲渡による対価
ロ　著作権（出版権及び著作隣接権その他これに準ずるものを含む。）の使用料又はその譲渡による対価
ハ　機械、装置その他政令で定める用具の使用

5 B社に支払う使用料の所得区分

B社が所有するソフトウエアのライセンスの使用料は上記⑧の国内源泉所得（使用料等）に該当します。

貴社の税務調査対策

B社に支払った100万ドルのうちS国のB社が所有するソフトウエアの使用ライセンスの供与を受け、支払う使用料（年額20万ドル）については、著作権の使用の対価となりますので、その使用料支払の際に、20.42%の税率により源泉所得税を課税することになります。

[正しい源泉所得税額の計算]

200,000ドル×20.42%＝40,840ドル

事例28

中国からソフトウエアの譲渡を受けた場合の課税もれ

質 問

　当社は、中国のM社との間でソフトウエアの開発委託契約を締結し、ソフトウエアの開発を依頼しておりましたが、昨年、開発が終了し、ソフトウエアと技術に関する書類の引き渡しを受けました。

　なお、開発の成果（著作権等の知的財産権）は、開発委託契約書において開発委託者である当社に帰属することとされています。

[開発委託契約]

[第9条・知的財産権の所有権]

「契約の両当事者は、本開発委託契約の遂行から生じる著作権等を含む知的財産権すべては、別段の合意がない限り、A社（当社）が所有することにつき合意する。・・・・・・」

　ソフトウエア開発の対価として50万ドルを支払いましたが、支払の際に支払金額の10％の源泉所得税を控除して納付しております。

　税務調査において、特に問題となることがあるのでしょうか？

[ソフトウエア開発委託契約のイメージ]

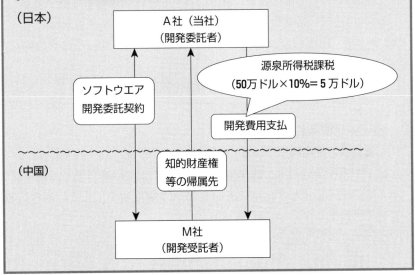

　日・中租税条約においては、著作権の譲渡の対価は同条約第13条第4項の規定により、財産の譲渡による収益として取り扱われており、その収益が発生した日本で原則どおり課税すべきであり、ソフトウエア開発の対価支払の際に、20.42％の税率により源泉所得税を課税すべきとの指摘があります。

解　説

1　国内法（所法161）の取扱い

　ソフトウエアは、我が国の著作権法上の著作物に該当しますので、その開発の対価が著作権の使用料又は譲渡の対価に該当すれば、国内源泉所得（著作権の使用料又はその譲渡による対価）に該当し、支払の際に源泉徴収しなければなりません。（所法161①十一）

所得税法161条第11号

　国内において業務を行う者から受ける次に掲げる使用料又は対価で当該業務に係るもの
イ　工業所有権その他の技術に関する権利、特別の技術による生産方式若しくはこれらに準ずるものの使用料又はその譲渡による対価
ロ　著作権（出版権及び著作隣接権その他これに準ずるものを含む。）の使用料又はその譲渡による対価
ハ　機械、装置その他政令で定める用具の使用

2　日・中租税条約上の取り扱い

(1)　著作権の使用料について

　日・中租税条約では、著作権の使用料については同条約12条第1項、第2項の規定により、日本において10％を限度税率として課税されることになります。

日・中租税条約第12条第1項

　一方の締約国において生じ、他方の締約国の居住者に支払われる使用料に対しては、当該一方の締約国において、‥10%を超えない税率で租税を課すことができる。

　この条において、「使用料」とは、文学上、芸術上若しくは学術上の著作物の著作権、特許権、商標権、意匠若しくは模型、図面、秘密方式若しくは秘密工程の使用若しくは使用の権利の対価として、産業上、商業上若しくは学術上の設備の使用若しくは使用の権利の対価として、又は産業上、若しくは学術上の経験に関する情報の対価として受けるすべての種類の支払金をいう。

⑵　**著作権の譲渡の対価について**

　日・中租税条約においては、**著作権の譲渡の対価**は日・中租税条約第13条第4項の規定により、**財産の譲渡による収益**として取り扱われており、**日本で課税**することになります。

日・中租税条約第13条第4項

　一方の締約国の居住者が1から3までに規定する財産以外の財産の譲渡によって取得する収益であって他方の締約国において生ずるものに対しては、当該他方の締約国において租税を課すことができる。

⑶　**日本での課税について**

　ソフトウエアは、我が国の著作権法上の著作物に該当しますので、その開発の対価が著作権の譲渡の対価に該当する場合は、支払の際に20.42%の税率により源泉所得税を課税し、税務署に納税することになります。（**租税条約による税額の軽減・免除はありません。**）

233

日・中租税条約においては、著作権の譲渡の対価は同条約第13条第4項の規定により、財産の譲渡による収益として取り扱われており、その収益が発生した日本で課税することとされています。

したがって、日中租税条約による税額の軽減はできませんのでソフトウエア開発の対価支払いの際に、20.42%の税率により源泉所得税を課税しなければなりません。

[正しい源泉所得税額の計算]

500,000ドル×20.42%＝102,100ドル

（参考）租税条約に基づく主要国との間の著作権の譲渡の際の所得源泉地と制限税率の比較

国名	所得の種類	根拠規定	所得の源泉地	源泉徴収	制限税率
アメリカ	譲渡収益	第13条⑦	居住地国		
インド	譲渡収益	第13条⑤	居住地国		
エジプト	譲渡収益	第11条③	譲渡地国		
オーストラリア	譲渡収益	第13条⑥	居住地国		
ヴェトナム	使用料	第12条⑤	支払地国	有り	10%
マレーシア	使用料	第12条⑤	支払地国	有り	10%
シンガポール	使用料	第12条⑤	支払地国	有り	10%
タイ	使用料	第12条⑤	支払地国	有り	15%
中国	譲渡収益	第13条④	譲渡地国		
香港	譲渡収益	第13条⑥	居住地国		
韓国	使用料	第12条⑤	支払地国	有り	10%
ハンガリー	譲渡収益	第13条④	居住地国		

（注）　①居住地国とは譲渡者が居住者とされる締約国

②支払地国とは著作権の譲渡の対価を支払う者の締約国

③譲渡地国とは譲渡収益が生じた締約国

事例29
製造ノウハウの使用料に対する課税もれ

質 問

　当社は、Ｓ国のＨ社との間で当社製品の「製造指導に関する契約」を締結し、毎月、指導料５万ドル送金しております。

　経営指導の具体的内容は、当該契約書によれば、Ｈ社の保有する製造ノウハウの提供、海外の技術の動向、市場の動向、製品の販路の情報等、多岐に及んでいます。

　経営指導料の送金の際には、源泉所得税を課税していません。

　この場合において、調査の際、特に指摘されることがあるのでしょうか？

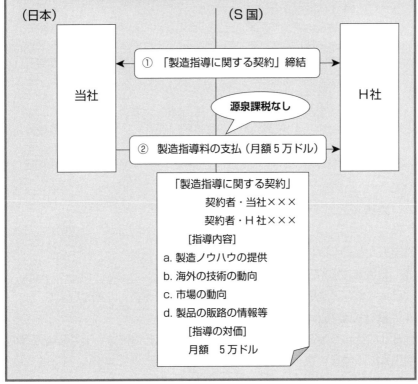

［ソフトウエア開発委託契約のイメージ］

（日本）　　　　　　　　　　　　　　　（Ｓ国）

当社　　／　①　「製造指導に関する契約」締結　　／　Ｈ社

源泉課税なし

②　製造指導料の支払（月額５万ドル）

「製造指導に関する契約」
　　契約者・当社×××
　　契約者・Ｈ社×××
　［指導内容］
a. 製造ノウハウの提供
b. 海外の技術の動向
c. 市場の動向
d. 製品の販路の情報等
　［指導の対価］
　月額　５万ドル

製造指導の具体的内容は、H社の保有する製造ノウハウの提供、海外の技術の動向、市場の動向、製品の販路の情報等、多岐に及んでいますが、製造ノウハウの提供は、工業所有権等に該当することから、源泉所得税を課税すべきとの指摘があります。

解 説

1 外国法人に国内源泉所得を支払う際の源泉徴収について

外国法人に対する次の国内源泉所得を支払う際には源泉徴収しなければなりません。 （所法212①）

国 内 源 泉 所 得	税率
① 組合契約事業利益の配分（所法161①四）	20.42%
② 土地等の譲渡の対価（所法161①五）	10.21%
③ 人的役務の提供事業の対価（所法161①六）	20.42%
④ 不動産の賃貸料等（所法161①七）	20.42%
⑤ 利子等（所法161①八）	15.315%
⑥ 配当等（所法161①九）	20.42%
⑦ 貸付金利子（所法161①十）	20.42%
⑧ 使用料等（所法161①十一）	20.42%
⑨ 事業の広告宣伝のための賞金（所法161①十三）	20.42%
⑩ 生命保険契約に基づく年金等（所法161①十四）	20.42%
⑪ 定期積金の給付補填金等（所法161①十五）	15.315%
⑫ 匿名組合契約等に基づく利益の分配（所法161①十六）	20.42%

2 外国法人について

国内に本店又は主たる事務所を有する法人（内国法人）以外の法人は、外国法人として取り扱われます。（法２七）

3 B社について

H社はS国に本店を有する法人ですので、外国法人に該当します。

4 B社に支払う経営指導料の所得区分

B社に支払う製造指導料のうち製造ノウハウの対価は、工業所有権等の使用料に該当します。

所得税法161条第11号

　国内において業務を行う者から受ける次に掲げる使用料又は対価で当該業務に係るもの

イ　工業所有権その他の技術に関する権利、特別の技術による生産方式若しくはこれらに準ずるものの使用料又はその譲渡による対価

ロ　著作権（出版権及び著作隣接権その他これに準ずるものを含む。）の使用料又はその譲渡による対価

ハ　機械、装置その他政令で定める用具の使用

所得税基本通達161－34

　工業所有権等とは、特許権、実用新案権、意匠権、商標権の工業所有権及びその実施権等のほか、これらの権利の目的にはなっていないが、生産その他業務に関し繰り返し使用し得るまでに形成された創作、すなわち、特別の原料、処方、機械、器具、工程によるなど独自の考案又は方法を用いた生産についての方式、これに準ずる秘けつ、秘伝その他特別に技術的価値を有する知識及び意匠をいう。・・・・・・・・・・・

貴社の税務調査対策

　製造指導料５万ドルは、①H社の保有する製造ノウハウの提供、②海外の技術の動向、③市場の動向、④製品の販路の情報等の対価となりますが、製造ノウハウの提供の対価は、工業所有権等の提供の対価に該当します。

　月額５万ドルのうち製造ノウハウの提供の対価の部分については源泉所得税を課税する必要があります。

事例30

自由職業者に支払う報酬に対する課税もれ

質　問

　当社は、スイスの弁護士Ａ氏と顧問契約を締結しておりますが、この度、英国での訴訟制度について講演を依頼することとし、日本に招聘しました。

　日本国内には１週間程滞在し、その際の旅費、宿泊費、講演料として５百万円を支払いました。

　弁護士Ａ氏は事務所等の固定的施設を国内に有していません。

　支払の際には、特に源泉所得税の課税を行っておりません。

　税務調査の際には問題となるのでしょうか？

[弁護士に対する講演料等の支払のイメージ]

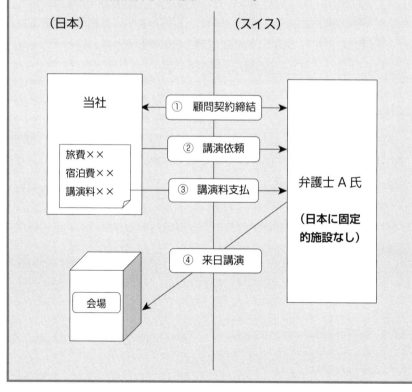

調査官の着眼点と指摘事項

　スイスの弁護士Ａ氏の日本国内での講演の対価として支払われた旅費、宿泊費、講演料の５百万円については、支払の際に、源泉所得税を課税すべきとの指摘があります。

解　説

1　非居住者に国内源泉所得を支払う際の源泉徴収について

　非居住者に対する次の国内源泉所得を支払う際には源泉徴収しなければなりません。　　　　　　　　　　　　　　　　　　　　　（所法212①）

国　内　源　泉　所　得	税率
①　組合契約事業利益の配分（所法161①四）	20.42%
②　土地等の譲渡の対価（所法161①五）	10.21%
③　人的役務の提供事業の対価（所法161①六）	20.42%
④　不動産の賃貸料等（所法161①七）	20.42%
⑤　利子等（所法161①八）	15.315%
⑥　配当等（所法161①九）	20.42%
⑦　貸付金利子（所法161①十）	20.42%
⑧　使用料等（所法161①十一）	20.42%
⑨　給与その他の人的役務の提供に対する報酬（所法161①十二）	20.42%
⑩　事業の広告宣伝のための賞金（所法161①十三）	20.42%
⑪　生命保険契約に基づく年金等（所法161①十四）	20.42%
⑫　定期積金の給付補填金等（所法161①十五）	15.315%
⑬　匿名組合契約等に基づく利益の分配（所法161①十六）	20.42%

2　非居住者について

　国内に住所も１年以上の居所も有しない人を非居住者といいます。

　　　　　　　　　　　　　　　　　　　　　　　　　　　　（法２五）

3　弁護士Ａ氏について

　Ａ氏は国内に住所も１年以上の居所も有しませんので、非居住者に該当します。

4　非居住者の国内で人的役務の提供の所得区分

　非居住者が国内で人的役務の提供を行った場合は上記⑨の国内源泉所得（給与その他の人的役務の提供に対する報酬）に該当します。

5　租税条約の取扱い

　給与所得以外の人的役務の提供の対価については、その人的役務の提供者が役務提供地に固定的施設を有しない場合には、その役務提供者の居住地国において課税することとされています。

　一方の締約国の居住者が自由職業その他これに類する独立の活動に関して取得する所得に対しては、その者が自己の活動を遂行するために通常使用することができる固定的施設を他方の締約国内に有しない限り、当該一方の締約国においてのみ租税を課すことができる。

（日スイス租税条約第7条1）

6　弁護士Ａ氏の取扱い

　弁護士Ａ氏は事務所等の固定的施設を国内に有していませんので、日本での課税を免除されます。

　弁護士Ａ氏は免除をうけるためには、「租税条約に関する届出書」と「特典条項に関する付表（スイス）」を税務署長に提出しなければなりません。

貴社の税務調査対策

(1)　課税の対象

　弁護士Ａ氏の国内での講演の対価は国内源泉所得（給与その他の人的役務の提供に対する報酬）に該当しますので、その対価支払の際に20.42％の税率により源泉所得税を課税しなければなりません。

(2)　免税の手続き

　免税として取り扱うためには、**「租税条約に関する届出書（様式7）」**と**「特典条項に関する付表（スイス）」**をその報酬の支払の前日までに、弁護士Ａ氏は、貴社を通じ、貴社を所轄する税務署長に提出する必要があります。

［租税条約に関する届出書］

様　式　7
FORM

租 税 条 約 に 関 す る 届 出 書
APPLICATION FORM FOR INCOME TAX CONVENTION

自由職業者・芸能人・運動家・短期滞在者の報酬・給与に対する所得税及び
復興特別所得税の免除
Relief from Japanese Income Tax and Special Income Tax for Reconstruction on
Income Earned by Professionals, Entertainers, Sportsmen, or Temporary Visitors

この届出書の記載に当たっては、別紙の注意事項を参照してください。
See separate instructions.

支払者受付印　　税務署受付印

（税務署整理欄）
For official use only

適用；有，無

番号
確認　　　身元
　　　　　確認

_____税務署長殿
To the District Director, _____Tax Office

1　適用を受ける租税条約に関する事項 ；
　　Applicable Income Tax Convention
　　日本国と_____との間の租税条約第___条第___項
　　The Income Tax Convention between Japan and_____,Article____,para.____

2　報酬・給与の支払を受ける者に関する事項 ；
　　Details of Recipient of Salary or Remuneration

氏　　　　　　　　　　　　　名 Full name	
住　　　　　　　　　　　　　所 Domicile	（電話番号 Telephone Number)
個 人 番 号 （ 有 す る 場 合 の み 記 入 ） Individual Number (limited to case of a holder)	
日 本 国 内 に お け る 居 所 Residence in Japan	（電話番号 Telephone Number)
（国　籍 Nationality)　（入国年月日 Date of Entry)　（在留期間 Authorized Period of Stay)　（在留資格 Status of Residence)	
下記「4」の報酬・給与につき居住者として課税される国及び納税地(注6) Country where the recipient is taxable as resident on Salary or Remuneration mentioned in 4 below and the place where he is to pay tax (Note6)	（納税者番号 Taxpayer Identification Number)
自由職業者、芸能人又は運動家の場合（短期滞在者に該当する者を除く。）：日本国内の恒久的施設又は固定的施設の状況 In case of Professionals, Entertainers or Sportsmen (other than Temporary Visitors) : Permanent establishment or fixed base in Japan □有(Yes)　,□無(No) If "Yes",explain:	名　　称 Name	
	所 在 地 Address	（電話番号 Telephone Number)
	事業の内容 Details of Business	
短期滞在者の場合：以前に日本国に滞在したことの有無及び在留したことのある場合にはその入国年月日等 In case of Temporary Visitors; Particulars on previous stay □有(Yes)　,□無(No) If "Yes",explain:	（以前の入国年月日) Date of Previous Entry　（以前の出国年月日) Date of Previous Departure　（以前の在留資格) Previous Status Residence	

3　報酬・給与の支払者に関する事項 ；
　　Details of Payer of Salary or Remuneration

氏　名　又　は　名　称 Full name	
住所（居所）又は本店（主たる事務所）の所在地 Domicile (residence) or Place of head office (main office)	（電話番号 Telephone Number)
個 人 番 号 又 は 法 人 番 号 （ 有 す る 場 合 の み 記 入 ） Individual Number or Corporate Number (Limited to case of a holder)	（事業の内容 Details of Business)
日本国内にある事務所等 Office, etc. located in Japan	名　　称 Name	
	所 在 地 Address	（電話番号 Telephone Number)

4　上記「3」の支払者から支払を受ける報酬・給与で「1」の租税条約の規定の適用を受けるものに関する事項 (注7) ；
　　Details of Salary or Remuneration received from the Payer to which the Convention mentioned in 1 above is applicable (Note 7)

提供する役務の概要 Description of Services performed	役 務 提 供 期 間 Period of Services performed	報酬・給与の支払期日 Due Date for Payment	報酬・給与の支払方法 Method of Payment of Salary, etc.	報酬・給与の金額及び月額・年額の区分 Amount of Salary, etc. (per month, year)

5　上記「3」の支払者以外の者から日本国内における勤務又は人的役務の提供に関して支払を受ける報酬・給与に関する事項 (注8) ；
　　Others Salaries or Remuneration paid by Persons other than 3 above for Personal Services performed in Japan (Note 8)

【裏面に続きます (Continue on the reverse) 】

6 その他参考となるべき事項（注９）；
Others (Note 9)

私は、この届出書の「４」に記載した報酬・給与が「１」に掲げる租税条約の規定の適用を受けるものであることを、「租税条約等の実施に伴う所得税法、法人税法及び地方税法の特例等に関する法律の施行に関する省令」及び「復興特別所得税に関する省令」の規定により届け出るとともに、この届出書(及び付表)の記載事項が正確かつ完全であることを宣言します。

　　　　　　　年　　　　月　　　　日
Date_____

報酬・給与の支払を受ける者
Signature of the Recipient of Salary or Remuneration _____

In accordance with the provisions of the Ministerial Ordinance for the Implementation of the Law concerning the Special Measures of the Income Tax Act, the Corporation Tax Act and the Local Tax Act for the Enforcement of Income Tax Conventions and the Ministerial Ordinance concerning Special Income Tax for Reconstruction, I hereby submit this application form under the belief that the provisions of the Income Tax Convention mentioned in 1 above is applicable to Salary etc., mentioned in 4 above and also hereby declare that the statement on this form (and attachment form) is correct and complete to the best of my knowledge and belief.

○　代理人に関する事項　；　この届出書を代理人によって提出する場合には、次の欄に記載してください。
　　Details of the Agent　；　If this form is prepared and submitted by the Agent, fill out the following columns.

代理人の資格 Capacity of Agent in Japan	氏　名　（名称） Full name		納税管理人の届出をした税務署名 Name of the Tax Office where the Tax Agent is registered
□　納税管理人　※ 　　Tax Agent □　その他の代理人 　　Other Agent	住所（居所・所在地） Domicile (Residence or location)	（電話番号　Telephone Number）	税務署 Tax Office

※　「納税管理人」とは、日本国の国税に関する申告、申請、請求、届出、納付等の事項を処理させるため、国税通則法の規定により選任し、かつ、日本国における納税地の所轄税務署長に届出をした代理人をいいます。

※　"Tax Agent" means a person who is appointed by the taxpayer and is registered at the District Director of Tax Office for the place where the taxpayer is to pay his tax, in order to have such agent take necessary procedures concerning the Japanese national taxes, such as filing a return, applications, claims, payment of taxes, etc., under the provisions of Act on General Rules for National Taxes.

○　適用を受ける租税条約が特典条項を有する租税条約である場合；
　　If the applicable convention has article of limitation on benefits

特典条項に関する付表の添付　　　□有Yes
Attachment Form for　　　　　□添付省略 Attachment not required
Limitation on Benefits　　　　　（特典条項に関する付表を添付して提出した租税条約に関する届出書の提出日　　　年　　　月　　　日）
Article attached　　　　　　　　Date of previous submission of the application for income tax convention with the "Attachment Form for Limitation on Benefits Article

[特典条項に関する付表（スイス）]

様　式　17-スイス
FORM　17-Switzerland

特 典 条 項 に 関 す る 付 表 （スイス）

ATTACHMENT FORM FOR LIMITATION ON BENEFITS ARTICLE (Switzerland)

記載に当たっては、別紙の注意事項を参照してください。
See separate instructions.

1　適用を受ける租税条約の特典条項に関する事項；
　　Limitation on Benefits Article of applicable Income Tax Convention
　　日本国とスイスとの間の租税条約第 22 条の A
　　The Income Tax Convention between Japan and Switzerland, Article 22A

2　この付表に記載される者の氏名又は名称；
　　Full name of Resident

	居住地国の権限ある当局が発行した居住者証明書を添付してください（注5）。Please Attach Residency Certification issued by Competent Authority of Country of residence. (Note5)

3　租税条約の特典条項の要件に関する事項；
　　AからCの順番に各項目の「□該当」又は「□非該当」の該当する項目に✓印を付してください。いずれかの項目に「該当」する場合には、それ以降の項目に記入する必要はありません。なお、該当する項目については、各項目ごとの要件に関する事項を記入の上、必要な書類を添付してください。（注6）
　　In order of sections A, B and C, check the applicable box in each line as "Yes" or "No". If you check any box as "Yes" in sections A to C, you need not fill in the lines that follow. Only the applicable lines need to be filled in and any necessary documents must be attached. (Note6)

A

(1)　個人 Individual　　　　　　　　　　　　　　　　　　　　　　　□該当 Yes，□非該当 No

(2)　適格政府機関（注7） Qualified Governmental Entity (Note7)　　　□該当 Yes，□非該当 No

(3)　公開会社（注8） Publicly Traded Company (Note8)　　　　　　　□該当 Yes，□非該当 No

公認の有価証券市場の名称 Recognised Stock Exchange	シンボル又は証券コード Ticker Symbol or Security Code

(4)　銀行、保険会社又は証券会社 Bank, insurance company or securities dealer　　□該当 Yes，□非該当 No
　　設立の根拠法令 Law for Establishment　　　　　規制の根拠法令 Law for Regulation

(5)　年金基金又は年金計画（注9） Pension Fund or Pension Scheme (Note9)　　□該当 Yes，□非該当 No
　　（直前の課税年度の終了の日においてその受益者、構成員又は参加者の50%を超えるものが日本又はスイスの居住者である個人であるものに限ります。受益者等の50%を超えるものが、両締約国の居住者である事情を記入してください。）
　　The "Pension Fund" or "Pension Scheme" is limited to those where more than 50% of beneficiaries, members or participants were individual residents of Japan or Switzerland as of the end of the prior taxable year. Please provide details below showing that more than 50% of beneficiaries et al. are individual residents of either contracting countries.

　　設立等の根拠法令 Law for Establishment　　　　　非課税の根拠法令 Law for Tax Exemption

(6)　公益団体（注10） Public Service Organisation (Note10)　　　　　　□該当 Yes，□非該当 No
　　設立等の根拠法令 Law for Establishment　　　設立の目的 Purpose of Establishment　　　非課税の根拠法令 Law for Tax Exemption

　Aのいずれにも該当しない場合は、Bに進んでください。If none of the lines in A are applicable, please proceed to B.

B

(1) 個人以外の者　　　　　　　　　　　　　　　　　　　　　　　　　　　　　　□該当 Yes，□非該当 No
　　Person other than an Individual
　　「個人以外の者」の場合、日本又はスイスの居住者であるAの(1)から(6)までの者が、発行済株式その他の受益に関する持分又は議決権の 50%以上に相
当する株式その他の受益に関する持分を直接又は間接に所有するものに限ります。(注11)
　　The "Person other than an Individual" refers to residents of Japan or Switzerland who fall under (1),(2),(3),(4),(5)or(6) of A and own either directly
or indirectly shares or other beneficial interests representing at least 50% of the capital or of the voting power of the person.(Note11)
　　　　年　月　日現在の株主等の状況 State of Shareholders, etc. as of (date)＿＿＿＿/＿＿＿/＿＿＿

株主等の氏名又は名称 Name of Shareholder(s)	居住地国における納税地 Place where Shareholder(s) is taxable in Country of residence	Aの番号 Number of applicable Line in A	間接保有 Indirect Ownership	株主等の持分 Number of Shares owned
			□	
			□	
			□	
合　　　　計 Total（持分割合　Ratio (%) of Shares owned）				（　　%）

(2) スイスの居住者である法人　　　　　　　　　　　　　　　　　　　　　　　　□該当 Yes，□非該当 No
　　Company that is a resident of Switzerland
次の(a)又は(b)の要件を満たす7以下の者（「同等受益者」といいます。）が、その法人の発行済株式又は議決権の 75%以上に相当する株式を直接又は間
接に保有する場合に限ります。「同等受益者」に関する事項を記入してください。(注12)
(a) 日本との間に租税条約を有している国の居住者であって、次の(aa)から(cc)までの要件を満たすもの
　(aa) その租税条約が実効的な情報の交換に関する規定を有すること
　(bb) その租税条約において、その居住者が特典条項における適格者に該当すること（その租税条約が特典条項を有しない場合には、その条約に日本国
　　　とスイスとの間の租税条約（以下「日瑞租税条約」といいます。）の特典条項が含まれているとしたならばその居住者が適格者に該当するであろう
　　　とみられること）
　(cc) その居住者が、日瑞租税条約第 10 条3、第 11 条3(c)、(d)若しくは(e)、第 12、第 13 条6 又は第 22 条に定める所得についてその租税条約の適用を
　　　受けようとしたならば、日瑞租税条約に規定する税率以下の税率の適用を受けるであろうとみられること
(b) Aの(1)から(6)までの者

　　The company is limited to those whose shares representing at least 75% of the capital or of the voting power of the company are owned, either
directly or indirectly, by seven or fewer persons who meet requirement (a) or (b) ("equivalent beneficiaries"). Please provide details below
regarding equivalent beneficiaries. (Note12)
(a) The resident of a country that has a convention for avoidance of double taxation between that country and Japan, and meets the following
requirements from (aa) through to (cc)
　(aa) that convention contains provisions for effective exchange of information
　(bb) that resident is a qualified person under the limitation on benefits provisions in that convention (where there are no such provisions in that
　　　convention, would be a qualified person when that convention is read as including provisions corresponding to the limitation on benefits
　　　provisions of the Japan-Switzerland Income Tax Convention)
　(cc) that resident would be entitled under that convention to a rate of tax with respect to an item of income referred to in paragraph 3 of Article
　　　10, subparagraph (c), (d) or (e) of paragraph 3 of Article 11, Article 12, paragraph 6 of Article 13 or Article 22 of the Japan-Switzerland
　　　Income Tax Convention that is at least as low as the rate applicable under the Japan-Switzerland Income Tax Convention.
(b) Person listed in (1) through to (6) in A

株主の氏名又は名称 Name of Shareholders	居住地国における納税地 Place where Shareholder is taxable in Country of residence	(a)の場合 (a)			(b)の場合 (b)	株主等の持分 Number of Shares owned
		(aa)を満たすか Requirement (aa)	(bb)を満たすか Requirement (bb)	(cc)を満たすか Requirement (cc)	Aの番号 Number of applicable Line in A	
		□はいYes，□いいえNo	□はいYes，□いいえNo	□はいYes，□いいえNo		
		□はいYes，□いいえNo	□はいYes，□いいえNo	□はいYes，□いいえNo		
		□はいYes，□いいえNo	□はいYes，□いいえNo	□はいYes，□いいえNo		
		□はいYes，□いいえNo	□はいYes，□いいえNo	□はいYes，□いいえNo		
		□はいYes，□いいえNo	□はいYes，□いいえNo	□はいYes，□いいえNo		
		□はいYes，□いいえNo	□はいYes，□いいえNo	□はいYes，□いいえNo		
		□はいYes，□いいえNo	□はいYes，□いいえNo	□はいYes，□いいえNo		
合　　　計 Total（持分割合 Ratio(%) of Shares owned）						（　　%）

 Bに該当しない場合は、Cに進んでください。If B does not apply, proceed to C.

244

C

(1) (a)の要件を満たすスイスの居住者　　　　　　　　　　　　　　□該当 Yes，□非該当 No
　　 Resident of Switzerland satisfying all of the following conditions of （a）

　(a)　次の（ⅰ）から(ⅲ)までの要件を全て満たすスイスの居住者
　　　 Resident of Switzerland satisfying all of the following conditions from (ⅰ) through (ⅲ)

　　（ⅰ）　(b)に規定する多国籍企業集団の本拠である法人として機能すること
　　　　　 The resident functions as a headquarters company for a multinational corporate group mentioned in （b）

　　（ⅱ）　特典条項の適用がある租税条約の規定に基づき、租税の軽減又は免除を受けようとする所得が(b)(ⅱ)に規定する営業又は事業の活動に関連し、又は付随して取得されるものであること
　　　　　 The item of income which is granted application of benefits of the convention with Limitation on Benefits Article derived from that other Contracting State is derived in connection with, or is incidental to, the trade or business activity referred to in (ⅱ) of (b).

　　（ⅲ）　特典条項の適用がある租税条約の規定に規定する要件を満たすこと
　　　　　 The resident satisfies any other specified conditions in the subparagraphs, paragraphs or Articles which grant application of benefits of the convention with Limitation on Benefits Article.

　(b)　スイスの居住者が、次の（ⅰ）から(ⅵ)までの要件を全て満たす限り、(a)の規定の適用上多国籍企業集団の本拠である法人とされます。
　　　 The resident of Switzerland shall be considered a headquarters company for a multinational corporate group for the purpose of （a） only if all of the following conditions from (ⅰ) through (ⅵ) are satisfied.

　　（ⅰ）　スイスの居住者が、その多国籍企業集団の全体の監督及び運営の実質的な部分を行うこと又はその多国籍企業集団の資金供給を行うこと
　　　　　 The resident of Switzerland provides a substantial portion of the overall supervision and administration of the group or provides financing for the group

　　（ⅱ）　その多国籍企業集団が、5以上の国の法人により構成され、これらの法人のそれぞれが居住者とされる国において営業又は事業の活動を行うこと。ただし、これらの国のうちいずれかの5の国においてその営業又は事業の活動が、それぞれその多国籍企業集団の総所得の5%以上を生み出す場合に限ります。(注 13)
　　　　　 The group consists of companies which are resident in and are engaged in an active trade or business in at least five countries, and the trade or business activities carried on in each of the five countries generate at least 5 % of the gross income of the group (Note13)

　　（ⅲ）　スイス以外のそれぞれの国内においてその多国籍企業集団が行う営業又は事業の活動が、いずれもその多国籍企業集団の総所得の 50% 未満しか生み出さないこと(注 13)
　　　　　 The trade or business activities carried on in any one country other than Switzerland generate less than 50% of the gross income of the group (Note13)

　　（ⅳ）　スイスの居住者の総所得のうち、日本国内からスイスの居住者が取得するものの占める割合が 50%以下であること (注 13)
　　　　　 No more than 50% of the resident's gross income is derived from Switzerland (Note13)

　　（ⅴ）　（ⅰ）に規定する機能を果たすために、スイスの居住者が独立した裁量的な権限を有し、かつ、行使すること
　　　　　 The resident has, and exercises, independent discretionary authority to carry out the functions referred to in (ⅰ)

　　（ⅵ）　スイスの居住者が、スイスにおいて、所得に対する課税の規則であって(2)に規定する者が従うものと同様のものに従うこと
　　　　　 The resident is subject to the same income taxation rules in Switzerland as persons described in （2）

(2) 次の(a)から(c)の要件を全て満たす者　　　　　　　　　　　　□該当 Yes，□非該当 No
　　 Person satisfying all of the following conditions from （a） through （c）
　　 居住地国において行っている事業の概要 (注 14)；Description of business in residence country (Note14)

　（a）　居住地国において行っている事業が、自己の勘定のために投資を行い又は管理するもの（銀行、保険会社又は証券会社が行う銀行業、保険業又は証券業を除きます。）ではないこと (注 15)：　　　　　　　　　□はい Yes，□いいえ No
　　　 The business in the country of residence is other than that of making or managing investments for the resident's own account (unless the business is banking, insurance or a securities business carried on by a bank, insurance company or securities dealer) (Note15)
　（b）　所得が居住地国において行っている事業に関連又は付随して取得されるものであること (注 16)：　　　　　　□はい Yes，□いいえ No
　　　 An item of income is derived in connection with or is incidental to that business in the country of residence (Note16)
　（c）　(日本国内において行う事業から所得を取得する場合)居住地国において行う事業が日本国内において行う事業との関係で実質的なものであること (注 17)：　　　　　　　　　　　　　　　　　　　□はい Yes，□いいえ No
　　　 (If you derive an item of income from a business in Japan) The business carried on in the country of residence is substantial in relation to the business carried on in Japan. (Note 17)
　　 日本国内において行っている事業の概要；Description of Business in Japan.

D　国税庁長官の認定（注 18）；
　　Determination by the NTA Commissioner (Note18)
　　国税庁長官の認定を受けている場合は、以下にその内容を記載してください。その認定の範囲内で租税条約の特典を受けることができます。なお、上記AからCのいずれかに該当する場合には、国税庁長官の認定は不要です。
　　If you have received authorization from the NTA Commissioner, please describe below the nature of the authorization. The convention benefits will be granted within the range of the authorization. If any of the above mentioned Lines A through C are applicable, then authorization from the NTA Commissioner is not necessary.

　・認定を受けた日　Date of authorization　　　　年　　　月　　　日　_____

　・認定を受けた所得の種類
　　Type of income for which the authorization was received_____

245

土地の譲渡のために一時帰国した非居住者に対する課税

　当社は工場の拡張のために土地を所有者Aから1億円で購入いたしました。

　Aは、B国に居住していると聞いておりましたが、土地の売買契約直前にB国から帰国していますが、譲渡契約書には、B氏の住所地は土地の所在地が記載されていたことから、譲渡代金1億円の支払の際には、源泉徴収を行っておりません。

　この場合に、税務調査の際に、問題となるのでしょうか？

［非居住者からの土地購入のイメージ］

（日本）

```
                    ┌──────┐
                    │      │          ╱──────────────╱
                    │ 工場 │         ╱ 土地（A氏所有）╱
                    │      │        ╱──────────────╱
    ┌─────────────┐ └──────┘
    │ 売買契約書  │     ┌──────────────┐
    │             │     │    当社      │
    │ 売主　A氏   │     │              │
    │ 住所‥(国内)‥│    └──────────────┘
    │             │      ↑           │
    └─────────────┘   ① 土地         │
                       売買契約      （源泉課税なし）
                       締結          │
                      （1億円）       │
    ～～～～～～～～～～～～～～～～～～～～～～～～～～
    （B国）                ② 土地代金支払
                        │           │
                        ↓           ↓
                    ┌──────────────┐
                    │    A 氏      │
                    └──────────────┘
```

調査官の着眼点と指摘事項

　貴社がA氏との間で締結した土地売買契約書のA氏の住所は日本国内であるが、A氏はその土地譲渡の時点においては非居住者に該当します。
　非居住者から土地を購入し、その購入代金を支払う場合には、その対価は、不動産の譲渡の対価として国内源泉所得に該当し、その対価を外国人A氏に支払う際に、10.21％の税率により、源泉所得税を課税する必要があるとの指摘があります。

解　説

1　非居住者に国内源泉所得を支払う際の源泉徴収について

　非居住者に対する次の国内源泉所得を支払う際には源泉徴収しなければなりません。　　　　　　　　　　　　　　　　　　　　　　　　　　（所法212①）

国 内 源 泉 所 得	税率
①　組合契約事業利益の配分（所法161①四）	20.42%
②　土地等の譲渡の対価（所法161①五）	10.21%
③　人的役務の提供事業の対価（所法161①六）	20.42%
④　不動産の賃貸料等（所法161①七）	20.42%
⑤　利子等（所法161①八）	15.315%
⑥　配当等（所法161①九）	20.42%
⑦　貸付金利子（所法161①十）	20.42%
⑧　使用料等（所法161①十一）	20.42%
⑨　給与その他の人的役務の提供に対する報酬（所法161①十二）	20.42%
⑩　事業の広告宣伝のための賞金（所法161①十三）	20.42%
⑪　生命保険契約に基づく年金等（所法161①十四）	20.42%
⑫　定期積金の給付補填金等（所法161①十五）	15.315%
⑬　匿名組合契約等に基づく利益の分配（所法161①十六）	20.42%

2　非居住者について

　国内に住所も1年以上の居所も有しない人を非居住者といいます。

（法2五）

3　H氏について

　A氏は国内に住所も1年以上の居所も有しませんので、非居住者に該当します。

4　非居住者が国内で不動産を譲渡した場合の所得区分

　非居住者が国内で不動産を譲渡した場合は上記②国内源泉所得（土地等の譲渡の対価）に該当し10.21％の税率により源泉所得税を課税します。

貴社の税務調査対策

　土地の売主Bは、海外に居住しており、土地の譲渡契約の締結のために来日していますので、所得税法上は非居住者に該当します。

　したがって、土地売買契約書において売主Bの住所地が不動産の所在地と記載されていても、土地売却代金については、非居住者であるBの国内の不動産の譲渡の対価とされます。

　譲渡代金１億円の支払の際には、10.21％の税率により、源泉徴収する必要があります。

［源泉所得税額の計算］
100,000,000円×10.21％＝10,210,000円

事例32

外国人社員のホームリーブ費用と課税もれ

　当社は、英国の親会社から社員を受け入れております。

　社員との契約において、年1回は、社員Xの本国へ帰国する費用（ホームリーブ費用といいます）を負担する契約となっております。

　今回、夏季休暇を利用し帰国するとのことで、本国までの家族の旅費相当額を支給しました。

　その後、本人より帰国をキャンセルし、ホームリーブ費用を家族の国内旅行の費用に使用したとの申し出がありましたが、給与として課税するなどの措置はしておりません。

　税務調査の際に、特に問題となるのでしょうか？

[米国法人X社からの短期滞在者のイメージ]

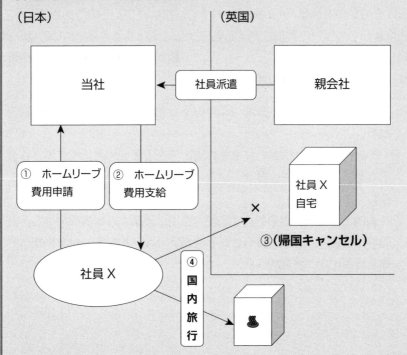

　国内旅行に旅費を使用した場合は、ホームリーブ費用の趣旨を逸脱していることから外国人社員に対する給与として課税となるとの指摘があります。

解　説

1　原則的な取扱い

　外国人社員に対する金品の支給については給与として課税となります。

2　外国人社員に対する取扱い

　国内で勤務する外国人に対し休暇による帰国のために支給するホームリーブ費用は給与として課税しない取扱いとなっております。

　その趣旨は、本国を離れ、気候、風土、社会慣習等の異なる国において勤務する者について、使用者が、その者に対し休暇帰国を認め、その帰国のための旅行の費用を負担することとしている場合があるが、その休暇帰国はその者の労働環境の特殊性に対する配慮に基づくものであることから、使用者がその旅行の費用に充てるものとして支給する金品については、課税しないとされています。　　　　　　　（個別通達昭50直法6－1（例規）

3　ホームリーブ費用の非課税の要件

①　入国から相当の勤務期間（1年以上）を経過するごとの帰国休暇である

②　その帰国のための旅行に必要な支出に充てるものとして支給する金品である（その者と生計を一にする配偶者その他の親族に係る支出を含む。）

③　国内とその旅行の目的とする国（原則は外国人社員等の出身国）との往復に要する運賃で旅行に係る運賃、時間、距離等を総合勘案して最も経済的かつ合理的な部分

貴社の税務調査対策

> ホームリーブ費用を家族の国内旅行に使用したいとのことですので、上記3の②〜③の非課税の要件を満たしていません。
>
> 国内旅行に使用されたホームリーブ費用は、給与として課税となります。

個別通達・直法 6 - 1 （例規）

直法 6 - 1 （例規）
昭和50年 1 月16日

国税局長殿
沖縄国税事務所長　殿

国税庁長官

　　　国内において勤務する外国人に対し休暇帰国のための旅費として支給
　　する金品に対する所得税について

標題のことについて下記のとおり定めたから、これによられたい。
なお、この取り扱いは、今後処理するものについて適用するものとする

（趣旨）
　本国を離れ、気候、風土、社会慣習等の異なる国において勤務する者について、使用者が、その者に対し休暇を認め、その帰国のための旅行の費用を負担することとしている場合があるが、その休暇帰国はその者の労働環境の特殊性に対する配慮に基づくものであることに顧み、使用者がその旅行の費用に充てるものとして支給する金品については、強いて課税しないこととするのが相当と認められるからである。

記

　使用者が国内において長期間引き続き勤務する外国人に対し、就業規則等に定めるところにより相当の勤務期間（おおむね 1 年以上の期間）を経過するごとに休暇のための帰国を認め、その帰国のための旅行に必要な支出（その者と生計を一にする配偶者その他の親族に係る支出を含む。）に充てるものとして支給する金品については、その支給する金品のうち、国内とその旅行の目的とする国（原則として、その者又はその者の配偶者の国籍又は市民権の属する国をいう。）との往復に要する運賃（航空機等の乗継地においてやむを得ない事情で宿泊した場合の宿泊料を含む。）でその旅行に係る運賃、時間、距離等の事情に照らし最も経済的かつ合理的と認められる通常の旅行の経路及び方法によるものに相当する部分に限り、課税しなくて差支えない。

「**国境を超える居住者に対する課税制度（国外転出時課税制度とは）**」

質 問

　私は、シンガポールに移住することになりました。最近は、株式市場が好調なことから、保有している株式が値上がりしております。

　今後、さらに株価上昇が見込まれることから、シンガポールに移住後に売却を考えております。

　外に移住する際には、国外転出時課税制度が適用されると聞いておりますが、どのような制度なのでしょうか？

回 答

　株式等の売却による譲渡益ついては、その納税者が居住している国で課税されることが原則ですが、巨額の含み益を有する株式を保有したまま株式等の売却益が非課税の国に転出し、その国で株式を売却することによる課税逃れを防ぐための立法措置です。

　そこで、一定の国外転出者に対して、国外転出時直前に対象資産を譲渡してこれを同時に買い戻したものとみなして、その未実現の譲渡益に課税する譲渡所得等の課税の特例の制度になります。

解 説

1　制度創設の趣旨

　株式等のキャピタルゲインについては、株式等の売却等により実現した時点で、株式等を売却した納税者が居住している国において課税されることになります。

　ところが、こうした仕組みを利用して、巨額の含み益を有する株式を保有したまま国外転出し、キャピタルゲイン非課税国において売却することにより課税逃れを行うことが可能となっています。

　このような、課税逃れを防止する観点から、主要国の多くが国外転出時点の所得（含み益）を国外転出前の居住地で課税するようになっています。

　平成26年９月に公表されたBEPS（税源浸食と利益移転）プロジェクト

の行動計画第1弾報告書においても、行動6「租税条約の濫用防止」の中で、国外転出時における未実現のキャピタルゲインに対する課税が、租税回避防止措置として位置づけられています。

　そこで、日本においても、主要国と足並みを揃え、一定の国外転出者に対して、国外転出直前に対象資産を譲渡してこれを同時に買い戻したものとみなして、その未実現のキャピタルゲインに課税する譲渡所得等の課税の特例を創設することとされました。

（出典：「平成27年度税制改正について」）

2　制度のあらまし

(1)　国外転出時課税

国外転出時に1億円以上の対象資産を有する場合

> 　施行日（平成27年7月1日）以後に国外転出をする一定の居住者が1億円以上の対象資産を所有等している場合には、国外転出時に、その対象資産については譲渡等があったものとみなして、対象資産の含み益に所得税が課税されます。

（注）　国外転出とは国内に住所及び居所を有しないこととなることをいいます。

(2)　国外転出（贈与・相続）時課税

①　非居住者へ対象資産を贈与した場合

> 　施行日（平成27年7月1日）以後の贈与の時に1億円以上の対象資産を所有している一定の居住者が国外に居住する親族等へ対象資産の全部又は一部を贈与した場合には、その贈与の時に、贈与者が対象資産を譲渡等したものとみなして、その含み益に所得税が課税されます。

②　非居住者が相続又は遺贈により対象資産を取得した場合

> 　施行日（平成27年7月1日）以後の相続開始の時に1億円以上の対象資産を所有している一定の居住者から、国外に居住する相続人等が、相続又は遺贈により、対象資産の全部又は一部を取得した場合には、

その相続開始の時に、被相続人等がその対象資産を譲渡等したものと
みなして、その含み益に所得税が課税されます。

⑶ 課税対象者

　国外転出の時に、次の①と②のいずれにも該当する居住者が課税対象
者となります。

①　国外転出時に所有している対象資産の金額の合計額が1億円以上
　であること。
②　国外転出をする日前10年以内に、国内に5年を超えて住所又は居
　所を有していること。

⑷ 課税となる対象資産

　〇有価証券等

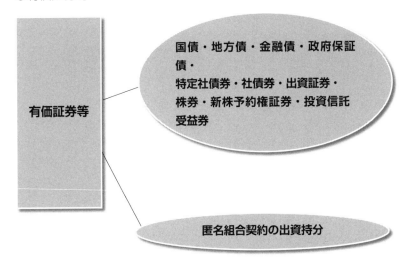

有価証券等

国債・地方債・金融債・政府保証
債・
特定社債券・社債券・出資証券・
株券・新株予約権証券・投資信託
受益券

匿名組合契約の出資持分

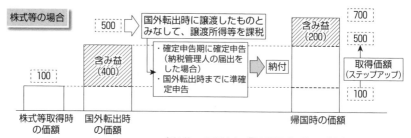

（出典：国税庁「H27年版改正税法のすべて」）

○未決済信用取引等

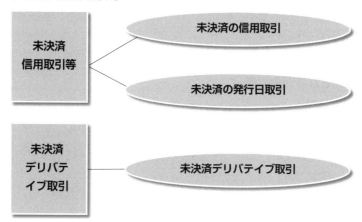

［課税のイメージ］

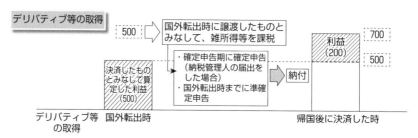

（出典：国税庁「H27年版改正税法のすべて」）

3 納税猶予制度

　納税者のうち国外転出の時までに「納税管理人の届出書」を提出する居住者は、一定の要件を条件に、国外転出時課税の適用により納付すること

となる所得税について、国外転出の日から5年を経過する日まで納税が猶予されます。

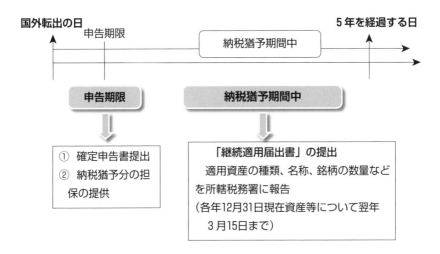

納税猶予制度のイメージ

国外転出の日　　　　　　　　　　　　　　　　　　5年を経過する日
　　　申告期限　　　　　　　　納税猶予期間中

申告期限	納税猶予期間中
① 確定申告書提出 ② 納税猶予分の担保の提供	「継続適用届出書」の提出 　適用資産の種類、名称、銘柄の数量などを所轄税務署に報告 （各年12月31日現在資産等について翌年3月15日まで）

消費税課税編

事例 1

第三者を介して輸出した代金の課税もれ

質　問

　当社は、電子部品の製造販売を行う法人ですが、S国のB社からの引き合いにより輸出を行うことになりました。

　当社では輸出の実務に精通する者がいないことから、輸出専門商社D社経由で輸出をしております。

　消費税の申告に際しては、B社に対する輸出は免税取引として取扱っておりますが、輸出は第三者であるD社にお願いしていることから、輸出関連資料は当社にはありません。

　この場合に、税務調査の際に、問題となるのでしょうか？

[第三者を介した輸出のイメージ]

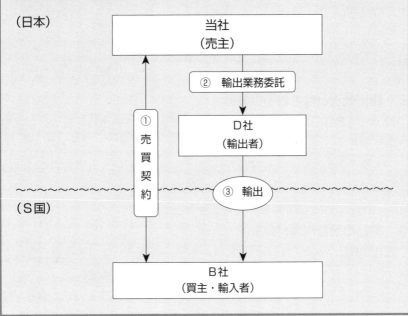

　貴社が、Ｂ社に輸出する製品について輸出免税の適用を受けるために
は、税関長から交付を受ける輸出許可証等が必要となります。

　したがって、この輸出証明書等がない場合には輸出免税の適用を受け
ることができませんので、輸出金額は、課税取引として取扱い、消費税
の課税標準額に含めるべきとの指摘があります。

解　説

1　消費税の課税の対象

　消費税の課税の対象は国内において事業者が行った資産の譲渡等になり
ます。

　資産の譲渡が国内で行われたかどうかの判定は、資産の譲渡の場合は、
その譲渡が行われる時にその資産が所在していた場所により判断すること
になります。　　　　　　　　　　　　　　　　　　　　　　（消法4③一）

　ただし、国内において行う課税資産の譲渡の譲渡等のうち本邦からの輸
出として行われる資産の譲渡又は貸付は消費税を免除されます。

（消法4・消法7）

2　輸出免税となる取引の条件

　輸出免税となるためには、次の(1)又は(2)の書類（輸出許可証等）が必要
となります。　　　　　　　　　　　　　　　　　　　　　（消規則5①一）

　(1)　資産の輸出に係る税関長から交付を受ける輸出の許可若しくは積込
　　　みの承認があったことを証する書類

　(2)　資産の輸出の事実を税関長が証明した書類

3　貴社の消費税還付の条件

　貴社が輸出免税を受けるためには、税関長等が発行する輸出許可証等が
ない限りにおいては、税額の還付を受けることはできません。

　ご質問からですと輸出者は仲介した商社ということですので、貴社が輸
出免税の恩典を受けるには輸出申告書の原本を保管し、**「消費税輸出免税
不適用連絡一覧表」**を輸出申告を行った商社に交付することにより、貴社
が消費税法第7条（輸出免税等）の適用を受ける者であることを連絡しま

す。

　なお、**「消費税輸出免税不適用連絡一覧表」**の交付に関しては、消費税法に規定はありませんが、国税庁のホームページにおいて、その取扱いを公開しているものです。

貴社の税務調査対策

　貴社が、Ｂ社に輸出する製品について輸出免税の適用を受けるためには、税関長から交付を受ける輸出許可証等が必要となります。

　したがって、この輸出証明書等がない場合には輸出免税の適用を受けることができませんので、輸出金額は、課税取引として取扱い、消費税の課税標準額に含めることになります。

　また、輸出者は仲介した商社ということですので、貴社が輸出免税の恩典を受けるには輸出申告書の原本を保管し、**「消費税輸出免税不適用連絡一覧表」**を輸出申告を行った商社に交付し、貴社が消費税法第７条（輸出免税等）の適用を受ける者であることを連絡することにより、貴社が免税を受けることができます。

[消費税輸出免税不適用一覧表]

（別紙様式）

消費税輸出免税不適用連絡一覧表

（宛　先）　　　　　　　　　　　　　　　　日付：＿＿＿＿＿＿＿＿＿

＿＿＿＿＿＿＿＿＿＿＿＿＿＿＿

　下記の輸出取引については当社が消費税法第7条（輸出免税等）の適用を受ける
こととなるので、貴社にはその適用がないことを連絡します。

　　　　　　　　　　　　　　　輸出免税適用者名

　　　　　　　　　　　　　　　（取引責任者名＿＿＿＿＿＿＿＿＿＿＿）

記

No.	海 外 客 先	取引年月日	輸 出 金 額	Invoice No.
1				
2				
3				
4				
5				
6				
⋮				

事例2

輸出免税等の対象とならない取引と課税もれ

質問

　当社は、Ｓ国のＨ社に工業用機械を輸出販売する会社です。

　この度、Ｈ社との間で、工業用機械の売買契約が成立し、その工業用機械を輸出する予定でしたが、Ｓ国の港のストライキにより、日本から予定どおり出港できませんでした。

　しかし、次の輸出品の決算期末の状況から、輸出売上として免税として消費税を課税しておりません。

　税務調査の際に、問題となるのでしょうか？

（輸出品の決算期末の状況）
① 　機械は製造が完了し、販売先であるＨ社の検収は完了している。
② 　Ｈ社の検収が終了した機械の一時保管を依頼され、保管料を受領し、日本国内の倉庫に保管している。
③ 　当社とＨ社との間では、すでに、引渡が行われている。

[輸出前の譲渡の取引のイメージ]

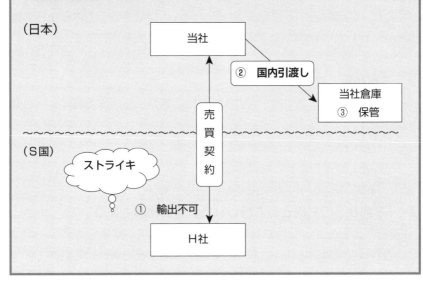

> 　貴社のH社に対する輸出品の次の①～③の決算期末の状況から、国内における資産の譲渡等に該当することから、消費税を課税すべきであるとの指摘があります。
> ①　機械は製造が完了し、販売先であるH社の検収は完了している。
> ②　H社の検収が終了した機械の一時保管を依頼され、保管料を受領し、日本国内の倉庫に保管している。
> ③　当社とH社との間では、すでに、引渡が行われている。

解　説

1　消費税の課税の対象

　消費税の課税の対象は国内において事業者が行った資産の譲渡等になります。

　資産の譲渡が国内で行われたかどうかの判定は、資産の譲渡の場合は、その譲渡が行われる時にその資産が所在していた場所により判断することになります。　　　　　　　　　　　　　　　　　　　　　　　（消法4③一）

　ただし、国内において行う課税資産の譲渡の譲渡等のうち本邦からの輸出として行われる資産の譲渡又は貸付は消費税を免除されます。

　　　　　　　　　　　　　　　　　　　　　　　　　　（消法4・消法7）

2　輸出免税となる取引の条件

　輸出免税となるためには、次の(1)又は(2)の書類（輸出許可証等）が必要となります。　　　　　　　　　　　　　　　　　　　　　（消規則5①一）

　(1)　資産の輸出に係る税関長から交付を受ける輸出の許可若しくは積込みの承認があったことを証する書類

　(2)　資産の輸出の事実を税関長が証明した書類

3　「本邦からの輸出として行われる資産の譲渡」について

　「本邦から輸出として行われる資産の譲渡」とは、資産の譲渡取引のうち、当該資産を外国に仕向けられた船舶又は航空機に積み込むことによって当該資産の引渡しが行われるものをいいます。

貴社の税務調査対策

貴社の場合、外国に仕向けられた船舶又は航空機に積み込む前に、引き渡しが行われていますので、貴社とH社との間の取引は輸出取引には該当しませんので、輸出免税の適用はありません。

したがって、国内における資産の譲渡等として消費税を課税します。

郵便による輸出と課税もれ

質 問

　当社は、A国での日本の雑貨の人気が高いことから、A国のB社向け
に雑貨の輸出をしております。

　B社からは、毎日、注文が入ることから納品に関しては郵便による輸
出を行っております。

　今回、雑貨を30万円で仕入れ、郵便により40万円で輸出しました。

　輸出に際しては、価額が20万円を超える場合には、税関長に対する輸
出手続きが必要だと聞いておりましたので、郵便物を20万円以下とし、
B社に対し2回に分けて輸出しました。

　この場合に、税務調査の際には、特に問題となるのでしょうか？

[郵便輸出取引のイメージ]

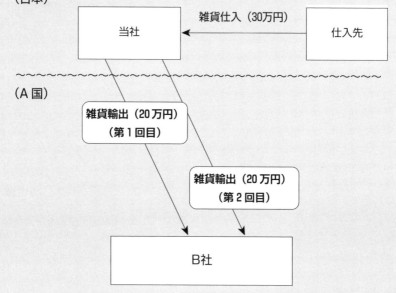

調査官の着眼点と指摘事項

> 　郵便による輸出の場合には、同一受取人に2個以上に分けて差し出す資産の譲渡等の価額はそれらの郵便物の価額の合計額によることとされています。
>
> 　貴社はB社に対し分割して郵便により輸出しており、その郵便物の価額の合計額は40万円で、20万円を超えます。
>
> 　この場合には、**輸出の事実を税関長が証明した書類**が必要ですので、貴社の場合は輸出免税を受けられないとの指摘があります。

解　説

1　輸出免税について

　日本からの輸出として行われる資産の譲渡については消費税を免除することとされています。　　　　　　　　　　　　　　　　　（消法7①一）

　ただし、消費税の免除を受けるためには資産の譲渡が輸出取引等であることの証明を行わなければなりません。　　　　　　　　　　　（消法7②）

2　輸出取引等の証明書類

　輸出には、貨物として輸出する場合と郵便物として輸出する場合がありますが、次の輸出取引等を証明する書類が必要とされています。

⑴　貨物として輸出する場合

　　貨物として輸出する場合には次のイまたはロの書類が必要となります。　　　　　　　　　　　　　　　　　　　　　　　　　（消規則5①一）

　　イ　輸出許可証（税関長から交付を受ける輸出の許可があったことを証明する書類）

　　ロ　輸出の事実を税関長が証明した書類

　　（注）　輸出の事実は次の事項を記載した書類です。
　　　　　○　輸出事業者の氏名又は名称
　　　　　○　輸出事業者の住所等
　　　　　○　輸出年月日
　　　　　○　輸出資産の品名並びに品名ごとの数量及び価額

⑵　**郵便物として輸出する場合**

　　郵便物として輸出する場合には、帳簿への記載又は郵便物の受領書が必要となります。（消規則5①二）

　　イ　帳簿の記載事項

　　　○　輸出年月日

　　　○　輸出資産の内訳

　　　○　郵便物の受取人の氏名及び住所等

　　□　郵便物の受領書の記載事項

　　　○　輸出した事業者の氏名又は名称

　　　○　輸出した事業者の住所等

　　　○　受取人の氏名及び住所等

　　　○　受取年月日が記載

3　郵便物として輸出する場合の留意事項

　郵便物として輸出する場合には、その郵便物の価額が20万円を超えるものと20万円以下のものとでは、輸出の事実を証明する書類が異なりますので注意が必要です。

⑴　**郵便物の価額が20万円を超える場合**

　　郵便物として輸出する場合には次の書類が必要となります。

（消規則5①一・消通7－2－23⑴ロ）

　＊輸出の事実を税関長が証明した書類

（注）　輸出の事実は次の事項を記載した書類です。

　　　○　輸出事業者の氏名又は名称

　　　○　輸出事業者の住所等

　　　○　輸出年月日

　　　○　輸出資産の品名並びに品名ごとの数量及び価額

（注）　輸出の時におけるその資産の価額が20万円を超えるかどうかの判定は、原則として郵便物一個当たりの価額によるが、**同一受取人に2個以上に分けて差し出す場合には、それらの郵便物の価額の合計額による**こととされています。

（消通7－2－23⑴ロ・（注））

(2)　郵便物の価額が20万円以下の場合

上記２(2)イ及び口の帳簿又は書類（受領書）

（消規則５①二・消通７－２－23(1)ハ）

貴社の税務調査対策

　日用品あるいは化粧品をＡ国のＢ者へ郵送するに際し、同一人に対し１日に分割して郵送したとのことですが、上記３の(1)の（注）のとおり、同一人に対し郵便物として輸出する場合には、それらの郵便物の価額を合計することとされています。

　貴社が分割して郵便により輸出した郵便物の価額の合計額が20万円を超えていますので、輸出免税を受けられませんので、消費税を納税しなければなりません。

（参考）税関手続き等（外国へ郵便物を送る場合）

１．外国へ郵便物を送る湯合の手順

⑴ 価格が20万円以下の場合（税関への輸出申告は不要です。）

　㋑　最寄りの郵便事業株式会社または郵便局（以下「郵便局等」とい
　　います。）の窓口に備えている「税関票符」（グリーンラベル）又は
　　「税関告知書」に必要事項を記入して郵便物に添付し、郵便局等に
　　郵便物を差し出して下さい。

　　　（なお、一部の郵便局等では、国際郵便物を取り扱っていないの
　　でご注意ください。）

　㋺　受け付けられた郵便物は、税関外郵出張所がある郵便事業株式会
　　社通関支店に集められ、そこで税関検査が行われた後、外国に向け
　　て送り出されます。

　㋩　なお、この税問検査の際、関税関係法令以外の法令により輸出の
　　許可、承認が必要とされている品物があった楊合には、税関外郵出
　　張所から「輸出郵便物の通関手続について」というハガキが送付さ
　　れますので、そこに記載されている手続を行ってください。

⑵ 価格が20万円を超える場合（税関への輸出申告が必要です。）

　㋑　価格が20万円を超える郵便物を外国に向けて送る場合には、税関
　　への輸出申告が必要となります。

　㋺　最寄りの郵便局等に郵便物を差し出す際に、郵便局等の窓口で通
　　関手緑の案内を受けて下さい。

　㋩　通関手続の案内を受ける際に、郵便事業株戒会社や他の通関業者
　　（以下「通関業者等」といいます。）に通関手続を委任するか、郵便
　　物の通関手緑が行われる地域を管轄する税関外郵出張所等に差出人
　　がご自身で通関手続を行うかを選択のうえ、郵便局等の窓口で由し
　　出て下さい。

　㋥　通関業者等に通問手続を委任する場合には、税関への申告の際に
　　必要となる書類を通関業者等に確認したうえで、これらの書類を通
　　関業者等に提出してください。

　　　なお、ご自身で通問手続（輸出由告）を行う際には、仕入書等の
　　書類を税関に提出する必要がありますので、あらかじめ用意してお

272

いてください。

㋡　税関での審査・検査が終了されると輸出が許可されます。

　通関業者等に通関手続を委任された楊合には、郵便物は海外に向けて発送され、通関業者等から輸出許可書が差出人に送付されます。

　また、ご自身で通関手線を行った場合は、輸出許可書が交付されますので、郵便物が保管されている郵便事業株式会社通関支店等に許可書を提示して、搬出の指示を行ってください。その後、郵便物は海外に向けて発送されます。

（出典：東京税関HP）

インターネットを通じて提供を受けるゲーム配信と課税もれ

当社は、日本国内でゲームソフトを販売する会社です。

S国のA社との間で、当社が事業で使用することを目的とする世界的に人気のあるキャラクターのゲームソフトをインターネットを通じ配信を受ける契約を締結いたしました。

当社がインターネットを通じ国境を越えて役務の提供（ゲームソフトの提供）を受ける場合には、当社が消費税の納税義務者になると聞きました。

なお、当社は一般課税により申告しており、課税売上割合は85％です。

税務調査の際には、問題となるのでしょうか？

[ゲーム配信のイメージ]

（日本）

| 当社 |

配信契約 ／ ゲーム配信

（S国）

| A社 |

調査官の着眼点と指摘事項

> 貴社がＳ国のＡ社から受けるゲームソフトの配信は、資産の譲渡等のうち役務の提供に該当しますが、平成27年度税制改正（以下「改正」といいます）により、役務の提供について役務提供地と納税義務者の見直しがありました。
>
> その結果、貴社が受ける役務の提供は、消費税法上、「特定仕入れ」に該当し、課税の対象となり、その配信を受ける貴社が納税義務者となるとの指摘あります。

解 説

1 課税の対象と納税義務者の大幅な改正

(1) 改正前の取扱い

平成27年度税制改正以前（以下「改正前」という。）は、国内において事業者が行った資産の譲渡等を課税対象とし、国内において課税資産の譲渡等を行った事業者を納税義務者としていました。

また、「国内において行った」か否かの判定（以下「内外判定基準」という。）は、「資産の譲渡又は貸付け」については、その資産が所在していた場所、「役務の提供」については、その役務の提供が行われた場所によって判定していました。

したがって、資産の譲渡の時に国内に資産が所在していた場合、また、役務の提供が国内において行われた場合には、「国内において行った」課税資産の譲渡等として課税対象とし事業者には納税義務を課していました。

(2) 改正の趣旨

上記の取扱いは、国内外の事業者間で競争条件に不均衡が生じている状況を是正する観点から平成27年度税制改正（以下「改正」という。）で内外判定基準の見直しが行われ取扱いが改正されました。

(3) 改正後の取扱い

改正後は、資産の譲渡等のうち役務の提供については、電気通信回線（以下「インターネット」という。）を介して行う役務提供については

「**電気通信利用役務の提供**」として、新たに規定しました。

　さらに、「電気通信利用役務の提供」の場合、「国内において行った」か否かの判定は、役務の提供を受ける者の住所等で判定することになり、役務の提供を受ける者の住所等が国内にあれば、「**国内において事業者が行った課税資産の譲渡等**」として課税の対象となります。

（消法 4 ③三）

（参考）「電気通信利用役務の提供」とは

> 「電気通信利用役務の提供」とは、資産の譲渡等のうち、インターネットを介して行われる著作物の提供その他の電気通信回線を介して行われる役務の提供であって、他の資産の譲渡等の結果の通知その他の他の資産の譲渡等に付随して行われる役務の提供以外のものをいいます。
>
> （消法 2 八の三）

（参考）「電気通信利用役務」に該当する取引事例

> ○　電子書籍、電子新聞、音楽、映像、ソフトウエア（ゲーム等）などの配信
> ○　クラウド上のソフトウエアやデータベースなどを利用させるサービス
> ○　インターネット等を通じた広告の配信・掲載
> ○　インターネット上のショッピングサイト・オークションサイトを利用させるサービス
> ○　ソフトウエアやゲームアプリなどをインターネット上で販売するための場所（WEBサイト）を利用させるサービス
> ○　インターネットを介して行う宿泊予約、飲食店予約サイトへの掲載等（宿泊施設、飲食店等を経営する事業者から掲載料等を徴するもの）
> ○　インターネットを介して行う英会話教室
> ○　電話を含む電気通信回線を介して行うコンサルテーションなど
>
> （出典：国税庁「平成27年改正税法のすべて」）

（参考）改正後の役務の提供と内外判定基準

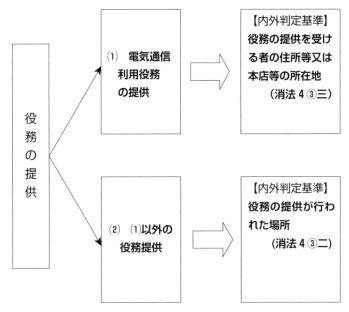

2　改正後の課税の対象と納税義務者

⑴　課税の対象

　課税の対象は、国内において事業者が行った資産の譲渡等（特定資産の譲渡に該当するものを除く。）と特定仕入れが対象となりました。

（消法4①）

（注）　特定資産の譲渡等とは

　特定資産の譲渡等とは「事業者向け電気通信利用役務の提供」と「特定役務の提供」をいいます。（消法2八の二）

（注）　特定仕入れとは

　特定仕入れとは事業として他の者から受けた「特定資産の譲渡等」をいいます。

⑵　納税義務者（リバースチャージ方式の採用）

　事業者は、国内において行った課税資産の譲渡及び特定課税仕入れにつき、消費税の納税義務を有することとなりました。

　さらに、「事業者向け電気通信利用役務の提供」を特定仕入れとし、

その役務の提供を受ける事業者に納税義務を課す課税方式を採用しました。（これをリバースチャージ方式といいます。）

貴社の税務調査対策

　貴社が受けるゲームソフト配信についての課税関係は、次の事実関係から「**特定仕入れ**」に該当し、貴社が納税義務者として消費税を納税することになります。

(1)　米国のＡ社のゲームソフトの配信は、インターネットを通じ行われ、消費税法上、「電気通信利用役務の提供」に該当します。

(2)　米国のＡ社は国外事業者に該当します。

(3)　貴社がＡ社から受けるゲームソフトの配信は、Ａ社との間の契約で貴社が事業として利用することが明らかですので、役務の提供をうける者が通常事業者に限られる「事業者向け電気通信利用役務の提供」に該当します。

貴社の課税関係の判定チャート

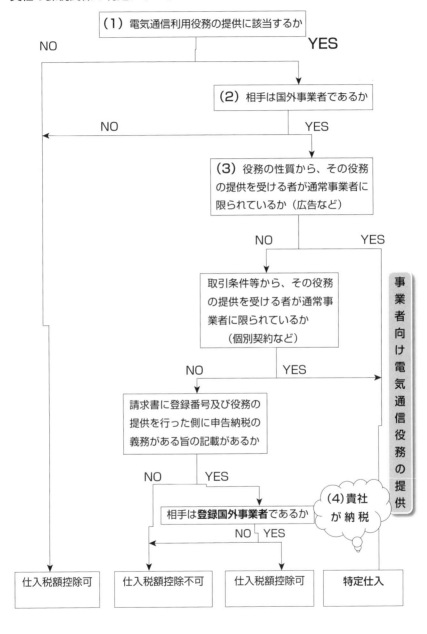

（参考）事業者向け電気通信利用役務

① 事業者向け電気通信利用役務の提供とは

　国外事業者が行う「電気通信利用役務の提供」のうち、その役務の性質又はその役務の提供の条件からその役務の提供を受ける者が通常事業者に限られるものを「事業者向け電気通信利用役務の提供」といいます。

（消法２八の四）

　「国外事業者」とは所法２①五に規定する非居住者である個人と法法２四に規定する外国法人をいいます。 （消２四の二）

② 「事業者向け電気通信利用役務の提供」を行う国外事業者の義務

　「事業者向け電気通信利用役務の提供」を行う国外事業者は、その役務の提供の際に、その役務の提供を受ける国内事業者に対し、リバースチャージによる納税義務が発生する旨を表示しなければなりません。

（消法62）

（参考）特定課税仕入れの課税標準

　特定課税仕入れの課税標準は、その特定課税仕入れに係る支払い対価の額（対価として支払い、又は支払うべき一切の金銭又は金銭以外の物若しくは権利その他の経済的な利益の額をいいます。）となります。

（消法28②）

　「特定課税仕入れ」とは、課税仕入れのうち特定仕入れに該当するものをいいます。

（参考）経過措置の適用

　国内において特定課税仕入れを行う事業者の改正法の適用日を含む課税期間以後の各課税期間において、その課税期間の課税売上割合が95%以上である場合、また、その課税期間が簡易課税の適用を受ける場合には、当分の間、その課税期間中行った特定課税仕入れはなかったものとする経過措置が適用されます。（改正法付則42・改正法付則44②）したがって、課税売上割合が95%以上である課税期間、また、簡易課税の適用を受ける課税期間については、当分の間、リバースチャージによる課税が行われないことになります。

［登録国外事業者名簿］

登 録 国 外 事 業 者 名 簿
(Registered Foreign Businesses List)

令和 3 年 1 月 4 日現在
(As of January 4, 2021)
国 税 庁
(National Tax Agency)

所得税法等の一部を改正する法律（平成27年法律第9号）附則第39条第4項の規定に基づき、登録国外事業者の登録番号等を以下のとおり公表します。
(National Tax Agency hereby publishes the Registered Foreign Businesses' Registration Number etc. under Paragraph 4 of Article 39 of the Act for Partial Revision of the Income Tax Acts and other Acts(Act No.9 of 2015).)

登録番号 Registration Number	登録状況 Registration Status	氏名又は名称（日本語）Name(In Japanese)	氏名又は名称（英語）Name(In English)	国外にある住所又は居所／本店又は主たる事務所の所在地 Address or Domicile (Location of the head office or principal office outside Japan)	国内において行う「電気通信利用役務の提供」に関する事務所等のうちB2B以外の電気通信利用役務の提供に関する事務所等の所在地 Location of the office providing other than B2B electronic service in Japan	登録年月日 Registration Date (MM/DD/YY)	法人番号 Japan Corporate Number	備 考 Notes
00001	有効 (Valid)	ザ・ファイナンシャル・タイムズ・ジャパン・リミテッド	The Financial Times Japan Ltd	Number One Southwark Bridge, London SE1 9HL, UNITED KINGDOM	東京都千代田区内幸町一丁目1番7号 NBF日比谷ビル21階	平成27年10月1日 10./01./2015	7700150000788	
00002	有効 (Valid)	アドビシステムズ ソフトウェア アイルランド リミテッド	Adobe Systems Software Ireland Limited	4-6 Riverwalk Citywest Business Campus Dublin 24 Ireland	該当なし (N/A)	平成27年10月1日 10./01./2015	3700150007275	
00003	有効 (Valid)	アマゾン サービス インターナショナル インク	Amazon Services International. Inc.	410 Terry Avenue North. Seattle, WA 98109-5210 U.S.A.	該当なし (N/A)	平成27年10月1日 10./01./2015	2700150006138	
00004	有効 (Valid)	アマゾン ウェブ サービス インク	Amazon Web Services. Inc.	410 Terry Avenue North. Seattle, WA 98109-5210 U.S.A.	該当なし (N/A)	平成27年10月1日 10./01./2015	-	
00005	有効 (Valid)	アマゾン サービス ヨーロッパ エスエーアールエル	Amazon Services Europe S.a.r.l	5 Rue Plaetis, L-2338, Luxembourg	該当なし (N/A)	平成27年10月1日 10./01./2015	1700150006139	
00006	有効 (Valid)	オーディブル インク	Audible, Inc.	1 Washington Park, 16th Floor, Newark, NJ, 07102. U.S.A.	該当なし (N/A)	平成27年10月1日 10./01./2015	9700150067818	
00007	有効 (Valid)	ライムライトネットワークスインク	Limelight Networks, Inc.	222 South Mill Avenue Suite 800. Tempe, AZ 85281 U.S.A.	該当なし (N/A)	平成27年10月1日 10./01./2015	1700150067833	
00008	有効 (Valid)	ザ・ファイナンシャル・タイムズ・リミテッド	The Financial Times Limited	Number One Southwark Bridge, London S E1 9HL, UNITED KINGDOM	該当なし (N/A)	平成27年10月1日 10./01./2015	8700150006952	
00009	無効 (Invalid)	アマゾン デジタル サービス エルエルシー	Amazon Digital Services LLC	410 Terry Avenue North. Seattle, WA 98109-5210 U.S.A.	該当なし (N/A)	平成27年10月1日 10./01./2015	8700150067819	平成27年12月30日 Amazon Digital ServicesInc.から名称変更 (12/30/2015 Name changed) 令和元年12月31日 登録の取消 合併により消滅、令和2年3月6日登録の取消 (12/31/2019 Dissolved in a Merger.3/6 2020Deregistration.)
00010	有効 (Valid)	アマゾン ドットコム セールス インク	Amazon. com Sales. Inc.	410 Terry Avenue North. Seattle, WA 98109-5210 U.S.A.	該当なし (N/A)	平成27年10月1日 10./01./2015	9700150008012	令和元年10月1日 Amazon. com Int'l Sales. Inc. から名称変更 (10/1/2019 Name changed)

登録番号 Registration Number	登録状況 Registration Status	氏名又は名称（日本語） Name(In Japanese)	氏名又は名称（英語） Name(In English)	国外にある住所又は本店又は主たる事務所の所在地 Address or Domicile (Location of the head office or principal office outside Japan)	国内において行う「事業者向け電気通信利用役務の提供」以外の電気通信役務の提供に係る事務所を国内に有する場合の所在地 Location of the office providing other than B2B electronic service in Japan	登録年月日 Registration Date (MM/DD/YY)	法人番号 Japan Corporate Number	備考 Notes
00011	無効 (Invalid)	アマゾン サービス エルエルシー	Amazon Services LLC.	410 Terry Avenue North, Seattle, WA 98109-5210 U.S.A.	該当なし(N/A)	平成27年10月1日 10/01/2015	5700150067821	令和元年12月31日 合併により消滅/令和2年3月6日登録の取消 (12/31/2019 Dissolved in a Merger;3/6/2020Deregistration)
00012	有効 (Valid)	アイコノロジー インク	Iconology, Inc.	512 Seventh Avenue, 12th Floor, New York, NY, 10018, U.S.A.	該当なし(N/A)	平成27年10月1日 10/01/2015	4700150067822	
00013	有効 (Valid)	アトラシアン ピーティーワイ エルティーディー	Atlassian Pty Ltd	Level 6, 341 George Street, Sydney, New South Wales, 2000, Australia	該当なし(N/A)	平成27年10月1日 10/01/2015	6700150008411	
00014	有効 (Valid)	シュプリンガーネイチャーカスタマーサービスセンターゲーエムベーハー	Springer Nature Customer Service Center GmbH	Tiergartenstrasse 15-17, 69121 Heidelberg, Germany	該当なし(N/A)	平成27年10月1日 10/01/2015	8700150003212	平成28年4月1日 Springer Customer Service Center GmbHから名称変更 平成元年10月18日 本店又は主たる事務所の所在地変更 (9/17/2016 Name changed) (6/11/2019 Address or Domicile : Location of the head office or principal office outside Japan changed)
00015	有効 (Valid)	バイオメド セントラル リミテッド	Biomed Central Limited	Floor 6, 236 Gray's Inn Road, London WC1X 8HB, UNITED KINGDOM	該当なし(N/A)	平成27年10月1日 10/01/2015	2700150003366	
00016	有効 (Valid)	ユニバーシティオブオックスフォード	UNIVERSITY OF OXFORD	Great Clarendon Street, Oxford, OX2 6DP, UNITED KINGDOM	該当なし(N/A)	平成27年10月1日 10/01/2015	8700150005381	
00017	有効 (Valid)	グーグル アジアパシフィック プライベート リミテッド	Google Asia Pacific Pte Ltd.	70 Pasir Panjang Road, #03-71 Mapletree Business City, Singapore 117371	該当なし(N/A)	平成27年10月1日 10/01/2015	4700150006045	平成元年9月18日 本店又は主たる事務所の所在地変更 (9/18/2019 Address or Domicile : Location of the head office or principal office outside Japan changed)
00018	有効 (Valid)	ドロップボックス インターナショナル アンリミテッド カンパニー	DROPBOX INTERNATIONAL UNLIMITED COMPANY	One Park Place, Hatch Street, Dublin 2, Ireland	該当なし(N/A)	平成27年10月1日 10/01/2015	-	平成28年9月17日 Dropbox Ireland から名称変更 (9/17/2016 Name changed)
00019	有効 (Valid)	ブルームバーグ エルピー	Bloomberg L.P.	731 Lexington Avenue, New York, NY 10022, U.S.A.	東京都千代田区丸の内二丁目4番1号 丸の内ビルディング	平成27年10月1日 10/01/2015	8700150002453	
00020	有効 (Valid)	ソフトレイヤー ダッチ ホールディングス ビーヴィ	SoftLayer Dutch Holdings BV	Paul van Vlissingenstraat 16, 1096BK Amsterdam, The Netherlands	該当なし(N/A)	平成27年10月1日 10/01/2015	1700150067825	

登録番号 Registration Number	登録状況 Registration Status	氏名又は名称(日本語) Name(in Japanese)	氏名又は名称(英語) Name(in English)	国外にある住所又は居所/本店又は主たる事務所の所在地 Address or Domicile (Location of the head office or principal office outside Japan)	国内において行う事業者向け電気通信利用役務の提供以外の消費者向け電気通信利用役務の提供に係る事務所等の所在地 Location of the office providing other than B2B electronic service in Japan	登録年月日 Registration Date (MM/DD/YY)	法人番号 Japan Corporate Number	備考 Notes
00021	有効(Valid)	エルゼビア ビーブイ	Elsevier B.V.	Radarweg 29 1043NX Amsterdam, The Netherlands	該当なし(N/A)	平成27年10月1日 10/01/2015	8700150067835	
00022	有効(Valid)	エルゼビア リミテッド	Elsevier Limited	The Boulevard, Langford Lane, Kidlington, Oxford OX5 1GB UNITED KINGDOM	該当なし(N/A)	平成27年10月1日 10/01/2015	9700150067834	
00023	有効(Valid)	リアルネットワークス インク	RealNetworks. Inc.	1501 1st Avenue S. Suite 600 Seattle, WA 98134 U.S.A.	該当なし(N/A)	平成27年10月1日 10/01/2015	7700150067885	
00024	有効(Valid)	アスクネット ソリューションズ エージー	asknet Solutions AG	Vincenz-Priessnitz-Str 3 76131 Karlsruhe Germany	該当なし(N/A)	平成27年10月1日 10/01/2015	8700150067851	令和元年7月16日 asknet AG から(名称変更) (7/16/2019 Name changed) 令和2年8月25日 Nexway AG から(名称変更) (8/25/2020 Name changed)
00025	有効(Valid)	アイスデータサービス インク	ICE Data Services. Inc.	32 Crosby Drive Bedford, MA 01730 U.S.A.	該当なし(N/A)	平成27年10月1日 10/01/2015	9700150067850	平成30年3月19日 Interactive Data Corporation から(名称変更) (3/19/2018 Name changed)
00026	有効(Valid)	ダウ・ジョーンズ・アンド・カンパニー・インク	Dow Jones & Company. Inc.	1211 Avenue of the Americas, New York, NY 10036 U.S.A.	該当なし(N/A)	平成27年10月1日 10/01/2015	4700150070470	
00027	無効(Invalid)	ブルーフポイント インク	Proofpoint. Inc.	892 Ross Drive. Sunnyvale, CA 94089 U.S.A.	該当なし(N/A)	平成27年10月1日 10/01/2015	1700150067841	登録の効力を失った日 平成30年2月1日 (2/1/2018 Deregistration)
00028	有効(Valid)	クレバーブリッジ エージー	cleverbridge AG	Gereon straße 43-6550670 Cologne Germany	該当なし(N/A)	平成27年10月1日 10/01/2015	7700150067852	
00029	有効(Valid)	アイエムディービー ドットコム インク	IMDb. com. Inc.	410 Terry Avenue North. Seattle, WA 98109-5210 U.S.A.	該当なし(N/A)	平成28年1月1日 01/01/2016	3700150067823	
00030	有効(Valid)	アップトゥデート インク	UpToDate. Inc.	230 Third Avenue Waltham, MA 02451 U.S.A.	該当なし(N/A)	平成27年10月20日 10/20/2015	6700150004765	

登録番号 Registration Number	登録状況 Registration Status	氏名又は名称（日本語） Name (In Japanese)	氏名又は名称（英語） Name (In English)	国外にある住所又は居所／本店又は主たる事務所の所在地 Address or Domicile /Location of the head office or principal office outside Japan	国内において行う了事業者向け電気通信役務の提供に係る電気通信設備その他の総務省令で定める場所の所在地 Location of the office providing electronic service other than B2B electronic service in Japan	登録年月日 Registration Date (MM/DD/YY)	法人番号 Japan Corporate Number	備考 Notes
00031	有効 (Valid)	オーヴィッド・テクノロジーズ・イング	Ovid Technologies, Inc.	333 Seventh Avenue 20th Floor New York City, NY 10001 U.S.A.	該当なし(N/A)	平成27年10月20日 10/20/2015	7700150004764	
00032	有効 (Valid)	ログミーン アイルランド リミテッド	LOGMEIN IRELAND LIMITED	70 Sir John Rogerson's Quay, Dublin 2. Ireland	該当なし(N/A)	平成27年10月20日 10/20/2015	3700150002862	
00033	有効 (Valid)	アメリカン ケミカル ソサイエティ	American Chemical Society	1155 Sixteenth Street NW Washington, DC 20036 U.S.A.	該当なし(N/A)	平成27年11月5日 11/05/2015	7700150067844	
00034	有効 (Valid)	ポッターモア リミテッド	Pottermore Limited	Middlesex House 4th Floor, 34-42 Cleveland Street, London W1T 4JE. UNITED KINGDOM	該当なし(N/A)	平成27年11月5日 11/05/2015	9700150067842	
00035	有効 (Valid)	クリック セールス インク	Click Sales Inc	917 S. Lusk Street, Suite 200 Boise ID 83706 U.S.A.	該当なし(N/A)	平成27年11月5日 11/05/2015	5700150070024	
00036	有効 (Valid)	アルティギ ゲーエムベーハー	Atligi GmbH	Theodorstraße 42-90. Haus 9 22761 Hamburg, Germany	該当なし(N/A)	平成27年11月5日 11/05/2015	3700150070018	
00037	有効 (Valid)	ネイティブインストゥルメンツ ジーエムビーエイチ	NATIVE INSTRUMENTS GmbH	Schlesische Straße 29-30. 10997 Berlin, Germany	該当なし(N/A)	平成27年11月5日 11/05/2015	6700150070031	
00038	無効 (Invalid)	ディーアール マイコマース アイルランド リミテッド	DR MyCommerce Ireland Limited	Unit 153. Shannon Free Zone. Shannon, Co. Clare. Ireland	該当なし(N/A)	平成27年11月20日 11/20/2015	4700150067839	登録の効力を失った日 令和3年1月1日 (1.1./2021 Deregistration)
00039	有効 (Valid)	デジタルリバー アイルランド リミテッド	Digital River Ireland Limited	Unit 153. Shannon Free Zone. Shannon, Co. Clare. Ireland	該当なし(N/A)	平成27年11月20日 11/20/2015	6700150067837	
00040	有効 (Valid)	デジタルリバー ゲーエムベーハー	Digital River GmbH	Scheidtweilerstrasse 4. Cologne 50933. Germany	該当なし(N/A)	平成27年11月20日 11/20/2015	5700150067838	

登録番号 Registration Number	登録状況 Registration Status	氏名又は名称（日本語）Name (in Japanese)	氏名又は名称（英語）Name (in English)	国外に在る住所又は居所又は本店又は主たる事務所の所在地 Address or Domicile /Location of the head office or principal office outside Japan	国内において行うB2B事業者向け電気通信利用役務の提供、以外の電気通信利用役務の提供に係る事務所等を国内に有する場合の当該事務所等の所在地 Location of the office providing other than B2B electronic service in Japan	登録年月日 Registration Date (MM/DD/YY)	法人番号 Japan Corporate Number	備考欄 Notes
00041	有効 (Valid)	アブレトン アーゲー	Ableton AG	Schoenhauser Allee 6-7, 10119 Berlin, Germany	該当なし(N/A)	平成27年11月20日 11/20/2015	4700150070025	
00042	有効 (Valid)	サーベイ モンキー ヨーロッパ	Survey Monkey Europe	2. Shelbourne Buildings, 2nd Floor, Shelbourne Road, Ballsbridge Dublin 4, Ireland	該当なし(N/A)	平成27年11月20日 11/20/2015	9700150070020	
00043	有効 (Valid)	ラクテン コボ インク	Rakuten Kobo Inc.	135 Liberty Street, Suite 101, Toronto, Ontario M6K 1A7 Canada	該当なし(N/A)	平成27年12月1日 12/01/2015	6700150070023	
00044	有効 (Valid)	セージ パブリケーションズ・リミテッド	SAGE Publications. Limited	1 Olivers Yard, 55 City Road, London EC1Y 1SP. UNITED KINGDOM	該当なし(N/A)	平成27年12月1日 12/01/2015	5700150072301	
00045	有効 (Valid)	ファーストタッチ ゲームズ リミテッド	First Touch Games Limited	Thomas Hull House, 1 Bonn Square, Oxford. OX1 1LQ UNITED KINGDOM	該当なし(N/A)	平成27年12月1日 12/01/2015	1700150072296	
00046	有効 (Valid)	エアビーアンドビー アイルランド	Airbnb Ireland	The Watermarque Building, South Lotts Road, Ringsend, Dublin 4, Ireland	該当なし(N/A)	平成27年12月25日 12/25/2015	5700150072020	
00047	有効 (Valid)	キング・ドットコム・リミテッド	King.com Limited	Aragon House Business Centre, Level 4, Dragonara Road, St. Julians. STJ3140, Malta	該当なし(N/A)	平成27年12月25日 12/25/2015	2700150070019	
00048	有効 (Valid)	ルーモス ラブス インク	Lumos Labs Inc.	140 New Montgomery Street 19th Floor, San Francisco CA 94105 U.S.A	該当なし(N/A)	平成27年12月25日 12/25/2015	2700150072295	
00049	無効 (Invalid)	アルバート システムズ ゲーエムベーハー	arvato Systems GmbH	An der Autobahn 200, 33333 Guetersloh, Germany	該当なし(N/A)	平成27年12月25日 12/25/2015	8700150070780	登録の効力を失った日 令和3年1月1日 (1/1/2021 Deregistration)
00050	有効 (Valid)	シュプリンガーネイチャーリミテッド	Springer Nature Limited	Brunel Road, Houndmills, Basingstoke, Hampshire, RG21 6XS. UNITED KINGDOM	該当なし(N/A)	平成28年6月19日 02/19/2016	6700150073579	平成30年6月27日 Macmillan Publishers Limited から名称変更 (6/27/2018 Name changed)

登録番号 Registration Number	登録状況 Registration Status	氏名又は名称（日本語） Name (In Japanese)	氏名又は名称（英語） Name (In English)	国外にある氏名所又は居所／本店又は主たる事務所の所在地 Address or Domicile /Location of the head office or principal office outside Japan	国内において行う事業者向け電気通信利用役務の提供以外の電気通信利用役務の提供に係る事務所等を国内に有する場合の所在地 Location of the office providing other than B2B electronic service in Japan	登録年月日 Registration Date (MM/DD/YY)	法人番号 Japan Corporate Number	備考 Notes
00051	有効 (Valid)	ズースク インク	Zoosk, Inc.	989 Market Street, 5th Floor San Francisco, CA 94103 U．S．A．	該当なし(N/A)	平成28年2月19日 02/19/2016	8700150072026	
00052	有効 (Valid)	ユニティテクノロジーズエイピーエス	UNITY TECHNOLOGIES ApS	Lovstraede 5, 1152 Copenhagen K Denmark	該当なし(N/A)	平成28年3月30日 03/30/2016	4700150073580	平成28年5月12日 国内における電気通信利用役務に係る事務所等の所在地 Address or Domicile．Location of the head office or principal office inside Japan changed
00053	有効 (Valid)	ゴーダディードットコムエルエルシー	GoDaddy.com, LLC	14455 N Hayden Rd , Suite 219, Scottsdale, AZ 85260 U．S．A．	該当なし(N/A)	平成28年3月30日 03/30/2016	3700150073581	
00054	有効 (Valid)	スペースエイプゲームス ユーケーリミテッド	Space Ape Games(UK) Limited	First Floor, 100 New Oxford Street, London, WC1A 1HB, UNITED KINGDOM	該当なし(N/A)	平成28年3月30日 03/30/2016	2700150073582	
00055	無効 (Invalid)	イーベイインターナショナルアーゲー	eBay International AG	Helvetiastrasse 15-17, 3005 Bern, Switzerland	該当なし(N/A)	平成28年4月28日 04/28/2016	8700150073585	登録の効力を失った日 令和2年1月1日 (1/1 2020 Deregistration)
00056	有効 (Valid)	アイトリプルイーインク	The Institute of Electrical and Electronics Engineers, Inc.	445 Hoes Lane, Piscataway, NJ. 08854, U．S．A．	該当なし(N/A)	平成28年4月28日 04/28/2016	1700150073583	
00057	無効 (Invalid)	アルバート ディストリビューション ゲーエムベーハー	arvato distribution GmbH	Gottlieb-Daimler-Strasse 1, 33428 Harsewinkel, Germany	該当なし(N/A)	平成28年4月28日 04/28/2016	9700150073584	登録の効力を失った日 令和3年1月1日 (1/1 2021 Deregistration)
00058	有効 (Valid)	インフォーマ ユーケー リミテッド	INFORMA UK LIMITED	5 Howick Place, London, SW1P 1WG, UNITED KINGDOM	該当なし(N/A)	平成28年4月28日 04/28/2016	9700150072561	
00059	有効 (Valid)	ヴィメオ インク	Vimeo, Inc.	555 West 18th Street, New York, NY 10011, U．S．A．	該当なし(N/A)	平成28年4月28日 04/28/2016	1700150072560	平成28年4月29日 Vimeo, LLC から名称変更 (4.29/2016 Name changed)
00060	有効 (Valid)	ミニクリップ エスエー	Miniclip SA	Rue des Beaux-Arts 8, 2000 Neuchatel Switzerland	該当なし(N/A)	平成28年4月28日 04/28/2016	6700150071789	

登録番号 Registration Number	登録状況 Registration Status	氏名又は名称（日本語） Name (In Japanese)	氏名又は名称（英語） Name (In English)	国外にある住所又は居所） 本店又は主たる事務所の所在地 Address or Domicile /Location of the head office or principal office outside Japan	国内において行う「事業者向け電気通信利用役務の提供」以外の電気通信利用役務の提供に係る事務所等の所在地 Location of the office providing (other than B2B) electronic service in Japan	登録年月日 Registration Date (MM/DD/YY)	法人番号 Japan Corporate Number	備考欄 Notes
00061	有効 (Valid)	ジーエムオーゼットコムユーエスエー インク	GMO－Z.com USA. Inc.	4685 MacArthur Court, Suite 150, Newport Beach, CA 92660 U. S. A.	該当なし(N/A)	平成28年6月8日 06/08/2016	9700150073667	
00062	有効 (Valid)	ブライト マーケット エルエルシー	Bright Market LLC	801 Garden St #201, Santa Barbara, CA 93101 U. S. A.	該当なし(N/A)	平成28年6月24日 06/24/2016	8700150073619	
00063	有効 (Valid)	ウィックス ドット コム エル ティーディー	Wix.com Ltd	Namal 40 Tel Aviv, Israel	該当なし(N/A)	平成28年6月24日 06/24/2016	7700150072357	
00064	有効 (Valid)	ボックスズコム ユーケー リミテッド	Box. com(UK)Ltd	64 NORTH ROW LONDON UNITED KINGDOM W1K 7LL	該当なし(N/A)	平成28年10月14日 10/14/2016	5700150075650	
00065	有効 (Valid)	ギット ハブ インク	GitHub. Inc.	88 Colin P. Kelly Jr St. San Francisco, CA94107 U. S. A.	該当なし(N/A)	平成29年1月11日 01/11/2017	4700150079306	
00066	有効 (Valid)	キャッチ ザ ウェブ アジア エスディーエヌ ビーエイチディー	Catch the Web Asia Sdn. Bhd	D－2－9, PLAZA DAMAS 60 JALAN SRI HARTAMAS 1 KUALA LUMPUR. MALAYSIA	該当なし(N/A)	平成29年1月11日 01/11/2017	3700150070208	
00067	有効 (Valid)	ソラコムインターナショナル ピーティーイー エルティーディー	SORACOM INTERNATIONA L. PTE. LTD.	10 ANSON ROAD #14-06. INTERNATION AL PLAZA. SINGAPORE (079903)	該当なし(N/A)	平成29年2月28日 02/28/2017	1700150099703	
00068	有効 (Valid)	エルゼビア インク	Elsevier Inc.	1209 Orange Street, in the City of Wilmington County of New Castle Zip Code 19801 U. S. A.	該当なし(N/A)	平成29年2月28日 02/28/2017	6700150081136	
00069	無効 (Invalid)	ユーストリーム インク	Ustream. Inc.	410 TOWNSEND STREET, SUITE 400, SAN FRANSISCO. CA 94107 U. S. A.	該当なし(N/A)	平成29年2月28日 02/28/2017	4700150081138	登録の効力を失った日 令和3年1月1日 (1/1/2021 Deregistration)
00070	有効 (Valid)	ザ エコノミスト ニュースペーパー リミテッド	The Economist Newspaper Limited	20 Cabot Square. London E14 4QW. UNITED KINGDOM	該当なし(N/A)	平成29年4月28日 04/28/2017	9700150074327	

登録番号 Registration Number	登録状況 Registration Status	氏名又は名称（日本語）Name (In Japanese)	氏名又は名称（英語）Name (In English)	国外にある住所又は居所／本店又は主たる事務所の所在地 Address or Domicile／Location of the head office or principal office outside Japan	国内において行う事業者向け電気通信利用役務の提供以外の電気通信役務の提供に係る事務所等を国内に有する場合の所在地 Location of the office providing other than B2B electronic service in Japan	登録年月日 Registration Date (MM/DD/YY)	法人番号 Japan Corporate Number	備考 Notes
00071	有効 (Valid)	サイバーシステムズ インク	Siber Systems, Inc.	11781 Lee Jackson Hwy. Suite 380. Fairfax, VA 22033 U.S.A.	該当なし(N/A)	平成29年4月28日 04.28.2017	5700150081137	
00072	有効 (Valid)	インターラッシュ インク	INTERUSH INC.	1 PARK PLAZA SUITE 800. IRVINE, CA 92614 U.S.A.	該当なし(N/A)	平成29年6月29日 06.29.2017	6700150073562	
00073	有効 (Valid)	チューバ エルエルシー	Choopa, LLC	14 CLIFFWOOD AVE. SUITE 300 MATAWAN, 07747 U.S.A.	該当なし(N/A)	平成29年6月29日 06.29.2017	5700150084131	
00074	無効 (Invalid)	ピクソニック エルエルシー	PIXONIC LLC	Corporation Trust Center, 1209 Orange Street, Wilmington, 19801 U.S.A.	該当なし(N/A)	平成29年6月29日 06.29.2017	6700150082687	登録の効力を失った日 平成31年1月1日 (1/1 2019 Deregistration)
00075	無効 (Invalid)	ジーオージー リミテッド	GOG LIMITED	Florinis, 7 GREG TOWER, 6th floor 1065, Nicosia, Cyprus	該当なし(N/A)	平成29年6月29日 06.29.2017	4700150083654	平成29年10月31日合併により消滅、平成30年2月6日登録の取消 (10/31/2017 Dissolved in a Merger 2/6 2018 Deregistration)
00076	無効 (Invalid)	ワンダーシェアーソフトウェア（香港）有限会社	WONDERSHARE SOFTWARE (H.K.) CO., LIMITED	Unit901, 9/F Finance Building, 254 Des Voeux Road Central, Hong Kong.	該当なし(N/A)	平成29年10月6日 10.06.2017	2700150082492	登録の効力を失った日 令和2年1月1日 (1/1 2020 Deregistration)
00077	有効 (Valid)	アヴァンゲート ビー・ヴィー	Avangate B.V.	Prins Hendriklaan 26. -2. 1075BD Amsterdam, The Netherlands	該当なし(N/A)	平成30年1月19日 01/19.2018	9700150085786	
00078	有効 (Valid)	スコープリーインク	Scopely, Inc.	3530 Hayden Avenue Suite A Culver City CA90232 U.S.A.	該当なし(N/A)	平成30年1月19日 01/19.2018	9700150086314	
00079	有効 (Valid)	パドルドットコム マーケット リミテッド	PADDLE COM MARKET LIMITED	15 Briery Close Great Oakley Corby Northamptonshire NN18 8JG. UNITED KINGDOM	該当なし(N/A)	平成30年1月19日 01/19.2018	3700150086889	
00080	有効 (Valid)	ジーオージー スポルカ ザグラ ザナ オドポヴィジアスノオ チャノ	GOG SPOLKA Z OGRANICZONA ODPOWIEDZIALNOSCIA	ul. Jagiellonska 74, 03-301 Warsaw Poland	該当なし(N/A)	平成30年2月6日 02/06.2018	2700150087236	

登録番号 Registration Number	登録状況 Registration Status	氏名又は名称（日本語）Name(In Japanese)	氏名又は名称（英語）Name(In English)	国外にある住所又は居所又は本店又は主たる事務所の所在地 Address or Domicile / Location of the head office or principal office outside Japan	国内において行う「事業者向け電気通信利用役務の提供」以外の電気通信利用役務の提供に係る事務所等を国内に有する場合の当該所在地 Location of the office providing other than B2B electronic service in Japan	登録年月日 Registration Date (MM/DD/YY)	法人番号 Japan Corporate Number	備考 Notes
00081	有効(Valid)	リンクトイン シンガポール プライベート リミテッド	LINKEDIN SINGAPORE PTE. LTD	38 BEACH ROAD #29-11 SOUTH BEACH TOWER SINGAPORE	該当なし(N/A)	平成30年5月25日 05/25/2018	4700150087853	
00082	有効(Valid)	華清飛騰香港科技有限公司	SINCETIMES HK SCIENCE COMPANY LIMITED	Unit 12, 19th Floor, TowerB, Southmark, 1 Yip Hing Street, Wong Chuk Hang, Hong Kong.	該当なし(N/A)	平成30年5月25日 05/25/2018	9700150088830	
00083	無効(Invalid)	カバム インク	Kabam, Inc.	575 Market Street, Suite 2450, San Francisco, CA94105 U.S.A.	該当なし(N/A)	平成30年5月25日 05/25/2018	2700150088829	登録の効力を失った日 令和3年1月1日 (1/1/2021 Deregistration)
00084	有効(Valid)	エッツイ アイルランド アンリミテッド カンパニー	ETSY IRELAND UNLIMITED COMPANY	66/67 Great Strand Street Dublin 1, Ireland	該当なし(N/A)	平成30年5月25日 05/25/2018	2700150089034	
00085	有効(Valid)	エアビーアンドビー グローバル サービシーズ リミテッド	AIRBNB Global Services Limited	25-28 North Wall Quay, Dublin 1, Ireland	該当なし(N/A)	平成30年8月14日 08/14/2018	1700150090190	
00086	有効(Valid)	エレメンタル テクノロジーズ エルエルシー	Elemental Technologies LLC	1320 SW Broadway, Suite 400 Portland, OR 97201 U.S.A.	該当なし(N/A)	平成30年10月23日 10/23/2018	8700150091190	
00087	有効(Valid)	イーベイ マーケットプレイス ジーエムビーエイチ	eBay Marketplaces GmbH	Helvetiastrasse 15-17, 3005 Bern, Switzerland	該当なし(N/A)	平成30年10月23日 10/23/2018	-	
00088	有効(Valid)	ジェットブレインズ エスアールオー	JetBrains s. r. o.	Na hrebenech Ⅱ 1718/10, Nusle, 140 0 0 Praha 4, Czech Republic	該当なし(N/A)	平成30年1月16日 11/16/2018	5700150091581	
00089	有効(Valid)	ツイッチ インタラクティブ インク	Twitch Interactive, Inc.	350 Bush Street, San Francisco, CA 94104 U.S.A.	該当なし(N/A)	平成31年2月14日 02/14/2019	6700150092777	
00090	有効(Valid)	チームビューア ゲーエムベーハー	TeamViewer GmbH	Jahnstrasse 30, 73037 Goppingen, Germany	該当なし(N/A)	平成31年2月14日 02/14/2019	-	

登録番号 Registration Number	登録状況 Registration Status	氏名又は名称（日本語） Name (In Japanese)	氏名又は名称（英語） Name (In English)	国外にある住所又は居所／本店又は主たる事務所の所在地 Address or Domicile /Location of the head office or principal office outside Japan	国内において行う事業者向け電気通信役務以外の電気通信役務の提供に係る事務所を国内に有する場合の所在地 Location of the office providing other than B2B electronic service in Japan	登録年月日 Registration Date (MM.DD.YY)	法人番号 Japan Corporate Number	備考 Notes
00091	有効 (Valid)	アリババ クラウド(シンガポール) プライベート リミテッド	ALIBABA CLOUD (SINGAPORE) PRIVATE LIMITED	8 SHENTON WAY #45-01 AXA TOWER SINGAPORE	該当なし(N/A)	平成31年4月1日 04.01/2019	‐	
00092	有効 (Valid)	ティックトック ピーティーイー エルティーディー	TIKTOK PTE. LTD.	8 Marina View #43-00 Asia Square Tower 1 SINGAPORE	該当なし(N/A)	令和元年8月9日 08/09/2019	‐	令和2年2月14日 国外にある住所又は居所・本店又は主たる事務所の所在地変更(2.14.2020 Address or Domicile Location of the head office or principal office outside Japan changed)
00093	有効 (Valid)	アマゾン ドットコム サービス エルエルシー	Amazon. com Services LLC	410 Terry Avenue North Seattle, WA 98109 U.S.A.	該当なし(N/A)	令和元年11月22日 11/22/2019	4700150096689	令和元年12月23日 Amazon. com Services,Inc. から名称変更 (12.23/2019 Name changed)
00094	有効 (Valid)	エーエムシーエス エルエルシー	AMCS LLC	2711 Centerville Road, Suite 400, Wilmington, New Castle County, Delaware 19808 U.S.A.	該当なし(N/A)	令和元年11月22日 11/22/2019	9700150096577	
00095	有効 (Valid)	ウーガ ゲーエムベーハー	Wooga GmbH	Saarbrücker Straße 38 10405 Berlin, Germany	該当なし(N/A)	令和元年11月22日 11/22/2019	8700150086744	
00096	有効 (Valid)	アマゾン コマーシャル サービス ピーティーワイ エルティーディー	Amazon Commercial Services Pty Ltd	Level 37, 2 Park Street Sydney NSW 2000 Australia	該当なし(N/A)	令和元年11月22日 11/22/2019	1700150096403	
00097	有効 (Valid)	スラック テクノロジーズ リミテッド	Slack Technologies Limited	One Park Place Upper Hatch Street 4th Floor Dublin 2, Ireland	該当なし(N/A)	令和2年3月6日 03/06/2020	4700150097910	
00098	有効 (Valid)	ズーム ビデオ コミュニケーションズ インク	Zoom Video Communications, Inc.	55 Almaden Blvd. Suite 600 San Jose, C A 95113 U.S.A.	該当なし(N/A)	令和2年3月25日 03/25/2020	‐	
00099	有効 (Valid)	アルゴリディム ゲーエムベーハー	algoriddim GmbH	Koeniginstrasse 33 80539 Muenchen, Germany	該当なし(N/A)	令和2年5月29日 05/29/2020	6700150098345	
00100	有効 (Valid)	ヴィジュアル サプライ カンパニー	Visual Supply Company	1500 Broadway Suite 300 Oakland, CA 94612 U.S.A.	該当なし(N/A)	令和2年5月29日 05/29/2020	1700150098382	

登録番号 Registration Number	登録状況 Registration Status	氏名又は名称（日本語）Name (In Japanese)	氏名又は名称（英語）Name (In English)	国外にある住所又は居所／本店又は主たる事務所の所在地 Address or Domicile / Location of the head office or principal office outside Japan	国内において行う「事業者向け電気通信利用役務の提供」（いわゆる「リバースチャージ」）以外の電気通信利用役務の提供に係る事務所等を国内に有する場合の所在地 Location of the office of the business providing other than B2B electronic service in Japan	登録年月日 Registration Date (MM/DD/YY)	法人番号 Japan Corporate Number	備考 Notes
00101	有効 (Valid)	ソラコム コーポレーション リミティーティー	SORACOM CORPORATION L TD	16 GREAT QUEEN STREET COVENT GARDEN LONDON UNITED KINGDOM WC2B 5AH	該当なし (N/A)	令和2年5月29日 05/29/2020	-	
00102	有効 (Valid)	アジャイルビッツ インク	AgileBits Inc.	164 Lake Margaret Trail St.Thomas, Ontario Canada N5R 6L8	該当なし (N/A)	令和2年9月15日 09/15/2020	1700150098143	
00103	有効 (Valid)	ソーシャルポイント エスエル	Social Point SL	C Llacuna Num. 166 Planta 11 08018 Barcelona España	該当なし (N/A)	令和2年9月15日 09/15/2020	6700150097371	
00104	有効 (Valid)	ユーエービー ピクセルメーター チーム	UAB "Pixelmator Team"	6-1, J. Kublilaus g. , LT-08234, Vilnius, Lithuania	該当なし (N/A)	令和2年11月18日 11/18/2020	4700150100632	
00105	有効 (Valid)	プロジェクト マネジメント インスティテュート インク	Project Management Institute, Inc	14 Campus Boulevard, Newtown Square, Pennsylvania, USA	該当なし (N/A)	令和2年11月18日 11/18/2020	6700150100168	
00106	有効 (Valid)	シュプリンガー ネイチャー ビー ブイ	Springer Nature B. V.	Van Godewijckstraat 30, Dordrecht Zuid-Holland 3311GX The Netherlands	該当なし (N/A)	令和2年11月18日 11/18/2020	-	
00107	有効 (Valid)	ストラバ インク	Strava, Inc.	208 Utah Street, San Francisco, California, United States 94103	該当なし (N/A)	令和2年11月18日 11/18/2020	6700150095887	

事例 5

非居住者に対する民泊サービスの対価に対する課税もれ

質 問

当社は、都内に社宅を所有しておりますが、この度、入居していた社員が退去し空家になったことから、その社宅を活用し、外国人旅行者のために小規模の民泊を開始しました。

先日、早速、外国人の旅行者の団体の利用がありましたが、宿泊料金の精算に際し、消費税は請求しておりません。

税務調査の際には、何か問題となるのでしょうか？

［民泊施設の消費税課税のイメージ］

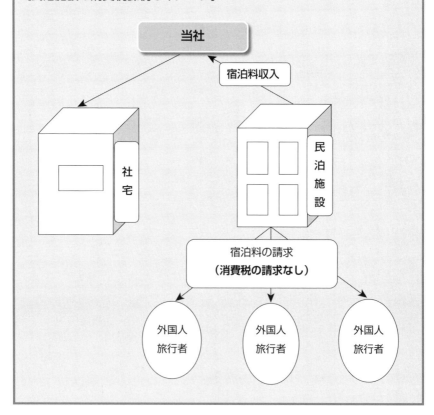

調査官の着眼点と指摘事項

> 貴社は、外国人（非居住者）に対し宿泊の役務の提供を行うものですが、消費税法上は非居住者に対する宿泊の役務の提供は輸出免税等の対象とはなりませんので、消費税を課税すべきとの指摘があります。

解 説

1 課税の対象

国内において事業者が行った資産の譲渡等（資産の譲渡及び貸付け並びに役務の提供）及び特定仕入は、消費税の課税の対象となります。

(消法4①)

2 役務の提供が国内において行われたかどうかの判定基準

役務の提供の場合は、役務提供が行われた場所で判定しますので、国内で役務提供が行われた場合には、消費税の課税の対象となります。

3 輸出免税等

事業者が国内において行う課税資産のうち、次に掲げるものに該当するものについては、消費税が免除されます。 (消法7)

① 本邦からの輸出として行われる資産の譲渡又は貸付け

② 外国貨物の譲渡又は貸付け

③ 国内及び国内以外の地域にわたって行われる旅客若しくは貨物の輸送又は通信

④ 上記③の輸送の用に供される船舶又は航空機の譲渡若しくは貸付け又は修理で政令で定めるもの

⑤ 上記①～.に掲げる資産の譲渡に類するものとして政令で定めるもの

4 非居住者に対する役務提供で輸出免税等に該当せず課税となるもの

非居住者に対する役務提供で輸出免税等に該当するものは、次に掲げるもの以外と規定し、免税とならないもの（課税となるもの）を規定しています。 (消令17②七)

課税となるもの

> ① 国内に所在する資産に係る運送又は保管
>
> ② 国内における飲食又は宿泊
>
> ③ ①及び②に掲げるものに準ずるもので、国内において直接便益を享受するもの

5 非居住者に対する役務の提供で免税とならないもの（課税となるもの）の例示

非居住者に対する役務の提供で免税とならないもの（課税となるもの）の例示として次のものが掲げられる。 (消基通7−2−16)

課税となるもの

> ① 国内に所在する資産に係る運送や保管
>
> ② 国内に所在する不動産の管理や修理
>
> ③ 建物の建築請負
>
> ④ 電車、バス、タクシー等による旅客の輸送
>
> ⑤ 国内における飲食又は宿泊
>
> ⑥ 理容又は美容
>
> ⑦ 医療又は療養
>
> ⑧ 劇場、映画館等の興業場における観劇等の役務の提供
>
> ⑨ 国内間の電話、郵便又は信書便
>
> ⑩ 日本語学校等における語学教育等に係る役務の提供

貴社の税務調査対策

> 貴社の事業は、宿泊料を受けて住宅に外国人旅行者を宿泊させる事業であることから、その事業は上記消基通7−2−16の例示にある「国内における宿泊」に該当し、課税の対象となります。
>
> したがって、課税資産の譲渡等として消費税の課税標準に含め、申告する必要があります。

（参考）住宅宿泊事業法（民泊新法）について

平成30年6月15日施行

1 目的

　我が国における観光旅客の宿泊の状況に鑑み、住宅宿泊事業を営む者に係る届出制度並びに住宅宿泊管理業を営む者及び住宅宿泊仲介業を営む者に係る登録制度を設ける等の措置を講ずることにより、国内外からの観光客の宿泊に対する需要に的確に対応してこれらの者の来訪及び滞在を促進し、もって国民生活の安定向上及び経済の発展に寄与することを目的とする。

（住宅宿泊事業法１）

2 住宅とは

　「住宅」とは、次の各号に掲げる要件のいずれにも該当する家屋をいう。

⑴ 　その家屋内に台所、浴室、便所、洗面設備その他のその家屋を生活の本拠として使用するために必要なものとして国土交通省令・厚生労働省令で定める設備が設けられていること。

⑵ 　現に人の生活の本拠として使用されている家屋、従前の入居者の賃貸借の期間の満了後新たな入居者の募集が行われている家屋その他の家屋であって、人の居住の用に供されていると認められるものとして国土交通省令・厚生労働省令で定めるものに該当すること。

（住宅宿泊事業法２①一・二）

3 住宅宿泊事業とは

　旅館業法に規定する営業者以外の者が宿泊料を受けて住宅に人を宿泊させる事業であって、人を宿泊させる日数として国土交通省令・厚生労働省令で定めるところにより算定した日数が一年間で180日を超えないものをいう。

（住宅宿泊事業法２③）

4 法人の場合の届出等

　都道府県知事に住宅宿泊事業を営む旨の届出をした者は、旅館業の規定にかかわらず、住宅宿泊事業を営むことができる。法人の場合は、商号、住所、役員の氏名を都道府県知事に届出なければならない。

（住宅宿泊事業法３①・②二）

三国間貿易の場合の消費税の取扱い

　当社は機械部品の製造メーカーです。

　得意先の海外進出に伴い、当社も2年前に東南アジアのA国に子会社B社（当社100%出資法人）を設立いたしました。

　当社は、B社で製造した機械部品を国内に輸入し販売しておりますが、東南アジアの国内の景気回復により、今回、S国のC社より機械部品の大量発注があり、急遽、B社に発注をいたしました。

　製品については、B社からC社に直接輸送します。

　C社に対する売上については、消費税を課税しています。

　また、B社からの仕入について、仕入税額控除を行っています。

　税務調査の際には、特に問題があるのでしょうか？

「三国間貿易のイメージ」

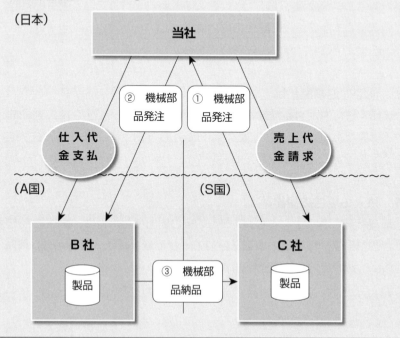

調査官の着眼点と指摘事項

> 貴社の三国間貿易の場合には、C社に対する売上は、国外において行われていますので不課税取引として消費税の課税対象とはなりません。
>
> また、B社からの仕入は国外で行っていますので消費税は課税されていませんので、仕入税額控除はできません。

解 説

1 三国間貿易とは

三国間貿易とは三つの国の間で行われる取引をいいます。

[三国間貿易のイメージ]

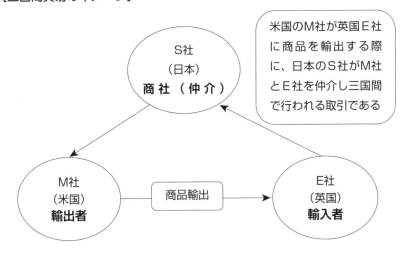

米国のM社が英国E社に商品を輸出する際に、日本のS社がM社とE社を仲介し三国間で行われる取引である

S社
（日本）
商 社 （ 仲 介 ）

M社
（米国）
輸出者

商品輸出

E社
（英国）
輸入者

1 課税の対象とは

国内において事業者が行った資産の譲渡等及び特定仕入が課税の対象となります。　　　　　　　　　　　　　　　　　　　　　　　　（消法4①）

また、資産の譲渡が国内で行われたかどうかの判定は、その譲渡の直前においてその資産が所在していた場所で判定します。

したがって、その譲渡の直前にその資産が国内にある場合には、国内で資産の譲渡が行われたことになりますので消費税の課税対象となります。

　　　　　　　　　　　　　　　　　　　　　　　　　　（消法4③一）

2 納税義務者とは

事業者は、国内において行った課税資産の譲渡等及び特定課税仕入について納税義務があります。 (消法5①)

3 課税仕入とは

課税仕入とは、事業者が、事業として他の者から資産を譲り受け、若しくは借り受け、又は役務の提供を受けることをいいます。

4 仕入れに係る消費税額の控除

事業者が、国内において行う課税仕入については、課税標準に対する消費税から、その課税仕入に係る消費税を控除することとされています。

(消法30①)

5 貴社の場合

⑴ 課税売上について

国内において事業者が行った資産の譲渡等が消費税の課税の対象となります。

国内で行ったかどうかは、その譲渡する資産の所在地で判断します。

⑵ 課税仕入について

国内にある資産の仕入を行った場合には、その仕入に課税された消費税を控除することができますが、国外にある資産を仕入れた場合には消費税は課税されていませんので課税仕入とはなりません。

貴社の税務調査対策

貴社は、A国にある機械部品をS国に販売していますので、国外にある資産の譲渡となりますので、貴社の機械部品の売上は消費税の課税対象とはなりません。

貴社は、国外のA国B社にある製品を仕入れS国のC社に納品していますが、その仕入について消費税は課税されていませんので課税仕入とはなりません。

298

（参考）三国間貿易

（国外での売上と国外での仕入の取引図）

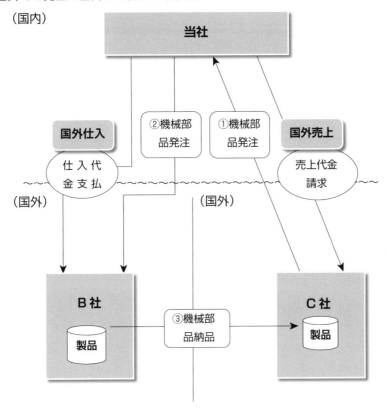

非居住者に対する国内旅行の斡旋の対価の課税もれ

　当社は、A国のB社との間で不動産開発に関するコンサルタント契約を締結し、A国内において、マンション建設に関する助言及び情報提供を行っております。

　A国内においては、日本に関する関心が高いことから、B社の要望に応じて、B社社員の日本国内の旅行を企画することになりました。

　日本国内の旅行の実施に際しては、国内の観光地のホテル及び交通機関の切符等については、当社が全て手配を行い、ホテル代及び切符代は当社が支払い、B社から回収します。

　当社はA国内でのコンサルタント業務及び日本国内の旅行の企画・実施に関し、消費税を課税しておりません。

　税務調査の際には、何か問題があるのでしょうか？

「コンサルタント契約のイメージ」

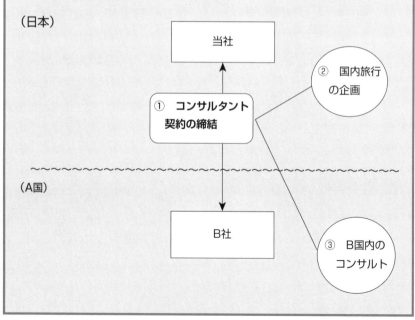

調査官の着眼点と指摘

> A国内でのコンサルタント業務は国外（A国）で行われていますので、消費税は課税されません。
>
> また、貴社が日本国内で行う日本国内旅行の企画・実施の対価は、国内における課税資産の譲渡等に該当しますので、貴社の消費税の課税標準に含めなければいけません。

解　説

1　課税の対象

国内において事業者が行った資産の譲渡等及び特定仕入は、消費税の課税の対象となります。　　　　　　　　　　　　　　　　　（消法4①）

2　役務の提供が国内において行われたかどうかの判定基準

役務の提供の場合は、役務提供が行われた場所で判定しますので、国内で役務提供が行われた場合には、消費税の課税の対象となります。

3　輸出免税等

事業者が国内において行う課税資産のうち、次に掲げるものに該当するものについては、消費税が免除されます。

> ①　本邦からの輸出として行われる資産の譲渡又は貸付け
> ②　外国貨物の譲渡又は貸付け
> ③　国内及び国内以外の地域にわたって行われる旅客若しくは貨物の輸送又は通信
> ④　上記③の輸送の用に供される船舶又は航空機の譲渡若しくは貸付け又は修理で政令で定めるもの
> ⑤　上記①〜④に掲げる資産の譲渡に類するものとして政令で定めるもの　　　　　　　　　　　　　　　　　　　　　　　　　（消法7）

4　非居住者に対する役務提供で輸出免税等に該当するもの

非居住者に対する役務提供で輸出免税等に該当するものは、次に掲げるもの以外と規定し、免税とならないものを規定しています。

① 国内に所在する資産に係る運送又は保管

② 国内における飲食又は宿泊

③ ①及び②に掲げるものに準ずるもので、国内において直接便益を享受するもの　　　　　　　　　　　　　　　　　　（消令17②七）

5　非居住者に対する役務提供で免税とならないものの範囲

　非居住者に対する役務提供で免税とならないものの例示として次のものが掲げられています。　　　　　　　　　　　　　　　（消基達7−2−16）

① 国内に所在する資産に係る運送又は保管

② 国内に所在する不動産の管理や修理

③ 建物の建築請負

④ 電車、バス、タクシー等による旅客の輸送

⑤ 国内における飲食又は宿泊

⑥ 理容又は美容

⑦ 医療又は療養

⑧ 劇場、映画館等の興行場における観劇等の役務の提供

⑨ 国内間の電話、郵便又は親書便

⑩ 日本語学校等における語学教育等に係る役務の提供

貴社の税務調査対策

(1)　A国内におけるコンサルタント業務について

　　A国内におけるコンサルタント業務は、国外で行われていますので、課税の対象となりません。

(2)　国内における国内旅行の企画・実施の対価について

　　国内における国内旅行の企画・実施の対価については、その役務提供は国内で行われており、上記4の消基通7−2−16の例示と同様に国内において直接便益を享受するものとして、その対価は輸出免税等の対象から除外され、課税の対象となります。

「課税当局による海外からの情報収集について」

1 租税条約の締結による情報収集（その1・情報交換協定）

(1) 情報交換協定とは

各国の税務当局との間で、主に情報交換を主体とする租税条約です。

(2) 我が国と情報交換協定を締結したタックス・ヘイブン

条約締結の状況

（締結日）		（締約国）
平成22年2月	情報交換協定（新規）	バミューダ
平成23年1月	情報交換協定（新規）	バハマ
平成23年2月	情報交換協定（新規）	ケイマン諸島
平成23年6月	情報交換協定（新規）	マン島
平成23年12月	情報交換協定（新規）	ガンジー
平成23年12月	情報交換協定（新規）	ジャージー
平成24年7月	情報交換協定（新規）	リヒテンシュタイン
平成25年6月	情報交換協定（新規）	サモア
平成26年3月	情報交換協定（新規）	マカオ
平成26年6月	情報交換協定（新規）	英領バージン諸島
平成28年8月	情報交換協定（新規）	パナマ

(3) 情報交換協定の内容（ケイマン諸島の場合）

我が国とケイマン諸島との間では平成23年2月7日に情報交換協定が締結されており、同協定により、**租税の賦課・徴収、租税債権の回収・執行、租税事案の捜査・訴追に関連する情報等を交換**することが可能ととなり、また、**海外における調査の立会**も認められています。

したがって、我が国の課税当局が行う任意又は強制の税務調査において、今後は、情報交換協定の活用が予想されます。

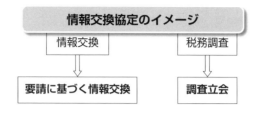

（参考）情報交換協定

脱税の防止のための情報の交換及び個人の所得についての課税権の配分に関する日本国政府とケイマン諸島政府との間の協定（情報交換協定）

（抜粋）

第二章　情報の交換

　第二条　目的及び適用範囲

　　両締約国の権限のある当局は、この協定の実施又は第四条に規定する租税に規定する租税に関する両締約者の法令の規定の運用及び執行に関連する情報の交換を通じて支援を行う。

　　そのような情報には、同条に規定する租税の決定、賦課及び徴収、租税債権の回収及び執行並びに租税事案の捜査及び訴追に関連する情報を含む。

　第六条　海外における租税に関する調査

　　被要請者（日本国又はケイマン諸島）の権限ある当局は、要請者（日本国又はケイマン諸島）の権限ある当局の要請があったときは、被要請者における租税に関する調査の適当な部分に要請者の権限のある当局の代表者が立ち会うことを認めることができる。

2　租税条約の締結による情報収集（その2・税務行政執行共助条約）

⑴　税務行政執行共助条約とは

　各国の税務当局との間で、租税に関する行政支援（情報交換、徴収共助、送達共助）を相互に行うための条約です。本条約を締結することに

より、国際的な脱税と租税回避に適切に対処していくことが可能である
とされています。

⑵ **共助条約の締結国数**

　締結国数・・・・・127か国・地域（このうち我が国と二国間条約を
締結していない国・地域は55か国）

⑶ **行政支援の形態**

　イ　**情報交換**

> **情報交換の目的**
>
> 　経済取引のグローバル化が進展する中で、国境を超える取引が恒
> 常的に行われ、資産の保有・運用の形態も複雑化・多様化していま
> すが、租税の賦課徴収を確実に行うためには、国内で入手できる情
> 報だけでなく、国外にある情報を適切に入手することが重要です。
>
> 　しかしながら、この国外にある情報を入手するには外国の主権
> （執行管轄権）により制約を受けます。
>
> 　このため、我が国を含め、各国の税務当局は租税条約等に基づき
> 租税に関する情報を互いに提供する仕組み（情報交換）を設け、国
> 際的な脱税及び租税回避に対処しています。
>
> 　　　　　　　　　（出典：国税庁「H27年度改正税法のすべて」）

> **情報交換の形態**
>
> 　条約締約国間の情報交換には、次の形態があります。
>
> ⑴　課税当局が調査において課税上の問題点を把握した場合に、そ
> 　の問題に関連する情報の提供を求めるもの（要請に基づく情報交
> 　換）
>
> ⑵　課税当局が調査において外国における課税上の問題点を把握し
> 　た場合に、その問題を提供するもの　　　　　（自発的情報交換）
>
> ⑶　課税当局が法定調書等から情報を収集し、大量に情報を提供す
> 　るもの
>
> 　　　　　　　　　　　　　　　　　　　　　　（自動的情報交換）

[情報交換の形態のイメージ]

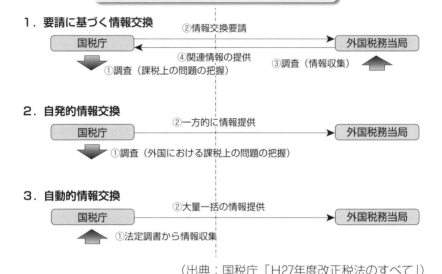

（出典：国税庁「H27年度改正税法のすべて」）

「自動的情報交換」のための法整備
（非居住者に係る金融口座情報の自動的交換のための報告制度）

(1) 平成29年１月１日以後に報告金融機関等との間でその営業所等を通じて特定取引を行う者は、次の事項についてその報告金融機関等に提出しなければならないこととされました。
　　① 特定対象者の氏名又は名称
　　② 特定対象者の住所又は本店若しくは主たる事務所の所在地
　　③ 特定対象者の居住地国
　　④ 特定対象者の外国の納税者番号
(2) 報告金融機関等は、平成28年12月31日以前に行われた特定取引を行った特定対象者の上記(1)①～③の事項について特定しなければならないこととされました。

［非居住者に係る金融口座情報の自動的交換のための報告制度（イメージ）］

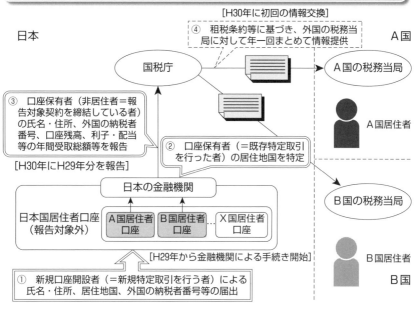

（出典：国税庁「H27年度改正税法のすべて」）

ロ　税務調査

　税務同時調査、海外の調査立合

ハ　徴収共助

　租税の滞納者の資産が他の条約締約国にある場合、他の条約締約国
にその租税の徴収を依頼すること

ニ　送達共助

　租税に関する文書の名宛人が他の条約締約国にいる場合、他の条約
締約国にその文書の送達を依頼すること。

【図解】税務行政執行共助条約（イメージ）

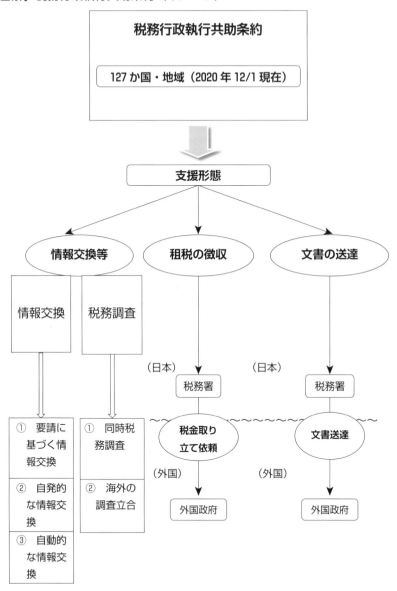

租税に関する相互行政支援に関する条約

　前文

　この条約の署名国である欧州評議会の加盟国及び経済協力開発機構（OECD）の加盟国は、

　人、資本、物品及びサービスの国際的な移動の進展が、それ自体は非常に有益であるが、租税回避及び脱税の可能性を高めていることから、税務当局間で一層の協力が必要であることを考慮し、

　二国間であるか多数国間であるかを問わず、租税回避及び脱税に国際的に対処するため、近年様々な努力が払われていることを歓迎し、

　納税者の権利の適切な保護を確保すると同時に、あらゆる種類の租税に関しあらゆる形態の行政支援を促進するため、各国が相互に調整の上努力することが必要であることを考慮し、

　納税義務の適切な確定を促進し、及び納税者による自己の権利の確保に資するため、国際協力が重要な役割を果たすことができることを認識し、

　全ての国の租税に関し、全ての者が適正な法令上の手続きに従って決定される自己の権利及び義務を有するという基本原則が適用されることが認められるべきであること並びに各国が納税者の正当な利益（差別及び二重課税からの適切な保護を含む。）を保護するよう努めるべきであることを考慮し、

　よって、各国が、情報の秘密を保護する必要性に留意し、かつ、プライバシー及び個人情報の流れの保護に関する国際的な枠組みを考慮して、自国の法令及び慣行に合致する場合を除くほか、措置をとるべきでなく、又は情報を提供すべきでなしことを確信し、

　租税に関する相互行政支援に関する条約を締結することを希望して、

　次のとおり協定した。

　第一章　条約の適用範囲

　第一条　条約の目的及び対象となる者

１　締約国は、第四章の規定に従い、租税に関する事項について相互に行政支援を行う。当該行政支援には、適当な場合には、司法機関がとる措置を含めることができる。

２　行政支援は、次のものから成る。

a　情報の交換（同時税務調査及び海外における租税に関する調査への参加を含む。）

b　徴収における支援（保全の措置を含む。）

c　文書の送達

3　締約国は、影響を受ける者が締約国の居住者若しくは国民であるか又は締約国以外の国の居住者若しくは国民であるかにかかわらず、行政支援を行う。

第二条　対象となる租税

1　この条約は、次の租税について適用する。

a　締約国のために課される次に掲げる租税

i　所得又は利得に対する租税

ii　所得又一利得に対する租税とi別に課される譲渡収益に対する租税

iii　純資産に対する租税

b　次に掲げる租税

i　締約国の地方政府又は地方公共団体のために課される所得、利得、譲渡収益又士純資産に対する租税

ii　強制加入の社会保険に係る保険料であって、一般政府又一公法に基づて設立された社会保院機関に対して支払われるもの

iii　締約国のために課されるその他の区分の租税（関税を除く。）、すなわち、次のAカらGまでに掲げるもの

A　遺産税、相続税又は贈与税

B　不動産に対する租税

C　付加価値税、売上税等の一般消費税

D　個別消費税等の物品及び役務に対する特定の租税

E　自動車の使用又は所有に対する租税

F　自動車以外の動産の使用又は所有に対する租税

G　その他の租税

iv　締約国の地方政府又一地方公共団体のために課される出に掲げる区分の租税

2　この条約が適用される現行の租税は、1に規定する区分により、附属

書Aに掲げる。

3　締約国は、2の規定により掲げる租税の変更の結果として附属香Aに生ずるい力なる修正も、欧州評議務会事務局長又は経済協力開発機構事務総長（以下「寄託者」という。）に通告する。当該修正は、寄託者がその通告を受領した日の後三箇月の期間が満了する日の属する月の翌月の初日に効力を生ずる。

4　この条約は、附属言Aに掲げる現行の租税に加えて又はこれに代わって、この条約が締約国について効力を生じた後に当該締約国において課される租税であって、当該現行の租税と同一であるもの又は実質的に類似するものについても、その採用の時から適用する。この場合には、当該締約国は、そのような租税の採用をいずれか一の寄託者に通告する。

我が国の租税条約ネットワーク

財　務　省

《78条約等、142か国・地域適用／2021年1月1日現在》(注1)(注2)

凡例
- ● 租税条約
- ● 情報交換協定
- ● 税務行政執行条約のみ
- ● 日台民間租税取決め

欧州 (46)

アイスランド	ノルウェー
アイルランド	ハンガリー
イギリス	フィンランド
イタリア	フランス
エストニア	ブルガリア
オーストリア	ベルギー
オランダ	ポルトガル
クロアチア	ポーランド
スイス	ラトビア
スウェーデン	リトアニア
スペイン	ルクセンブルク
スロバキア	ルーマニア
チェコ	ガーンジー(※)
デンマーク	ジャージー島(※)
ドイツ	マン島(※)
（執行共助条約のみ）	リヒテンシュタイン(※)
アルバニア	ジブラルタル
アンドラ	セルビア
北マケドニア	フェロー諸島
グリーンランド	マルタ
キプロス	モナコ
サンマリノ	モンテネグロ

ロシア・NIS諸国 (12)

アゼルバイジャン	ジョージア
アルメニア	タジキスタン
ウクライナ	トルクメニスタン
カザフスタン	ベラルーシ
キルギス	モルドバ
ウズベキスタン	ロシア

中東 (9)

アラブ首長国連邦	クウェート
イスラエル	サウジアラビア
オマーン	トルコ
カタール	レバノン
（執行共助条約のみ）	
バーレーン	

アフリカ (14)

エジプト	ザンビア	南アフリカ
（執行共助条約のみ）		
ウガンダ	ケニア	ナイジェリア
ガーナ	セネガル	モロッコ
カーボベルデ	モナコ	
トーゴ	チュニジア	

アジア・大洋州 (27)

インド	シンガポール	フィリピン	マレーシア
インドネシア	スリランカ	ブルネイ	サモア(※)
オーストラリア	タイ	バングラデシュ	ドミニカ国
韓国	中国	フィジー	香港
（執行共助条約のみ）			
クック諸島	ニウエ	バヌアツ	モンゴル
ナウル	ニューカレドニア	マーシャル諸島	台湾(※)

北米・中南米 (34)

アメリカ
エクアドル
カナダ
ジャマイカ
チリ
ブラジル
メキシコ
アイスマン諸島(※)
英領バージン諸島(※)
パナマ(※)
バミューダ(※)
バハマ・ケイマン諸島(※)
（執行共助条約のみ）
アルゼンチン
アルバ
アンギラ
アンティグア・バーブーダ
ウルグアイ
エルサルバドル
キュラソー
グアテマラ
グレナダ
コスタリカ
コロンビア
セントクリストファー・ネービス
セントビンセント及びグレナディーン諸島
セントマーティン
セントルシア
ドミニカ
タークス・カイコス諸島
ドミニカ共和国
バルバドス
ベリーズ
ペルー
モントセラト

(注1) 税務行政執行共助条約が多数国間条約であること、及び旧チェコスロバキアとの条約が複数国へ承継されていることから、条約等の数と国・地域数が一致しない。

(注2) ・租税条約（二重課税除去並びに脱税及び租税回避の防止を主たる内容とする条約）：65本、74か国・地域
・情報交換協定（租税に関する情報交換を主たる内容とする条約）：11本、11か国・地域（※）で表示
・税務行政執行共助条約：締約国は我が国を除いて110か国（図中、国名に下線）。適用拡大により128か国（図中、適用拡大地域を点線）。このうち我が国と二国間条約を締結していない国・地域は56か国・地域。
・日台民間租税取決め：1本、1地域

(注3) 台湾については、公益財団法人交流協会（日本側）と亜東関係協会（台湾側）との間の民間租税取決め及びその法令上の措置を日本国内で実施するための法令によって、全体として租税条約に相当する枠組みを構築（現在、両協定は、公益財団法人日本台湾交流協会（日本側）及び台湾日本関係協会（台湾側）にそれぞれ改称されている。）。

（出典：財務省HP）

参考法令等

（所得税法）

（定義）
第二条　この法律において、次の各号に掲げる用語の意義は、当該各号に定めるところによる。
　一　国内　この法律の施行地をいう。
　二　国外　この法律の施行地外の地域をいう。
　三　居住者　国内に住所を有し、又は現在まで引き続いて一年以上居所を有する個人をいう。
　四　非永住者　居住者のうち、日本の国籍を有しておらず、かつ、過去十年以内において国内に住所又は居所を有していた期間の合計が五年以下である個人をいう。
　五　非居住者　居住者以外の個人をいう。
　六　内国法人　国内に本店又は主たる事務所を有する法人をいう。
　七　外国法人　内国法人以外の法人をいう。
　八　人格のない社団等　法人でない社団又は財団で代表者又は管理人の定めがあるものをいう。
　八の二　株主等　株主又は合名会社、合資会社若しくは合同会社の社員その他法人の出資者をいう。
　八の三　法人課税信託　法人税法（昭和四十年法律第三十四号）第二条第二十九号の二（定義）に規定する法人課税信託をいう。
　八の四　恒久的施設　次に掲げるものをいう。ただし、我が国が締結した所得に対する租税に関する二重課税の回避又は脱税の防止のための条約において次に掲げるものと異なる定めがある場合には、その条約の適用を受ける非居住者又は外国法人については、その条約において恒久的施設と定められたもの（国内にあるものに限る。）とする。
　　イ　非居住者又は外国法人の国内にある支店、工場その他事業を行う一定の場所で政令で定めるもの
　　ロ　非居住者又は外国法人の国内にある建設若しくは据付けの工事又はこれらの指揮監督の役務の提供を行う場所その他これに準ずるものとして政令で定めるもの
　　ハ　非居住者又は外国法人が国内に置く自己のために契約を締結する権限のある者その他これに準ずる者で政令で定めるもの

九　公社債　公債及び社債（会社以外の法人が特別の法律により発行する債券を含む。）をいう。

十　預貯金　預金及び貯金（これらに準ずるものとして政令で定めるものを含む。）をいう。

十一　合同運用信託　信託会社（金融機関の信託業務の兼営等に関する法律（昭和十八年法律第四十三号）により同法第一条第一項（兼営の認可）に規定する信託業務を営む同項に規定する金融機関を含む。）が引き受けた金銭信託で、共同しない多数の委託者の信託財産を合同して運用するもの（投資信託及び投資法人に関する法律（昭和二十六年法律第百九十八号）第二条第二項（定義）に規定する委託者非指図型投資信託及びこれに類する外国投資信託（同条第二十四項に規定する外国投資信託をいう。第十二号の二及び第十三号において同じ。）並びに委託者が実質的に多数でないものとして政令で定める信託を除く。）をいう。

十二　貸付信託　貸付信託法（昭和二十七年法律第百九十五号）第二条第一項（定義）に規定する貸付信託をいう。

十二の二　投資信託　投資信託及び投資法人に関する法律第二条第三項に規定する投資信託及び外国投資信託をいう。

十三　証券投資信託　投資信託及び投資法人に関する法律第二条第四項に規定する証券投資信託及びこれに類する外国投資信託をいう。

十四　オープン型の証券投資信託　証券投資信託のうち、元本の追加信託をすることができるものをいう。

十五　公社債投資信託　証券投資信託のうち、その信託財産を公社債に対する投資として運用することを目的とするもので、株式（投資信託及び投資法人に関する法律第二条第十四項に規定する投資口を含む。第二十四条（配当所得）、第二十五条（配当等とみなす金額）、第五十七条の四第三項（株式交換等に係る譲渡所得等の特例）、第百七十六条第一項及び第二項（信託財産に係る利子等の課税の特例）、第二百二十四条の三第二項第一号（株式等の譲渡の対価の受領者の告知）並びに第二百二十五条第一項第二号（支払調書及び支払通知書）において同じ。）又は出資に対する投資として運用しないものをいう。

十五の二　公社債等運用投資信託　証券投資信託以外の投資信託のうち、信託財産として受け入れた金銭を公社債等（公社債、手形その他の政令で定める資産をいう。）に対して運用するものとして政令で定めるものをいう。

十五の三　公募公社債等運用投資信託　その設定に係る受益権の募集が公募（金融商品取引法（昭和二十三年法律第二十五号）第二条第三項（定義）に規定す

る取得勧誘のうち同項第一号に掲げる場合に該当するものとして政令で定める
ものをいう。）により行われた公社債等運用投資信託（法人税法第二条第二十
九号ロ(2)に掲げる投資信託に該当するものに限る。）をいう。

十五の四　特定目的信託　資産の流動化に関する法律（平成十年法律第百五号）
第二条第十三項（定義）に規定する特定目的信託をいう。

十五の五　特定受益証券発行信託　法人税法第二条第二十九号ハに規定する特定
受益証券発行信託をいう。

十六　棚卸資産　事業所得を生ずべき事業に係る商品、製品、半製品、仕掛品、
原材料その他の資産（有価証券、第四十八条の二第一項（暗号資産の譲渡原価
等の計算及びその評価の方法）に規定する暗号資産及び山林を除く。）で棚卸
しをすべきものとして政令で定めるものをいう。

十七　有価証券　金融商品取引法第二条第一項に規定する有価証券その他これに
準ずるもので政令で定めるものをいう。

十八　固定資産　土地（土地の上に存する権利を含む。）、減価償却資産、電話加
入権その他の資産（山林を除く。）で政令で定めるものをいう。

十九　減価償却資産　不動産所得若しくは雑所得の基因となり、又は不動産所得、
事業所得、山林所得若しくは雑所得を生ずべき業務の用に供される建物、構築
物、機械及び装置、船舶、車両及び運搬具、工具、器具及び備品、鉱業権その
他の資産で償却をすべきものとして政令で定めるものをいう。

二十　繰延資産　不動産所得、事業所得、山林所得又は雑所得を生ずべき業務に
関し個人が支出する費用のうち支出の効果がその支出の日以後一年以上に及ぶ
もので政令で定めるものをいう。

二十一　各種所得　第二編第二章第二節第一款（所得の種類及び各種所得の金
額）に規定する利子所得、配当所得、不動産所得、事業所得、給与所得、退職
所得、山林所得、譲渡所得、一時所得及び雑所得をいう。

二十二　各種所得の金額　第二編第二章第二節第一款に規定する利子所得の金額、
配当所得の金額、不動産所得の金額、事業所得の金額、給与所得の金額、退職
所得の金額、山林所得の金額、譲渡所得の金額、一時所得の金額及び雑所得の
金額をいう。

二十三　変動所得　漁獲から生ずる所得、著作権の使用料に係る所得その他の所
得で年々の変動の著しいもののうち政令で定めるものをいう。

二十四　臨時所得　役務の提供を約することにより一時に取得する契約金に係る
所得その他の所得で臨時に発生するもののうち政令で定めるものをいう。

二十五　純損失の金額　第六十九条第一項（損益通算）に規定する損失の金額の

うち同条の規定を適用してもなお控除しきれない部分の金額をいう。

二十六　雑損失の金額　第七十二条第一項（雑損控除）に規定する損失の金額の合計額が同項各号に掲げる場合の区分に応じ当該各号に掲げる金額を超える場合におけるその超える部分の金額をいう。

二十七　災害　震災、風水害、火災その他政令で定める災害をいう。

二十八　障害者　精神上の障害により事理を弁識する能力を欠く常況にある者、失明者その他の精神又は身体に障害がある者で政令で定めるものをいう。

二十九　特別障害者　障害者のうち、精神又は身体に重度の障害がある者で政令で定めるものをいう。

三十　寡婦　次に掲げる者でひとり親に該当しないものをいう。

　イ　夫と離婚した後婚姻をしていない者のうち、次に掲げる要件を満たすもの

　　⑴　扶養親族を有すること。

　　⑵　第七十条（純損失の繰越控除）及び第七十一条（雑損失の繰越控除）の規定を適用しないで計算した場合における第二十二条（課税標準）に規定する総所得金額、退職所得金額及び山林所得金額の合計額（以下この条において「合計所得金額」という。）が五百万円以下であること。

　　⑶　その者と事実上婚姻関係と同様の事情にあると認められる者として財務省令で定めるものがいないこと。

　ロ　夫と死別した後婚姻をしていない者又は夫の生死の明らかでない者で政令で定めるもののうち、イ⑵及び⑶に掲げる要件を満たすもの

三十一　ひとり親　現に婚姻をしていない者又は配偶者の生死の明らかでない者で政令で定めるもののうち、次に掲げる要件を満たすものをいう。

　イ　その者と生計を一にする子で政令で定めるものを有すること。

　ロ　合計所得金額が五百万円以下であること。

　ハ　その者と事実上婚姻関係と同様の事情にあると認められる者として財務省令で定めるものがいないこと。

三十二　勤労学生　次に掲げる者で、自己の勤労に基づいて得た事業所得、給与所得、退職所得又は雑所得（以下この号において「給与所得等」という。）を有するもののうち、合計所得金額が七十五万円以下であり、かつ、合計所得金額のうち給与所得等以外の所得に係る部分の金額が十万円以下であるものをいう。

　イ　学校教育法（昭和二十二年法律第二十六号）第一条（学校の範囲）に規定する学校の学生、生徒又は児童

　ロ　国、地方公共団体又は私立学校法（昭和二十四年法律第二百七十号）第三

条（定義）に規定する学校法人、同法第六十四条第四項（私立専修学校及び私立各種学校）の規定により設立された法人若しくはこれらに準ずるものとして政令で定める者の設置した学校教育法第百二十四条（専修学校）に規定する専修学校又は同法第百三十四条第一項（各種学校）に規定する各種学校の生徒で政令で定める課程を履修するもの

ハ　職業訓練法人の行う職業能力開発促進法（昭和四十四年法律第六十四号）第二十四条第三項（職業訓練の認定）に規定する認定職業訓練を受ける者で政令で定める課程を履修するもの

三十三　同一生計配偶者　居住者の配偶者でその居住者と生計を一にするもの（第五十七条第一項（事業に専従する親族がある場合の必要経費の特例等）に規定する青色事業専従者に該当するもので同項に規定する給与の支払を受けるもの及び同条第三項に規定する事業専従者に該当するもの（第三十三号の四において「青色事業専従者等」という。）を除く。）のうち、合計所得金額が四十八万円以下である者をいう。

三十三の二　控除対象配偶者　同一生計配偶者のうち、合計所得金額が千万円以下である居住者の配偶者をいう。

三十三の三　老人控除対象配偶者　控除対象配偶者のうち、年齢七十歳以上の者をいう。

三十三の四　源泉控除対象配偶者　居住者（合計所得金額が九百万円以下であるものに限る。）の配偶者でその居住者と生計を一にするもの（青色事業専従者等を除く。）のうち、合計所得金額が九十五万円以下である者をいう。

三十四　扶養親族　居住者の親族（その居住者の配偶者を除く。）並びに児童福祉法（昭和二十二年法律第百六十四号）第二十七条第一項第三号（都道府県の採るべき措置）の規定により同法第六条の四（定義）に規定する里親に委託された児童及び老人福祉法（昭和三十八年法律第百三十三号）第十一条第一項第三号（市町村の採るべき措置）の規定により同号に規定する養護受託者に委託された老人でその居住者と生計を一にするもの（第五十七条第一項に規定する青色事業専従者に該当するもので同項に規定する給与の支払を受けるもの及び同条第三項に規定する事業専従者に該当するものを除く。）のうち、合計所得金額が四十八万円以下である者をいう。

三十四の二　控除対象扶養親族　扶養親族のうち、年齢十六歳以上の者をいう。

三十四の三　特定扶養親族　控除対象扶養親族のうち、年齢十九歳以上二十三歳未満の者をいう。

三十四の四　老人扶養親族　控除対象扶養親族のうち、年齢七十歳以上の者をい

う。

三十五　特別農業所得者　その年において農業所得（米、麦、たばこ、果実、野菜若しくは花の生産若しくは栽培又は養蚕に係る事業その他これに類するものとして政令で定める事業から生ずる所得をいう。以下この号において同じ。）の金額が総所得金額の十分の七に相当する金額を超え、かつ、その年九月一日以後に生ずる農業所得の金額がその年中の農業所得の金額の十分の七を超える者をいう。

三十六　予定納税額　第百四条第一項（予定納税額の納付）又は第百七条第一項（特別農業所得者の予定納税額の納付）（これらの規定を第百六十六条（申告、納付及び還付）において準用する場合を含む。）の規定により納付すべき所得税の額をいう。

三十七　確定申告書　第二編第五章第二節第一款及び第二款（確定申告）（第百六十六条において準用する場合を含む。）の規定による申告書（当該申告書に係る期限後申告書を含む。）をいう。

三十八　期限後申告書　国税通則法（昭和三十七年法律第六十六号）第十八条第二項（期限後申告）に規定する期限後申告書をいう。

三十九　修正申告書　国税通則法第十九条第三項（修正申告）に規定する修正申告書をいう。

四十　青色申告書　第百四十三条（青色申告）（第百六十六条において準用する場合を含む。）の規定により青色の申告書によつて提出する確定申告書及び確定申告書に係る修正申告書をいう。

四十の二　更正請求書　国税通則法第二十三条第三項（更正の請求）に規定する更正請求書をいう。

四十一　確定申告期限　第百二十条第一項（確定所得申告）（第百六十六条において準用する場合を含む。）の規定による申告書の提出期限をいい、年の中途において死亡し、又は出国をした場合には、第百二十五条第一項（年の中途で死亡した場合の確定申告）又は第百二十七条第一項（年の中途で出国をする場合の確定申告）（これらの規定を第百六十六条において準用する場合を含む。）の規定による申告書の提出期限をいう。

四十二　出国　居住者については、国税通則法第百十七条第二項（納税管理人）の規定による納税管理人の届出をしないで国内に住所及び居所を有しないこととなることをいい、非居住者については、同項の規定による納税管理人の届出をしないで国内に居所を有しないこととなること（国内に居所を有しない非居住者で恒久的施設を有するものについては、恒久的施設を有しないこととなる

こととし、国内に居所を有しない非居住者で恒久的施設を有しないものについては、国内において行う第百六十一条第一項第六号（国内源泉所得）に規定する事業を廃止することとする。）をいう。

四十三　更正　国税通則法第二十四条（更正）又は第二十六条（再更正）の規定による更正をいう。

四十四　決定　第十九条（納税地指定の処分の取消しがあつた場合の申告等の効力）、第百五十一条の四（相続により取得した有価証券等の取得費の額に変更があつた場合等の修正申告の特例）、第百五十九条（更正等又は決定による源泉徴収税額等の還付）及び第百六十条（更正等又は決定による予納税額の還付）の場合を除き、国税通則法第二十五条（決定）の規定による決定をいう。

四十五　源泉徴収　第四編第一章から第六章まで（源泉徴収）の規定により所得税を徴収し及び納付することをいう。

四十六　附帯税　国税通則法第二条第四号（定義）に規定する附帯税をいう。

四十七　充当　第百九十条（年末調整）及び第百九十一条（過納額の還付）の場合を除き、国税通則法第五十七条第一項（充当）の規定による充当をいう。

四十八　還付加算金　国税通則法第五十八条第一項（還付加算金）に規定する還付加算金をいう。

2　この法律において、「相続人」には、包括受遺者を含むものとし、「被相続人」には、包括遺贈者を含むものとする。

（居住者及び非居住者の区分）

第三条　国家公務員又は地方公務員（これらのうち日本の国籍を有しない者その他政令で定める者を除く。）は、国内に住所を有しない期間についても国内に住所を有するものとみなして、この法律（第十条（障害者等の少額預金の利子所得等の非課税）、第十五条（納税地）及び第十六条（納税地の特例）を除く。）の規定を適用する。

2　前項に定めるもののほか、居住者及び非居住者の区分に関し、個人が国内に住所を有するかどうかの判定について必要な事項は、政令で定める。

（人格のない社団等に対するこの法律の適用）

第四条　人格のない社団等は、法人とみなして、この法律（別表第一を除く。）の規定を適用する。

（納税義務者）

第五条　居住者は、この法律により、所得税を納める義務がある。

2　非居住者は、次に掲げる場合には、この法律により、所得税を納める義務がある。

一　第百六十一条第一項（国内源泉所得）に規定する国内源泉所得（次号において「国内源泉所得」という。）を有するとき（同号に掲げる場合を除く。）。

二　その引受けを行う法人課税信託の信託財産に帰せられる内国法人課税所得（第百七十四条各号（内国法人に係る所得税の課税標準）に掲げる利子等、配当等、給付補塡金、利息、利益、差益、利益の分配又は賞金をいう。以下この条において同じ。）の支払を国内において受けるとき又は当該信託財産に帰せられる外国法人課税所得（国内源泉所得のうち第百六十一条第一項第四号から第十一号まで又は第十三号から第十六号までに掲げるものをいう。以下この条において同じ。）の支払を受けるとき。

3　内国法人は、国内において内国法人課税所得の支払を受けるとき又はその引受けを行う法人課税信託の信託財産に帰せられる外国法人課税所得の支払を受けるときは、この法律により、所得税を納める義務がある。

4　外国法人は、外国法人課税所得の支払を受けるとき又はその引受けを行う法人課税信託の信託財産に帰せられる内国法人課税所得の支払を国内において受けるときは、この法律により、所得税を納める義務がある。

（源泉徴収義務者）

第六条　第二十八条第一項（給与所得）に規定する給与等の支払をする者その他第四編第一章から第六章まで（源泉徴収）に規定する支払をする者は、この法律により、その支払に係る金額につき源泉徴収をする義務がある。

（給与所得）

第二十八条　給与所得とは、俸給、給料、賃金、歳費及び賞与並びにこれらの性質を有する給与（以下この条において「給与等」という。）に係る所得をいう。

2　給与所得の金額は、その年中の給与等の収入金額から給与所得控除額を控除した残額とする。

3　前項に規定する給与所得控除額は、次の各号に掲げる場合の区分に応じ当該各号に定める金額とする。

一　前項に規定する収入金額が百八十万円以下である場合　当該収入金額の百分の四十に相当する金額（当該金額が六十五万円に満たない場合には、六十五万

円）

　二　前項に規定する収入金額が百八十万円を超え三百六十万円以下である場合
　　七十二万円と当該収入金額から百八十万円を控除した金額の百分の三十に相当
　　する金額との合計額

　三　前項に規定する収入金額が三百六十万円を超え六百六十万円以下である場合
　　百二十六万円と当該収入金額から三百六十万円を控除した金額の百分の二十に
　　相当する金額との合計額

　四　前項に規定する収入金額が六百六十万円を超え千万円以下である場合　百八
　　十六万円と当該収入金額から六百六十万円を控除した金額の百分の十に相当す
　　る金額との合計額

　五　前項に規定する収入金額が千万円を超える場合　二百二十万円

4　その年中の給与等の収入金額が六百六十万円未満である場合には、当該給与等
　に係る給与所得の金額は、前二項の規定にかかわらず、当該収入金額を別表第五
　の給与等の金額として、同表により当該金額に応じて求めた同表の給与所得控除
　後の給与等の金額に相当する金額とする。

（収入金額）

第三十六条　その年分の各種所得の金額の計算上収入金額とすべき金額又は総収入
　金額に算入すべき金額は、別段の定めがあるものを除き、その年において収入す
　べき金額（金銭以外の物又は権利その他経済的な利益をもつて収入する場合には、
　その金銭以外の物又は権利その他経済的な利益の価額）とする。

2　前項の金銭以外の物又は権利その他経済的な利益の価額は、当該物若しくは権
　利を取得し、又は当該利益を享受する時における価額とする。

3　無記名の公社債の利子、無記名の株式（無記名の公募公社債等運用投資信託以
　外の公社債等運用投資信託の受益証券及び無記名の社債的受益権に係る受益証券
　を含む。第百六十九条第二号（分離課税に係る所得税の課税標準）、第二百二十
　四条第一項及び第二項（利子、配当等の受領者の告知）並びに第二百二十五条第
　一項及び第二項（支払調書及び支払通知書）において「無記名株式等」という。）
　の剰余金の配当（第二十四条第一項（配当所得）に規定する剰余金の配当をい
　う。）又は無記名の貸付信託、投資信託若しくは特定受益証券発行信託の受益証
　券に係る収益の分配については、その年分の利子所得の金額又は配当所得の金額
　の計算上収入金額とすべき金額は、第一項の規定にかかわらず、その年において
　支払を受けた金額とする。

（国外転出をする場合の譲渡所得等の特例）

第六十条の二　国外転出（国内に住所及び居所を有しないこととなることをいう。以下この条において同じ。）をする居住者が、その国外転出の時において有価証券又は第百七十四条第九号（内国法人に係る所得税の課税標準）に規定する匿名組合契約の出資の持分（株式を無償又は有利な価額により取得することができる権利を表示する有価証券で第百六十一条第一項（国内源泉所得）に規定する国内源泉所得を生ずべきものその他の政令で定める有価証券を除く。以下この条から第六十条の四まで（外国転出時課税の規定の適用を受けた場合の譲渡所得等の特例）において「有価証券等」という。）を有する場合には、その者の事業所得の金額、譲渡所得の金額又は雑所得の金額の計算については、その国外転出の時に、次の各号に掲げる場合の区分に応じ当該各号に定める金額により、当該有価証券等の譲渡があつたものとみなす。

一　当該国外転出をする日の属する年分の確定申告書の提出の時までに国税通則法第百十七条第二項（納税管理人）の規定による納税管理人の届出をした場合、同項の規定による納税管理人の届出をしないで当該国外転出をした日以後に当該年分の確定申告書を提出する場合又は当該年分の所得税につき決定がされる場合　当該国外転出の時における当該有価証券等の価額に相当する金額

二　前号に掲げる場合以外の場合　当該国外転出の予定日から起算して三月前の日（同日後に取得をした有価証券等にあつては、当該取得時）における当該有価証券等の価額に相当する金額

2　国外転出をする居住者が、その国外転出の時において決済していない金融商品取引法第百五十六条の二十四第一項（免許及び免許の申請）に規定する信用取引又は発行日取引（有価証券が発行される前にその有価証券の売買を行う取引であつて財務省令で定める取引をいう。）（以下この条から第六十条の四までにおいて「未決済信用取引等」という。）に係る契約を締結している場合には、その者の事業所得の金額又は雑所得の金額の計算については、その国外転出の時に、次の各号に掲げる場合の区分に応じ当該各号に定める金額の利益の額又は損失の額が生じたものとみなす。

一　前項第一号に掲げる場合　当該国外転出の時に当該未決済信用取引等を決済したものとみなして財務省令で定めるところにより算出した利益の額又は損失の額に相当する金額

二　前項第二号に掲げる場合　当該国外転出の予定日から起算して三月前の日（同日後に契約の締結をした未決済信用取引等にあつては、当該締結の時）に当該未決済信用取引等を決済したものとみなして財務省令で定めるところによ

り算出した利益の額又は損失の額に相当する金額

3　国外転出をする居住者が、その国外転出の時において決済していない金融商品取引法第二条第二十項（定義）に規定するデリバティブ取引（以下この条から第六十条の四までにおいて「未決済デリバティブ取引」という。）に係る契約を締結している場合には、その者の事業所得の金額又は雑所得の金額の計算については、その国外転出の時に、次の各号に掲げる場合の区分に応じ当該各号に定める金額の利益の額又は損失の額が生じたものとみなす。

一　第一項第一号に掲げる場合　当該国外転出の時に当該未決済デリバティブ取引を決済したものとみなして財務省令で定めるところにより算出した利益の額又は損失の額に相当する金額

二　第一項第二号に掲げる場合　当該国外転出の予定日から起算して三月前の日（同日後に契約の締結をした未決済デリバティブ取引にあつては、当該締結の時）に当該未決済デリバティブ取引を決済したものとみなして財務省令で定めるところにより算出した利益の額又は損失の額に相当する金額

4　国外転出の日の属する年分の所得税につき前三項（第八項（第九項において準用する場合を含む。第一号において同じ。）又は第十項の規定により適用する場合を含む。）の規定の適用を受けた個人（その相続人を含む。）が、当該国外転出の時に有していた有価証券等又は契約を締結していた未決済信用取引等若しくは未決済デリバティブ取引の譲渡（これに類するものとして政令で定めるものを含む。第八項において同じ。）又は決済をした場合における事業所得の金額、譲渡所得の金額又は雑所得の金額の計算については、次に定めるところによる。ただし、同日の属する年分の所得税につき確定申告書の提出及び決定がされていない場合における当該有価証券等、未決済信用取引等及び未決済デリバティブ取引、同日の属する年分の事業所得の金額、譲渡所得の金額又は雑所得の金額の計算上第一項各号、第二項各号又は前項各号に掲げる場合の区分に応じ第一項各号、第二項各号又は前項各号に定める金額が総収入金額に算入されていない有価証券等、未決済信用取引等及び未決済デリバティブ取引並びに第六項本文（第七項の規定により適用する場合を含む。）の規定の適用があつた有価証券等、未決済信用取引等及び未決済デリバティブ取引については、この限りでない。

一　その有価証券等については、第一項各号に定める金額（第八項の規定により第一項の規定の適用を受けた場合には、当該有価証券等の第八項に規定する譲渡に係る譲渡価額又は限定相続等の時における当該有価証券等の価額に相当する金額）をもつて取得したものとみなす。

二　その未決済信用取引等又は未決済デリバティブ取引の決済があつた場合には、

当該決済によつて生じた利益の額若しくは損失の額（以下この号において「決済損益額」という。）から当該未決済信用取引等若しくは未決済デリバティブ取引に係る第二項各号若しくは前項各号に定める利益の額に相当する金額を減算し、又は当該決済損益額に当該未決済信用取引等若しくは未決済デリバティブ取引に係る第二項各号若しくは前項各号に定める損失の額に相当する金額を加算するものとする。

5　前各項の規定は、国外転出をする時に有している有価証券等並びに契約を締結している未決済信用取引等及び未決済デリバティブ取引の当該国外転出をする時における次の各号に掲げる場合の区分に応じ当該各号に定める金額が一億円未満である居住者又は当該国外転出をする日前十年以内に国内に住所若しくは居所を有していた期間として政令で定める期間の合計が五年以下である居住者については、適用しない。

一　第一項第一号に掲げる場合　同号に定める金額、第二項第一号に定める金額及び第三項第一号に定める金額の合計額

二　第一項第二号に掲げる場合　同号に定める金額、第二項第二号に定める金額及び第三項第二号に定める金額の合計額

6　国外転出の日の属する年分の所得税につき第一項から第三項までの規定の適用を受けるべき個人が、当該国外転出の時に有していた有価証券等又は契約を締結していた未決済信用取引等若しくは未決済デリバティブ取引のうち次の各号に掲げる場合の区分に応じ当該各号に定めるものについては、第一項から第三項までの居住者の当該年分の事業所得の金額、譲渡所得の金額又は雑所得の金額の計算上これらの規定により行われたものとみなされた有価証券等の譲渡、未決済信用取引等の決済及び未決済デリバティブ取引の決済の全てがなかつたものとすることができる。ただし、当該有価証券等の譲渡による事業所得の金額、譲渡所得の金額若しくは雑所得の金額、当該未決済信用取引等の決済による事業所得の金額若しくは雑所得の金額又は当該未決済デリバティブ取引の決済による事業所得の金額若しくは雑所得の金額（以下この項において「有価証券等に係る譲渡所得等の金額」という。）につきその計算の基礎となるべき事実の全部又は一部を隠蔽し、又は仮装し、その隠蔽し、又は仮装したところに基づき確定申告書を提出し、又は確定申告書を提出していなかつたことにより、当該個人の当該国外転出の日から五年を経過する日までに決定若しくは更正がされ、又は期限後申告書若しくは修正申告書を提出した場合（同日までに期限後申告書又は修正申告書の提出があつた場合において、その提出が、所得税についての調査があつたことにより当該所得税について決定又は更正があることを予知してなされたものでないときを

除く。）における当該隠蔽し、又は仮装した事実に基づく有価証券等に係る譲渡所得等の金額に相当する金額については、この限りでない。

一　当該個人が、当該国外転出の日から五年を経過する日までに帰国（国内に住所を有し、又は現在まで引き続いて一年以上居所を有することとなることをいう。以下この項及び次条第六項において同じ。）をした場合　当該帰国の時まで引き続き有している有価証券等又は決済していない未決済信用取引等若しくは未決済デリバティブ取引

二　当該個人が、当該国外転出の日から五年を経過する日までに当該国外転出の時に有していた有価証券等又は締結していた未決済信用取引等若しくは未決済デリバティブ取引に係る契約を贈与により居住者に移転した場合　当該贈与による移転があつた有価証券等、未決済信用取引等又は未決済デリバティブ取引

三　当該国外転出の日から五年を経過する日までに当該個人が死亡したことにより、当該国外転出の時に有していた有価証券等又は締結していた未決済信用取引等若しくは未決済デリバティブ取引に係る契約の相続（限定承認に係るものを除く。以下この号において同じ。）又は遺贈（包括遺贈のうち限定承認に係るものを除く。以下この号において同じ。）による移転があつた場合において、次に掲げる場合に該当することとなつたとき　当該相続又は遺贈による移転があつた有価証券等、未決済信用取引等又は未決済デリバティブ取引

イ　当該国外転出の日から五年を経過する日までに、当該相続又は遺贈により有価証券等又は未決済信用取引等若しくは未決済デリバティブ取引に係る契約の移転を受けた相続人及び受遺者である個人（当該個人から相続又は遺贈により当該有価証券等又は未決済信用取引等若しくは未決済デリバティブ取引に係る契約の移転を受けた個人を含む。ロにおいて同じ。）の全てが居住者となつた場合

ロ　当該個人について生じた第百五十一条の六第一項（遺産分割等があつた場合の修正申告の特例）に規定する遺産分割等の事由により、当該相続又は遺贈により有価証券等又は未決済信用取引等若しくは未決済デリバティブ取引に係る契約の移転を受けた相続人及び受遺者である個人に非居住者（当該国外転出の日から五年を経過する日までに帰国をした者を除く。）が含まれないこととなつた場合

7　国外転出の日の属する年分の所得税につき第一項から第三項までの規定の適用を受けた個人で第百三十七条の二第二項（国外転出をする場合の譲渡所得等の特例の適用がある場合の納税猶予）の規定により同条第一項の規定による納税の猶予を受けているものに係る前項の規定の適用については、同項中「五年」とある

のは、「十年」とする。

8　国外転出の日の属する年分の所得税につき第一項から第三項までの規定の適用
　を受けた個人で第百三十七条の二第一項（同条第二項の規定により適用する場合
　を含む。第十項において同じ。）の規定による納税の猶予を受けているもの（そ
　の相続人を含む。）が、その納税の猶予に係る同条第一項に規定する満了基準日
　までに、当該国外転出の時から引き続き有している有価証券等又は決済していな
　い未決済信用取引等若しくは未決済デリバティブ取引に係る契約の譲渡（その譲
　渡の時における価額より低い価額によりされる譲渡その他の政令で定めるものを
　除く。以下この項及び次項において同じ。）若しくは決済又は限定相続等（贈与、
　相続（限定承認に係るものに限る。）又は遺贈（包括遺贈のうち限定承認に係る
　ものに限る。）をいう。以下この項及び次項において同じ。）による移転をした場
　合において、当該譲渡に係る譲渡価額若しくは当該限定相続等の時における当該
　有価証券等の価額に相当する金額又は当該決済によつて生じた利益の額若しくは
　損失の額若しくは当該限定相続等の時に当該未決済信用取引等を決済したものと
　みなして財務省令で定めるところにより算出した利益の額若しくは損失の額に相
　当する金額（次条第八項において「限定相続等時みなし信用取引等損益額」とい
　う。）若しくは当該限定相続等の時に当該未決済デリバティブ取引を決済したも
　のとみなして財務省令で定めるところにより算出した利益の額若しくは損失の額
　に相当する金額（次条第八項において「限定相続等時みなしデリバティブ取引損
　益額」という。）が次に掲げる場合に該当するときにおける当該個人の当該国外
　転出の日の属する年分の所得税に係る第一項から第三項までの規定の適用につい
　ては、第一項中「次の各号に掲げる場合の区分に応じ当該各号に定める金額」と
　あるのは「当該有価証券等の第八項に規定する譲渡に係る譲渡価額又は限定相続
　等の時における当該有価証券等の価額に相当する金額」と、第二項中「次の各号
　に掲げる場合の区分に応じ当該各号に定める金額の利益の額又は損失の額」とあ
　るのは「第八項に規定する決済によつて生じた利益の額若しくは損失の額又は限
　定相続等時みなし信用取引等損益額」と、第三項中「次の各号に掲げる場合の区
　分に応じ当該各号に定める金額の利益の額又は損失の額」とあるのは「第八項に
　規定する決済によつて生じた利益の額若しくは損失の額又は限定相続等時みなし
　デリバティブ取引損益額」とすることができる。
　一　当該有価証券等の譲渡に係る譲渡価額又は限定相続等の時における当該有価
　　証券等の価額に相当する金額が当該国外転出の時における第一項各号に掲げる
　　場合の区分に応じ当該各号に定める価額に相当する金額（当該国外転出の時後
　　に当該有価証券等を発行した法人の合併、分割その他の政令で定める事由が生

じた場合には、当該金額を基礎として政令で定めるところにより計算した金額。第十項第一号において同じ。）を下回るとき。

二　当該未決済信用取引等の決済によつて生じた利益の額に相当する金額又は限定相続等時みなし信用取引等利益額（当該限定相続等の時に当該未決済信用取引等を決済したものとみなして財務省令で定めるところにより算出した利益の額に相当する金額をいう。次条第八項第二号において同じ。）が、国外転出時みなし信用取引等利益額（当該国外転出の時における第二項各号に掲げる場合の区分に応じ当該各号に定める利益の額に相当する金額をいう。第四号並びに第十項第二号及び第四号において同じ。）を下回るとき。

三　信用取引等損失額（当該未決済信用取引等の決済によつて生じた損失の額に相当する金額又は限定相続等時みなし信用取引等損失額（当該限定相続等の時に当該未決済信用取引等を決済したものとみなして財務省令で定めるところにより算出した損失の額に相当する金額をいう。次条第八項第三号において同じ。）をいう。次号において同じ。）が、国外転出時みなし信用取引等損失額（当該国外転出の時における第二項各号に掲げる場合の区分に応じ当該各号に定める損失の額に相当する金額をいう。第十項第三号において同じ。）を上回るとき。

四　信用取引等損失額が生じた未決済信用取引等につき、国外転出時みなし信用取引等利益額が生じていたとき。

五　当該未決済デリバティブ取引の決済によつて生じた利益の額に相当する金額又は限定相続等時みなしデリバティブ取引利益額（当該限定相続等の時に当該未決済デリバティブ取引を決済したものとみなして財務省令で定めるところにより算出した利益の額に相当する金額をいう。次条第八項第五号において同じ。）が、国外転出時みなしデリバティブ取引利益額（当該国外転出の時における第三項各号に掲げる場合の区分に応じ当該各号に定める利益の額に相当する金額をいう。第七号並びに第十項第五号及び第七号において同じ。）を下回るとき。

六　デリバティブ取引損失額（当該未決済デリバティブ取引の決済によつて生じた損失の額に相当する金額又は限定相続等時みなしデリバティブ取引損失額（当該限定相続等の時に当該未決済デリバティブ取引を決済したものとみなして財務省令で定めるところにより算出した損失の額に相当する金額をいう。次条第八項第六号において同じ。）をいう。次号において同じ。）が、国外転出時みなしデリバティブ取引損失額（当該国外転出の時における第三項各号に掲げる場合の区分に応じ当該各号に定める損失の額に相当する金額をいう。第十項

第六号において同じ。）を上回るとき。

七　デリバティブ取引損失額が生じた未決済デリバティブ取引につき、国外転出時みなしデリバティブ取引利益額が生じていたとき。

9　前項の規定は、国外転出の日の属する年分の所得税につき第一項から第三項までの規定の適用を受けるべき個人でその国外転出の時までに国税通則法第百十七条第二項の規定による納税管理人の届出をしているものが、同日の属する年分の所得税に係る確定申告期限までに、同日から引き続き有している有価証券等又は決済していない未決済信用取引等若しくは未決済デリバティブ取引に係る契約の譲渡若しくは決済又は限定相続等による移転をした場合について準用する。

10　国外転出の日の属する年分の所得税につき第一項から第三項までの規定の適用を受けた個人で第百三十七条の二第一項の規定による納税の猶予を受けているもの（その相続人を含む。）が、同日から五年を経過する日（その者が同条第二項の規定により同条第一項の規定による納税の猶予を受けている場合にあつては、十年を経過する日。以下この項において同じ。）においてその国外転出の時から引き続き有している有価証券等又は決済していない未決済信用取引等若しくは未決済デリバティブ取引が次に掲げる場合に該当するときにおける当該個人の当該国外転出の日の属する年分の所得税に係る第一項から第三項までの規定の適用については、これらの規定中「当該国外転出の時」とあり、「当該国外転出の予定日から起算して三月前の日（同日後に取得をした有価証券等にあつては、当該取得時）」とあり、「当該国外転出の予定日から起算して三月前の日（同日後に契約の締結をした未決済信用取引等にあつては、当該締結の時）」とあり、及び「当該国外転出の予定日から起算して三月前の日（同日後に契約の締結をした未決済デリバティブ取引にあつては、当該締結の時）」とあるのは、「当該国外転出の日から五年を経過する日（その者が第百三十七条の二第二項（国外転出をする場合の譲渡所得等の特例の適用がある場合の納税猶予）の規定により同条第一項の規定による納税の猶予を受けている場合にあつては、十年を経過する日）」とすることができる。

一　当該五年を経過する日における当該有価証券等の価額に相当する金額が当該国外転出の時における第一項各号に掲げる場合の区分に応じ当該各号に定める価額に相当する金額を下回るとき。

二　当該五年を経過する日に当該未決済信用取引等を決済したものとみなして財務省令で定めるところにより算出した利益の額に相当する金額が、国外転出時みなし信用取引等利益額を下回るとき。

三　当該五年を経過する日に当該未決済信用取引等を決済したものとみなして財

務省令で定めるところにより算出した損失の額に相当する金額（次号において「五年経過日みなし信用取引等損失額」という。）が、国外転出時みなし信用取引等損失額を上回るとき。

四　当該五年経過日みなし信用取引等損失額が生じた未決済信用取引等につき、国外転出時みなし信用取引等利益額が生じていたとき。

五　当該五年を経過する日に当該未決済デリバティブ取引を決済したものとみなして財務省令で定めるところにより算出した利益の額に相当する金額が、国外転出時みなしデリバティブ取引利益額を下回るとき。

六　当該五年を経過する日に当該未決済デリバティブ取引を決済したものとみなして財務省令で定めるところにより算出した損失の額に相当する金額（次号において「五年経過日みなしデリバティブ取引損失額」という。）が、国外転出時みなしデリバティブ取引損失額を上回るとき。

七　当該五年経過日みなしデリバティブ取引損失額が生じた未決済デリバティブ取引につき、国外転出時みなしデリバティブ取引利益額が生じていたとき。

11　第六項から前項までの規定の適用については、個人が国外転出の時後に次に掲げる事由により取得した有価証券等は、その者が引き続き所有していたものとみなす。

一　第一項の居住者が有する株式を発行した法人の行つた第五十七条の四第一項（株式交換等に係る譲渡所得等の特例）に規定する株式交換又は同条第二項に規定する株式移転

二　第一項の居住者が有する第五十七条の四第三項第一号に規定する取得請求権付株式、同項第二号に規定する取得条項付株式、同項第三号に規定する全部取得条項付種類株式、同項第四号に規定する新株予約権付社債、同項第五号に規定する取得条項付新株予約権又は同項第六号に規定する取得条項付新株予約権が付された新株予約権付社債のこれらの号に定める請求権の行使、取得事由の発生、取得決議又は行使

三　前二号に掲げるもののほか、政令で定める事由

12　第六項から前項までに規定するもののほか、第一項から第五項までの規定の適用に関し必要な事項は、政令で定める。

（確定所得申告）

第百二十条　居住者は、その年分の総所得金額、退職所得金額及び山林所得金額の合計額が第二章第四節（所得控除）の規定による雑損控除その他の控除の額の合計額を超える場合において、当該総所得金額、退職所得金額又は山林所得金額か

らこれらの控除の額を第八十七条第二項（所得控除の順序）の規定に準じて控除した後の金額をそれぞれ課税総所得金額、課税退職所得金額又は課税山林所得金額とみなして第八十九条（税率）の規定を適用して計算した場合の所得税の額の合計額が配当控除の額を超えるときは、第百二十三条第一項（確定損失申告）の規定による申告書を提出する場合を除き、第三期（その年の翌年二月十六日から三月十五日までの期間をいう。以下この節において同じ。）において、税務署長に対し、次に掲げる事項を記載した申告書を提出しなければならない。この場合において、その年において支払を受けるべき第二十八条第一項（給与所得）に規定する給与等で第百九十条（年末調整）の規定の適用を受けたものを有する居住者が、当該申告書を提出するときは、次に掲げる事項のうち財務省令で定めるものについては、財務省令で定める記載によることができる。

一　その年分の総所得金額、退職所得金額及び山林所得金額並びに第二章第四節の規定による雑損控除その他の控除の額並びに課税総所得金額、課税退職所得金額及び課税山林所得金額又は純損失の金額

二　第九十条第一項（変動所得及び臨時所得の平均課税）の規定の適用を受ける場合には、その年分の変動所得の金額及び臨時所得の金額並びに同条第三項に規定する平均課税対象金額

三　第一号に掲げる課税総所得金額、課税退職所得金額及び課税山林所得金額につき第三章（税額の計算）の規定を適用して計算した所得税の額

四　前号に掲げる所得税の額の計算上控除しきれなかつた外国税額控除の額がある場合には、その控除しきれなかつた金額

五　第一号に掲げる総所得金額若しくは退職所得金額又は純損失の金額の計算の基礎となつた各種所得につき源泉徴収をされた又はされるべき所得税の額（当該所得税の額のうちに、第百二十七条第一項から第三項まで（年の中途で出国をする場合の確定申告）の規定による申告書を提出したことにより、又は当該申告書に係る所得税につき更正若しくは決定を受けたことにより還付される金額その他政令で定める金額がある場合には、当該金額を控除した金額。以下この項において「源泉徴収税額」という。）がある場合には、第三号に掲げる所得税の額からその源泉徴収税額を控除した金額

六　前号に掲げる金額の計算上控除しきれなかつた源泉徴収税額がある場合には、その控除しきれなかつた金額

七　その年分の予納税額がある場合には、第三号に掲げる所得税の額（源泉徴収税額がある場合には、第五号に掲げる金額）から当該予納税額を控除した金額

八　前号に掲げる金額の計算上控除しきれなかつた予納税額がある場合には、そ

の控除しきれなかつた金額

九　第一号に掲げる総所得金額の計算の基礎となつた各種所得の金額のうちに譲
渡所得の金額、一時所得の金額、雑所得の金額、雑所得に該当しない変動所得
の金額又は雑所得に該当しない臨時所得の金額がある場合には、これらの金額
及び一時所得、雑所得又は雑所得に該当しない臨時所得について源泉徴収をさ
れた又はされるべき所得税の額

十　その年において特別農業所得者である場合には、その旨

十一　第一号から第九号までに掲げる金額の計算の基礎その他財務省令で定める
事項

2　前項第七号及び第八号に規定する予納税額とは、次に掲げる税額の合計額（当
該税額のうちに、第百二十七条第一項から第三項までの規定による申告書を提出
したことにより、又は当該申告書に係る所得税につき更正若しくは決定を受けた
ことにより還付される金額がある場合には、当該金額を控除した金額）をいう。

一　予定納税額

二　その年において第百二十七条第一項の規定に該当して、第百三十条（出国の
場合の確定申告による納付）又は国税通則法第三十五条第二項（期限後申告等
による納付）の規定により納付した又は納付すべき所得税の額

3　次の各号に掲げる居住者が第一項の規定による申告書を提出する場合には、政
令で定めるところにより、当該各号に定める書類を当該申告書に添付し、又は当
該申告書の提出の際提示しなければならない。

一　第一項の規定による申告書に雑損控除、社会保険料控除（第七十四条第二項
第五号（社会保険料控除）に掲げる社会保険料に係るものに限る。）、小規模企
業共済等掛金控除、生命保険料控除、地震保険料控除又は寄附金控除に関する
事項の記載をする居住者　これらの控除を受ける金額の計算の基礎となる金額
その他の事項を証する書類

二　第一項の規定による申告書に、第八十五条第二項又は第三項（扶養親族等の
判定の時期等）の規定による判定をする時の現況において非居住者である親族
に係る障害者控除、配偶者控除、配偶者特別控除又は扶養控除に関する事項の
記載をする居住者　これらの控除に係る非居住者である親族が当該居住者の親
族に該当する旨を証する書類及び当該非居住者である親族が当該居住者と生計
を一にすることを明らかにする書類

三　第一項の規定による申告書に、第二条第一項第三十二号ロ又はハ（定義）に
掲げる者に係る勤労学生控除に関する事項の記載をする居住者　これらの者に
該当する旨を証する書類

4　第一項の規定による申告書に医療費控除に関する事項の記載をする居住者が当該申告書を提出する場合には、次に掲げる書類を当該申告書に添付しなければならない。

一　当該申告書に記載した医療費控除を受ける金額の計算の基礎となる第七十三条第二項（医療費控除）に規定する医療費（次項において「医療費」という。）の額その他の財務省令で定める事項（以下この項において「控除適用医療費の額等」という。）の記載がある明細書（次号に掲げる書類が当該申告書に添付された場合における当該書類に記載された控除適用医療費の額等に係るものを除く。）

二　高齢者の医療の確保に関する法律第七条第二項（定義）に規定する保険者又は同法第四十八条（広域連合の設立）に規定する後期高齢者医療広域連合の当該居住者が支払つた医療費の額を通知する書類として財務省令で定める書類で、控除適用医療費の額等の記載があるもの

5　税務署長は、前項の申告書の提出があつた場合において、必要があると認めるときは、当該申告書を提出した者（以下この項において「医療費控除適用者」という。）に対し、当該申告書に係る確定申告期限（当該申告書が国税通則法第六十一条第一項第二号（延滞税の額の計算の基礎となる期間の特例）に規定する還付請求申告書である場合には、当該申告書の提出があつた日）の翌日から起算して五年を経過する日（同日前六月以内に同法第二十三条第一項（更正の請求）の規定による更正の請求があつた場合には、当該更正の請求があつた日から六月を経過する日）までの間、前項第一号に掲げる書類に記載された医療費につきこれを領収した者のその領収を証する書類の提示又は提出を求めることができる。この場合において、この項前段の規定による求めがあつたときは、当該医療費控除適用者は、当該書類を提示し、又は提出しなければならない。

6　その年において不動産所得、事業所得又は山林所得を生ずべき業務を行う居住者が第一項の規定による申告書を提出する場合（当該申告書が青色申告書である場合を除く。）には、財務省令で定めるところにより、これらの所得に係るその年中の総収入金額及び必要経費の内容を記載した書類を当該申告書に添付しなければならない。

7　その年において非永住者であつた期間を有する居住者が第一項の規定による申告書を提出する場合には、その者の国籍、国内に住所又は居所を有していた期間その他の財務省令で定める事項を記載した書類を当該申告書に添付しなければならない。

8　第一項の規定により提出する申告書が第百三十八条第一項（源泉徴収税額等の

還付）又は第百三十九条第一項若しくは第二項（予納税額の還付）の規定による還付を受けるためのものである場合における第一項の規定の適用については、同項中「翌年二月十六日」とあるのは、「翌年一月一日」とする。

（国内源泉所得）

第百六十一条　この編において「国内源泉所得」とは、次に掲げるものをいう。

一　非居住者が恒久的施設を通じて事業を行う場合において、当該恒久的施設が当該非居住者から独立して事業を行う事業者であるとしたならば、当該恒久的施設が果たす機能、当該恒久的施設において使用する資産、当該恒久的施設と当該非居住者の事業場等（当該非居住者の事業に係る事業場その他これに準ずるものとして政令で定めるものであつて当該恒久的施設以外のものをいう。次項及び次条第二項において同じ。）との間の内部取引その他の状況を勘案して、当該恒久的施設に帰せられるべき所得（当該恒久的施設の譲渡により生ずる所得を含む。）

二　国内にある資産の運用又は保有により生ずる所得（第八号から第十六号までに該当するものを除く。）

三　国内にある資産の譲渡により生ずる所得として政令で定めるもの

四　民法第六百六十七条第一項（組合契約）に規定する組合契約（これに類するものとして政令で定める契約を含む。以下この号において同じ。）に基づいて恒久的施設を通じて行う事業から生ずる利益で当該組合契約に基づいて配分を受けるもののうち政令で定めるもの

五　国内にある土地若しくは土地の上に存する権利又は建物及びその附属設備若しくは構築物の譲渡による対価（政令で定めるものを除く。）

六　国内において人的役務の提供を主たる内容とする事業で政令で定めるものを行う者が受ける当該人的役務の提供に係る対価

七　国内にある不動産、国内にある不動産の上に存する権利若しくは採石法（昭和二十五年法律第二百九十一号）の規定による採石権の貸付け（地上権又は採石権の設定その他他人に不動産、不動産の上に存する権利又は採石権を使用させる一切の行為を含む。）、鉱業法（昭和二十五年法律第二百八十九号）の規定による租鉱権の設定又は居住者若しくは内国法人に対する船舶若しくは航空機の貸付けによる対価

八　第二十三条第一項（利子所得）に規定する利子等のうち次に掲げるもの

イ　日本国の国債若しくは地方債又は内国法人の発行する債券の利子

ロ　外国法人の発行する債券の利子のうち当該外国法人の恒久的施設を通じて

行う事業に係るもの

ハ　国内にある営業所、事務所その他これらに準ずるもの（以下この編において「営業所」という。）に預け入れられた預貯金の利子

ニ　国内にある営業所に信託された合同運用信託、公社債投資信託又は公募公社債等運用投資信託の収益の分配

九　第二十四条第一項（配当所得）に規定する配当等のうち次に掲げるもの

イ　内国法人から受ける第二十四条第一項に規定する剰余金の配当、利益の配当、剰余金の分配、金銭の分配又は基金利息

ロ　国内にある営業所に信託された投資信託（公社債投資信託及び公募公社債等運用投資信託を除く。）又は特定受益証券発行信託の収益の分配

十　国内において業務を行う者に対する貸付金（これに準ずるものを含む。）で当該業務に係るものの利子（政令で定める利子を除き、債券の買戻又は売戻条件付売買取引として政令で定めるものから生ずる差益として政令で定めるものを含む。）

十一　国内において業務を行う者から受ける次に掲げる使用料又は対価で当該業務に係るもの

イ　工業所有権その他の技術に関する権利、特別の技術による生産方式若しくはこれらに準ずるものの使用料又はその譲渡による対価

ロ　著作権（出版権及び著作隣接権その他これに準ずるものを含む。）の使用料又はその譲渡による対価

ハ　機械、装置その他政令で定める用具の使用料

十二　次に掲げる給与、報酬又は年金

イ　俸給、給料、賃金、歳費、賞与又はこれらの性質を有する給与その他人的役務の提供に対する報酬のうち、国内において行う勤務その他の人的役務の提供（内国法人の役員として国外において行う勤務その他の政令で定める人的役務の提供を含む。）に基因するもの

ロ　第三十五条第三項（公的年金等の定義）に規定する公的年金等（政令で定めるものを除く。）

ハ　第三十条第一項（退職所得）に規定する退職手当等のうちその支払を受ける者が居住者であつた期間に行つた勤務その他の人的役務の提供（内国法人の役員として非居住者であつた期間に行つた勤務その他の政令で定める人的役務の提供を含む。）に基因するもの

十三　国内において行う事業の広告宣伝のための賞金として政令で定めるもの

十四　国内にある営業所又は国内において契約の締結の代理をする者を通じて締

結した保険業法第二条第三項（定義）に規定する生命保険会社又は同条第四項に規定する損害保険会社の締結する保険契約その他の年金に係る契約で政令で定めるものに基づいて受ける年金（第二百九条第二号（源泉徴収を要しない年金）に掲げる年金に該当するものを除く。）で第十二号ロに該当するもの以外のもの（年金の支払の開始の日以後に当該年金に係る契約に基づき分配を受ける剰余金又は割戻しを受ける割戻金及び当該契約に基づき年金に代えて支給される一時金を含む。）

十五　次に掲げる給付補塡金、利息、利益又は差益

イ　第百七十四条第三号（内国法人に係る所得税の課税標準）に掲げる給付補塡金のうち国内にある営業所が受け入れた定期積金に係るもの

ロ　第百七十四条第四号に掲げる給付補塡金のうち国内にある営業所が受け入れた同号に規定する掛金に係るもの

ハ　第百七十四条第五号に掲げる利息のうち国内にある営業所を通じて締結された同号に規定する契約に係るもの

ニ　第百七十四条第六号に掲げる利益のうち国内にある営業所を通じて締結された同号に規定する契約に係るもの

ホ　第百七十四条第七号に掲げる差益のうち国内にある営業所が受け入れた預貯金に係るもの

ヘ　第百七十四条第八号に掲げる差益のうち国内にある営業所又は国内において契約の締結の代理をする者を通じて締結された同号に規定する契約に係るもの

十六　国内において事業を行う者に対する出資につき、匿名組合契約（これに準ずる契約として政令で定めるものを含む。）に基づいて受ける利益の分配

十七　前各号に掲げるもののほかその源泉が国内にある所得として政令で定めるもの

2　前項第一号に規定する内部取引とは、非居住者の恒久的施設と事業場等との間で行われた資産の移転、役務の提供その他の事実で、独立の事業者の間で同様の事実があつたとしたならば、これらの事業者の間で、資産の販売、資産の購入、役務の提供その他の取引（資金の借入れに係る債務の保証、保険契約に係る保険責任についての再保険の引受けその他これらに類する取引として政令で定めるものを除く。）が行われたと認められるものをいう。

3　恒久的施設を有する非居住者が国内及び国外にわたつて船舶又は航空機による運送の事業を行う場合には、当該事業から生ずる所得のうち国内において行う業務につき生ずべき所得として政令で定めるものをもつて、第一項第一号に掲げる

所得とする。

（租税条約に異なる定めがある場合の国内源泉所得）

第百六十二条 日本国が締結した所得に対する租税に関する二重課税防止のための条約（以下この条において「租税条約」という。）において国内源泉所得につき前条の規定と異なる定めがある場合には、その租税条約の適用を受ける者については、同条の規定にかかわらず、国内源泉所得は、その異なる定めがある限りにおいて、その租税条約に定めるところによる。この場合において、その租税条約が同条第一項第六号から第十六号までの規定に代わつて国内源泉所得を定めているときは、この法律中これらの号に規定する事項に関する部分の適用については、その租税条約により国内源泉所得とされたものをもつてこれに対応するこれらの号に掲げる国内源泉所得とみなす。

2 恒久的施設を有する非居住者の前条第一項第一号に掲げる所得を算定する場合において、当該非居住者の恒久的施設と事業場等との間の同号に規定する内部取引から所得が生ずる旨を定める租税条約以外の租税条約の適用があるときには、同号に規定する内部取引には、当該非居住者の恒久的施設と事業場等との間の利子（これに準ずるものとして政令で定めるものを含む。）の支払に相当する事実その他政令で定める事実は、含まれないものとする。

（国内源泉所得の範囲の細目）

第百六十三条 前二条に定めるもののほか、国内源泉所得の範囲に関し必要な事項は、政令で定める。

（給与等につき源泉徴収を受けない場合の申告納税等）

第百七十二条 第百六十九条（課税標準）に規定する非居住者が第百六十一条第一項第十二号イ又はハ（国内源泉所得）に掲げる給与又は報酬の支払を受ける場合において、当該給与又は報酬について次編第五章（非居住者又は法人の所得に係る源泉徴収）の規定の適用を受けないときは、その者は、次条の規定による申告書を提出することができる場合を除き、その年の翌年三月十五日（同日前に国内に居所を有しないこととなる場合には、その有しないこととなる日）までに、税務署長に対し、次に掲げる事項を記載した申告書を提出しなければならない。

一 その年中に支払を受ける第百六十一条第一項第十二号イ又はハに掲げる給与又は報酬の額のうち次編第五章の規定の適用を受けない部分の金額（当該適用を受けない部分の金額のうちに前条に規定する退職手当等の額があり、かつ、

当該退職手当等につき同条の選択をする場合には、当該退職手当等の額を除く。）及び当該金額につき第百七十条（税率）の規定を適用して計算した所得税の額

二　前号に規定する給与又は報酬の額のうちに、その年の中途において国内に居所を有しないこととなつたことにより提出するこの項の規定による申告書に記載すべき部分の金額がある場合には、当該金額及び当該金額につき第百七十条の規定を適用して計算した所得税の額

三　第一号に掲げる所得税の額から前号に掲げる所得税の額を控除した金額

四　第一号に掲げる金額の計算の基礎、その者の国内における勤務の種類その他財務省令で定める事項

2　前条に規定する退職手当等につき前項の規定による申告書を提出すべき者が、当該退職手当等について同条の選択をする場合には、その申告書に、同項各号に掲げる事項のほか、次に掲げる事項を記載しなければならない。

一　その年中に支払を受ける退職手当等の総額（前条の規定の適用がある部分の金額に限る。）及び当該総額につき同条の規定を適用して計算した所得税の額

二　その年中に支払を受ける退職手当等につき次編第五章の規定により徴収された又は徴収されるべき所得税の額がある場合には、その所得税の額（当該退職手当等の額のうちに、その年の中途において国内に居所を有しないこととなつたことにより提出する前項の規定による申告書に記載すべき部分の金額がある場合には、当該金額につき第百七十条の規定を適用して計算した所得税の額を含む。）

三　第一号に掲げる所得税の額から前号に掲げる所得税の額を控除した金額

四　第一号に掲げる退職手当等の総額の支払者別の内訳及びその支払者の氏名又は名称及び住所若しくは居所又は本店若しくは主たる事務所の所在地

五　第一号に掲げる所得税の額の計算の基礎

3　第一項の規定による申告書を提出した非居住者は、当該申告書の提出期限までに、同項第三号に掲げる金額（前項の規定の適用を受ける者については、当該金額と同項第三号に掲げる金額との合計額）に相当する所得税を国に納付しなければならない。

（外国法人に係る所得税の課税標準）
第百七十八条　外国法人に対して課する所得税の課税標準は、その外国法人が支払を受けるべき第百六十一条第一項第四号から第十一号まで及び第十三号から第十六号まで（国内源泉所得）に掲げる国内源泉所得（政令で定めるものを除く。）

の金額（第百六十九条第一号、第二号、第四号及び第五号（分離課税に係る所得税の課税標準）に掲げる国内源泉所得については、これらの規定に定める金額）とする。

（外国法人に係る所得税の税率）

第百七十九条 外国法人に対して課する所得税の額は、次の各号の区分に応じ当該各号に定める金額とする。

　一　前条に規定する国内源泉所得（次号及び第三号に掲げるものを除く。）　その金額（第百六十九条第二号、第四号及び第五号（分離課税に係る所得税の課税標準）に掲げる国内源泉所得については、これらの規定に定める金額）に百分の二十の税率を乗じて計算した金額

　二　第百六十一条第一項第五号（国内源泉所得）に掲げる国内源泉所得　その金額に百分の十の税率を乗じて計算した金額

　三　第百六十一条第一項第八号及び第十五号に掲げる国内源泉所得　その金額（第百六十九条第一号に掲げる国内源泉所得については、同号に定める金額）に百分の十五の税率を乗じて計算した金額

（源泉徴収義務）

第二百十二条 非居住者に対し国内において第百六十一条第一項第四号から第十六号まで（国内源泉所得）に掲げる国内源泉所得（政令で定めるものを除く。）の支払をする者又は外国法人に対し国内において同項第四号から第十一号まで若しくは第十三号から第十六号までに掲げる国内源泉所得（第百八十条第一項（恒久的施設を有する外国法人の受ける国内源泉所得に係る課税の特例）又は第百八十条の二第一項若しくは第二項（信託財産に係る利子等の課税の特例）の規定に該当するもの及び政令で定めるものを除く。）の支払をする者は、その支払の際、これらの国内源泉所得について所得税を徴収し、その徴収の日の属する月の翌月十日までに、これを国に納付しなければならない。

2　前項に規定する国内源泉所得の支払が国外において行われる場合において、その支払をする者が国内に住所若しくは居所を有し、又は国内に事務所、事業所その他これらに準ずるものを有するときは、その者が当該国内源泉所得を国内において支払うものとみなして、同項の規定を適用する。この場合において、同項中「翌月十日まで」とあるのは、「翌月末日まで」とする。

3　内国法人に対し国内において第百七十四条各号（内国法人に係る所得税の課税標準）に掲げる利子等、配当等、給付補塡金、利息、利益、差益、利益の分配又

は賞金（これらのうち第百七十六条第一項又は第二項（信託財産に係る利子等の課税の特例）の規定に該当するものを除く。）の支払をする者は、その支払の際、当該利子等、配当等、給付補塡金、利息、利益、差益、利益の分配又は賞金について所得税を徴収し、その徴収の日の属する月の翌月十日までに、これを国に納付しなければならない。

4 第百八十一条第二項（配当等の支払があつたものとみなす場合）の規定は第一項又は前項の規定を適用する場合について、第百八十三条第二項（賞与の支払があつたものとみなす場合）の規定は第一項の規定を適用する場合についてそれぞれ準用する。

5 第百六十一条第一項第四号に規定する配分を受ける同号に掲げる国内源泉所得については、同号に規定する組合契約を締結している組合員（これに類する者で政令で定めるものを含む。）である非居住者又は外国法人が当該組合契約に定める計算期間その他これに類する期間（これらの期間が一年を超える場合は、これらの期間をその開始の日以後一年ごとに区分した各期間（最後に一年未満の期間を生じたときは、その一年未満の期間）。以下この項において「計算期間」という。）において生じた当該国内源泉所得につき金銭その他の資産（以下この項において「金銭等」という。）の交付を受ける場合には、当該配分をする者を当該国内源泉所得の支払をする者とみなし、当該金銭等の交付をした日（当該計算期間の末日の翌日から二月を経過する日までに当該国内源泉所得に係る金銭等の交付がされない場合には、同日）においてその支払があつたものとみなして、この法律の規定を適用する。

（所得税法施行令）

（国内に住所を有する者と推定する場合）

第十四条　国内に居住することとなつた個人が次の各号のいずれかに該当する場合には、その者は、国内に住所を有する者と推定する。

一　その者が国内において、継続して一年以上居住することを通常必要とする職業を有すること。

二　その者が日本の国籍を有し、かつ、その者が国内において生計を一にする配偶者その他の親族を有することその他国内におけるその者の職業及び資産の有無等の状況に照らし、その者が国内において継続して一年以上居住するものと推測するに足りる事実があること。

2　前項の規定により国内に住所を有する者と推定される個人と生計を一にする配偶者その他その者の扶養する親族が国内に居住する場合には、これらの者も国内に住所を有する者と推定する。

（国内に住所を有しない者と推定する場合）

第十五条　国外に居住することとなつた個人が次の各号のいずれかに該当する場合には、その者は、国内に住所を有しない者と推定する。

一　その者が国外において、継続して一年以上居住することを通常必要とする職業を有すること。

二　その者が外国の国籍を有し又は外国の法令によりその外国に永住する許可を受けており、かつ、その者が国内において生計を一にする配偶者その他の親族を有しないことその他国内におけるその者の職業及び資産の有無等の状況に照らし、その者が再び国内に帰り、主として国内に居住するものと推測するに足りる事実がないこと。

2　前項の規定により国内に住所を有しない者と推定される個人と生計を一にする配偶者その他その者の扶養する親族が国外に居住する場合には、これらの者も国内に住所を有しない者と推定する。

（所得税基本通達）

（当該業務に係るものの意義）

161－33　法第161条第１項第11号に掲げる「当該業務に係るもの」とは、国内において業務を行う者に対し提供された同号イ、ロ又はハに規定する資産の使用料又は対価で、当該資産のうち国内において行う業務の用に供されている部分に対応するものをいう。したがって、例えば、居住者又は内国法人が非居住者又は外国法人から提供を受けた工業所有権等を国外において業務を行う他の者（以下この項において「再実施権者」という。）の当該国外における業務の用に提供することにより当該非居住者又は外国法人に対して支払う使用料のうち、再実施権者の使用に係る部分の使用料（当該居住者又は内国法人が再実施権者から受領する使用料の額を超えて支払う場合には、その受領する使用料の額に達するまでの部分の金額に限る。）は、同号に掲げる使用料に該当しないことに留意する（平28課２－４、課法11－８、課審５－５改正）。

（工業所有権等の意義）

161－34　法第161条第１項第11号イに規定する「工業所有権その他の技術に関する権利、特別の技術による生産方式若しくはこれらに準ずるもの」（以下第161条関係において「工業所有権等」という。）とは、特許権、実用新案権、意匠権、商標権の工業所有権及びその実施権等のほか、これらの権利の目的にはなっていないが、生産その他業務に関し繰り返し使用し得るまでに形成された創作、すなわち、特別の原料、処方、機械、器具、工程によるなど独自の考案又は方法を用いた生産についての方式、これに準ずる秘けつ、秘伝その他特別に技術的価値を有する知識及び意匠等をいう。したがって、ノーハウはもちろん、機械、設備等の設計及び図面等に化体された生産方式、デザインもこれに含まれるが、海外における技術の動向、製品の販路、特定の品目の生産高等の情報又は機械、装置、原材料等の材質等の鑑定若しくは性能の調査、検査等は、これに該当しない（平28課２－４、課法11－８、課審５－５追加）。

（使用料の意義）

161－35　法第161条第１項第11号イの工業所有権等の使用料とは、工業所有権等の実施、使用、採用、提供若しくは伝授又は工業所有権等に係る実施権若しくは使用権の設定、許諾若しくはその譲渡の承諾につき支払を受ける対価の一切をいい、

同号ロの著作権の使用料とは、著作物（著作権法第2条第1項第1号（（定義））
に規定する著作物をいう。以下この項において同じ。）の複製、上演、演奏、放
送、展示、上映、翻訳、編曲、脚色、映画化その他著作物の利用又は出版権の設
定につき支払を受ける対価の一切をいうのであるから、これらの使用料には、契
約を締結するに当たって支払を受けるいわゆる頭金、権利金等のほか、これらの
ものを提供し、又は伝授するために要する費用に充てるものとして支払を受ける
ものも含まれることに留意する（平28課2－4、課法11－8、課審5－5改正）。

**（図面、人的役務等の提供の対価として支払を受けるものが使用料に該当するかど
うかの判定）**

161－36　工業所有権等を提供し又は伝授するために図面、型紙、見本等の物又は
　　人的役務を提供し、かつ、当該工業所有権等の提供又は伝授の対価の全てを当該
　　提供した物又は人的役務の対価として支払を受ける場合には、当該対価として支
　　払を受けるもののうち、次のいずれかに該当するものは法第161条第1項第11号
　　イに掲げる使用料に該当するものとし、その他のものは当該物又は人的役務の提
　　供の対価に該当するものとする（平28課2－4、課法11－8、課審5－5改正）。
　⑴　当該対価として支払を受ける金額が、当該提供し又は伝授した工業所有権等
　　を使用した回数、期間、生産高又はその使用による利益の額に応じて算定され
　　るもの
　⑵　⑴に掲げるもののほか、当該対価として支払を受ける金額が、当該図面その
　　他の物の作成又は当該人的役務の提供のために要した経費の額に通常の利潤の
　　額（個人が自己の作成した図面その他の物を提供し、又は自己の人的役務を提
　　供した場合には、その者がその物の作成又は人的役務の提供につき通常受ける
　　べき報酬の額を含む。）を加算した金額に相当する金額を超えるもの
　（注）　上記により物又は人的役務の提供の対価に該当するとされるものは、通
　　　　常その図面等が作成された地又は人的役務の提供が行われた地に源泉があ
　　　　る所得となる。
　　　　　なお、これらの所得のうち、国内源泉所得とされるものは、同項第1号、
　　　　第6号又は第12号に掲げる所得に該当する。

（使用料に含まれないもの）

161－37　工業所有権等又は著作権の提供契約に基づき支払を受けるもののうち次
　　に掲げる費用又は代金で、当該契約の目的である工業所有権等又は著作権の使用
　　料として支払を受ける金額と明確に区分されているものは、161－35及び161－36

にかかわらず、法第161条第1項第11号イ又はロに掲げる使用料に該当しないものとする（平28課2－4、課法11－8、課審5－5改正）。

⑴　工業所有権等の提供契約に基づき、工業所有権等の提供者が自ら又は技術者を派遣して国内において人的役務を提供するために要する費用（例えば、派遣技術者の給与及び通常必要と認められる渡航費、国内滞在費、国内旅費）

⑵　工業所有権等の提供契約に基づき、工業所有権等の提供者のもとに技術習得のために派遣された技術者に対し技術の伝授をするために要する費用

⑶　工業所有権等の提供契約に基づき提供する図面、型紙、見本等の物の代金で、その作成のための実費の程度を超えないと認められるもの

⑷　映画フィルム、テレビジョン放送用のフィルム又はビデオテープの提供契約に基づき、これらの物とともに提供するスチール写真等の広告宣伝用材料の代金で、その作成のための実費の程度を超えないと認められるもの

（消費税法）

（人格のない社団等に対するこの法律の適用）

第三条　人格のない社団等は、法人とみなして、この法律（第十二条の二及び別表第三を除く。）の規定を適用する。

（課税の対象）

第四条　国内において事業者が行つた資産の譲渡等（特定資産の譲渡等に該当するものを除く。第三項において同じ。）及び特定仕入れ（事業として他の者から受けた特定資産の譲渡等をいう。以下この章において同じ。）には、この法律により、消費税を課する。

2　保税地域から引き取られる外国貨物には、この法律により、消費税を課する。

3　資産の譲渡等が国内において行われたかどうかの判定は、次の各号に掲げる場合の区分に応じ当該各号に定める場所が国内にあるかどうかにより行うものとする。ただし、第三号に掲げる場合において、同号に定める場所がないときは、当該資産の譲渡等は国内以外の地域で行われたものとする。

　一　資産の譲渡又は貸付けである場合　当該譲渡又は貸付けが行われる時において当該資産が所在していた場所（当該資産が船舶、航空機、鉱業権、特許権、著作権、国債証券、株券その他の資産でその所在していた場所が明らかでないものとして政令で定めるものである場合には、政令で定める場所）

　二　役務の提供である場合（次号に掲げる場合を除く。）　当該役務の提供が行われた場所（当該役務の提供が国際運輸、国際通信その他の役務の提供で当該役務の提供が行われた場所が明らかでないものとして政令で定めるものである場合には、政令で定める場所）

　三　電気通信利用役務の提供である場合　当該電気通信利用役務の提供を受ける者の住所若しくは居所（現在まで引き続いて一年以上居住する場所をいう。）又は本店若しくは主たる事務所の所在地

4　特定仕入れが国内において行われたかどうかの判定は、当該特定仕入れを行つた事業者が、当該特定仕入れとして他の者から受けた役務の提供につき、前項第二号又は第三号に定める場所が国内にあるかどうかにより行うものとする。ただし、国外事業者が恒久的施設（所得税法第二条第一項第八号の四（定義）又は法人税法第二条第十二号の十九（定義）に規定する恒久的施設をいう。）で行う特定仕入れ（他の者から受けた事業者向け電気通信利用役務の提供に該当するもの

に限る。以下この項において同じ。）のうち、国内において行う資産の譲渡等に要するものは、国内で行われたものとし、事業者（国外事業者を除く。）が国外事業所等（所得税法第九十五条第四項第一号（外国税額控除）又は法人税法第六十九条第四項第一号（外国税額の控除）に規定する国外事業所等をいう。）で行う特定仕入れのうち、国内以外の地域において行う資産の譲渡等にのみ要するものは、国内以外の地域で行われたものとする。

5　次に掲げる行為は、事業として対価を得て行われた資産の譲渡とみなす。

　一　個人事業者が棚卸資産又は棚卸資産以外の資産で事業の用に供していたものを家事のために消費し、又は使用した場合における当該消費又は使用

　二　法人が資産をその役員（法人税法第二条第十五号に規定する役員をいう。）に対して贈与した場合における当該贈与

6　保税地域において外国貨物が消費され、又は使用された場合には、その消費又は使用をした者がその消費又は使用の時に当該外国貨物をその保税地域から引き取るものとみなす。ただし、当該外国貨物が課税貨物の原料又は材料として消費され、又は使用された場合その他政令で定める場合は、この限りでない。

7　第三項から前項までに定めるもののほか、課税の対象の細目に関し必要な事項は、政令で定める。

（非課税）

第六条　国内において行われる資産の譲渡等のうち、別表第一に掲げるものには、消費税を課さない。

2　保税地域から引き取られる外国貨物のうち、別表第二に掲げるものには、消費税を課さない。

（輸出免税等）

第七条　事業者（第九条第一項本文の規定により消費税を納める義務が免除される事業者を除く。）が国内において行う課税資産の譲渡等のうち、次に掲げるものに該当するものについては、消費税を免除する。

　一　本邦からの輸出として行われる資産の譲渡又は貸付け

　二　外国貨物の譲渡又は貸付け（前号に掲げる資産の譲渡又は貸付けに該当するもの及び輸入品に対する内国消費税の徴収等に関する法律（昭和三十年法律第三十七号）第八条第一項第三号（公売又は売却等の場合における内国消費税の徴収）に掲げる場合に該当することとなつた外国貨物の譲渡を除く。）

　三　国内及び国内以外の地域にわたつて行われる旅客若しくは貨物の輸送又は通

信

　四　専ら前号に規定する輸送の用に供される船舶又は航空機の譲渡若しくは貸付け又は修理で政令で定めるもの

　五　前各号に掲げる資産の譲渡等に類するものとして政令で定めるもの

2　前項の規定は、その課税資産の譲渡等が同項各号に掲げる資産の譲渡等に該当するものであることにつき、財務省令で定めるところにより証明がされたものでない場合には、適用しない。

（仕入れに係る消費税額の控除）

第三十条　事業者（第九条第一項本文の規定により消費税を納める義務が免除される事業者を除く。）が、国内において行う課税仕入れ（特定課税仕入れに該当するものを除く。以下この条及び第三十二条から第三十六条までにおいて同じ。）若しくは特定課税仕入れ又は保税地域から引き取る課税貨物については、次の各号に掲げる場合の区分に応じ当該各号に定める日の属する課税期間の第四十五条第一項第二号に掲げる課税標準額に対する消費税額（以下この章において「課税標準額に対する消費税額」という。）から、当該課税期間中に国内において行つた課税仕入れに係る消費税額（当該課税仕入れに係る支払対価の額に百八分の六・三を乗じて算出した金額をいう。以下この章において同じ。）、当該課税期間中に国内において行つた特定課税仕入れに係る消費税額（当該特定課税仕入れに係る支払対価の額に百分の六・三を乗じて算出した金額をいう。以下この章において同じ。）及び当該課税期間における保税地域からの引取りに係る課税貨物（他の法律又は条約の規定により消費税が免除されるものを除く。以下この章において同じ。）につき課された又は課されるべき消費税額（附帯税の額に相当する額を除く。次項において同じ。）の合計額を控除する。

　一　国内において課税仕入れを行つた場合　当該課税仕入れを行つた日

　二　国内において特定課税仕入れを行つた場合　当該特定課税仕入れを行つた日

　三　保税地域から引き取る課税貨物につき第四十七条第一項の規定による申告書（同条第三項の場合を除く。）又は同条第二項の規定による申告書を提出した場合　当該申告に係る課税貨物（第六項において「一般申告課税貨物」という。）を引き取つた日

　四　保税地域から引き取る課税貨物につき特例申告書を提出した場合（当該特例申告書に記載すべき第四十七条第一項第一号又は第二号に掲げる金額につき決定（国税通則法第二十五条（決定）の規定による決定をいう。以下この号において同じ。）があつた場合を含む。以下同じ。）　当該特例申告書を提出した日

又は当該申告に係る決定（以下「特例申告に関する決定」という。）の通知を
受けた日

2　前項の場合において、同項に規定する課税期間における課税売上高が五億円を
超えるとき、又は当該課税期間における課税売上割合が百分の九十五に満たない
ときは、同項の規定により控除する課税仕入れに係る消費税額、特定課税仕入れ
に係る消費税額及び同項に規定する保税地域からの引取りに係る課税貨物につき
課された又は課されるべき消費税額（以下この章において「課税仕入れ等の税
額」という。）の合計額は、同項の規定にかかわらず、次の各号に掲げる場合の
区分に応じ当該各号に定める方法により計算した金額とする。

一　当該課税期間中に国内において行つた課税仕入れ及び特定課税仕入れ並びに
当該課税期間における前項に規定する保税地域からの引取りに係る課税貨物に
つき、課税資産の譲渡等にのみ要するもの、課税資産の譲渡等以外の資産の譲
渡等（以下この号において「その他の資産の譲渡等」という。）にのみ要する
もの及び課税資産の譲渡等とその他の資産の譲渡等に共通して要するものにそ
の区分が明らかにされている場合　イに掲げる金額に口に掲げる金額を加算す
る方法

イ　課税資産の譲渡等にのみ要する課税仕入れ、特定課税仕入れ及び課税貨物
に係る課税仕入れ等の税額の合計額

ロ　課税資産の譲渡等とその他の資産の譲渡等に共通して要する課税仕入れ、
特定課税仕入れ及び課税貨物に係る課税仕入れ等の税額の合計額に課税売上
割合を乗じて計算した金額

二　前号に掲げる場合以外の場合　当該課税期間における課税仕入れ等の税額の
合計額に課税売上割合を乗じて計算する方法

（消費税法施行令）

（輸出取引等の範囲）

第十七条　法第七条第一項第四号に規定する船舶又は航空機の譲渡若しくは貸付け又は修理で政令で定めるものは、次に掲げるものとする。

　一　海上運送法（昭和二十四年法律第百八十七号）第二条第二項（定義）に規定する船舶運航事業（次項第一号イ及び第二号において「船舶運航事業」という。）又は同条第七項に規定する船舶貸渡業（次項第一号イ及び第二号において「船舶貸渡業」という。）を営む者に対して行われる法第七条第一項第四号の船舶の譲渡又は貸付け

　二　航空法（昭和二十七年法律第二百三十一号）第二条第十八項（定義）に規定する航空運送事業（次項第一号ロ及び第二号において「航空運送事業」という。）を営む者に対して行われる法第七条第一項第四号の航空機の譲渡又は貸付け

　三　第一号に規定する船舶又は前号に規定する航空機の修理で第一号又は前号に規定する者の求めに応じて行われるもの

2　法第七条第一項第五号に規定する政令で定めるものは、次に掲げる資産の譲渡等とする。

　一　専ら国内以外の地域間で行われる旅客又は貨物の輸送の用に供される船舶又は航空機の譲渡若しくは貸付け又は修理で次に掲げるもの

　　イ　船舶運航事業又は船舶貸渡業を営む者に対して行われる船舶の譲渡又は貸付け

　　ロ　航空運送事業を営む者に対して行われる航空機の譲渡又は貸付け

　　ハ　船舶又は航空機の修理でイ又はロに規定する者の求めに応じて行われるもの

　二　専ら国内及び国内以外の地域にわたつて又は国内以外の地域間で行われる貨物の輸送の用に供されるコンテナー（コンテナーに関する通関条約及び国際道路運送手帳による担保の下で行なう貨物の国際運送に関する通関条約（TIR条約）の実施に伴う関税法等の特例に関する法律（昭和四十六年法律第六十五号）第二条第一号（定義）に規定するコンテナーをいう。）の譲渡若しくは貸付けで船舶運航事業、船舶貸渡業若しくは航空運送事業を営む者（以下この号及び次号において「船舶運航事業者等」という。）に対して行われるもの又は当該コンテナーの修理で船舶運航事業者等の求めに応じて行われるもの

三　前項第一号若しくは第一号に規定する船舶又は前項第二号若しくは第一号に規定する航空機の水先、誘導その他入出港若しくは離着陸の補助又は入出港、離着陸、停泊若しくは駐機のための施設の提供に係る役務の提供その他これらに類する役務の提供（当該施設の貸付けを含む。）で船舶運航事業者等に対して行われるもの

四　外国貨物の荷役、運送、保管、検数、鑑定その他これらに類する外国貨物に係る役務の提供（関税法第二十九条（保税地域の種類）に規定する指定保税地域、保税蔵置場、保税展示場及び総合保税地域（以下この号において「指定保税地域等」という。）における輸出しようとする貨物及び輸入の許可を受けた貨物に係るこれらの役務の提供を含み、同法第三十条第一項第五号（外国貨物を置く場所の制限）に規定する特例輸出貨物に係るこれらの役務の提供にあつては、指定保税地域等及び当該特例輸出貨物の輸出のための船舶又は航空機への積込みの場所におけるもの並びに指定保税地域等相互間の運送に限る。）

五　国内及び国内以外の地域にわたつて行われる郵便又は信書便

六　第六条第一項第四号から第八号までに掲げる資産の譲渡又は貸付けで非居住者に対して行われるもの

七　法第七条第一項第三号、前項第三号及び第一号から第五号までに掲げるもののほか、非居住者に対して行われる役務の提供で次に掲げるもの以外のもの

　　イ　国内に所在する資産に係る運送又は保管

　　ロ　国内における飲食又は宿泊

　　ハ　イ及びロに掲げるものに準ずるもので、国内において直接便益を享受するもの

3　第十条第一項に規定する金銭の貸付け又は同条第三項第一号、第二号若しくは第五号から第八号までに掲げる行為で当該貸付け又は行為に係る金銭債権の債務者（同項第七号に掲げるものにあつては、同号の割引を受けた者に限る。）が非居住者であるもの及び同項第十一号に掲げる資産の貸付けで非居住者に対して行われるものは、法第三十一条第一項の規定の適用については、法第七条第一項第五号に規定する政令で定めるものとする。

（消費税法施行規則）

（輸出取引等の証明）

第五条　法第七条第二項に規定する財務省令で定めるところにより証明がされたものは、同条第一項に規定する課税資産の譲渡等のうち同項各号に掲げる資産の譲渡等に該当するものを行つた事業者が、当該課税資産の譲渡等につき、次の各号に掲げる場合の区分に応じ当該各号に定める書類又は帳簿を整理し、当該課税資産の譲渡等を行つた日の属する課税期間の末日の翌日から二月（清算中の法人（人格のない社団等を含む。以下同じ。）について残余財産が確定した場合には一月とする。第三項において同じ。）を経過した日から七年間、これを納税地又はその取引に係る事務所、事業所その他これらに準ずるもの（以下この項において「事務所等」という。）の所在地に保存することにより証明がされたものとする。

一　法第七条第一項第一号に掲げる輸出として行われる資産の譲渡又は貸付け（船舶及び航空機の貸付けを除く。）である場合（次号に掲げる場合を除く。）当該資産の輸出に係る税関長から交付を受ける輸出の許可（関税法（昭和二十九年法律第六十一号）第六十七条（輸出又は輸入の許可）に規定する輸出の許可をいう。）若しくは積込みの承認（同法第二十三条第二項（船用品又は機用品の積込み等）の規定により同項に規定する船舶又は航空機（本邦の船舶又は航空機を除く。）に当該資産を積み込むことについての同項の承認をいう。）があつたことを証する書類又は当該資産の輸出の事実を当該税関長が証明した書類で、次に掲げる事項が記載されたもの

イ　当該資産を輸出した事業者の氏名又は名称及び住所若しくは居所又は事務所等の所在地（以下この条において「住所等」という。）

ロ　当該資産の輸出の年月日

ハ　当該資産の品名並びに品名ごとの数量及び価額

ニ　当該資産の仕向地

二　法第七条第一項第一号に掲げる輸出として行われる資産の譲渡又は貸付けで郵便物（関税法第七十六条第一項（郵便物の輸出入の簡易手続）に規定する郵便物に限る。以下この号において同じ。）として当該資産を輸出した場合　当該輸出した事業者が前号ロ及びハに掲げる事項並びに当該郵便物の受取人の氏名若しくは名称及び住所等を記載した帳簿又は当該郵便物の受取人から交付を受けた物品受領書その他の書類で同号イ及びハに掲げる事項並びに当該郵便物の受取人の氏名若しくは名称及び住所等並びに当該郵便物の受取りの年月日が

記載されているもの

三　法第七条第一項第三号に掲げる輸送若しくは通信又は令第十七条第二項第五号に掲げる郵便若しくは信書便である場合　これらの役務の提供をした事業者が次に掲げる事項を記載した帳簿又は書類

　　イ　当該役務の提供をした年月日（課税期間の範囲内で一定の期間内に行つた役務の提供につきまとめて当該帳簿又は書類を作成する場合には、当該一定の期間）

　　ロ　当該提供した役務の内容

　　ハ　当該役務の提供の対価の額

　　ニ　当該役務の提供の相手方の氏名又は名称及び住所等

四　法第七条第一項各号に掲げる資産の譲渡等のうち、前三号に規定する資産の譲渡等以外の資産の譲渡等である場合　当該資産の譲渡等を行つた相手方との契約書その他の書類で次に掲げる事項が記載されているもの

　　イ　当該資産の譲渡等を行つた事業者の氏名又は名称及び当該事業者のその取引に係る住所等（当該資産の譲渡等が令第六条第二項第五号に掲げる役務の提供である場合には、同号に定める場所を含む。）

　　ロ　当該資産の譲渡等を行つた年月日

　　ハ　当該資産の譲渡等に係る資産又は役務の内容

　　ニ　当該資産の譲渡等の対価の額

　　ホ　当該資産の譲渡等の相手方の氏名又は名称及び当該相手方のその取引に係る住所等

2　事業者が法第七条第一項第三号に掲げる旅客の輸送若しくは通信又は令第十七条第二項第五号に掲げる郵便若しくは信書便の役務の提供をした場合において、前項第三号ニに掲げる事項を記載することが困難であるときは、同号ニに掲げる事項については、同号の規定にかかわらず、その記載を省略することができる。

3　第一項に規定する課税期間の末日の翌日から二月を経過した日から五年を経過した日以後の期間における同項の規定による保存は、財務大臣の定める方法によることができる。

（消費税法基本通達）

（事業としての意義）

5−1−1　法第2条第1項第8号《資産の譲渡等の意義》に規定する「事業として」とは、対価を得て行われる資産の譲渡及び貸付け並びに役務の提供が反復、継続、独立して行われることをいう。（平23課消1−35により改正）

（注）

1　個人事業者が生活の用に供している資産を譲渡する場合の当該譲渡は、「事業として」には該当しない。

2　法人が行う資産の譲渡及び貸付け並びに役務の提供は、その全てが、「事業として」に該当する。

（資産の意義）

5−1−3　法第2条第1項第8号及び第12号《資産の譲渡等の意義等》に規定する「資産」とは、取引の対象となる一切の資産をいうから、棚卸資産又は固定資産のような有形資産のほか、権利その他の無形資産が含まれることに留意する。（平27課消1−17により改正）

第2節　輸出免税等の範囲

（非居住者に対する役務の提供で免税とならないものの範囲）

7−2−16　令第17条第2項第7号《非居住者に対する役務の提供のうち免税となるものの範囲》において輸出免税の対象となるものから除かれる非居住者に対する役務の提供には、例えば、次のものが該当する。（平15課消1−13により改正）

⑴　国内に所在する資産に係る運送や保管

⑵　国内に所在する不動産の管理や修理

⑶　建物の建築請負

⑷　電車、バス、タクシー等による旅客の輸送

⑸　国内における飲食又は宿泊

⑹　理容又は美容

⑺　医療又は療養

⑻　劇場、映画館等の興行場における観劇等の役務の提供

⑼　国内間の電話、郵便又は信書便

⑽　日本語学校等における語学教育等に係る役務の提供

（輸出証明書等）

7－2－23　法第7条第2項《輸出証明》に規定する「その課税資産の譲渡等が
……、財務省令で定めるところにより証明されたもの」又は租特法規則第36条第
1項《外航船等に積み込む物品の譲渡等に係る免税》に規定する「承認を受けた
事実を証明する書類」は、次に掲げる場合の区分に応じ、それぞれ次の帳簿又は
書類となるのであるから留意する。（平12官総8－3、平15課消1－13、平23課
消1－35により改正）

⑴　法第7条第1項第1号《輸出免税》に掲げる輸出として行われる資産の譲渡
又は貸付けである場合

　　イ　関税法第67条《輸出又は輸入の許可》の規定により輸出の許可を受ける貨
物である場合（船舶又は航空機の貸付けである場合を除く。）　輸出許可書

　　（注）　電子情報処理組織による輸出入等関連業務の処理等に関する法律第3
条《情報通信技術利用法の適用》の規定に基づき、電子情報処理組織を
使用して輸出申告し、輸出の許可があったものにあっては、「輸出許可
通知書（輸出申告控）」又は「輸出申告控」及び「輸出許可通知書」が
輸出許可書に該当するものとする。

　　ロ　郵便物として当該資産を輸出（以下7－2－23において「郵便による輸
出」という。）した場合において、当該輸出の時における当該資産の価額が
20万円を超えるとき　規則第5条第1項第1号《輸出取引の輸出証明》に規
定する税関長が証明した書類

　　（注）　輸出の時における当該資産の価額が20万円を超えるかどうかの判定は、
原則として郵便物一個当たりの価額によるが、郵便物を同一受取人に2
個以上に分けて差し出す場合には、それらの郵便物の価額の合計額によ
る。

　　ハ　郵便による輸出のうち当該輸出の時における輸出される資産の価額が20万
円以下の場合　規則第5条第1項第2号《郵便物を輸出した場合の輸出証
明》に規定する帳簿又は書類

　　ニ　出国者が出国に際し携帯輸出する物品を、関税法第42条《保税蔵置場の許
可》の規定により保税蔵置場の許可を受けた者が当該出国者に譲渡する場合
規則第5条第1項第1号に規定する税関長が証明した書類

　　ホ　7－2－20の規定の適用がある場合　規則第5条第1項第1号に規定する
税関長が証明した書類

　　ヘ　外国籍の船舶又は航空機に内国貨物を積み込むために資産を譲渡する場合　船（機）用品積込承認書

　　ト　船舶又は航空機の貸付けである場合　規則第5条第1項第4号《輸出免税等の輸出証明》に規定する書類

⑵　法第7条第1項第3号《輸出免税等》に掲げる輸送若しくは通信又は令第17条第2項第5号《輸出取引等の範囲》に掲げる郵便若しくは信書便である場合　規則第5条第1項第3号《国際輸送等の輸出証明》に規定する帳簿又は書類

⑶　法第7条第1項各号《輸出免税等》に掲げる資産の譲渡等のうち、⑴及び⑵に掲げる資産の譲渡等以外の資産の譲渡等である場合　規則第5条第1項第4号に規定する書類

⑷　租特法第85条第1項《外航船等に積み込む物品の譲渡等に係る免税》に掲げる外航船等に船用品又は機用品として積み込むために指定物品を譲渡する場合　船（機）用品積込承認書

（共同事業の計算期間が構成員の課税期間と異なる場合の資産の譲渡等の時期）

9－1－28　共同事業において、1－3－1により各構成員が行ったこととされる資産の譲渡等については、原則として、当該共同事業として資産の譲渡等を行った時に各構成員が資産の譲渡等を行ったこととなる。

　　ただし、各構成員が、当該資産の譲渡等の時期を、当該共同事業の計算期間（1年以内のものに限る。）の終了する日の属する自己の課税期間において行ったものとして取り扱っている場合には、これを認める。

（資産の譲渡等の時期の別段の定め）

9－6－2　資産の譲渡等の時期について、所得税又は法人税の課税所得金額の計算における総収入金額又は益金の額に算入すべき時期に関し、別に定めがある場合には、それによることができるものとする。

（個別消費税の取扱い）

10－1－11　法第28条第1項《課税標準》に規定する課税資産の譲渡等の対価の額には、酒税、たばこ税、揮発油税、石油石炭税、石油ガス税等が含まれるが、軽油引取税、ゴルフ場利用税及び入湯税は、利用者等が納税義務者となっているのであるから対価の額に含まれないことに留意する。ただし、その税額に相当する金額について明確に区分されていない場合は、対価の額に含むものとする。（平12課消2－10、平15課消1－37により改正）

（現物給付する資産の取得）

11－2－3　事業者が使用人等に金銭以外の資産を給付する場合の当該資産の取得が課税仕入れに該当するかどうかは、その取得が事業としての資産の譲受けであるかどうかを基礎して判定するのであり、その給付が使用人等の給与として所得税の課税の対象とされるかどうかにかかわらないのであるから留意する。

（課税資産の譲渡等にのみ要するものの意義）

11－2－12　法30条第2項第1号《個別対応方式による仕入税額控除》に規定する課税資産の譲渡等にのみ要するもの（以下「課税資産の譲渡等にのみ要するもの」という。）とは、課税資産の譲渡等を行うためにのみ必要な課税仕入れ等をいい、例えば、次に掲げるものの課税仕入れ等がこれに該当する。

　なお、当該課税仕入れ等を行った課税期間において当該課税仕入れ等に対応する課税資産の譲渡等があったかどうかは問わないことに留意する。

(1)　そのまま他に譲渡される課税資産

(2)　課税資産の製造用にのみ消費し、又は使用される原材料、容器、包紙、機械及び装置、工具、器具、備品等

(3)　課税資産に係る倉庫料、運送費、広告宣伝費、支払手数料又は支払加工賃等

（法人税法）

第四条　内国法人は、この法律により、法人税を納める義務がある。ただし、公益法人等又は人格のない社団等については、収益事業を行う場合、法人課税信託の引受けを行う場合又は第八十四条第一項（退職年金等積立金の額の計算）に規定する退職年金業務等を行う場合に限る。

2　公共法人は、前項の規定にかかわらず、法人税を納める義務がない。

3　外国法人は、第百三十八条第一項（国内源泉所得）に規定する国内源泉所得を有するとき（人格のない社団等にあつては、当該国内源泉所得で収益事業から生ずるものを有するときに限る。）、法人課税信託の引受けを行うとき又は第百四十五条の三（外国法人に係る退職年金等積立金の額の計算）に規定する退職年金業務等を行うときは、この法律により、法人税を納める義務がある。

4　個人は、法人課税信託の引受けを行うときは、この法律により、法人税を納める義務がある。

（各事業年度の所得に対する法人税の課税標準）

第二十一条　内国法人に対して課する各事業年度の所得に対する法人税の課税標準は、各事業年度の所得の金額とする。

第二十二条　内国法人の各事業年度の所得の金額は、当該事業年度の益金の額から当該事業年度の損金の額を控除した金額とする。

2　内国法人の各事業年度の所得の金額の計算上当該事業年度の益金の額に算入すべき金額は、別段の定めがあるものを除き、資産の販売、有償又は無償による資産の譲渡又は役務の提供、無償による資産の譲受けその他の取引で資本等取引以外のものに係る当該事業年度の収益の額とする。

3　内国法人の各事業年度の所得の金額の計算上当該事業年度の損金の額に算入すべき金額は、別段の定めがあるものを除き、次に掲げる額とする。

一　当該事業年度の収益に係る売上原価、完成工事原価その他これらに準ずる原価の額

二　前号に掲げるもののほか、当該事業年度の販売費、一般管理費その他の費用（償却費以外の費用で当該事業年度終了の日までに債務の確定しないものを除く。）の額

三　当該事業年度の損失の額で資本等取引以外の取引に係るもの

4　第二項に規定する当該事業年度の収益の額及び前項各号に掲げる額は、別段の定めがあるものを除き、一般に公正妥当と認められる会計処理の基準に従つて計算されるものとする。

5　第二項又は第三項に規定する資本等取引とは、法人の資本金等の額の増加又は減少を生ずる取引並びに法人が行う利益又は剰余金の分配（資産の流動化に関する法律第百十五条第一項（中間配当）に規定する金銭の分配を含む。）及び残余財産の分配又は引渡しをいう。

第二十五条の二　内国法人が各事業年度において当該内国法人との間に完全支配関係（法人による完全支配関係に限る。）がある他の内国法人から受けた受贈益の額（第三十七条（寄附金の損金不算入）又は第八十一条の六（連結事業年度における寄附金の損金不算入）の規定を適用しないとした場合に当該他の内国法人の各事業年度の所得の金額又は各連結事業年度の連結所得の金額の計算上損金の額に算入される第三十七条第七項（第八十一条の六第六項において準用する場合を含む。）に規定する寄附金の額に対応するものに限る。）は、当該内国法人の各事業年度の所得の金額の計算上、益金の額に算入しない。

2　前項に規定する受贈益の額は、寄附金、拠出金、見舞金その他いずれの名義をもつてされるかを問わず、内国法人が金銭その他の資産又は経済的な利益の贈与又は無償の供与（広告宣伝及び見本品の費用その他これらに類する費用並びに交際費、接待費及び福利厚生費とされるべきものを除く。次項において同じ。）を受けた場合における当該金銭の額若しくは金銭以外の資産のその贈与の時における価額又は当該経済的な利益のその供与の時における価額によるものとする。

3　内国法人が資産の譲渡又は経済的な利益の供与を受けた場合において、その譲渡又は供与の対価の額が当該資産のその譲渡の時における価額又は当該経済的な利益のその供与の時における価額に比して低いときは、当該対価の額と当該価額との差額のうち実質的に贈与又は無償の供与を受けたと認められる金額は、前項の受贈益の額に含まれるものとする。

（役員給与の損金不算入）

第三十四条　内国法人がその役員に対して支給する給与（退職給与で業績連動給与に該当しないもの、使用人としての職務を有する役員に対して支給する当該職務に対するもの及び第三項の規定の適用があるものを除く。以下この項において同じ。）のうち次に掲げる給与のいずれにも該当しないものの額は、その内国法人の各事業年度の所得の金額の計算上、損金の額に算入しない。

一　その支給時期が一月以下の一定の期間ごとである給与（次号イにおいて「定期給与」という。）で当該事業年度の各支給時期における支給額が同額であるものその他これに準ずるものとして政令で定める給与（同号において「定期同額給与」という。）

二　その役員の職務につき所定の時期に、確定した額の金銭又は確定した数の株式（出資を含む。以下この項及び第五項において同じ。）若しくは新株予約権若しくは確定した額の金銭債権に係る第五十四条第一項（譲渡制限付株式を対価とする費用の帰属事業年度の特例）に規定する特定譲渡制限付株式若しくは第五十四条の二第一項（新株予約権を対価とする費用の帰属事業年度の特例等）に規定する特定新株予約権を交付する旨の定めに基づいて支給する給与で、定期同額給与及び業績連動給与のいずれにも該当しないもの（当該株式若しくは当該特定譲渡制限付株式に係る第五十四条第一項に規定する承継譲渡制限付株式又は当該新株予約権若しくは当該特定新株予約権に係る第五十四条の二第一項に規定する承継新株予約権による給与を含むものとし、次に掲げる場合に該当する場合にはそれぞれ次に定める要件を満たすものに限る。）

　　イ　その給与が定期給与を支給しない役員に対して支給する給与（同族会社に該当しない内国法人が支給する給与で金銭によるものに限る。）以外の給与（株式又は新株予約権による給与で、将来の役務の提供に係るものとして政令で定めるものを除く。）である場合　政令で定めるところにより納税地の所轄税務署長にその定めの内容に関する届出をしていること。

　　ロ　株式を交付する場合　当該株式が市場価格のある株式又は市場価格のある株式と交換される株式（当該内国法人又は関係法人が発行したものに限る。次号において「適格株式」という。）であること。

　　ハ　新株予約権を交付する場合　当該新株予約権がその行使により市場価格のある株式が交付される新株予約権（当該内国法人又は関係法人が発行したものに限る。次号において「適格新株予約権」という。）であること。

三　内国法人（同族会社にあつては、同族会社以外の法人との間に当該法人による完全支配関係があるものに限る。）がその業務執行役員（業務を執行する役員として政令で定めるものをいう。以下この号において同じ。）に対して支給する業績連動給与（金銭以外の資産が交付されるものにあつては、適格株式又は適格新株予約権が交付されるものに限る。）で、次に掲げる要件を満たすもの（他の業務執行役員の全てに対して次に掲げる要件を満たす業績連動給与を支給する場合に限る。）

　　イ　交付される金銭の額若しくは株式若しくは新株予約権の数又は交付される

359

新株予約権の数のうち無償で取得され、若しくは消滅する数の算定方法が、その給与に係る職務を執行する期間の開始の日（イにおいて「職務執行期間開始日」という。）以後に終了する事業年度の利益の状況を示す指標（利益の額、利益の額に有価証券報告書（金融商品取引法第二十四条第一項（有価証券報告書の提出）に規定する有価証券報告書をいう。イにおいて同じ。）に記載されるべき事項による調整を加えた指標その他の利益に関する指標として政令で定めるもので、有価証券報告書に記載されるものに限る。イにおいて同じ。）、職務執行期間開始日の属する事業年度開始の日以後の所定の期間若しくは職務執行期間開始日以後の所定の日における株式の市場価格の状況を示す指標（当該内国法人又は当該内国法人との間に完全支配関係がある法人の株式の市場価格又はその平均値その他の株式の市場価格に関する指標として政令で定めるものに限る。イにおいて同じ。）又は職務執行期間開始日以後に終了する事業年度の売上高の状況を示す指標（売上高、売上高に有価証券報告書に記載されるべき事項による調整を加えた指標その他の売上高に関する指標として政令で定めるもののうち、利益の状況を示す指標又は株式の市場価格の状況を示す指標と同時に用いられるもので、有価証券報告書に記載されるものに限る。）を基礎とした客観的なもの（次に掲げる要件を満たすものに限る。）であること。

⑴　金銭による給与にあつては確定した額を、株式又は新株予約権による給与にあつては確定した数を、それぞれ限度としているものであり、かつ、他の業務執行役員に対して支給する業績連動給与に係る算定方法と同様のものであること。

⑵　政令で定める日までに、会社法第四百四条第三項（指名委員会等の権限等）の報酬委員会（その委員の過半数が当該内国法人の同法第二条第十五号（定義）に規定する社外取締役のうち職務の独立性が確保された者として政令で定める者（⑵において「独立社外取締役」という。）であるものに限るものとし、当該内国法人の業務執行役員と政令で定める特殊の関係のある者がその委員であるものを除く。）が決定（当該報酬委員会の委員である独立社外取締役の全員が当該決定に係る当該報酬委員会の決議に賛成している場合における当該決定に限る。）をしていることその他の政令で定める適正な手続を経ていること。

⑶　その内容が、⑵の政令で定める適正な手続の終了の日以後遅滞なく、有価証券報告書に記載されていることその他財務省令で定める方法により開示されていること。

　□　その他政令で定める要件

2　内国法人がその役員に対して支給する給与（前項又は次項の規定の適用がある
　ものを除く。）の額のうち不相当に高額な部分の金額として政令で定める金額は、
　その内国法人の各事業年度の所得の金額の計算上、損金の額に算入しない。

3　内国法人が、事実を隠蔽し、又は仮装して経理をすることによりその役員に対
　して支給する給与の額は、その内国法人の各事業年度の所得の金額の計算上、損
　金の額に算入しない。

4　前三項に規定する給与には、債務の免除による利益その他の経済的な利益を含
　むものとする。

5　第一項に規定する業績連動給与とは、利益の状況を示す指標、株式の市場価格
　の状況を示す指標その他の同項の内国法人又は当該内国法人との間に支配関係が
　ある法人の業績を示す指標を基礎として算定される額又は数の金銭又は株式若し
　くは新株予約権による給与及び第五十四条第一項に規定する特定譲渡制限付株式
　若しくは承継譲渡制限付株式又は第五十四条の二第一項に規定する特定新株予約
　権若しくは承継新株予約権による給与で無償で取得され、又は消滅する株式又は
　新株予約権の数が役務の提供期間以外の事由により変動するものをいう。

6　第一項に規定する使用人としての職務を有する役員とは、役員（社長、理事長
　その他政令で定めるものを除く。）のうち、部長、課長その他法人の使用人とし
　ての職制上の地位を有し、かつ、常時使用人としての職務に従事するものをいう。

7　第一項第二号ロ及びハに規定する関係法人とは、同項の内国法人との間に支配
　関係がある法人として政令で定める法人をいう。

8　第四項から前項までに定めるもののほか、第一項から第三項までの規定の適用
　に関し必要な事項は、政令で定める。

（寄附金の損金不算入）

第三十七条　内国法人が各事業年度において支出した寄附金の額（次項の規定の適
　用を受ける寄附金の額を除く。）の合計額のうち、その内国法人の当該事業年度
　終了の時の資本金等の額又は当該事業年度の所得の金額を基礎として政令で定め
　るところにより計算した金額を超える部分の金額は、当該内国法人の各事業年度
　の所得の金額の計算上、損金の額に算入しない。

2　内国法人が各事業年度において当該内国法人との間に完全支配関係（法人によ
　る完全支配関係に限る。）がある他の内国法人に対して支出した寄附金の額（第
　二十五条の二（受贈益の益金不算入）又は第八十一条の三第一項（第二十五条の
　二に係る部分に限る。）（個別益金額又は個別損金額の益金又は損金算入）の規定

を適用しないとした場合に当該他の内国法人の各事業年度の所得の金額又は各連結事業年度の連結所得の金額の計算上益金の額に算入される第二十五条の二第二項に規定する受贈益の額に対応するものに限る。）は、当該内国法人の各事業年度の所得の金額の計算上、損金の額に算入しない。

3　第一項の場合において、同項に規定する寄附金の額のうちに次の各号に掲げる寄附金の額があるときは、当該各号に掲げる寄附金の額の合計額は、同項に規定する寄附金の額の合計額に算入しない。

　一　国又は地方公共団体（港湾法（昭和二十五年法律第二百十八号）の規定による港務局を含む。）に対する寄附金（その寄附をした者がその寄附によつて設けられた設備を専属的に利用することその他特別の利益がその寄附をした者に及ぶと認められるものを除く。）の額

　二　公益社団法人、公益財団法人その他公益を目的とする事業を行う法人又は団体に対する寄附金（当該法人の設立のためにされる寄附金その他の当該法人の設立前においてされる寄附金で政令で定めるものを含む。）のうち、次に掲げる要件を満たすと認められるものとして政令で定めるところにより財務大臣が指定したものの額

　　イ　広く一般に募集されること。

　　ロ　教育又は科学の振興、文化の向上、社会福祉への貢献その他公益の増進に寄与するための支出で緊急を要するものに充てられることが確実であること。

4　第一項の場合において、同項に規定する寄附金の額のうちに、公共法人、公益法人等（別表第二に掲げる一般社団法人及び一般財団法人を除く。以下この項及び次項において同じ。）その他特別の法律により設立された法人のうち、教育又は科学の振興、文化の向上、社会福祉への貢献その他公益の増進に著しく寄与するものとして政令で定めるものに対する当該法人の主たる目的である業務に関連する寄附金（前項各号に規定する寄附金に該当するものを除く。）の額があるときは、当該寄附金の額の合計額（当該合計額が当該事業年度終了の時の資本金等の額又は当該事業年度の所得の金額を基礎として政令で定めるところにより計算した金額を超える場合には、当該計算した金額に相当する金額）は、第一項に規定する寄附金の額の合計額に算入しない。ただし、公益法人等が支出した寄附金の額については、この限りでない。

5　公益法人等がその収益事業に属する資産のうちからその収益事業以外の事業のために支出した金額（公益社団法人又は公益財団法人にあつては、その収益事業に属する資産のうちからその収益事業以外の事業で公益に関する事業として政令で定める事業に該当するもののために支出した金額）は、その収益事業に係る寄

附金の額とみなして、第一項の規定を適用する。

6　内国法人が特定公益信託（公益信託ニ関スル法律（大正十一年法律第六十二号）第一条（公益信託）に規定する公益信託で信託の終了の時における信託財産がその信託財産に係る信託の委託者に帰属しないこと及びその信託事務の実施につき政令で定める要件を満たすものであることについて政令で定めるところにより証明がされたものをいう。）の信託財産とするために支出した金銭の額は、寄附金の額とみなして第一項、第四項、第九項及び第十項の規定を適用する。この場合において、第四項中「）の額」とあるのは、「）の額（第六項に規定する特定公益信託のうち、その目的が教育又は科学の振興、文化の向上、社会福祉への貢献その他公益の増進に著しく寄与するものとして政令で定めるものの信託財産とするために支出した金銭の額を含む。）」とするほか、この項の規定の適用を受けるための手続に関し必要な事項は、政令で定める。

7　前各項に規定する寄附金の額は、寄附金、拠出金、見舞金その他いずれの名義をもつてするかを問わず、内国法人が金銭その他の資産又は経済的な利益の贈与又は無償の供与（広告宣伝及び見本品の費用その他これらに類する費用並びに交際費、接待費及び福利厚生費とされるべきものを除く。次項において同じ。）をした場合における当該金銭の額若しくは金銭以外の資産のその贈与の時における価額又は当該経済的な利益のその供与の時における価額によるものとする。

8　内国法人が資産の譲渡又は経済的な利益の供与をした場合において、その譲渡又は供与の対価の額が当該資産のその譲渡の時における価額又は当該経済的な利益のその供与の時における価額に比して低いときは、当該対価の額と当該価額との差額のうち実質的に贈与又は無償の供与をしたと認められる金額は、前項の寄附金の額に含まれるものとする。

9　第三項の規定は、確定申告書、修正申告書又は更正請求書に第一項に規定する寄附金の額の合計額に算入されない第三項各号に掲げる寄附金の額及び当該寄附金の明細を記載した書類の添付がある場合に限り、第四項の規定は、確定申告書、修正申告書又は更正請求書に第一項に規定する寄附金の額の合計額に算入されない第四項に規定する寄附金の額及び当該寄附金の明細を記載した書類の添付があり、かつ、当該書類に記載された寄附金が同項に規定する寄附金に該当することを証する書類として財務省令で定める書類を保存している場合に限り、適用する。この場合において、第三項又は第四項の規定により第一項に規定する寄附金の額の合計額に算入されない金額は、当該金額として記載された金額を限度とする。

10　税務署長は、第四項の規定により第一項に規定する寄附金の額の合計額に算入されないこととなる金額の全部又は一部につき前項に規定する財務省令で定める

書類の保存がない場合においても、その書類の保存がなかつたことについてやむを得ない事情があると認めるときは、その書類の保存がなかつた金額につき第四項の規定を適用することができる。

11　財務大臣は、第三項第二号の指定をしたときは、これを告示する。

12　第五項から前項までに定めるもののほか、第一項から第四項までの規定の適用に関し必要な事項は、政令で定める。

（交際費等の損金不算入）

第六十一条の四　法人が平成二十六年四月一日から令和四年三月三十一日までの間に開始する各事業年度において支出する交際費等の額（当該事業年度終了の日における資本金の額又は出資金の額（資本又は出資を有しない法人その他政令で定める法人にあつては、政令で定める金額。次項において同じ。）が百億円以下である法人については、当該交際費等の額のうち接待飲食費の額の百分の五十に相当する金額を超える部分の金額）は、当該事業年度の所得の金額の計算上、損金の額に算入しない。

2　前項の場合において、法人（投資信託及び投資法人に関する法律第二条第十二項に規定する投資法人及び資産の流動化に関する法律第二条第三項に規定する特定目的会社を除く。）のうち当該事業年度終了の日における資本金の額又は出資金の額が一億円以下であるもの（普通法人のうち当該事業年度終了の日において法人税法第六十六条第六項第二号又は第三号に掲げる法人に該当するものを除く。）については、次の各号に掲げる場合の区分に応じ当該各号に定める金額をもつて、前項に規定する超える部分の金額とすることができる。

　一　前項の交際費等の額が八百万円に当該事業年度の月数を乗じてこれを十二で除して計算した金額（次号において「定額控除限度額」という。）以下である場合　零

　二　前項の交際費等の額が定額控除限度額を超える場合　その超える部分の金額

3　前項の月数は、暦に従つて計算し、一月に満たない端数を生じたときは、これを一月とする。

4　第一項に規定する交際費等とは、交際費、接待費、機密費その他の費用で、法人が、その得意先、仕入先その他事業に関係のある者等に対する接待、供応、慰安、贈答その他これらに類する行為（以下この項において「接待等」という。）のために支出するもの（次に掲げる費用のいずれかに該当するものを除く。）をいい、第一項に規定する接待飲食費とは、同項の交際費等のうち飲食その他これに類する行為のために要する費用（専ら当該法人の法人税法第二条第十五号に規

定する役員若しくは従業員又はこれらの親族に対する接待等のために支出するものを除く。第二号において「飲食費」という。）であつて、その旨につき財務省令で定めるところにより明らかにされているものをいう。

一　専ら従業員の慰安のために行われる運動会、演芸会、旅行等のために通常要する費用

二　飲食費であつて、その支出する金額を基礎として政令で定めるところにより計算した金額が政令で定める金額以下の費用

三　前二号に掲げる費用のほか政令で定める費用

5　第二項の規定は、確定申告書等、修正申告書又は更正請求書に同項第一号に規定する定額控除限度額の計算に関する明細書の添付がある場合に限り、適用する。

6　第四項第二号の規定は、財務省令で定める書類を保存している場合に限り、適用する。

（外貨建取引の換算）

第六十一条の八　内国法人が外貨建取引（外国通貨で支払が行われる資産の販売及び購入、役務の提供、金銭の貸付け及び借入れ、剰余金の配当その他の取引をいう。以下この目において同じ。）を行つた場合には、当該外貨建取引の金額の円換算額（外国通貨で表示された金額を本邦通貨表示の金額に換算した金額をいう。以下この目において同じ。）は、当該外貨建取引を行つた時における外国為替の売買相場により換算した金額とする。

2　内国法人が先物外国為替契約等（外貨建取引によつて取得し、又は発生する資産又は負債の金額の円換算額を確定させる契約として財務省令で定めるものをいう。以下この目において同じ。）により外貨建取引（第六十一条第二項（短期売買商品等の譲渡損益及び時価評価損益）に規定する短期売買商品等又は第六十一条の三第一項第一号（売買目的有価証券の評価益又は評価損の益金又は損金算入等）に規定する売買目的有価証券の取得及び譲渡を除く。次項において同じ。）によつて取得し、又は発生する資産又は負債の金額の円換算額を確定させた場合において、当該先物外国為替契約等の締結の日においてその旨を財務省令で定めるところにより帳簿書類に記載したときは、当該資産又は負債については、当該円換算額をもつて、前項の規定により換算した金額とする。

3　内国法人が、適格合併等により被合併法人等から外貨建取引によつて取得し、又は発生する資産又は負債の金額の円換算額を確定させるために当該被合併法人等が行つた先物外国為替契約等の移転を受け、かつ、当該適格合併等により当該外貨建取引（当該先物外国為替契約等によりその金額の円換算額を確定させよう

とする当該資産又は負債の取得又は発生の基因となるものに限る。）を当該内国
法人が行うこととなつた場合において、当該被合併法人等が当該先物外国為替契
約等につきその締結の日において前項に規定する旨を同項に規定する財務省令で
定めるところにより帳簿書類に記載していたときは、当該適格合併等の日の属す
る事業年度以後の各事業年度におけるこの条の規定の適用については、当該内国
法人が当該資産又は負債の金額の円換算額を確定させるために当該先物外国為替
契約等を締結し、かつ、当該記載をしていたものとみなす。

4　前三項の規定の適用に関し必要な事項は、政令で定める。

（外貨建資産等の期末換算差益又は期末換算差損の益金又は損金算入等）

第六十一条の九　内国法人が事業年度終了の時において次に掲げる資産及び負債
（以下この目において「外貨建資産等」という。）を有する場合には、その時にお
ける当該外貨建資産等の金額の円換算額は、当該外貨建資産等の次の各号に掲げ
る区分に応じ当該各号に定める方法（第一号、第二号ロ及び第三号に掲げる外貨
建資産等にあつては、これらの規定に定める方法のうち当該内国法人が選定した
方法とし、当該内国法人がその方法を選定しなかつた場合には、これらの規定に
定める方法のうち政令で定める方法とする。）により換算した金額とする。

一　外貨建債権（外国通貨で支払を受けるべきこととされている金銭債権をい
う。）及び外貨建債務（外国通貨で支払を行うべきこととされている金銭債務
をいう。）　イ又はロに掲げる方法

イ　発生時換算法（事業年度終了の時（以下この号において「期末時」とい
う。）において有する外貨建資産等について、前条第一項の規定により当該
外貨建資産等の取得又は発生の基因となつた外貨建取引の金額の円換算額へ
の換算に用いた外国為替の売買相場により換算した金額（当該外貨建資産等
のうち、その取得又は発生の基因となつた外貨建取引の金額の円換算額への
換算に当たつて同条第二項の規定の適用を受けたものについては、先物外国
為替契約等により確定させた円換算額）をもつて当該外貨建資産等の当該期
末時における円換算額とする方法をいう。次号及び第三号において同じ。）

ロ　期末時換算法（期末時において有する外貨建資産等について、当該期末時
における外国為替の売買相場により換算した金額（当該外貨建資産等のうち、
その取得又は発生の基因となつた外貨建取引の金額の円換算額への換算に当
たつて前条第二項の規定の適用を受けたものについては、先物外国為替契約
等により確定させた円換算額）をもつて当該外貨建資産等の当該期末時にお
ける円換算額とする方法をいう。以下この条において同じ。）

二　外貨建有価証券（償還、払戻しその他これらに準ずるものが外国通貨で行われる有価証券として財務省令で定めるものをいう。）　次に掲げる有価証券の区分に応じそれぞれ次に定める方法

イ　第六十一条の三第一項第一号（売買目的有価証券の評価益又は評価損の益金又は損金算入等）に規定する売買目的有価証券　期末時換算法

ロ　第六十一条の三第一項第二号に規定する売買目的外有価証券（償還期限及び償還金額の定めのあるものに限る。）　発生時換算法又は期末時換算法

ハ　イ及びロに掲げる有価証券以外の有価証券　発生時換算法

三　外貨預金　発生時換算法又は期末時換算法

四　外国通貨　期末時換算法

2　内国法人が事業年度終了の時において外貨建資産等（期末時換算法によりその金額の円換算額への換算をするものに限る。以下この項において同じ。）を有する場合には、当該外貨建資産等の金額を期末時換算法により換算した金額と当該外貨建資産等のその時の帳簿価額との差額に相当する金額（次項において「為替換算差額」という。）は、当該事業年度の所得の金額の計算上、益金の額又は損金の額に算入する。

3　内国法人が適格分割、適格現物出資又は適格現物分配（適格現物分配にあつては、残余財産の全部の分配を除く。以下この項において「適格分割等」という。）により分割承継法人、被現物出資法人又は被現物分配法人に外貨建資産等（当該適格分割等の日の前日を事業年度終了の日とした場合に期末時換算法によりその金額の円換算額への換算をすることとなるものに限る。以下この項において同じ。）を移転する場合には、当該適格分割等の日の前日を事業年度終了の日とした場合に前項の規定により計算される当該外貨建資産等に係る為替換算差額に相当する金額は、当該適格分割等の日の属する事業年度の所得の金額の計算上、益金の額又は損金の額に算入する。

4　外国為替の売買相場が著しく変動した場合の外貨建資産等の金額の円換算額への換算、外貨建資産等の金額を円換算額に換算する方法の選定の手続、第二項に規定する為替換算差額の翌事業年度における処理その他前三項の規定の適用に関し必要な事項は、政令で定める。

（法人税法基本通達）

（事前確定届出給与の意義）

9－2－14　法第34条第１項第２号《事前確定届出給与》に掲げる給与は、所定の時期に確定した額の金銭等（確定した額の金銭又は確定した数の株式若しくは新株予約権若しくは確定した額の金銭債権に係る法第54条第１項（（譲渡制限付株式を対価とする費用の帰属事業年度の特例））に規定する特定譲渡制限付株式若しくは法第54条の２第１項（（新株予約権を対価とする費用の帰属事業年度の特例等））に規定する特定新株予約権をいう。）を交付する旨の定めに基づいて支給される給与をいうのであるから、例えば、同号の規定に基づき納税地の所轄税務署長へ届け出た支給額と実際の支給額が異なる場合にはこれに該当しないこととなり、原則として、その支給額の全額が損金不算入となることに留意する。（平19年課法２－３「二十二」により追加、平29年課法２－17「十二」により改正）

（子会社等を整理する場合の損失負担等）

9－4－1　法人がその子会社等の解散、経営権の譲渡等に伴い当該子会社等のために債務の引受けその他の損失負担又は債権放棄等（以下９－４－１において「損失負担等」という。）をした場合において、その損失負担等をしなければ今後より大きな損失を蒙ることになることが社会通念上明らかであると認められるためやむを得ずその損失負担等をするに至った等そのことについて相当な理由があると認められるときは、その損失負担等により供与する経済的利益の額は、寄附金の額に該当しないものとする。（昭55年直法２－８「三十三」により追加、平10年課法２－６により改正）

（注）　子会社等には、当該法人と資本関係を有する者のほか、取引関係、人的関係、資金関係等において事業関連性を有する者が含まれる（以下９－４－２において同じ。）。

（子会社等を再建する場合の無利息貸付け等）

9－4－2　法人がその子会社等に対して金銭の無償若しくは通常の利率よりも低い利率での貸付け又は債権放棄等（以下９－４－２において「無利息貸付け等」という。）をした場合において、その無利息貸付け等が例えば業績不振の子会社等の倒産を防止するためにやむを得ず行われるもので合理的な再建計画に基づくものである等その無利息貸付け等をしたことについて相当な理由があると認めら

れるときは、その無利息貸付け等により供与する経済的利益の額は、寄附金の額に該当しないものとする。（昭55年直法2－8「三十三」により追加、平10年課法2－6により改正）

（注）　合理的な再建計画かどうかについては、支援額の合理性、支援者による再建管理の有無、支援者の範囲の相当性及び支援割合の合理性等について、個々の事例に応じ、総合的に判断するのであるが、例えば、利害の対立する複数の支援者の合意により策定されたものと認められる再建計画は、原則として、合理的なものと取り扱う。

（租税特別措置法）

（国外関連者との取引に係る課税の特例）

第六十六条の四 法人が、昭和六十一年四月一日以後に開始する各事業年度において、当該法人に係る国外関連者（外国法人で、当該法人との間にいずれか一方の法人が他方の法人の発行済株式又は出資（当該他方の法人が有する自己の株式又は出資を除く。）の総数又は総額の百分の五十以上の数又は金額の株式又は出資を直接又は間接に保有する関係その他の政令で定める特殊の関係（次項、第五項及び第十項において「特殊の関係」という。）のあるものをいう。以下この条において同じ。）との間で資産の販売、資産の購入、役務の提供その他の取引を行つた場合に、当該取引（当該国外関連者が恒久的施設を有する外国法人である場合には、当該国外関連者の法人税法第百四十一条第一号イに掲げる国内源泉所得に係る取引として政令で定めるものを除く。以下この条において「国外関連取引」という。）につき、当該法人が当該国外関連者から支払を受ける対価の額が独立企業間価格に満たないとき、又は当該法人が当該国外関連者に支払う対価の額が独立企業間価格を超えるときは、当該法人の当該事業年度の所得に係る同法その他法人税に関する法令の規定の適用については、当該国外関連取引は、独立企業間価格で行われたものとみなす。

2 前項に規定する独立企業間価格とは、国外関連取引が次の各号に掲げる取引のいずれに該当するかに応じ当該各号に定める方法のうち、当該国外関連取引の内容及び当該国外関連取引の当事者が果たす機能その他の事情を勘案して、当該国外関連取引が独立の事業者の間で通常の取引の条件に従つて行われるとした場合に当該国外関連取引につき支払われるべき対価の額を算定するための最も適切な方法により算定した金額をいう。

  一 棚卸資産の販売又は購入 次に掲げる方法

  イ 独立価格比準法（特殊の関係にない売手と買手が、国外関連取引に係る棚卸資産と同種の棚卸資産を当該国外関連取引と取引段階、取引数量その他が同様の状況の下で売買した取引の対価の額（当該同種の棚卸資産を当該国外関連取引と取引段階、取引数量その他に差異のある状況の下で売買した取引がある場合において、その差異により生ずる対価の額の差を調整できるときは、その調整を行つた後の対価の額を含む。）に相当する金額をもつて当該国外関連取引の対価の額とする方法をいう。）

  ロ 再販売価格基準法（国外関連取引に係る棚卸資産の買手が特殊の関係にな

い者に対して当該棚卸資産を販売した対価の額（以下この項において「再販売価格」という。）から通常の利潤の額（当該再販売価格に政令で定める通常の利益率を乗じて計算した金額をいう。）を控除して計算した金額をもつて当該国外関連取引の対価の額とする方法をいう。）

　ハ　原価基準法（国外関連取引に係る棚卸資産の売手の購入、製造その他の行為による取得の原価の額に通常の利潤の額（当該原価の額に政令で定める通常の利益率を乗じて計算した金額をいう。）を加算して計算した金額をもつて当該国外関連取引の対価の額とする方法をいう。）

　ニ　イからハまでに掲げる方法に準ずる方法その他政令で定める方法

　二　前号に掲げる取引以外の取引　同号イからニまでに掲げる方法と同等の方法

3　法人が各事業年度において支出した寄附金の額（法人税法第三十七条第七項に規定する寄附金の額をいう。以下この項及び次項において同じ。）のうち当該法人に係る国外関連者に対するもの（恒久的施設を有する外国法人である国外関連者に対する寄附金の額で当該国外関連者の各事業年度の同法第百四十一条第一号イに掲げる国内源泉所得に係る所得の金額の計算上益金の額に算入されるものを除く。）は、当該法人の各事業年度の所得の金額の計算上、損金の額に算入しない。この場合において、当該法人に対する同法第三十七条の規定の適用については、同条第一項中「次項」とあるのは、「次項又は租税特別措置法第六十六条の四第三項（国外関連者との取引に係る課税の特例）」とする。

4　第一項の規定の適用がある場合における国外関連取引の対価の額と当該国外関連取引に係る同項に規定する独立企業間価格との差額（寄附金の額に該当するものを除く。）は、法人の各事業年度の所得の金額の計算上、損金の額に算入しない。

5　法人が当該法人に係る国外関連者との取引を他の者（当該法人に係る他の国外関連者及び当該国外関連者と特殊の関係のある内国法人を除く。以下この項において「非関連者」という。）を通じて行う場合として政令で定める場合における当該法人と当該非関連者との取引は、当該法人の国外関連取引とみなして、第一項の規定を適用する。

6　法人が、当該事業年度において、当該法人に係る国外関連者との間で国外関連取引を行つた場合には、当該国外関連取引に係る第一項に規定する独立企業間価格を算定するために必要と認められる書類として財務省令で定める書類（その作成に代えて電磁的記録（電子的方式、磁気的方式その他の人の知覚によつては認識することができない方式で作られる記録であつて、電子計算機による情報処理の用に供されるものをいう。以下この条において同じ。）の作成がされている場

合における当該電磁的記録を含む。）を、当該事業年度の法人税法第七十四条第一項又は第百四十四条の六第一項若しくは第二項の規定による申告書の提出期限までに作成し、又は取得し、財務省令で定めるところにより保存しなければならない。

7　法人が当該事業年度の前事業年度（当該事業年度開始の日の前日を含む事業年度が連結事業年度に該当する場合には、当該法人のその前日を含む連結事業年度。以下この項において「前事業年度等」という。）において当該法人に係る一の国外関連者との間で行つた国外関連取引（前事業年度等がない場合その他の政令で定める場合には、当該事業年度において当該法人と当該一の国外関連者との間で行つた国外関連取引）が次のいずれにも該当する場合又は当該法人が前事業年度等において当該一の国外関連者との間で行つた国外関連取引がない場合として政令で定める場合には、当該法人が当該事業年度において当該一の国外関連者との間で行つた国外関連取引に係る第一項に規定する独立企業間価格を算定するために必要と認められる書類については、前項の規定は、適用しない。

一　一の国外関連者との間で行つた国外関連取引につき、当該一の国外関連者から支払を受ける対価の額及び当該一の国外関連者に支払う対価の額の合計額が五十億円未満であること。

二　一の国外関連者との間で行つた国外関連取引（無形資産（有形資産及び金融資産以外の資産として政令で定めるものをいう。以下この号及び次項において同じ。）の譲渡若しくは貸付け（無形資産に係る権利の設定その他他の者に無形資産を使用させる一切の行為を含む。）又はこれらに類似する取引に限る。）につき、当該一の国外関連者から支払を受ける対価の額及び当該一の国外関連者に支払う対価の額の合計額が三億円未満であること。

8　法人が各事業年度において当該法人に係る国外関連者との間で行つた特定無形資産国外関連取引（国外関連取引のうち、特定無形資産（国外関連取引を行つた時において評価することが困難な無形資産として政令で定めるものをいう。以下この項において同じ。）の譲渡若しくは貸付け（特定無形資産に係る権利の設定その他他の者に特定無形資産を使用させる一切の行為を含む。）又はこれらに類似する取引をいう。以下この項において同じ。）について、当該特定無形資産国外関連取引の対価の額を算定するための前提となつた事項（当該特定無形資産国外関連取引を行つた時に当該法人が予測したものに限る。）についてその内容と相違する事実が判明した場合には、税務署長は、第二項各号に掲げる取引のいずれに該当するかに応じ当該各号に定める方法のうち、当該特定無形資産国外関連取引の内容及び当該特定無形資産国外関連取引の当事者が果たす機能その他の事

情（当該相違する事実及びその相違することとなつた事由の発生の可能性（当該特定無形資産国外関連取引を行つた時における客観的な事実に基づいて計算されたものであることその他の政令で定める要件を満たすものに限る。）を含む。）を勘案して、当該特定無形資産国外関連取引が独立の事業者の間で通常の取引の条件に従つて行われるとした場合に当該特定無形資産国外関連取引につき支払われるべき対価の額を算定するための最も適切な方法により算定した金額を第一項に規定する独立企業間価格とみなして、当該法人の当該事業年度の所得の金額又は欠損金額につき法人税法第二条第三十九号に規定する更正（以下この条において「更正」という。）又は同法第二条第四十号に規定する決定（第十二項、第十四項及び第二十七項において「決定」という。）をすることができる。ただし、当該特定無形資産国外関連取引の対価の額とこの項本文の規定を適用したならば第一項に規定する独立企業間価格とみなされる金額とが著しく相違しない場合として政令で定める場合に該当するときは、この限りでない。

9 　前項本文の規定は、法人が同項の特定無形資産国外関連取引（第二十五項の規定により各事業年度において法人が当該法人に係る国外関連者との間で取引を行つた場合に当該事業年度の確定申告書（法人税法第二条第三十一号に規定する確定申告書をいう。同項において同じ。）に添付すべき書類に、当該特定無形資産国外関連取引に係る同項に規定する事項の記載があるものに限る。以下この項及び次項において同じ。）に係る次に掲げる事項の全てを記載した書類（その作成に代えて電磁的記録の作成がされている場合における当該電磁的記録を含む。）を作成し、又は取得している場合には、適用しない。

　一　当該特定無形資産国外関連取引の対価の額を算定するための前提となつた事項（当該特定無形資産国外関連取引を行つた時に当該法人が予測したものに限る。次号において同じ。）の内容として財務省令で定める事項

　二　当該特定無形資産国外関連取引の対価の額を算定するための前提となつた事項についてその内容と相違する事実が判明した場合におけるその相違することとなつた事由（以下この号において「相違事由」という。）が災害その他これに類するものであるために当該特定無形資産国外関連取引を行つた時に当該法人がその発生を予測することが困難であつたこと、又は相違事由の発生の可能性（当該特定無形資産国外関連取引を行つた時における客観的な事実に基づいて計算されたものであることその他の政令で定める要件を満たすものに限る。）を勘案して当該法人が当該特定無形資産国外関連取引の対価の額を算定していたこと。

10 　第八項本文の規定は、法人に係る特定無形資産国外関連取引に係る判定期間

（当該法人と特殊の関係にない者又は当該法人との間で当該特定無形資産国外関連取引を行つた国外関連者と特殊の関係にない者から受ける同項の特定無形資産の使用その他の行為による収入が最初に生じた日（その日が当該特定無形資産国外関連取引が行われた日前である場合には、当該特定無形資産国外関連取引が行われた日）を含む事業年度（当該最初に生じた日を含む事業年度が連結事業年度に該当する場合には、当該連結事業年度）開始の日から五年を経過する日までの期間をいう。以下この項において同じ。）に当該特定無形資産の使用その他の行為により生ずることが予測された利益の額と当該判定期間に当該特定無形資産の使用その他の行為により生じた利益の額とが著しく相違しない場合として政令で定める場合に該当するときは、当該判定期間を経過する日後において、当該特定無形資産国外関連取引については、適用しない。

11　国税庁の当該職員又は法人の納税地の所轄税務署若しくは所轄国税局の当該職員が法人に前二項の規定の適用があることを明らかにする書類（その作成又は保存に代えて電磁的記録の作成又は保存がされている場合における当該電磁的記録を含む。以下この項において同じ。）又はその写しの提示又は提出を求めた場合において、その提示又は提出を求めた日から六十日（その求めた書類又はその写しが同時文書化対象国外関連取引（第七項の規定の適用がある国外関連取引以外の国外関連取引をいう。次項及び第十七項において同じ。）に係る第六項に規定する財務省令で定める書類（その作成又は保存に代えて電磁的記録の作成又は保存がされている場合における当該電磁的記録を含む。次項及び第十七項において同じ。）又はその写しに該当する場合には、その提示又は提出を求めた日から四十五日）を超えない範囲内においてその求めた書類又はその写しの提示又は提出の準備に通常要する日数を勘案して当該職員が指定する日までにこれらの提示又は提出がなかつたときは、前二項の規定の適用はないものとする。

12　国税庁の当該職員又は法人の納税地の所轄税務署若しくは所轄国税局の当該職員が、法人に各事業年度における同時文書化対象国外関連取引に係る第六項に規定する財務省令で定める書類若しくはその写しの提示若しくは提出を求めた場合においてその提示若しくは提出を求めた日から四十五日を超えない範囲内においてその求めた書類若しくはその写しの提示若しくは提出の準備に通常要する日数を勘案して当該職員が指定する日までにこれらの提示若しくは提出がなかつたとき、又は法人に各事業年度における同時文書化対象国外関連取引に係る第一項に規定する独立企業間価格（第八項本文の規定により当該独立企業間価格とみなされる金額を含む。）を算定するために重要と認められる書類として財務省令で定める書類（その作成又は保存に代えて電磁的記録の作成又は保存がされている場

合における当該電磁的記録を含む。以下この項及び第十七項において同じ。）若しくはその写しの提示若しくは提出を求めた場合においてその提示若しくは提出を求めた日から六十日を超えない範囲内においてその求めた書類若しくはその写しの提示若しくは提出の準備に通常要する日数を勘案して当該職員が指定する日までにこれらの提示若しくは提出がなかつたときは、税務署長は、次の各号に掲げる方法（第二号に掲げる方法は、第一号に掲げる方法を用いることができない場合に限り、用いることができる。）により算定した金額を第一項に規定する独立企業間価格と推定して、当該法人の当該事業年度の所得の金額又は欠損金額につき更正又は決定をすることができる。ただし、当該事業年度において、当該同時文書化対象国外関連取引につき第八項又は第九項の規定の適用がある場合は、この限りでない。

- 一　当該法人の当該国外関連取引に係る事業と同種の事業を営む法人で事業規模その他の事業の内容が類似するものの当該事業に係る売上総利益率又はこれに準ずる割合として政令で定める割合を基礎とした第二項第一号ロ若しくはハに掲げる方法又は同項第二号に定める方法（同項第一号ロ又はハに掲げる方法と同等の方法に限る。）

- 二　第二項第一号ニに規定する政令で定める方法又は同項第二号に定める方法（当該政令で定める方法と同等の方法に限る。）に類するものとして政令で定める方法

13　前項本文の規定は、同項の同時文書化対象国外関連取引につき第十項の規定の適用がある場合には、同項に規定する経過する日後は、適用しない。

14　国税庁の当該職員又は法人の納税地の所轄税務署若しくは所轄国税局の当該職員が、法人に各事業年度における同時文書化免除国外関連取引（第七項の規定の適用がある国外関連取引をいう。以下この項及び第十八項において同じ。）に係る第一項に規定する独立企業間価格（第八項本文の規定により当該独立企業間価格とみなされる金額を含む。）を算定するために重要と認められる書類として財務省令で定める書類（その作成又は保存に代えて電磁的記録の作成又は保存がされている場合における当該電磁的記録を含む。以下この項及び第十八項において同じ。）又はその写しの提示又は提出を求めた場合において、その提示又は提出を求めた日から六十日を超えない範囲内においてその求めた書類又はその写しの提示又は提出の準備に通常要する日数を勘案して当該職員が指定する日までにこれらの提示又は提出がなかつたときは、税務署長は、第十二項各号に掲げる方法（同項第二号に掲げる方法は、同項第一号に掲げる方法を用いることができない場合に限り、用いることができる。）により算定した金額を第一項に規定する独

立企業間価格と推定して、当該法人の当該事業年度の所得の金額又は欠損金額につき更正又は決定をすることができる。ただし、当該事業年度において、当該同時文書化免除国外関連取引につき第八項又は第九項の規定の適用がある場合は、この限りでない。

15　前項本文の規定は、同項の同時文書化免除国外関連取引につき第十項の規定の適用がある場合には、同項に規定する経過する日後は、適用しない。

16　国税庁の当該職員又は法人の納税地の所轄税務署若しくは所轄国税局の当該職員は、法人と当該法人に係る国外関連者との間の取引に関する調査について必要があるときは、当該法人に対し、当該国外関連者が保存する帳簿書類（その作成又は保存に代えて電磁的記録の作成又は保存がされている場合における当該電磁的記録を含む。以下この条において同じ。）又はその写しの提示又は提出を求めることができる。

17　国税庁の当該職員又は法人の納税地の所轄税務署若しくは所轄国税局の当該職員は、法人に各事業年度における同時文書化対象国外関連取引に係る第六項に規定する財務省令で定める書類若しくはその写しの提示若しくは提出を求めた場合においてその提示若しくは提出を求めた日から四十五日を超えない範囲内においてその求めた書類若しくはその写しの提示若しくは提出の準備に通常要する日数を勘案して当該職員が指定する日までにこれらの提示若しくは提出がなかつたとき、又は法人に各事業年度における同時文書化対象国外関連取引に係る第十二項に規定する独立企業間価格を算定するために重要と認められる書類として財務省令で定める書類若しくはその写しの提示若しくは提出を求めた場合においてその提示若しくは提出を求めた日から六十日を超えない範囲内においてその求めた書類若しくはその写しの提示若しくは提出の準備に通常要する日数を勘案して当該職員が指定する日までにこれらの提示若しくは提出がなかつたときに、当該法人の各事業年度における同時文書化対象国外関連取引に係る第一項に規定する独立企業間価格を算定するために必要があるときは、その必要と認められる範囲内において、当該法人の当該同時文書化対象国外関連取引に係る事業と同種の事業を営む者に質問し、当該事業に関する帳簿書類を検査し、又は当該帳簿書類（その写しを含む。）の提示若しくは提出を求めることができる。

18　国税庁の当該職員又は法人の納税地の所轄税務署若しくは所轄国税局の当該職員は、法人に各事業年度における同時文書化免除国外関連取引に係る第十四項に規定する財務省令で定める書類又はその写しの提示又は提出を求めた場合において、その提示又は提出を求めた日から六十日を超えない範囲内においてその求めた書類又はその写しの提示又は提出の準備に通常要する日数を勘案して当該職員

が指定する日までにこれらの提示又は提出がなかつたときに、当該法人の各事業年度における同時文書化免除国外関連取引に係る第一項に規定する独立企業間価格を算定するために必要があるときは、その必要と認められる範囲内において、当該法人の当該同時文書化免除国外関連取引に係る事業と同種の事業を営む者に質問し、当該事業に関する帳簿書類を検査し、又は当該帳簿書類(その写しを含む。)の提示若しくは提出を求めることができる。

19 国税庁の当該職員又は法人の納税地の所轄税務署若しくは所轄国税局の当該職員は、法人の国外関連取引に係る第一項に規定する独立企業間価格を算定するために必要があるときは、前二項の規定に基づき提出された帳簿書類(その写しを含む。)を留め置くことができる。

20 前三項の規定による当該職員の権限は、犯罪捜査のために認められたものと解してはならない。

21 国税庁、国税局又は税務署の当該職員は、第十七項又は第十八項の規定による質問、検査又は提示若しくは提出の要求をする場合には、その身分を示す証明書を携帯し、関係人の請求があつたときは、これを提示しなければならない。

22 次の各号のいずれかに該当する者は、三十万円以下の罰金に処する。

　一 第十七項若しくは第十八項の規定による当該職員の質問に対して答弁せず、若しくは偽りの答弁をし、又はこれらの規定による検査を拒み、妨げ、若しくは忌避した者

　二 第十七項又は第十八項の規定による帳簿書類の提示又は提出の要求に対し、正当な理由がなくこれに応じず、又は偽りの記載若しくは記録をした帳簿書類(その写しを含む。)を提示し、若しくは提出した者

23 法人の代表者(人格のない社団等の管理人を含む。)又は法人若しくは人の代理人、使用人その他の従業者が、その法人又は人の業務に関して前項の違反行為をしたときは、その行為者を罰するほか、その法人又は人に対して同項の刑を科する。

24 人格のない社団等について前項の規定の適用がある場合には、その代表者又は管理人がその訴訟行為につきその人格のない社団等を代表するほか、法人を被告人又は被疑者とする場合の刑事訴訟に関する法律の規定を準用する。

25 法人は、各事業年度において当該法人に係る国外関連者との間で取引を行つた場合には、当該国外関連者の名称及び本店又は主たる事務所の所在地その他財務省令で定める事項を記載した書類を当該事業年度の確定申告書に添付しなければならない。

26 法人が当該法人に係る国外関連者との間で行つた取引につき第一項の規定の適

用があつた場合において、同項の規定の適用に関し国税通則法第二十三条第一項第一号又は第三号に掲げる事由が生じたときの法人税及び地方法人税に係る同項（第二号を除く。）の規定の適用については、同項中「五年」とあるのは、「七年」とする。

27 更正若しくは決定（以下この項において「更正決定」という。）又は国税通則法第三十二条第五項に規定する賦課決定（以下この条において「賦課決定」という。）で次の各号に掲げるものは、同法第七十条第一項の規定にかかわらず、当該各号に定める期限又は日から七年を経過する日まで、することができる。この場合において、同条第三項及び第四項並びに同法第七十一条第一項並びに地方法人税法第二十六条第一項及び第三項の規定の適用については、国税通則法第七十条第三項中「の規定により」とあるのは「及び租税特別措置法第六十六条の四第二十七項（国外関連者との取引に係る課税の特例）の規定により」と、「、前二項」とあるのは「、前二項及び同条第二十七項」と、同条第四項中「の規定により」とあるのは「及び租税特別措置法第六十六条の四第二十七項の規定により」と、「、第一項」とあるのは「、第一項及び同法第六十六条の四第二十七項」と、同法第七十一条第一項中「日が前条」とあるのは「日が前条及び租税特別措置法第六十六条の四第二十七項（国外関連者との取引に係る課税の特例）」と、「同条」とあるのは「前条及び同項」と、同項第四号ロ中「前条」とあるのは「前条及び租税特別措置法第六十六条の四第二十七項」と、地方法人税法第二十六条第一項中「第七十条第三項」とあるのは「第七十条第三項（租税特別措置法（昭和三十二年法律第二十六号）第六十六条の四第二十七項の規定により読み替えて適用する場合を含む。以下この項において同じ。）」と、「更正の請求（同法」とあるのは「更正の請求（国税通則法」と、「及び第二項」とあるのは「及び第二項の規定並びに租税特別措置法第六十六条の四第二十七項」と、「同条第三項」とあるのは「国税通則法第七十条第三項」と、同条第三項中「限る」とあるのは「限り、租税特別措置法第六十六条の四第二十七項の規定により読み替えて適用する場合を含む」と、「同法」とあるのは「国税通則法」と、「又は第一項」とあるのは「、租税特別措置法第六十六条の四第二十七項の規定又は第一項」と、「及び第一項」とあるのは「、租税特別措置法第六十六条の四第二十七項の規定及び第一項」とする。

一 法人が当該法人に係る国外関連者との取引を第一項に規定する独立企業間価格と異なる対価の額で行つた事実に基づいてする法人税に係る更正決定又は当該更正決定に伴い国税通則法第十九条第一項に規定する課税標準等（以下この項において「課税標準等」という。）若しくは同条第一項に規定する税額等

（以下この項において「税額等」という。）に異動を生ずべき法人税に係る更正決定　これらの更正決定に係る法人税の同法第二条第七号に規定する法定申告期限（同法第六十一条第一項に規定する還付請求申告書に係る更正については、当該還付請求申告書を提出した日）

二　前号に規定する事実に基づいてする法人税に係る更正決定若しくは国税通則法第二条第六号に規定する納税申告書（同法第十七条第二項に規定する期限内申告書を除く。以下この項において「納税申告書」という。）の提出又は当該更正決定若しくは当該納税申告書の提出に伴い前号に規定する異動を生ずべき法人税に係る更正決定若しくは納税申告書の提出に伴いこれらの法人税に係る同法第六十九条に規定する加算税（第四号において「加算税」という。）についてする賦課決定　その納税義務の成立の日

三　第一号に掲げる更正決定に伴い課税標準等又は税額等に異動を生ずべき地方法人税に係る更正決定　当該更正決定に係る地方法人税の国税通則法第二条第七号に規定する法定申告期限（第一号の法人税に係る更正が同法第六十一条第一項に規定する還付請求申告書に係る更正である場合には、当該還付請求申告書を提出した日）

四　第一号に掲げる更正決定又は同号に規定する事実に基づいてする法人税に係る納税申告書の提出若しくは同号に規定する異動を生ずべき法人税に係る納税申告書の提出に伴い課税標準等又は税額等に異動を生ずべき地方法人税に係る更正決定又は納税申告書の提出に伴いその地方法人税に係る加算税についてする賦課決定　その納税義務の成立の日

28　法人が当該法人に係る国外関連者との取引を第一項に規定する独立企業間価格と異なる対価の額で行つたことに伴い納付すべき税額が過少となり、又は国税通則法第二条第六号に規定する還付金の額が過大となつた法人税及び地方法人税に係る同法第七十二条第一項に規定する国税の徴収権の時効は、同法第七十三条第三項の規定の適用がある場合を除き、当該法人税及び地方法人税の同法第七十二条第一項に規定する法定納期限（同法第七十条第三項の規定による更正若しくは賦課決定又は同条第四項の規定による賦課決定に係るものを除く。）から二年間は、進行しない。

29　前項の場合においては、国税通則法第七十三条第三項ただし書の規定を準用する。

30　第二十七項の規定により読み替えて適用される国税通則法第七十条第三項の規定による更正若しくは賦課決定又は同条第四項の規定による賦課決定により納付すべき法人税及び地方法人税に係る同法第七十二条第一項の規定の適用について

は、同項中「(第七十条第三項」とあるのは「(租税特別措置法第六十六条の四第二十七項(国外関連者との取引に係る課税の特例)の規定により読み替えて適用される第七十条第三項」と、「、第七十条第三項」とあるのは「、同法第六十六条の四第二十七項の規定により読み替えて適用される第七十条第三項」と、「第七十条第四項」とあるのは「同法第六十六条の四第二十七項の規定により読み替えて適用される第七十条第四項」とする。

31　第一項の規定の適用がある場合において、法人と当該法人に係る国外関連者(法人税法第二条第十二号の十九ただし書に規定する条約(以下この項及び次条第一項において「租税条約」という。)の規定により租税条約の我が国以外の締約国又は締約者(以下この項及び次条第一項において「条約相手国等」という。)の居住者又は法人とされるものに限る。)との間の国外関連取引に係る第一項に規定する独立企業間価格につき財務大臣が当該条約相手国等の権限ある当局との間で当該租税条約に基づく合意をしたことその他の政令で定める要件を満たすときは、国税局長又は税務署長は、政令で定めるところにより、当該法人が同項の規定の適用により納付すべき法人税に係る延滞税及び地方法人税に係る延滞税のうちその計算の基礎となる期間で財務大臣が当該条約相手国等の権限ある当局との間で合意をした期間に対応する部分に相当する金額を免除することができる。

32　外国法人が国外関連者に該当するかどうかの判定に関する事項その他第一項から第十五項まで及び第十九項の規定の適用に関し必要な事項は、政令で定める。

（租税特別措置法施行令）

（国外関連者との取引に係る課税の特例）
第三十九条の十二　法第六十六条の四第一項に規定する政令で定める特殊の関係は、次に掲げる関係とする。

一　二の法人のいずれか一方の法人が他方の法人の発行済株式又は出資（自己が有する自己の株式又は出資を除く。）の総数又は総額（以下第三項までにおいて「発行済株式等」という。）の百分の五十以上の数又は金額の株式又は出資を直接又は間接に保有する関係

二　二の法人が同一の者（当該者が個人である場合には、当該個人及びこれと法人税法第二条第十号に規定する政令で定める特殊の関係のある個人。第五号において同じ。）によつてそれぞれその発行済株式等の百分の五十以上の数又は金額の株式又は出資を直接又は間接に保有される場合における当該二の法人の関係（前号に掲げる関係に該当するものを除く。）

三　次に掲げる事実その他これに類する事実（次号及び第五号において「特定事実」という。）が存在することにより二の法人のいずれか一方の法人が他方の法人の事業の方針の全部又は一部につき実質的に決定できる関係（前二号に掲げる関係に該当するものを除く。）

イ　当該他方の法人の役員の二分の一以上又は代表する権限を有する役員が、当該一方の法人の役員若しくは使用人を兼務している者又は当該一方の法人の役員若しくは使用人であつた者であること。

ロ　当該他方の法人がその事業活動の相当部分を当該一方の法人との取引に依存して行つていること。

ハ　当該他方の法人がその事業活動に必要とされる資金の相当部分を当該一方の法人からの借入れにより、又は当該一方の法人の保証を受けて調達していること。

四　一の法人と次に掲げるいずれかの法人との関係（前三号に掲げる関係に該当するものを除く。）

イ　当該一の法人が、その発行済株式等の百分の五十以上の数若しくは金額の株式若しくは出資を直接若しくは間接に保有し、又は特定事実が存在することによりその事業の方針の全部若しくは一部につき実質的に決定できる関係にある法人

ロ　イ又はハに掲げる法人が、その発行済株式等の百分の五十以上の数若しく

は金額の株式若しくは出資を直接若しくは間接に保有し、又は特定事実が存在することによりその事業の方針の全部若しくは一部につき実質的に決定できる関係にある法人

ハ　ロに掲げる法人が、その発行済株式等の百分の五十以上の数若しくは金額の株式若しくは出資を直接若しくは間接に保有し、又は特定事実が存在することによりその事業の方針の全部若しくは一部につき実質的に決定できる関係にある法人

五　二の法人がそれぞれ次に掲げるいずれかの法人に該当する場合における当該二の法人の関係（イに規定する一の者が同一の者である場合に限るものとし、前各号に掲げる関係に該当するものを除く。）

イ　一の者が、その発行済株式等の百分の五十以上の数若しくは金額の株式若しくは出資を直接若しくは間接に保有し、又は特定事実が存在することによりその事業の方針の全部若しくは一部につき実質的に決定できる関係にある法人

ロ　イ又はハに掲げる法人が、その発行済株式等の百分の五十以上の数若しくは金額の株式若しくは出資を直接若しくは間接に保有し、又は特定事実が存在することによりその事業の方針の全部若しくは一部につき実質的に決定できる関係にある法人

ハ　ロに掲げる法人が、その発行済株式等の百分の五十以上の数若しくは金額の株式若しくは出資を直接若しくは間接に保有し、又は特定事実が存在することによりその事業の方針の全部若しくは一部につき実質的に決定できる関係にある法人

2　前項第一号の場合において、一方の法人が他方の法人の発行済株式等の百分の五十以上の数又は金額の株式又は出資を直接又は間接に保有するかどうかの判定は、当該一方の法人の当該他方の法人に係る直接保有の株式等の保有割合（当該一方の法人の有する当該他方の法人の株式又は出資の数又は金額が当該他方の法人の発行済株式等のうちに占める割合をいう。）と当該一方の法人の当該他方の法人に係る間接保有の株式等の保有割合とを合計した割合により行うものとする。

3　前項に規定する間接保有の株式等の保有割合とは、次の各号に掲げる場合の区分に応じ当該各号に掲げる割合（当該各号に掲げる場合のいずれにも該当する場合には、当該各号に掲げる割合の合計割合）をいう。

一　前項の他方の法人の株主等（法人税法第二条第十四号に規定する株主等をいう。次号において同じ。）である法人の発行済株式等の百分の五十以上の数又は金額の株式又は出資が同項の一方の法人により所有されている場合　当該株

主等である法人の有する当該他方の法人の株式又は出資の数又は金額が当該他方の法人の発行済株式等のうちに占める割合（当該株主等である法人が二以上ある場合には、当該二以上の株主等である法人につきそれぞれ計算した割合の合計割合）

二　前項の他方の法人の株主等である法人（前号に掲げる場合に該当する同号の株主等である法人を除く。）と同項の一方の法人との間にこれらの者と発行済株式等の所有を通じて連鎖関係にある一又は二以上の法人（以下この号において「出資関連法人」という。）が介在している場合（出資関連法人及び当該株主等である法人がそれぞれその発行済株式等の百分の五十以上の数又は金額の株式又は出資を当該一方の法人又は出資関連法人（その発行済株式等の百分の五十以上の数又は金額の株式又は出資が当該一方の法人又は他の出資関連法人によつて所有されているものに限る。）によつて所有されている場合に限る。）当該株主等である法人の有する当該他方の法人の株式又は出資の数又は金額が当該他方の法人の発行済株式等のうちに占める割合（当該株主等である法人が二以上ある場合には、当該二以上の株主等である法人につきそれぞれ計算した割合の合計割合）

4　第二項の規定は、第一項第二号、第四号及び第五号の直接又は間接に保有される関係の判定について準用する。

5　法第六十六条の四第一項に規定する政令で定める取引は、同項に規定する国外関連者（以下この条において「国外関連者」という。）の法人税法第百四十一条第一号イに掲げる国内源泉所得（租税条約（同法第二条第十二号の十九ただし書に規定する条約をいう。以下第三十九条の十七の三までにおいて同じ。）の規定その他財務省令で定める規定により法人税が軽減され、又は免除される所得を除く。）に係る取引とする。

6　法第六十六条の四第二項第一号ロに規定する政令で定める通常の利益率は、同条第一項に規定する国外関連取引（以下この条において「国外関連取引」という。）に係る棚卸資産と同種又は類似の棚卸資産を、特殊の関係（同項に規定する特殊の関係をいう。）にない者（以下第八項までにおいて「非関連者」という。）から購入した者（以下この項並びに第八項第二号及び第四号において「再販売者」という。）が当該同種又は類似の棚卸資産を非関連者に対して販売した取引（以下この項において「比較対象取引」という。）に係る当該再販売者の売上総利益の額（当該比較対象取引に係る棚卸資産の販売による収入金額の合計額から当該比較対象取引に係る棚卸資産の原価の額の合計額を控除した金額をいう。）の当該収入金額の合計額に対する割合とする。ただし、比較対象取引と当該国外関

連取引に係る棚卸資産の買手が当該棚卸資産を非関連者に対して販売した取引とが売手の果たす機能その他において差異がある場合には、その差異により生ずる割合の差につき必要な調整を加えた後の割合（その必要な調整を加えることができない場合であつて財務省令で定める場合に該当するときは、財務省令で定めるところにより計算した割合）とする。

7　法第六十六条の四第二項第一号ハに規定する政令で定める通常の利益率は、国外関連取引に係る棚卸資産と同種又は類似の棚卸資産を、購入（非関連者からの購入に限る。）、製造その他の行為により取得した者（以下この項及び次項第三号において「販売者」という。）が当該同種又は類似の棚卸資産を非関連者に対して販売した取引（以下この項において「比較対象取引」という。）に係る当該販売者の売上総利益の額（当該比較対象取引に係る棚卸資産の販売による収入金額の合計額から当該比較対象取引に係る棚卸資産の原価の額の合計額を控除した金額をいう。）の当該原価の額の合計額に対する割合とする。ただし、比較対象取引と当該国外関連取引とが売手の果たす機能その他において差異がある場合には、その差異により生ずる割合の差につき必要な調整を加えた後の割合（その必要な調整を加えることができない場合であつて財務省令で定める場合に該当するときは、財務省令で定めるところにより計算した割合）とする。

8　法第六十六条の四第二項第一号ニに規定する政令で定める方法は、次に掲げる方法とする。

一　国外関連取引に係る棚卸資産の法第六十六条の四第一項の法人及び当該法人に係る国外関連者による購入、製造その他の行為による取得及び販売（以下この号において「販売等」という。）に係る所得が、次に掲げる方法によりこれらの者に帰属するものとして計算した金額をもつて当該国外関連取引の対価の額とする方法

イ　当該国外関連取引に係る棚卸資産と同種又は類似の棚卸資産の非関連者による販売等（イにおいて「比較対象取引」という。）に係る所得の配分に関する割合（当該比較対象取引と当該国外関連取引に係る棚卸資産の当該法人及び当該国外関連者による販売等とが当事者の果たす機能その他において差異がある場合には、その差異により生ずる割合の差につき必要な調整を加えた後の割合（その必要な調整を加えることができない場合であつて財務省令で定める場合に該当するときは、財務省令で定めるところにより計算した割合））に応じて当該法人及び当該国外関連者に帰属するものとして計算する方法

ロ　当該国外関連取引に係る棚卸資産の当該法人及び当該国外関連者による販

売等に係る所得の発生に寄与した程度を推測するに足りるこれらの者が支出した費用の額、使用した固定資産の価額その他これらの者に係る要因に応じてこれらの者に帰属するものとして計算する方法

ハ　(1)及び(2)に掲げる金額につき当該法人及び当該国外関連者ごとに合計した金額がこれらの者に帰属するものとして計算する方法

　(1)　当該国外関連取引に係る棚卸資産の当該法人及び当該国外関連者による販売等に係る所得が、当該棚卸資産と同種又は類似の棚卸資産の非関連者による販売等（(1)において「比較対象取引」という。）に係る第六項、前項又は次号から第五号までに規定する必要な調整を加えないものとした場合のこれらの規定による割合（当該比較対象取引と当該国外関連取引に係る棚卸資産の当該法人及び当該国外関連者による販売等とが当事者の果たす機能その他において差異がある場合には、その差異（当該棚卸資産の販売等に関し当該法人及び当該国外関連者に独自の機能が存在することによる差異を除く。）により生ずる割合の差につき必要な調整を加えた後の割合（その必要な調整を加えることができない場合であつて財務省令で定める場合に該当するときは、財務省令で定めるところにより計算した割合））に基づき当該法人及び当該国外関連者に帰属するものとして計算した金額

　(2)　当該国外関連取引に係る棚卸資産の当該法人及び当該国外関連者による販売等に係る所得の金額と(1)に掲げる金額の合計額との差額（(2)において「残余利益等」という。）が、当該残余利益等の発生に寄与した程度を推測するに足りるこれらの者が支出した費用の額、使用した固定資産の価額その他これらの者に係る要因に応じてこれらの者に帰属するものとして計算した金額

二　国外関連取引に係る棚卸資産の買手が非関連者に対して当該棚卸資産を販売した対価の額（以下この号及び第四号において「再販売価格」という。）から、当該再販売価格にイに掲げる金額のロに掲げる金額に対する割合（再販売者が当該棚卸資産と同種又は類似の棚卸資産を非関連者に対して販売した取引（以下この号において「比較対象取引」という。）と当該国外関連取引に係る棚卸資産の買手が当該棚卸資産を非関連者に対して販売した取引とが売手の果たす機能その他において差異がある場合には、その差異により生ずる割合の差につき必要な調整を加えた後の割合（その必要な調整を加えることができない場合であつて財務省令で定める場合に該当するときは、財務省令で定めるところにより計算した割合））を乗じて計算した金額に当該国外関連取引に係る棚卸資産の販売のために要した販売費及び一般管理費の額を加算した金額を控除した

金額をもつて当該国外関連取引の対価の額とする方法

　イ　当該比較対象取引に係る棚卸資産の販売による営業利益の額の合計額

　ロ　当該比較対象取引に係る棚卸資産の販売による収入金額の合計額

三　国外関連取引に係る棚卸資産の売手の購入、製造その他の行為による取得の原価の額（以下この号において「取得原価の額」という。）に、イに掲げる金額にロに掲げる金額のハに掲げる金額に対する割合（販売者が当該棚卸資産と同種又は類似の棚卸資産を非関連者に対して販売した取引（以下この号において「比較対象取引」という。）と当該国外関連取引とが売手の果たす機能その他において差異がある場合には、その差異により生ずる割合の差につき必要な調整を加えた後の割合（その必要な調整を加えることができない場合であつて財務省令で定める場合に該当するときは、財務省令で定めるところにより計算した割合））を乗じて計算した金額及びイ⑵に掲げる金額の合計額を加算した金額をもつて当該国外関連取引の対価の額とする方法

　イ　次に掲げる金額の合計額

　　⑴　当該取得原価の額

　　⑵　当該国外関連取引に係る棚卸資産の販売のために要した販売費及び一般管理費の額

　ロ　当該比較対象取引に係る棚卸資産の販売による営業利益の額の合計額

　ハ　当該比較対象取引に係る棚卸資産の販売による収入金額の合計額からロに掲げる金額を控除した金額

四　国外関連取引に係る棚卸資産の再販売価格から、当該国外関連取引に係る棚卸資産の販売のために要した販売費及び一般管理費の額にイに掲げる金額とロに掲げる金額との合計額のロに掲げる金額に対する割合（再販売者が当該棚卸資産と同種又は類似の棚卸資産を非関連者に対して販売した取引（以下この号において「比較対象取引」という。）と当該国外関連取引に係る棚卸資産の買手が当該棚卸資産を非関連者に対して販売した取引とが売手の果たす機能その他において差異がある場合には、その差異により生ずる割合の差につき必要な調整を加えた後の割合（その必要な調整を加えることができない場合であつて財務省令で定める場合に該当するときは、財務省令で定めるところにより計算した割合））を乗じて計算した金額を控除した金額をもつて当該国外関連取引の対価の額とする方法

　イ　当該比較対象取引に係る棚卸資産の販売による営業利益の額の合計額

　ロ　当該比較対象取引に係る棚卸資産の販売のために要した販売費及び一般管理費の額

五　国外関連取引に係る棚卸資産の売手の購入その他の行為による取得の原価の額に、当該国外関連取引に係る棚卸資産の販売のために要した販売費及び一般管理費の額にイに掲げる金額とロに掲げる金額との合計額のロに掲げる金額に対する割合（当該棚卸資産と同種又は類似の棚卸資産を、購入（非関連者からの購入に限る。）その他の行為により取得した者が当該同種又は類似の棚卸資産を非関連者に対して販売した取引（以下この号において「比較対象取引」という。）と当該国外関連取引とが売手の果たす機能その他において差異がある場合には、その差異により生ずる割合の差につき必要な調整を加えた後の割合（その必要な調整を加えることができない場合であつて財務省令で定める場合に該当するときは、財務省令で定めるところにより計算した割合））を乗じて計算した金額を加算した金額をもつて当該国外関連取引の対価の額とする方法

イ　当該比較対象取引に係る棚卸資産の販売による営業利益の額の合計額

ロ　当該比較対象取引に係る棚卸資産の販売のために要した販売費及び一般管理費の額

六　国外関連取引に係る棚卸資産の販売又は購入の時に当該棚卸資産の使用その他の行為による利益（これに準ずるものを含む。以下この号において同じ。）が生ずることが予測される期間内の日を含む各事業年度の当該利益の額として当該販売又は購入の時に予測される金額を合理的と認められる割引率を用いて当該棚卸資産の販売又は購入の時の現在価値として割り引いた金額の合計額をもつて当該国外関連取引の対価の額とする方法

七　前各号に掲げる方法に準ずる方法

9　法第六十六条の四第五項に規定する政令で定める場合は、同項の法人と同項の非関連者（以下この項及び次項において「非関連者」という。）との間で行う資産の販売、資産の購入、役務の提供その他の取引の対象となる資産、役務その他のものが同条第五項の当該法人に係る国外関連者に販売、譲渡、貸付けその他の方法によつて移転又は提供されることが当該取引を行つた時において契約その他によりあらかじめ定まつている場合で、かつ、当該移転又は提供に係る対価の額が当該法人と当該国外関連者との間で実質的に決定されていると認められる場合及び同項の当該法人に係る国外関連者と非関連者との間で行う資産の販売、資産の購入、役務の提供その他の取引の対象となる資産、役務その他のものが同項の法人に販売、譲渡、貸付けその他の方法によつて移転又は提供されることが当該取引を行つた時において契約その他によりあらかじめ定まつている場合で、かつ、当該移転又は提供に係る対価の額が当該法人と当該国外関連者との間で実質的に決定されていると認められる場合とする。

10 法第六十六条の四第五項の規定により国外関連取引とみなされた取引に係る同条第一項に規定する独立企業間価格は、同条第二項の規定にかかわらず、当該取引が前項の法人と同項の当該法人に係る国外関連者との間で行われたものとみなして同条第二項の規定を適用した場合に算定される金額に、当該法人と当該国外関連者との取引が非関連者を通じて行われることにより生ずる対価の額の差につき必要な調整を加えた金額とする。

11 法第六十六条の四第七項に規定する前事業年度等がない場合その他の政令で定める場合は、次に掲げる場合とする。

　一　法第六十六条の四第七項の法人の前事業年度等（同項に規定する前事業年度等をいう。次項において同じ。）がない場合

　二　法第六十六条の四第七項の一の国外関連者が同項の法人の当該事業年度において当該法人に係る国外関連者に該当することとなつた場合（前号に掲げる場合を除く。）

12 法第六十六条の四第七項に規定する国外関連取引がない場合として政令で定める場合は、同項の法人の前事業年度等において当該法人に係る一の国外関連者との間で行つた国外関連取引がない場合（前項各号に掲げる場合に該当することにより前事業年度等において当該一の国外関連者との間で行つた国外関連取引がない場合を除く。）とする。

13 法第六十六条の四第七項第二号に規定する政令で定める資産は、特許権、実用新案権その他の資産（次に掲げる資産以外の資産に限る。）で、これらの資産の譲渡若しくは貸付け（資産に係る権利の設定その他他の者に資産を使用させる一切の行為を含む。）又はこれらに類似する取引が独立の事業者の間で通常の取引の条件に従つて行われるとした場合にその対価の額が支払われるべきものとする。

　一　有形資産（次号に掲げるものを除く。）

　二　現金、預貯金、売掛金、貸付金、有価証券、法人税法第六十一条の五第一項に規定するデリバティブ取引に係る権利その他の金融資産として財務省令で定める資産

14 法第六十六条の四第八項に規定する政令で定める無形資産は、法人が当該法人に係る国外関連者との間で行う無形資産国外関連取引（国外関連取引のうち、無形資産（同条第七項第二号に規定する無形資産をいい、固有の特性を有し、かつ、高い付加価値を創出するために使用されるものに限る。以下この項において同じ。）の譲渡若しくは貸付け（無形資産に係る権利の設定その他他の者に無形資産を使用させる一切の行為を含む。）又はこれらに類似する取引をいう。以下この項において同じ。）に係る同条第一項に規定する独立企業間価格を当該無形資

産国外関連取引を行つた時に当該無形資産の使用その他の行為による利益（これ
に準ずるものを含む。以下この項において同じ。）が生ずることが予測される期
間内の日を含む各事業年度の当該利益の額として当該無形資産国外関連取引を行
つた時に予測される金額を基礎として算定するもので、当該無形資産に係る当該
金額その他の当該独立企業間価格を算定するための前提となる事項（当該無形資
産国外関連取引を行つた時に予測されるものに限る。）の内容が著しく不確実な
要素を有していると認められるものとする。

15　法第六十六条の四第八項に規定する政令で定める要件は、次に掲げる要件とす
る。

　一　法第六十六条の四第八項の特定無形資産国外関連取引を行つた時における客
観的な事実に基づいて計算されたものであること。

　二　通常用いられる方法により計算されたものであること。

16　法第六十六条の四第八項に規定する政令で定める場合は、同項の法人が、同項
の特定無形資産国外関連取引の対価の額の支払を受ける場合には第一号に掲げる
場合とし、当該対価の額を支払う場合には第二号に掲げる場合とする。

　一　当該特定無形資産国外関連取引につき法第六十六条の四第八項本文の規定を
適用したならば同条第一項に規定する独立企業間価格とみなされる金額が当該
特定無形資産国外関連取引の対価の額に百分の百二十を乗じて計算した金額を
超えない場合

　二　当該特定無形資産国外関連取引につき法第六十六条の四第八項本文の規定を
適用したならば同条第一項に規定する独立企業間価格とみなされる金額が当該
特定無形資産国外関連取引の対価の額に百分の八十を乗じて計算した金額を下
回らない場合

17　法第六十六条の四第九項第二号に規定する政令で定める要件は、次に掲げる要
件とする。

　一　法第六十六条の四第九項第二号の特定無形資産国外関連取引を行つた時にお
ける客観的な事実に基づいて計算されたものであること。

　二　通常用いられる方法により計算されたものであること。

18　法第六十六条の四第十項に規定する政令で定める場合は、同項の法人が、同項
の特定無形資産国外関連取引（その対価の額につき、当該特定無形資産国外関連
取引を行つた時に当該特定無形資産国外関連取引に係る特定無形資産（同条第八
項に規定する特定無形資産をいう。以下この項において同じ。）の使用その他の
行為による利益（これに準ずるものを含む。以下この項において同じ。）が生ず
ることが予測された期間内の日を含む各事業年度の当該利益の額として当該特定

無形資産国外関連取引を行つた時に予測された金額を基礎として算定したものに限る。以下この項において同じ。）の対価の額の支払を受ける場合には第一号に掲げる場合とし、当該対価の額を支払う場合には第二号に掲げる場合とする。

一　当該特定無形資産国外関連取引に係る判定期間（法第六十六条の四第十項に規定する判定期間をいう。以下この項において同じ。）に当該特定無形資産国外関連取引に係る特定無形資産の使用その他の行為により生じた利益の額が当該特定無形資産国外関連取引を行つた時において当該判定期間に当該特定無形資産の使用その他の行為により生ずることが予測された利益の額に百分の百二十を乗じて計算した金額を超えない場合

二　当該特定無形資産国外関連取引に係る判定期間に当該特定無形資産国外関連取引に係る特定無形資産の使用その他の行為により生じた利益の額が当該特定無形資産国外関連取引を行つた時において当該判定期間に当該特定無形資産の使用その他の行為により生ずることが予測された利益の額に百分の八十を乗じて計算した金額を下回らない場合

19　法第六十六条の四第十二項第一号に規定する売上総利益率又はこれに準ずる割合として政令で定める割合は、同号に規定する同種の事業を営む法人で事業規模その他の事業の内容が類似するものの同号の国外関連取引が行われた日を含む事業年度又はこれに準ずる期間内の当該事業に係る売上総利益の額（当該事業年度又はこれに準ずる期間内の棚卸資産の販売による収入金額の合計額（当該事業が棚卸資産の販売に係る事業以外の事業である場合には、当該事業に係る収入金額の合計額。以下この項において「総収入金額」という。）から当該棚卸資産の原価の額の合計額（当該事業が棚卸資産の販売に係る事業以外の事業である場合には、これに準ずる原価の額又は費用の額の合計額。以下この項において「総原価の額」という。）を控除した金額をいう。）の総収入金額又は総原価の額に対する割合とする。

20　法第六十六条の四第十二項第二号に規定する同条第二項第一号ニに規定する政令で定める方法又は同項第二号に定める方法（当該政令で定める方法と同等の方法に限る。）に類するものとして政令で定める方法は、国外関連取引が棚卸資産の販売又は購入である場合にあつては第一号から第七号までに掲げる方法（第六号に掲げる方法及び第七号に掲げる方法（第六号に掲げる方法に準ずる方法に限る。）は、第一号から第五号までに掲げる方法又は第七号に掲げる方法（第二号から第五号までに掲げる方法に準ずる方法に限る。）を用いることができない場合に限り、用いることができる。）とし、国外関連取引が棚卸資産の販売又は購入以外の取引である場合にあつては第一号に掲げる方法又は第八号に掲げる方法

（第六号に掲げる方法と同等の方法及び第七号に掲げる方法（第六号に掲げる方法に準ずる方法に限る。）と同等の方法は、第一号に掲げる方法又は第二号から第五号までに掲げる方法と同等の方法若しくは第七号に掲げる方法（第二号から第五号までに掲げる方法に準ずる方法に限る。）と同等の方法を用いることができない場合に限り、用いることができる。）とする。

一　法第六十六条の四第十二項の法人及び当該法人の同項の国外関連取引に係る国外関連者の属する企業集団の財産及び損益の状況を連結して記載した計算書類による当該国外関連取引が行われた日を含む事業年度又はこれに準ずる期間の当該国外関連取引に係る事業に係る所得（当該計算書類において当該事業に係る所得が他の事業に係る所得と区分されていない場合には、当該事業を含む事業に係る所得とする。以下この号において同じ。）が、これらの者が支出した当該国外関連取引に係る事業に係る費用の額、使用した固定資産の価額（当該計算書類において当該事業に係る費用の額又は固定資産の価額が他の事業に係る費用の額又は固定資産の価額と区分されていない場合には、当該事業を含む事業に係る費用の額又は固定資産の価額とする。）その他これらの者が当該所得の発生に寄与した程度を推測するに足りる要因に応じてこれらの者に帰属するものとして計算した金額をもつて当該国外関連取引の対価の額とする方法

二　国外関連取引に係る棚卸資産の買手が非関連者（法第六十六条の四第一項に規定する特殊の関係にない者をいう。）に対して当該棚卸資産を販売した対価の額（以下この号及び第四号において「再販売価格」という。）から、当該再販売価格にイに掲げる金額のロに掲げる金額に対する割合を乗じて計算した金額に当該国外関連取引に係る棚卸資産の販売のために要した販売費及び一般管理費の額を加算した金額を控除した金額をもつて当該国外関連取引の対価の額とする方法

　　イ　当該国外関連取引に係る事業と同種又は類似の事業を営む法人で事業規模その他の事業の内容が類似するもの（以下この号において「比較対象事業」という。）の当該国外関連取引が行われた日を含む事業年度又はこれに準ずる期間（以下この号において「比較対象事業年度」という。）の当該比較対象事業に係る棚卸資産の販売による営業利益の額の合計額

　　ロ　当該比較対象事業年度の当該比較対象事業に係る棚卸資産の販売による収入金額の合計額

三　国外関連取引に係る棚卸資産の売手の購入、製造その他の行為による取得の原価の額（以下この号において「取得原価の額」という。）に、イに掲げる金額にロに掲げる金額のハに掲げる金額に対する割合を乗じて計算した金額及び

イ⑵に掲げる金額の合計額を加算した金額をもつて当該国外関連取引の対価の額とする方法

イ　次に掲げる金額の合計額

⑴　当該取得原価の額

⑵　当該国外関連取引に係る棚卸資産の販売のために要した販売費及び一般管理費の額

ロ　当該国外関連取引に係る事業と同種又は類似の事業を営む法人で事業規模その他の事業の内容が類似するもの（以下この号において「比較対象事業」という。）の当該国外関連取引が行われた日を含む事業年度又はこれに準ずる期間（以下この号において「比較対象事業年度」という。）の当該比較対象事業に係る棚卸資産の販売による営業利益の額の合計額

ハ　当該比較対象事業年度の当該比較対象事業に係る棚卸資産の販売による収入金額の合計額からロに掲げる金額を控除した金額

四　国外関連取引に係る棚卸資産の再販売価格から、当該国外関連取引に係る棚卸資産の販売のために要した販売費及び一般管理費の額にイに掲げる金額とロに掲げる金額との合計額のロに掲げる金額に対する割合を乗じて計算した金額を控除した金額をもつて当該国外関連取引の対価の額とする方法

イ　当該国外関連取引に係る事業と同種又は類似の事業を営む法人で事業規模その他の事業の内容が類似するもの（以下この号において「比較対象事業」という。）の当該国外関連取引が行われた日を含む事業年度又はこれに準ずる期間（以下この号において「比較対象事業年度」という。）の当該比較対象事業に係る棚卸資産の販売による営業利益の額の合計額

ロ　当該比較対象事業年度の当該比較対象事業に係る棚卸資産の販売のために要した販売費及び一般管理費の額

五　国外関連取引に係る棚卸資産の売手の購入その他の行為による取得の原価の額に、当該国外関連取引に係る棚卸資産の販売のために要した販売費及び一般管理費の額にイに掲げる金額とロに掲げる金額との合計額のロに掲げる金額に対する割合を乗じて計算した金額を加算した金額をもつて当該国外関連取引の対価の額とする方法

イ　当該国外関連取引に係る事業と同種又は類似の事業を営む法人で事業規模その他の事業の内容が類似するもの（以下この号において「比較対象事業」という。）の当該国外関連取引が行われた日を含む事業年度又はこれに準ずる期間（以下この号において「比較対象事業年度」という。）の当該比較対象事業に係る棚卸資産の販売による営業利益の額の合計額

　　　　ロ　当該比較対象事業年度の当該比較対象事業に係る棚卸資産の販売のために
　　　　要した販売費及び一般管理費の額

　　六　国外関連取引に係る棚卸資産の販売又は購入の時に国税庁の当該職員又は法
　　　人の納税地の所轄税務署若しくは所轄国税局の当該職員が知り得る状態にあつ
　　　た情報に基づき、当該棚卸資産の販売又は購入の時に当該棚卸資産の使用その
　　　他の行為による利益（これに準ずるものを含む。以下この号において同じ。）
　　　が生ずることが予測される期間内の日を含む各事業年度の当該利益の額として
　　　当該販売又は購入の時に予測される金額を合理的と認められる割引率を用いて
　　　当該棚卸資産の販売又は購入の時の現在価値として割り引いた金額の合計額を
　　　もつて当該国外関連取引の対価の額とする方法

　　七　第二号から前号までに掲げる方法に準ずる方法

　　八　第二号から前号までに掲げる方法と同等の方法

21　国税通則法施行令第三十条の三の規定は、法第六十六条の四第十九項の規定に
　より同項の帳簿書類を留め置く場合について準用する。

22　法第六十六条の四第三十一項に規定する政令で定める要件は、次に掲げる要件
　とする。

　　一　法第六十六条の四第三十一項に規定する国外関連取引に係る同項に規定する
　　　独立企業間価格につき財務大臣が租税条約の我が国以外の締約国又は締約者
　　　（次号において「条約相手国等」という。）の権限ある当局との間で当該租税条
　　　約に基づく合意をしたこと。

　　二　前号の条約相手国等が、同号の合意に基づき法第六十六条の四第三十一項に
　　　規定する国外関連者に係る租税を減額し、かつ、その減額により還付をする金
　　　額に、還付加算金に相当する金額のうちその計算の基礎となる期間で財務大臣
　　　と当該条約相手国等の権限ある当局との間で合意をした期間に対応する部分に
　　　相当する金額を付さないこと。

23　法第六十六条の四第三十一項に規定する納付すべき法人税に係る延滞税は、同
　条第一項の規定を適用した場合に納付すべき法人税の額から同項の規定の適用が
　なかつたとした場合に納付すべき法人税の額に相当する金額を控除した金額に係
　る延滞税とし、同条第三十一項に規定する地方法人税に係る延滞税は、同条第一
　項の規定を適用した場合に納付すべき地方法人税の額から同項の規定の適用がな
　かつたとした場合に納付すべき地方法人税の額に相当する金額を控除した金額に
　係る延滞税とする。

24　法第六十六条の四第一項、第二項第一号イ若しくはロ、第五項若しくは第十項
　の規定又は第六項の規定を適用する場合において、これらの規定に規定する特殊

の関係が存在するかどうかの判定は、それぞれの取引が行われた時の現況による
ものとする。

（租税特別措置法関係通達 法人税関係）

（同等の方法の意義）

66の4(7)−1　措置法第66条の4第2項第2号に規定する「同等の方法」とは、有形資産の貸借取引、金銭の貸借取引、役務提供取引、無形資産の使用許諾又は譲渡の取引等、棚卸資産の売買以外の取引において、それぞれの取引の類型に応じて同項第1号に掲げる方法に準じて独立企業間価格を算定する方法をいう。（平12年課法2−13「二」、平16年課法2−14「二十八」、平23年課法2−13「二」により改正）

（租税条約等の実施に伴う所得税法、法人税法及び地方税法の特例等に関する法律）

（定義）

第二条　この法律において、次の各号に掲げる用語の意義は、当該各号に定めるところによる。

一　租税条約　我が国が締結した所得に対する租税に関する二重課税の回避又は脱税の防止のための条約をいう。

二　租税条約等　租税条約及び租税相互行政支援協定（租税条約以外の我が国が締結した国際約束で、租税の賦課若しくは徴収に関する情報を相互に提供すること、租税の徴収の共助若しくは徴収のための財産の保全の共助をすること又は租税に関する文書の送達の共助をすることを定める規定を有するものをいう。）をいう。

三　相手国等　租税条約等の我が国以外の締約国又は締約者をいう。

四　相手国居住者等　所得税法第二条第一項第五号に規定する非居住者（以下「非居住者」という。）又は同項第七号に規定する外国法人（同項第八号に規定する人格のない社団等（以下「人格のない社団等」という。）を含む。以下「外国法人」という。）で、租税条約の規定により当該租税条約の相手国等の居住者又は法人とされるものをいう。

五　限度税率　租税条約において相手国居住者等に対する課税につき一定の税率又は一定の割合で計算した金額を超えないものとしている場合におけるその一定の税率又は一定の割合をいう。

（配当等に対する源泉徴収に係る所得税の税率の特例等）

第三条の二　相手国居住者等が支払を受ける配当等（租税条約に規定する配当、利子若しくは使用料（当該租税条約においてこれらに準ずる取扱いを受けるものを含む。）又はその他の所得で、所得税法の施行地にその源泉があるものをいう。以下同じ。）のうち、当該相手国居住者等に係る相手国等との間の租税条約の規定において、当該相手国等においてその法令に基づき当該相手国居住者等の所得として取り扱われるものとされるもの（次項において「相手国居住者等配当等」という。）であつて限度税率を定める当該租税条約の規定の適用があるものに対する同法第百七十条、第百七十九条若しくは第二百十三条第一項又は租税特別措置法第三条第一項、第八条の二第一項、第三項若しくは第四項、第九条の三、第

九条の三の二第一項、第四十一条の九第一項から第三項まで、第四十一条の十第一項、第四十一条の十二第一項若しくは第二項若しくは第四十一条の十二の二第一項から第三項までの規定の適用については、当該限度税率が当該配当等に適用されるこれらの規定に規定する税率以上である場合を除き、これらの規定に規定する税率に代えて、当該租税条約の規定により当該配当等につきそれぞれ適用される限度税率によるものとする。

2 相手国居住者等が支払を受ける相手国居住者等配当等であつて所得税の免除を定める租税条約の規定の適用があるものについては、所得税法第七条第一項第三号及び第五号、第百六十四条第二項、第百六十九条、第百七十条、第百七十八条、第百七十九条並びに第二百十二条第一項及び第二項並びに租税特別措置法第三条第一項、第八条の二第一項、第九条の三の二第一項、第四十一条の九第一項から第三項まで、第四十一条の十第一項、第四十一条の十二第一項及び第二項並びに第四十一条の十二の二第一項から第三項までの規定の適用はないものとする。

3 外国法人が支払を受ける配当等のうち、租税条約の規定において、当該租税条約の相手国等においてその法令に基づき当該外国法人の株主等である者(当該租税条約の規定により当該租税条約の相手国等の居住者とされる者に限る。)の所得として取り扱われるものとされる部分(次項において「株主等配当等」という。)であつて限度税率を定める当該租税条約の規定の適用があるものに対する所得税法第百七十九条若しくは第二百十三条第一項又は租税特別措置法第八条の二第三項若しくは第四項、第九条の三、第九条の三の二第一項、第四十一条の九第二項若しくは第三項、第四十一条の十二第二項若しくは第四十一条の十二の二第一項から第三項までの規定の適用については、当該限度税率が当該配当等に適用されるこれらの規定に規定する税率以上である場合を除き、これらの規定に規定する税率に代えて、当該租税条約の規定により当該配当等につきそれぞれ適用される限度税率によるものとする。

4 外国法人が支払を受ける株主等配当等であつて所得税の免除を定める租税条約の規定の適用があるものについては、所得税法第七条第一項第五号、第百七十八条、第百七十九条並びに第二百十二条第一項及び第二項並びに租税特別措置法第九条の三の二第一項、第四十一条の九第二項及び第三項、第四十一条の十二第二項並びに第四十一条の十二の二第一項から第三項までの規定の適用はないものとする。

（租税条約等の実施に伴う所得税法、法人税法及び地方税法の特例等に関する法律の施行に関する省令）

（定義）
第一条　この省令において、次の各号に掲げる用語の意義は、当該各号に定めるところによる。
　　一　法　租税条約等の実施に伴う所得税法、法人税法及び地方税法の特例等に関する法律（昭和四十四年法律第四十六号）をいう。
　　二　租税条約　法第二条第一号に規定する租税条約をいう。
　　三　相手国等　法第二条第三号に規定する相手国等をいう。
　　四　相手国居住者等　法第二条第四号に規定する相手国居住者等をいう。
　　五　源泉徴収義務者　所得税法（昭和四十年法律第三十三号）第四編第一章から第六章まで並びに租税特別措置法（昭和三十二年法律第二十六号）第九条の三の二第一項、第四十一条の九第三項、第四十一条の十二第三項、第四十一条の十二の二第二項及び第三項並びに第四十一条の二十二第一項の規定により所得税を徴収し及び納付すべき者をいう。
　　六　国内　所得税法の施行地をいう。
　　七　国外　所得税法の施行地外の地域をいう。
　　八　恒久的施設　租税条約に規定する恒久的施設で、所得税法第二条第一項第八号の四又は法人税法（昭和四十年法律第三十四号）第二条第十二号の十九に規定する恒久的施設に該当するものをいう。
　　九　固定的施設　租税条約に規定する固定的施設のうち国内にあるものをいう。
　　十　租税　租税条約が適用される租税をいう。
　　十一　みなし外国税額　相手国等の法律の規定又は当該相手国等との間の租税条約の規定により軽減され又は免除された当該相手国等の租税の額で、当該租税条約の規定に基づき納付したものとみなされるものをいう。

（相手国居住者等配当等に係る所得税の軽減又は免除を受ける者の届出等）
第二条　相手国居住者等は、その支払を受ける法第三条の二第一項に規定する相手国居住者等配当等（以下この条において「相手国居住者等配当等」という。）につき所得税法第二百十二条第一項若しくは第二項又は租税特別措置法第九条の三の二第一項、第四十一条の九第三項若しくは第四十一条の十二の二第二項若しくは第三項の規定により徴収されるべき所得税について当該相手国居住者等に係る

相手国等との間の租税条約の規定に基づき軽減又は免除を受けようとする場合には、当該相手国居住者等配当等に係る源泉徴収義務者ごとに、次の各号に掲げる事項を記載した届出書を、当該租税条約の効力発生の日以後最初にその支払を受ける日の前日まで（その支払を受ける相手国居住者等配当等が無記名の株式、出資若しくは受益証券に係るもの又は無記名の債券に係るもの（次項において「無記名配当等」という。）である場合にあつては、その支払を受ける都度、当該支払を受ける時）に、当該源泉徴収義務者を経由して、当該源泉徴収義務者の納税地の所轄税務署長に提出しなければならない。

一　当該相手国居住者等配当等の支払を受ける者の氏名、国籍及び住所若しくは居所（個人番号を有する者にあつては、氏名、国籍、住所又は居所及び個人番号）又は名称、本店若しくは主たる事務所の所在地及びその事業が管理され、かつ、支配されている場所の所在地（法人番号を有する者にあつては、名称、本店又は主たる事務所の所在地、その事業が管理され、かつ、支配されている場所の所在地及び法人番号）

二　当該相手国居住者等配当等の支払を受ける者の当該相手国居住者等配当等に係る当該相手国等における納税地及び当該支払を受ける者が当該相手国等において納税者番号を有する場合には、当該納税者番号

三　当該相手国居住者等配当等につき当該租税条約の規定に基づき租税の軽減又は免除を受けることができる事情の詳細

四　当該相手国居住者等配当等の支払者の氏名及び住所若しくは居所又は名称及び本店若しくは主たる事務所の所在地

五　次に掲げる場合の区分に応じ、それぞれ次に掲げる事項

イ　当該相手国居住者等配当等である配当（租税条約に規定する配当（当該租税条約においてこれに準ずる取扱いを受けるものを含む。）で、国内にその源泉があるものをいう。以下第二条の五までにおいて同じ。）の支払を受ける場合　当該配当に係る株式（投資信託及び投資法人に関する法律（昭和二十六年法律第百九十八号）第二条第十四項に規定する投資口を含む。以下第二条の五までにおいて同じ。）、出資、基金又は受益権の銘柄又は名称、種類及び数量並びにその取得の日

ロ　当該相手国居住者等配当等である利子（租税条約に規定する利子（当該租税条約においてこれに準ずる取扱いを受けるものを含む。）で、国内にその源泉があるものをいう。以下第二条の五までにおいて同じ。）で債券に係るものの支払を受ける場合　当該債券の種類、名称、額面金額及び数量並びにその取得の日

ハ　当該相手国居住者等配当等である利子で債券に係るもの以外のものの支払を受ける場合　当該利子の支払の基因となつた契約の締結の日、契約金額及び契約期間並びに当該契約期間において支払われる当該利子の金額及びその支払期日

ニ　当該相手国居住者等配当等である使用料（租税条約に規定する使用料（当該租税条約においてこれに準ずる取扱いを受けるものを含む。）で、国内にその源泉があるものをいう。以下第二条の五までにおいて同じ。）の支払を受ける場合　当該使用料の支払の基因となつた契約の締結の日及び契約期間並びに当該契約期間において支払われる当該使用料の金額及びその支払期日

ホ　当該相手国居住者等配当等であるその他の所得（租税条約に規定するその他の所得で、国内にその源泉があるものをいう。以下第二条の五までにおいて同じ。）の支払を受ける場合　当該その他の所得の種類、金額、支払方法、支払期日及び支払の基因となつた契約の内容

六　当該相手国居住者等配当等の支払を受ける者が国税通則法第百十七条第二項の規定による納税管理人の届出をしている場合には、当該納税管理人の氏名及び住所又は居所

七　その他参考となるべき事項

2　前項に規定する届出書（無記名配当等に係るものを除く。）を提出した者は、その記載事項について異動を生じた場合には、当該異動を生じた事項、当該異動を生じた日その他参考となるべき事項を記載した届出書を、当該異動を生じた日以後最初に当該届出書に係る相手国居住者等配当等の支払を受ける日の前日までに、当該相手国居住者等配当等に係る源泉徴収義務者を経由して、当該源泉徴収義務者の納税地の所轄税務署長に提出しなければならない。

3　前項の場合において、同項に規定する異動を生じた事項が第一項第五号に規定する事項（当該異動を生じた事項が特定利子配当等以外の相手国居住者等配当等に係るものである場合には、同号イに規定する数量、同号ロに規定する額面金額又は同号ハに規定する契約金額（これらに類する事項を含む。））のみであるとき（これらの事項の異動により当該事項に係る相手国居住者等配当等である配当、利子又はその他の所得につき、当該異動前に適用される租税条約の規定と異なる定めがある当該租税条約の規定が適用されることとなる場合を除く。）は、前項の規定にかかわらず、同項の届出書の提出を省略することができる。

4　前項に規定する特定利子配当等とは、所得税法第百六十一条第一項に規定する国内源泉所得（同法第百六十二条第一項の規定により国内源泉所得とみなされるものを含む。）又は法人税法第百三十八条第一項に規定する国内源泉所得（同法

第百三十九条第一項の規定により国内源泉所得とみなされるものを含む。）のうち次に掲げるものをいう。

一　所得税法第百六十一条第一項第八号イに掲げる国債若しくは地方債又は内国法人の発行する債券の利子（当該債券の発行が金融商品取引法（昭和二十三年法律第二十五号）第二条第三項に規定する有価証券の私募（これに相当するものを含む。次号において「有価証券の私募」という。）によるものに係るものを除く。）

二　所得税法第百六十一条第一項第八号ロに掲げる外国法人の発行する債券の利子（当該債券の発行が有価証券の私募によるものに係るものを除く。）

三　所得税法第百六十一条第一項第八号ハに掲げる預貯金の利子

四　所得税法第百六十一条第一項第八号ニに掲げる合同運用信託、公社債投資信託又は公募公社債等運用投資信託の収益の分配

五　所得税法第百六十一条第一項第九号に規定する配当等で、租税特別措置法第九条の三第一号に規定する株式等の配当等に該当するもの（内国法人からその支払がされる当該配当等の支払に係る基準日（当該配当等が所得税法第二十五条第一項の規定により剰余金の配当、利益の配当、剰余金の分配又は金銭の分配とみなされるものに係る配当等である場合には、同号に規定する政令で定める日）においてその内国法人の発行済株式（投資信託及び投資法人に関する法律第二条第十二項に規定する投資法人にあつては、発行済みの投資口）又は出資の総数又は総額の百分の五以上に相当する数又は金額の株式又は出資を有する者が支払を受けるものを除く。）

六　所得税法第百六十一条第一項第九号に規定する配当等で、租税特別措置法第九条の三第二号から第五号までに掲げるものに該当するもの

七　所得税法第百六十一条第一項第十五号に掲げる給付補塡金、利息、利益又は差益

八　所得税法第百六十一条第一項第二号に掲げる所得で、租税特別措置法第四十一条の九第一項に規定する懸賞金付預貯金等の懸賞金等に該当するもの

5　相手国居住者等は、その支払を受ける相手国居住者等配当等である配当又は利子につき所得税法第二百十二条第一項若しくは第二項又は租税特別措置法第九条の三の二第一項、第四十一条の九第三項若しくは第四十一条の十二の二第二項若しくは第三項の規定により徴収されるべき所得税について第一項に規定する租税条約の規定に基づき免除を受けようとする場合には、同項又は第二項の規定により提出する届出書に、当該租税条約の相手国等の権限ある当局のその者が当該配当又は利子につき租税の免除を定める当該租税条約の規定の適用を受けることが

できる相手国等における居住者であることを証明する書類を添付しなければならない。

6　前項の場合において、同項の相手国等の権限ある当局が同項に規定する証明する書類の発行又は発給をすることができないときは、同項の相手国居住者等は、当該書類に代えて、同項に規定する租税の免除を定める租税条約の規定に定める要件を満たすことを明らかにする書類（当該書類が外国語で作成されている場合には、その翻訳文を含む。）及び当該相手国等の権限ある当局の当該相手国居住者等の居住者証明書を同項の届出書に添付しなければならない。ただし、当該租税条約の規定の適用開始日（租税条約の規定が最初に適用されることとなる日をいう。以下同じ。）が平成十六年四月一日前である場合には、この限りでない。

7　相手国居住者等は、その支払を受ける相手国居住者等配当等である使用料につき所得税法第二百十二条第一項又は第二項の規定により徴収されるべき所得税について第一項に規定する租税条約の規定に基づき免除を受けようとする場合には、同項又は第二項の規定により提出する届出書（同項の届出書にあつては、同項に規定する異動を生じた事項が当該使用料に係る事項である場合に提出するものに限る。）に、当該使用料の支払の基因となつた契約の内容を記載した書類及び当該租税条約の相手国等の権限ある当局の当該相手国居住者等の居住者証明書を添付しなければならない。ただし、当該租税条約の規定の適用開始日が平成十六年四月一日前である場合には、この限りでない。

8　相手国居住者等は、所得税法第二百十二条第一項若しくは第二項又は租税特別措置法第九条の三の二第一項、第四十一条の九第三項若しくは第四十一条の十二の二第二項若しくは第三項の規定（以下この項において「相手国居住者等の相手国居住者等配当等に関する規定」という。）の適用がある相手国居住者等配当等の支払を受けた場合において、第一項に規定する租税条約の規定の適用を受けなかつたことにより当該相手国居住者等配当等につき相手国居住者等の相手国居住者等配当等に関する規定により徴収された所得税について、当該租税条約の規定に基づき軽減又は免除を受けようとするときは、次の各号に掲げる場合の区分に応じ当該各号に定める金額の還付を請求することができる。

一　租税条約の規定により当該相手国居住者等配当等について所得税が軽減される場合　当該相手国居住者等配当等に対する源泉徴収による所得税の額から当該相手国居住者等配当等の額に当該相手国居住者等配当等に対して適用される法第三条の二第一項に規定する限度税率を乗じて計算した金額を控除した残額に相当する金額

二　租税条約の規定により当該相手国居住者等配当等について所得税が免除され

る場合　当該相手国居住者等配当等に対する源泉徴収による所得税の額

9　前項の規定による所得税の還付の請求をしようとする者は、第一項各号に掲げる事項並びにその還付を受けようとする所得税の額及びその計算に関して必要な事項を記載した還付請求書（第五項に規定する場合に該当するときは同項の規定による書類の添付があるものに限るものとし、第六項又は第七項に規定する場合に該当するときはこれらの規定による書類及び居住者証明書の添付があるものに限る。）を、当該所得税に係る源泉徴収義務者を経由して、当該源泉徴収義務者の納税地の所轄税務署長に提出しなければならない。

（自由職業者、芸能人及び短期滞在者等の届出等）

第四条　相手国居住者等は、その支払を受ける所得税法第百六十一条第一項第六号に掲げる対価（法第三条第一項の規定の適用を受ける対価を除く。）又は所得税法第百六十一条第一項第十二号イに掲げる報酬につき同法第二百十二条第一項若しくは第二項又は租税特別措置法第四十一条の二十二第一項の規定の適用がある場合において、当該対価又は報酬につき、その者が恒久的施設若しくは固定的施設を有しないこと若しくはその者が有する恒久的施設若しくは固定的施設に帰せられないこと又は一定の金額を超えないことを要件とする租税の免除を定める租税条約の規定の適用を受けようとするとき（当該租税条約の規定が当該対価又は報酬につき一定の金額を超えないことを要件としている場合にあつては、当該対価又は報酬に係る源泉徴収義務者が一である場合に限る。）は、第三項、第四項又は第八条第二項の規定により届出書を提出すべき場合を除くほか、当該対価又は報酬に係る源泉徴収義務者ごとに、次の各号に掲げる事項を記載した届出書を、入国の日（所得税法第百六十一条第一項第六号に規定する事業を行う者にあつては、国内において当該事業を開始した日とし、当該入国の日又は国内において当該事業を開始した日が当該租税条約の効力発生の日前であるときは、当該効力発生の日とする。）以後最初にその支払を受ける日の前日までに、当該源泉徴収義務者を経由して、当該源泉徴収義務者の納税地の所轄税務署長に提出しなければならない。

一　当該対価又は報酬の支払を受ける者の氏名、国籍、住所、国内における居所（個人番号を有する者にあつては、氏名、国籍、住所又は国内における居所及び個人番号）、在留期間及び在留資格又は名称、本店若しくは主たる事務所の所在地及びその事業が管理され、かつ、支配されている場所の所在地（法人番号を有する者にあつては、名称、本店又は主たる事務所の所在地、その事業が管理され、かつ、支配されている場所の所在地及び法人番号）並びに入国の日

（所得税法第百六十一条第一項第六号に規定する事業を行う者にあつては、国内において当該事業を開始した日）

二　当該対価又は報酬の支払を受ける者の当該対価又は報酬に係る租税条約の相手国等における納税地及び当該支払を受ける者が当該相手国等において納税者番号を有する場合には、当該納税者番号

三　当該対価又は報酬につき租税条約の規定により所得税の免除を受けることができる事情の詳細

四　当該対価又は報酬の種類、金額、支払方法、支払期日及び支払の基因となつた契約の内容

五　当該対価又は報酬の支払者の氏名、住所若しくは居所又は名称、本店若しくは主たる事務所の所在地

六　当該対価又は報酬の支払を受ける者が国税通則法第百十七条第二項の規定による納税管理人の届出をしている場合には、当該納税管理人の氏名及び住所又は居所

七　その他参考となるべき事項

2　相手国居住者等は、その支払を受ける所得税法第百六十一条第一項第六号に掲げる対価又は同項第十二号イに掲げる報酬につき同法第二百十二条第一項若しくは第二項又は租税特別措置法第四十一条の二十二第一項の規定の適用がある場合において、当該対価又は報酬につき、その者の役務が文化交流を目的とする我が国政府と相手国等の政府との間の特別の計画（以下この項において「政府間の特別の計画」という。）に基づいて行われること又はその者の役務がいずれかの締約国若しくは締約者若しくはその地方公共団体の公的資金その他これに類する資金（以下この項において「政府の公的資金等」という。）から全面的若しくは実質的に援助を受けて行われることを要件とする租税の免除を定める租税条約の規定の適用を受けようとするときは、当該対価又は報酬に係る源泉徴収義務者ごとに、第一号から第七号までに掲げる事項を記載した届出書に第八号に掲げる書類を添付して、これを、入国の日（所得税法第百六十一条第一項第六号に規定する事業を行う者にあつては、国内において当該事業を開始した日とし、当該入国の日又は国内において当該事業を開始した日が当該租税条約の効力発生の日前であるときは、当該効力発生の日とする。）以後最初にその支払を受ける日の前日までに、当該源泉徴収義務者を経由して、当該源泉徴収義務者の納税地の所轄税務署長に提出しなければならない。

一　当該対価又は報酬の支払を受ける者の氏名、国籍、住所、国内における居所（個人番号を有する者にあつては、氏名、国籍、住所又は国内における居所及

び個人番号）、在留期間及び在留資格又は名称、本店若しくは主たる事務所の所在地及びその事業が管理され、かつ、支配されている場所の所在地（法人番号を有する者にあつては、名称、本店又は主たる事務所の所在地、その事業が管理され、かつ、支配されている場所の所在地及び法人番号）並びに入国の日（所得税法第百六十一条第一項第六号に規定する事業を行う者にあつては、国内において当該事業を開始した日）

二　当該対価又は報酬の支払を受ける者の当該対価又は報酬に係る相手国等における納税地及び当該支払を受ける者が当該相手国等において納税者番号を有する場合には、当該納税者番号

三　当該対価又は報酬につき租税条約の規定により所得税の免除を受けることができる事情の詳細

四　当該対価又は報酬の種類、金額、支払方法、支払期日及び支払の基因となつた契約の内容

五　当該対価又は報酬の支払者の氏名、住所若しくは居所又は名称、本店若しくは主たる事務所の所在地

六　当該対価又は報酬の支払を受ける者が国税通則法第百十七条第二項の規定による納税管理人の届出をしている場合には、当該納税管理人の氏名及び住所又は居所

七　その他参考となるべき事項

八　その者の役務が政府間の特別の計画に基づいて行われること又は政府の公的資金等から全面的若しくは実質的に援助を受けて行われることを証明する書類

3　相手国居住者等である個人は、その支払を受ける所得税法第百六十一条第一項第十二号イに掲げる給与又は報酬につき同法第二百十二条第一項若しくは第二項又は租税特別措置法第四十一条の二十二第一項の規定の適用がある場合において、当該給与又は報酬につき国内での滞在が年間又は継続する十二月の期間中百八十三日又はそれより短い一定の期間を超えないことを要件とする租税の免除を定める租税条約の規定の適用を受けようとするとき（当該租税条約の規定が当該給与又は報酬につき一定の金額を超えないことをも要件としている場合にあつては、当該給与又は報酬に係る源泉徴収義務者が一である場合に限る。）は、次項の規定により届出書を提出すべき場合を除くほか、当該源泉徴収義務者ごとに、次の各号に掲げる事項を記載した届出書を、入国の日（その日が当該租税条約の効力発生の日前であるときは、当該効力発生の日）以後最初にその支払を受ける日の前日までに、当該源泉徴収義務者を経由して、当該源泉徴収義務者の納税地の所轄税務署長に提出しなければならない。

一　当該給与又は報酬の支払を受ける者の氏名、国籍、住所、国内における居所
　　（個人番号を有する者にあつては、氏名、国籍、住所、国内における居所及び
　　個人番号）、入国の日、在留期間及び在留資格

二　当該給与又は報酬の支払を受ける者の当該給与又は報酬に係る租税条約の相
　　手国等における納税地及び当該支払を受ける者が当該相手国等において納税者
　　番号を有する場合には、当該納税者番号

三　当該給与又は報酬につき租税条約の規定に基づき所得税の免除を受けること
　　ができる事情の詳細

四　当該給与又は報酬の種類、金額、支払方法、支払期日及び支払の基因となつ
　　た契約の内容

五　当該給与又は報酬の支払者の氏名及び住所若しくは居所又は名称、本店若し
　　くは主たる事務所の所在地

六　当該給与又は報酬の支払を受ける者が国税通則法第百十七条第二項の規定に
　　よる納税管理人の届出をしている場合には、当該納税管理人の氏名及び住所又
　　は居所

七　その他参考となるべき事項

4　相手国居住者等である個人は、非居住者又は外国法人で国内において所得税法
　　第百六十一条第一項第六号に規定する事業を行うものから同項第十二号イに掲げ
　　る給与又は報酬の支払を受ける場合（当該非居住者又は外国法人が支払を受ける
　　同項第六号に掲げる対価で当該給与又は報酬に係るものにつき同法第二百十二条
　　第一項若しくは第二項又は租税特別措置法第四十一条の二十二第一項の規定の適
　　用がある場合に限る。）において、当該給与又は報酬につき、当該相手国居住者
　　等が固定的施設を有しないこと若しくはその者が有する固定的施設に帰せられな
　　いこと又は国内での滞在が年間若しくは継続する十二月の期間中百八十三日若し
　　くはそれより短い一定の期間を超えないことを要件とする租税の免除を定める租
　　税条約の規定の適用を受けようとするとき（当該租税条約の規定が当該給与又は
　　報酬につき一定の金額を超えないことをも要件としている場合にあつては、当該
　　給与又は報酬に係る源泉徴収義務者が一である場合に限る。）は、前項各号に掲
　　げる事項に準ずる事項を記載した届出書を、当該非居住者又は外国法人が当該租
　　税条約の効力発生の日以後最初に当該対価の支払を受ける日の前日までに、当該
　　非居住者又は外国法人及び当該対価の支払者を経由して、当該対価の支払者の納
　　税地の所轄税務署長に提出しなければならない。

5　前項に規定する届出書が提出された場合には、当該届出書の提出の際に経由し
　　た前項に規定する非居住者又は外国法人が支払を受ける所得税法第百六十一条第

一項第六号に掲げる対価のうち、当該届出書に記載された同項に規定する給与又は報酬で、当該給与又は報酬の支払を受ける者が固定的施設を有しないこと若しくはその者が有する固定的施設に帰せられないこと又は国内での滞在が年間若しくは継続する十二月の期間中百八十三日若しくはそれより短い一定の期間を超えないことを要件とする租税の免除を定める租税条約の規定の適用があるものに相当する部分の金額については、同法第二百十二条第一項及び第二項並びに租税特別措置法第四十一条の二十二第一項の規定は、適用しない。

6　相手国居住者等である個人は、所得税法第二百十二条第一項若しくは第二項又は租税特別措置法第四十一条の二十二第一項の規定の適用がある第一項又は第三項に規定する対価、給与又は報酬を二以上の支払者から支払を受けた場合において、第一項、第三項又は第四項に規定する租税の免除を定める租税条約の規定の適用を受けられなかつたことにより当該対価、給与又は報酬につき所得税法第二百十二条第一項若しくは第二項又は租税特別措置法第四十一条の二十二第一項の規定により徴収された所得税について、これらの租税条約の規定に基づき免除を受けようとするときは、その徴収された所得税の額の還付を請求することができる。

7　前項の規定による所得税の還付の請求をしようとする者は、第一項各号若しくは第三項各号に掲げる事項又は第四項に規定する第三項各号に掲げる事項に準ずる事項並びにその還付を受けようとする所得税の額及びその計算に関して必要な事項を記載した還付請求書を、当該所得税に係る源泉徴収義務者を経由して、当該源泉徴収義務者の納税地の所轄税務署長に提出しなければならない。

8　第二条第二項の規定は、第一項から第四項までに規定する届出書を提出した者について準用する。

9　相手国居住者等は、所得税法第二百十二条第一項若しくは第二項又は租税特別措置法第四十一条の二十二第一項の規定の適用がある第一項から第四項までに規定する対価、給与又は報酬の支払を受けた場合において、第一項から第四項までに規定する租税の免除を定める租税条約の規定の適用を受けなかつたことにより当該対価、給与又は報酬につき所得税法第二百十二条第一項若しくは第二項又は租税特別措置法第四十一条の二十二第一項の規定により徴収された所得税について、これらの租税条約の規定に基づき免除を受けようとするとき（当該相手国居住者等が当該対価、給与又は報酬につき第六項の規定の適用を受けているときを除く。）は、その徴収された所得税の額の還付を請求することができる。

10　前項の規定による所得税の還付の請求をしようとする者は、第一項各号、第二項第一号から第七号まで若しくは第三項各号に掲げる事項又は第四項に規定する

第三項各号に掲げる事項に準ずる事項並びにその還付を受けようとする所得税の額及びその計算に関して必要な事項を記載した還付請求書（第二項に規定する場合に該当するときは、同項第八号に掲げる書類の添付があるものに限る。）を、当該所得税に係る源泉徴収義務者を経由して、当該源泉徴収義務者の納税地の所轄税務署長に提出しなければならない。

11　外国法人は、その支払を受ける所得税法第百六十一条第一項第六号に掲げる対価（租税条約の規定において、当該租税条約の相手国等においてその法令に基づき当該外国法人の株主等である者（当該租税条約の規定により当該租税条約の相手国等の居住者とされる者に限る。）の所得として取り扱われるものとされる部分に限るものとし、法第三条第一項の規定の適用を受ける対価を除く。以下この条において「株主等対価」という。）につき所得税法第二百十二条第一項又は第二項の規定により徴収されるべき所得税について当該租税条約の規定に基づき免除を受けようとする場合（当該租税条約の規定が当該株主等対価につき一定の金額を超えないことを要件としている場合を除く。）には、当該株主等対価に係る源泉徴収義務者ごとに、第一号から第八号までに掲げる事項を記載した届出書に第九号から第十一号までに掲げる書類を添付して、これを、当該租税条約の効力発生の日以後最初にその支払を受ける日の前日までに、当該源泉徴収義務者を経由して、当該源泉徴収義務者の納税地の所轄税務署長に提出しなければならない。

一　当該株主等対価に係る所得税法第百六十一条第一項第六号に掲げる対価の支払を受ける外国法人の名称、本店又は主たる事務所の所在地及びその事業が管理され、かつ、支配されている場所の所在地（法人番号を有する外国法人にあつては、名称、本店又は主たる事務所の所在地、その事業が管理され、かつ、支配されている場所の所在地及び法人番号）並びに当該外国法人が納税者番号を有する場合には、当該納税者番号

二　前号の対価が当該租税条約の相手国等の法令に基づき当該外国法人の株主等である者の所得として取り扱われる事情の詳細

三　第一号の外国法人の株主等である者の各人別に、その者の氏名及び住所若しくは居所又は名称、本店若しくは主たる事務所の所在地及びその事業が管理され、かつ、支配されている場所の所在地並びに同号の対価のうち、当該租税条約の相手国等の法令に基づきその者の所得として取り扱われる部分の金額及び当該金額のうち当該租税条約の規定の適用を受けようとする金額

四　当該株主等対価につき当該租税条約の規定に基づき所得税の免除を受けることができる事情の詳細

五　第一号の対価の種類、金額、支払方法、支払期日及び支払の基因となつた契

約の内容

六　第一号の対価の支払者の氏名及び住所若しくは居所又は名称及び本店若しくは主たる事務所の所在地

七　第一号の対価の支払を受ける者が国税通則法第百十七条第二項の規定による納税管理人の届出をしている場合には、当該納税管理人の氏名及び住所又は居所

八　その他参考となるべき事項

九　第二号に掲げる事情の詳細を明らかにする書類（当該書類が外国語で作成されている場合には、その翻訳文を含む。次号において同じ。）

十　第三号に規定する株主等である者（同号の租税条約の規定の適用に係るものに限る。）が第一号の外国法人の株主等であることを明らかにする書類

十一　当該相手国等の権限ある当局の前号の株主等である者の居住者証明書

12　前項の届出書を提出した外国法人は、その記載事項について異動を生じた場合には、当該異動を生じた事項、当該異動を生じた日その他参考となるべき事項を記載した届出書に同項第九号から第十一号までに掲げる書類（以下この項及び第十四項において「確認書類」という。）を添付して、これを、当該異動を生じた日以後最初に当該届出書に係る株主等対価の支払を受ける日の前日までに、当該株主等対価に係る源泉徴収義務者を経由して、当該源泉徴収義務者の納税地の所轄税務署長に提出しなければならない。この場合において、当該異動を生じた事項が確認書類に係る記載事項以外の記載事項である場合には、当該届出書に係る確認書類の添付は要しないものとする。

13　外国法人は、所得税法第二百十二条第一項又は第二項の規定の適用がある株主等対価の支払を受ける場合において、当該株主等対価につき租税条約の規定により免除を受けようとするとき（第十一項の規定により届出書を提出している場合を除く。）は、同条第一項又は第二項の規定により徴収された所得税の額の還付を請求することができる。

14　前項の規定による所得税の還付の請求をしようとする者は、第十一項第一号から第八号までに掲げる事項に準ずる事項並びにその還付を受けようとする所得税の額及びその計算に関して必要な事項を記載した還付請求書に確認書類を添付して、これを、当該所得税に係る源泉徴収義務者を経由して、当該源泉徴収義務者の納税地の所轄税務署長に提出しなければならない。

15　第一項から第四項までの規定により提出する届出書、第七項の規定により提出する還付請求書、第八項において準用する第二条第二項の規定により提出する届出書、第十項の規定により提出する還付請求書、第十一項若しくは第十二項の規

定により提出する届出書又は前項の規定により提出する還付請求書を受理したこ
れらの規定に規定する源泉徴収義務者が個人番号又は法人番号を有する場合には、
これらの届出書又は還付請求書に、その者の個人番号又は法人番号を付記するも
のとする。

（源泉徴収に係る所得税につき特典条項に係る規定の適用を受ける者の届出等）
第九条の五　相手国居住者等は、その支払を受ける国内源泉所得につき所得税法第
　　　二百十二条第一項若しくは第二項又は租税特別措置法第九条の三の二第一項、第
　　　四十一条の九第三項若しくは第四十一条の十二の二第二項若しくは第三項の規定
　　　により徴収されるべき所得税について当該相手国居住者等に係る相手国等との間
　　　の租税条約の特定規定に基づき軽減又は免除を受けようとする場合には、第一条
　　　の二、第二条、第四条第一項から第四項まで、第五条、第六条及び第七条から第
　　　九条までの規定にかかわらず、当該国内源泉所得に係る源泉徴収義務者ごとに、
　　　これらの規定（第二条第十項の規定を除く。）に規定する届出書（これらの規定
　　　により添付すべき書類がある場合には当該書類の添付があるものに限る。以下こ
　　　の条において「条約届出書等」という。）に第九条の二第一項第三号及び第九号
　　　に掲げる事項を記載した書類（同項第十号及び第十一号に掲げる書類の添付があ
　　　るものに限る。以下この条において「特典条項関係書類等」という。）を添付し
　　　た書類（以下この条において「特典条項条約届出書等」という。）を、当該租税
　　　条約の効力発生の日以後その支払を受ける都度、その支払を受ける日の前日まで
　　　（その支払を受ける国内源泉所得が無記名配当等（第二条第一項に規定する無記
　　　名配当等をいう。次項において同じ。）である場合にあつては、その支払を受け
　　　る時）に、当該源泉徴収義務者を経由して、当該源泉徴収義務者の納税地の所轄
　　　税務署長に提出しなければならない。
2　　相手国居住者等で、その支払を受ける国内源泉所得（無記名配当等を除く。以
　　　下この項及び第五項において「対象国内源泉所得」という。）につき所得税法第
　　　二百十二条第一項若しくは第二項又は租税特別措置法第九条の三の二第一項、第
　　　四十一条の九第三項若しくは第四十一条の十二の二第二項若しくは第三項の規定
　　　により徴収されるべき所得税について前項に規定する租税条約の特定規定に基づ
　　　き軽減又は免除を受けようとするものが、当該対象国内源泉所得の支払を受ける
　　　日の前日以前三年内（その者が第九条の二第五項各号に掲げる規定に係る者であ
　　　る場合には、一年内。以下第九条の九までにおいて同じ。）のいずれかの時にお
　　　いて、その支払を受けた国内源泉所得（当該国内源泉所得に係る資産、契約その
　　　他その所得の基因となるものが当該対象国内源泉所得に係るものと同一であるも

のに限る。）につき当該国内源泉所得に係る源泉徴収義務者を経由して前項の所轄税務署長に対し条約届出書等（特典条項関係書類等の添付があるものに限る。以下この項において「提出済条約届出書等」という。）を提出している場合には、前項の規定にかかわらず、その支払を受ける対象国内源泉所得に係る特典条項条約届出書等の提出は省略することができる。ただし、当該特典条項条約届出書等の記載事項が提出済条約届出書等の記載事項と異なるときは、この限りでない。

3　前項ただし書の場合において、同項ただし書に規定する提出済条約届出書等の記載事項と異なる記載事項が同項の特典条項関係書類等に係る記載事項以外の記載事項であるときは、同項ただし書の規定により提出すべき特典条項条約届出書等に係る当該特典条項関係書類等の添付を要しないものとする。

4　第二条第三項の規定は、第二項ただし書の規定により提出すべきこととされる特典条項条約届出書等（同条第一項に規定する相手国居住者等配当等につき提出すべきこととされるものに限る。）について準用する。

5　相手国居住者等で、その支払を受ける対象国内源泉所得（第二条第四項に規定する特定利子配当等（以下第九条の九までにおいて「特定利子配当等」という。）に該当するものに限る。以下この項において「特定国内源泉所得」という。）につき所得税法第二百十二条第一項若しくは第二項又は租税特別措置法第九条の三の二第一項若しくは第四十一条の九第三項の規定により徴収されるべき所得税について第一項に規定する租税条約の特定規定に基づき軽減又は免除を受けようとするものが、既に支払を受けた特定国内源泉所得につき当該特定国内源泉所得に係る源泉徴収義務者を経由して同項の所轄税務署長に対し条約届出書等（特典条項関係書類等の添付があるものに限る。以下この項において「提出済条約届出書等」という。）を提出している場合には、第一項又は第二項の規定にかかわらず、その支払を受ける特定国内源泉所得に係る特典条項条約届出書等の提出は省略することができる。ただし、当該特典条項条約届出書等の記載事項が提出済条約届出書等の記載事項と異なるときは、この限りでない。

6　第三項及び第二条第三項の規定は、前項に規定する相手国居住者等が同項ただし書の規定により提出すべき特典条項条約届出書等について準用する。

7　第一項の場合において、相手国居住者等が第二条第十項に規定する支払の取扱者から交付を受ける同項に規定する相手国居住者等上場株式等配当等（第九項において「相手国居住者等上場株式等配当等」という。）につき租税特別措置法第九条の三の二第一項の規定により徴収されるべき所得税について第一項に規定する租税条約の特定規定に基づき軽減又は免除を受けようとするときは、当該相手国居住者等は、特典条項条約届出書等に代えて、第二条第十項に規定する特例届

出書に特典条項関係書類等を添付した書類（次項及び第九項において「特典条項特例届出書等」という。）を提出することができる。

8　前項の規定により特典条項特例届出書等を提出する場合には、第二項中「当該国内源泉所得に係る資産、契約その他その所得の基因となるものが当該対象国内源泉所得に係るものと同一であるもの」とあるのは「第二条第十項に規定する相手国居住者等上場株式等配当等」と、「条約届出書等（」とあるのは「第七項に規定する特例届出書（」と、「提出済条約届出書等」とあるのは「提出済特例届出書等」と、「係る特典条項条約届出書等」とあるのは「係る第七項に規定する特典条項特例届出書等」と、「当該特典条項条約届出書等」とあるのは「当該特典条項特例届出書等」と、第三項中「提出済条約届出書等」とあるのは「提出済特例届出書等」と、「特典条項条約届出書等」とあるのは「特典条項特例届出書等」とし、第四項から第六項までの規定は適用しない。

9　第二条第十三項から第十八項までの規定は、相手国居住者等上場株式等配当等の支払を受ける相手国居住者等が当該相手国居住者等上場株式等配当等につき第七項の規定により特典条項特例届出書等を提出した場合について準用する。この場合において、同条第十八項中「第一項又は第二項に規定する届出書」とあるのは「第九条の五第一項に規定する特典条項条約届出書等」と、「当該届出書」とあるのは「当該特典条項条約届出書等」と、「第一項に規定する届出書」とあるのは「同項に規定する特典条項条約届出書等」と読み替えるものとする。

10　相手国居住者等は、その支払（所得税法第二百十二条第五項の規定によりその支払があつたものとみなされた場合における当該支払を含む。）を受けた第一条の二第一項に規定する配分利益（同項に規定する租税条約の規定が特定規定であるものに限る。）につき同条第三項の規定による所得税の還付の請求をしようとする場合には、同条第四項の規定にかかわらず、同項に規定する還付請求書に特典条項関係書類等を添付して、これを、同項に規定する源泉徴収義務者を経由して、当該源泉徴収義務者の納税地の所轄税務署長に提出しなければならない。

11　第一条の三第一項に規定する免税相手国居住者等は、その支払を受ける同項に規定する対価（同項に規定する租税条約の規定が特定規定であるものに限る。）につき法第三条第二項の規定による所得税の還付を受けようとする場合には、第一条の三第一項の規定にかかわらず、同項に規定する還付請求書（同項第十一号及び第十二号に掲げる書類の添付があるものに限る。）に特典条項関係書類等を添付して、これを、同項に規定する所轄税務署長に提出しなければならない。

12　相手国居住者等は、その支払を受けた第二条第一項に規定する相手国居住者等配当等（同項に規定する租税条約の規定が特定規定であるものに限る。）につき

同条第八項の規定による所得税の還付の請求をしようとする場合には、同条第九項の規定にかかわらず、同項に規定する還付請求書（同項の規定により添付すべき書類がある場合には、当該書類の添付があるものに限る。）に特典条項関係書類等を添付して、これを、同項に規定する源泉徴収義務者を経由して、当該源泉徴収義務者の納税地の所轄税務署長に提出しなければならない。

13　相手国居住者等は、その支払を受ける第三条の四第一項に規定する償還差益（法第三条の三第一項に規定する償還差益に対する所得税の軽減又は免除を定める租税条約の規定が特定規定であるものに限る。）につき法第三条の三第一項の規定による所得税の還付を受けようとする場合には、第三条の四第一項の規定にかかわらず、同項に規定する還付請求書（同項又は同条第二項若しくは第三項の規定による書類の添付があるものに限る。）に特典条項関係書類等を添付して、これを、同条第一項に規定する源泉徴収義務者を経由して、当該源泉徴収義務者の納税地の所轄税務署長に提出しなければならない。

14　相手国居住者等である個人は、その支払を受けた第四条第六項に規定する対価、給与又は報酬（同項に規定する租税条約の規定が特定規定であるものに限る。）につき同項の規定による所得税の還付の請求をしようとする場合には、同条第七項の規定にかかわらず、同項に規定する還付請求書に特典条項関係書類等を添付して、これを、同項に規定する源泉徴収義務者を経由して、当該源泉徴収義務者の納税地の所轄税務署長に提出しなければならない。

15　相手国居住者等は、その支払を受けた第四条第一項から第四項までに規定する対価、給与又は報酬（これらの規定に規定する租税条約の規定が特定規定であるものに限る。）につき同条第九項の規定による所得税の還付の請求をしようとする場合には、同条第十項の規定にかかわらず、同項に規定する還付請求書（同項の規定により添付すべき書類がある場合には、当該書類の添付があるものに限る。）に特典条項関係書類等を添付して、これを、同項に規定する源泉徴収義務者を経由して、当該源泉徴収義務者の納税地の所轄税務署長に提出しなければならない。

16　相手国居住者等である個人は、その支払を受けた第五条第一項に規定する退職年金等（同項に規定する租税条約の規定が特定規定であるものに限る。）につき同条第三項の規定による所得税の還付の請求をしようとする場合には、同条第四項において準用する第一条の二第四項の規定にかかわらず、第五条第四項において準用する第一条の二第四項に規定する還付請求書に特典条項関係書類等を添付して、これを、第五条第四項において準用する第一条の二第四項に規定する源泉徴収義務者を経由して、当該源泉徴収義務者の納税地の所轄税務署長に提出しな

けなばならない。

17　相手国居住者等である個人は、その支払を受けた第六条第一項に規定する保険
年金（同項に規定する租税条約の規定が特定規定であるものに限る。）につき同
条第三項の規定による所得税の還付の請求をしようとする場合には、同条第四項
において準用する第一条の二第四項の規定にかかわらず、第六条第四項において
準用する第一条の二第四項に規定する還付請求書に特典条項関係書類等を添付し
て、これを、第六条第四項において準用する第一条の二第四項に規定する源泉徴
収義務者を経由して、当該源泉徴収義務者の納税地の所轄税務署長に提出しなけ
ればならない。

18　相手国居住者等である個人又は居住者は、その支払を受けた第七条第一項に規
定する報酬（同項に規定する租税条約の規定が特定規定であるものに限る。）に
つき同条第三項の規定による所得税の還付の請求をしようとする場合には、同条
第四項において準用する第一条の二第四項の規定にかかわらず、第七条第四項に
おいて準用する第一条の二第四項に規定する還付請求書に特典条項関係書類等を
添付して、これを、第七条第四項において準用する第一条の二第四項に規定する
源泉徴収義務者を経由して、当該源泉徴収義務者の納税地の所轄税務署長に提出
しなければならない。

19　第八条第一項に規定する留学生等（次項及び第二十一項において「留学生等」
という。）は、その支払を受けた同条第二項に規定する報酬（同項に規定する租
税条約の規定が特定規定であるものに限る。）につき同条第三項の規定による所
得税の還付の請求をしようとする場合には、同条第四項の規定にかかわらず、同
項に規定する還付請求書（同項に規定する書類の添付があるものに限る。）に特
典条項関係書類等を添付して、これを、同項に規定する源泉徴収義務者を経由し
て、当該源泉徴収義務者の納税地の所轄税務署長に提出しなければならない。

20　留学生等は、その支払を受けた第八条第一項に規定する給付、送金又は交付金
等（同項に規定する租税条約の規定が特定規定であるものに限る。）につき同条
第六項の規定による所得税の還付の請求をしようとする場合には、同条第七項に
おいて準用する同条第四項の規定にかかわらず、同条第七項において準用する同
条第四項に規定する還付請求書（同条第七項において準用する同条第四項に規定
する書類の添付があるものに限る。）に特典条項関係書類等を添付して、これを、
同条第七項において準用する同条第四項に規定する源泉徴収義務者を経由して、
当該源泉徴収義務者の納税地の所轄税務署長に提出しなければならない。

21　留学生等は、その支払を受けた第八条第二項に規定する報酬（同項に規定する
租税条約の規定が特定規定であるものに限る。）につき同条第八項の規定による

所得税の還付の請求をしようとする場合には、同条第九項において準用する同条第四項の規定にかかわらず、同条第九項において準用する同条第四項に規定する還付請求書（同条第九項において準用する同条第四項に規定する書類の添付があるものに限る。）に特典条項関係書類等を添付して、これを、同条第九項において準用する同条第四項に規定する源泉徴収義務者を経由して、当該源泉徴収義務者の納税地の所轄税務署長に提出しなければならない。

22　相手国居住者等は、その支払を受けた第九条第一項に規定する国内源泉所得（同項に規定する租税条約の規定が特定規定であるものに限る。）につき同条第三項の規定による所得税の還付の請求をしようとする場合には、同条第四項において準用する第一条の二第四項の規定にかかわらず、第九条第四項において準用する第一条の二第四項に規定する還付請求書に特典条項関係書類等を添付して、これを、第九条第四項において準用する第一条の二第四項に規定する源泉徴収義務者を経由して、当該源泉徴収義務者の納税地の所轄税務署長に提出しなければならない。

23　次の各号に掲げる者が個人番号又は法人番号を有する場合には、当該各号に定める書類にその者の個人番号又は法人番号を付記するものとする。
　　一　第一項の規定により提出する特典条項条約届出書等又は第十項若しくは第十二項から前項までの規定により提出する還付請求書を受理したこれらの規定に規定する源泉徴収義務者　これらの特典条項条約届出書等又は還付請求書
　　二　第七項の規定により提出する特典条項特例届出書等又は第九項において準用する第二条第十五項の規定により提出する書面を受理したこれらの規定に規定する支払の取扱者　当該特典条項特例届出書等又は当該書面

（居住者証明書の提出の特例）
第九条の十　非居住者若しくは外国法人又は居住者若しくは内国法人（以下この項及び次項において「非居住者等」という。）がその支払を受ける国内源泉所得に対する所得税につき租税条約の規定に基づき軽減又は免除を受けるため、第二条第一項及び第二項（同条第六項又は第七項の規定の適用を受ける場合に限る。）並びに同条第十五項（同条第十六項の規定の適用を受ける場合に限り、第九条の五第九項において準用する場合を含む。）、第二条の二第一項、第二項前段（同条第十一項において準用する場合を含む。）及び第九項、第二条の三第一項、第二項前段（同条第十項において準用する場合を含む。）及び第八項、第二条の四第一項、第二項前段（同条第十項において準用する場合を含む。）及び第八項、第二条の五第一項、第二項前段（同条第十一項において準用する場合を含む。）及

び第九項、第三条の四第一項（同条第三項の規定の適用を受ける場合に限る。）及び第四項、第四条第十一項、第十二項前段及び第十四項（同項の規定にあつては、同条第十一項の規定により届出書を提出すべき場合を除く。）並びに第九条の五第一項（同条第七項の規定の適用を受ける場合を含む。）、第十三項、第十四項及び第十九項の規定に基づいてこれらの規定に規定する届出書、書面又は還付請求書をこれらの規定に規定する源泉徴収義務者又は支払の取扱者（以下この条において「源泉徴収義務者」という。）を経由して、これらの規定に規定する所轄税務署長に対し提出する場合において、当該非居住者等が居住者証明書を当該源泉徴収義務者に提示をして、当該届出書、書面又は還付請求書に記載されている氏名又は名称及び住所若しくは居所又は本店若しくは主たる事務所の所在地若しくはその事業が管理され、かつ、支配されている場所の所在地について確認を受けたとき（当該届出書、書面又は還付請求書にその確認をした旨の記載がある場合に限る。）は、これらの規定にかかわらず、当該届出書、書面又は還付請求書への当該居住者証明書の添付は省略することができる。

2　前項に規定する源泉徴収義務者は、同項の規定の適用を受けようとする非居住者等から居住者証明書の提示を受けた場合には、当該居住者証明書の写しを作成し、これを国内にある事務所、事業所その他これらに準ずるものの所在地においてその提示を受けた日から五年間保存しなければならない。

3　前二項に規定する居住者証明書とは、第二条第六項、第七項及び第十六項、第二条の二第一項第十一号及び第九項第十号、第二条の三第一項第十一号及び第八項第十号、第二条の四第一項第十一号及び第八項第十号、第二条の五第一項第十号及び第九項第九号、第三条の四第三項及び第四項第十三号並びに第四条第十一項第十一号に規定する居住者証明書（同条第十四項の規定により同項に規定する還付請求書に添付することとされている同号に掲げる書類並びに第九条の五第一項、第七項、第十三項、第十四項及び第十九項の規定により同条第一項に規定する特典条項関係書類等として同項、同条第七項、第十三項、第十四項又は第十九項に規定する条約届出書等、特例届出書又は還付請求書に添付することとされている第九条の二第一項第十号に掲げる書類を含む。）で、第一項に規定する提示の日前一年以内に作成されたものをいう。

移転価格事務運営要領

（定義）

1－1　この事務運営指針において、次に掲げる用語の意義は、それぞれ次に定めるところによる。

⑴　**法**　法人税法をいう。

⑵　**措置法**　租税特別措置法をいう。

⑶　**手続通達**　国税通則法第7章の2（国税の調査）関係通達をいう。

⑷　**基本通達**　法人税基本通達をいう。

⑸　**措置法通達**　租税特別措置法関係通達（法人税編）をいう。

⑹　**調査**　手続通達1－1（「調査」の意義）に定める調査をいう。

⑺　**行政指導**　手続通達1－2（「調査」に該当しない行為）に定める調査に該当しない行為をいう。

⑻　**移転価格税制**　措置法第66条の4（国外関連者との取引に係る課税の特例）の規定（第3項を除く。）をいう。

⑼　**連結法人**　法第2条第12号の7の2（定義）に規定する連結法人をいう。

⑽　**連結親法人**　法第2条第12号の6の7に規定する連結親法人をいう。

⑾　**確定申告書**　法第2条第31号に規定する確定申告書及びこれに添付することとされている書類をいう。

⑿　**事業年度**　法第13条（事業年度の意義）に規定する事業年度をいう。

⒀　**連結事業年度**　法第15条の2（連結事業年度の意義）に規定する連結事業年度をいう。

⒁　**国外関連者**　措置法第66条の4第1項及び第68条の88第1項（連結法人の国外関連者との取引に係る課税の特例）に規定する国外関連者をいう。

⒂　**国外関連取引**　措置法第66条の4第1項及び第68条の88第1項に規定する国外関連取引をいう。

⒃　**独立企業間価格**　措置法第66条の4第1項に規定する独立企業間価格をいう。

⒄　**独立企業間価格の算定方法**　措置法第66条の4第2項各号に掲げる方法をいう。

⒅　**非関連者**　措置法第66条の4第1項に規定する特殊の関係にない者をいう。

⒆　**非関連者間取引**　措置法通達66の4(2)-1（最も適切な算定方法の選定に当たって留意すべき事項）に定める非関連者間取引をいう。

⒇　**比較可能性**　措置法通達66の4(2)-1(4)に掲げる「国外関連取引と非関連者

間取引との類似性の程度」をいう。

�21 **比較対象取引** 措置法通達66の4⑶-1（比較対象取引の意義）に定める比較対象取引（措置法通達66の4⑶-1⑸に掲げる取引を除く。）をいう。

�22 **独立価格比準法** 措置法第66条の4第2項第1号イに掲げる方法をいう。

�23 **再販売価格基準法** 措置法第66条の4第2項第1号ロに掲げる方法をいう。

⑷ **原価基準法** 措置法第66条の4第2項第1号ハに掲げる方法をいう。

⑤ **基本三法** 独立価格比準法、再販売価格基準法及び原価基準法をいう。

⑹ **準ずる方法** 措置法第66条の4第2項第1号ニに掲げる方法（措置法施行令第39条の12第8項第1号から第6号まで（国外関連者との取引に係る課税の特例）に掲げる方法を除く。）をいう。

⑺ **同等の方法** 措置法第66条の4第2項第2号に規定する方法をいう。

⑻ **利益分割法** 措置法施行令第39条の12第8項第1号に掲げる方法をいう。

⑼ **残余利益分割法** 利益分割法のうち措置法施行令第39条の12第8項第1号ハに掲げる方法をいう。

⑽ **取引単位営業利益法** 措置法施行令第39条の12第8項第2号から第5号までに掲げる方法をいう。

㉛ **ディスカウント・キャッシュ・フロー法** 措置法施行令第39条の12第8項第6号に掲げる方法をいう。

㉜ **無形資産** 措置法第66条の4第7項第2号に規定する無形資産のうち重要な価値のあるものをいう。

㉝ **租税条約** 法第2条第12号の19ただし書に規定する条約をいう。

㉞ **租税条約等実施特例法** 租税条約等の実施に伴う所得税法、法人税法及び地方税法の特例等に関する法律をいう。

㉟ **相互協議** 租税条約の規定に基づく我が国の権限ある当局と外国の権限ある当局との協議をいう。

㊱ **事前確認** 税務署長又は国税局長が、国外関連取引に係る独立企業間価格の算定方法及びその具体的内容（以下「独立企業間価格の算定方法等」という。）について確認を行うことをいう。

㊲ **事前確認審査** 局担当課（必要に応じて庁担当課を含む。）が行う事前確認の申出に係る審査をいう。

㊳ **事前相談** 事前確認を受けようとする法人が、事前確認の申出前に、独立企業間価格の算定方法等について局担当課（必要に応じて庁担当課及び庁相互協議室を含む。）と行う相談（代理人を通じた匿名の相談を含む。）をいう。

㊴ **局担当課** 国税局課税第二部（金沢、高松及び熊本国税局にあっては、課税

部）法人課税課及び沖縄国税事務所法人課税課（以下「局法人課税課」という。）又は東京及び大阪国税局調査第一部国際情報第二課、名古屋国税局調査部国際情報課、関東信越国税局調査査察部国際調査課、札幌、仙台、金沢、広島、高松、福岡及び熊本国税局調査査察部調査管理課並びに沖縄国税事務所調査課（以下「局調査課」という。）をいう。

⑷⁰　**庁担当課**　国税庁課税部法人課税課又は国税庁調査査察部調査課をいう。

⑷¹　**庁相互協議室**　国税庁長官官房国際業務課相互協議室をいう。

⑷²　**連結指針**　平成17年４月28日付課調７－４ほか３課共同「連結法人に係る移転価格事務運営要領の制定について」（事務運営指針）をいう。

（基本方針）

１－２　移転価格税制に係る事務については、この税制が独立企業原則に基づいていることに配意し、適正に行っていく必要がある。このため、次に掲げる基本方針に従って当該事務を運営する。

⑴　法人の国外関連取引に付された価格が非関連者間取引において通常付された価格となっているかどうかを十分に検討し、問題があると認められる国外関連取引を把握した場合には、市場の状況及び業界情報等の幅広い事実の把握に努め、独立企業間価格の算定方法・比較対象取引の選定や差異調整等について的確な調査を実施する。

⑵　独立企業間価格の算定方法等に関し、法人の申出を受け、また、当該申出に係る相互協議の合意がある場合にはその内容を踏まえ、事前確認を行うことにより、当該法人の予測可能性を確保し、移転価格税制の適正・円滑な執行を図る。

⑶　移転価格税制に基づく課税により生じた国際的な二重課税の解決には、移転価格に関する各国税務当局による共通の認識が重要であることから、調査又は事前確認審査に当たっては、必要に応じOECD移転価格ガイドラインを参考にし、適切な執行に努める。

第３章　調査

（調査の方針）

３－１　調査に当たっては、移転価格税制上の問題の有無を的確に判断するために、例えば次の事項に配意して国外関連取引を検討することとする。この場合においては、形式的な検討に陥ることなく個々の取引実態に即した検討を行うことに配意する。

(1) 法人の国外関連取引に係る売上総利益率又は営業利益率等（以下「利益率等」という。）が、同様の市場における非関連者間取引のうち、規模、取引段階その他の内容が類似する取引に係る利益率等に比べて過少となっていないか。

(2) 法人の国外関連取引に係る利益率等が、当該国外関連取引に係る事業と同種で、規模、取引段階その他の内容が類似する事業を営む非関連者である他の法人の当該事業に係る利益率等に比べて過少となっていないか。

(3) 法人及び国外関連者が国外関連取引において果たす機能又は負担するリスク等を勘案した結果、当該法人の当該国外関連取引に係る利益が、当該国外関連者の当該国外関連取引に係る利益に比べて相対的に過少となっていないか。

（調査に当たり配意する事項）

3−2　国外関連取引の検討は、確定申告書及び調査等により収集した書類等を基に行う。

独立企業間価格の算定を行うまでには、個々の取引実態に即した多面的な検討を行うこととし、例えば次の(1)から(3)までにより、移転価格税制上の問題の有無について検討し、効果的な調査展開を図る。

(1) 法人の国外関連取引に係る事業と同種で、規模、取引段階その他の内容がおおむね類似する複数の非関連者間取引（以下「比較対象取引の候補と考えられる取引」という。）に係る利益率等の範囲内に、国外関連取引に係る利益率等があるかどうかを検討する。

(2) 国外関連取引に係る棚卸資産等が一般的に需要の変化、製品のライフサイクル等により価格が相当程度変動することにより、各事業年度又は連結事業年度の情報のみで検討することが適切でないと認められる場合には、当該事業年度又は連結事業年度の前後の合理的な期間における当該国外関連取引又は比較対象取引の候補と考えられる取引の対価の額又は利益率等の平均値等を基礎として検討する。

(3) 国外関連取引に係る対価の額が当該国外関連取引に係る取引条件等の交渉において決定された過程等について、次の点も考慮の上、十分検討する。

　　イ　法人及びその国外関連者が国外関連取引に係るそれぞれの事業の業績を適切に評価するために、独立企業原則を考慮して当該国外関連取引に係る対価の額を決定する場合があること。

　　ロ　法人又は国外関連者が複数の者の共同出資により設立されたものである場合には、その出資者など国外関連取引の当事者以外の者が当該国外関連取引に係る取引条件等の交渉の当事者となる場合があること。また、当該交渉に

おいて独立企業原則を考慮した交渉が行われる場合があること。

（注）　国外関連取引に係る対価の額が厳しい価格交渉によって決定されたという事実、国外関連取引の当事者以外の者が当該国外関連取引に係る取引条件等の交渉の当事者となっている事実又は国外関連取引に係る契約の当事者に法人及び国外関連者以外の者が含まれているという事実のみでは、当該国外関連取引が非関連者間取引と同様の条件で行われた根拠とはならないことに留意する。

（別表17⑷の添付状況の検討）

3－3　国外関連取引を行う法人が、その確定申告書に「国外関連者に関する明細書」（法人税申告書別表17⑷）を添付していない場合又は当該別表の記載内容が十分でない場合には、当該別表の提出を督促し、又はその記載の内容について補正を求めるとともに、当該国外関連取引の内容について一層的確な把握に努める。

（調査時に検討を行う書類）

3－4　調査においては、例えば次に掲げる書類（帳簿その他の資料を含む。）から国外関連取引の実態を的確に把握し、移転価格税制上の問題があるかどうかを判断する。

⑴　法人及び国外関連者ごとの資本関係及び事業内容を記載した書類

　　イ　法人及び関連会社間の資本及び取引関係を記載した書類

　　ロ　法人及び国外関連者の沿革及び主要株主の変遷を記載した書類

　　ハ　法人にあっては有価証券報告書又は計算書類その他事業内容を記載した書類、国外関連者にあってはそれらに相当する書類

　　ニ　法人及び国外関連者の主な取扱品目及びその取引金額並びに販売市場及びその規模を記載した書類

　　ホ　法人及び国外関連者の事業別の業績、事業の特色、各事業年度の特異事項等その事業の内容を記載した書類

⑵　措置法施行規則第22条の10第6項第1号において国外関連取引の内容を記載した書類として掲げる書類

⑶　同項第2号において独立企業間価格を算定するための書類として掲げる書類

⑷　その他の書類

　　イ　法人及び国外関連者の経理処理基準の詳細を記載した書類

　　ロ　外国税務当局による国外関連者に対する移転価格に係る調査の内容を記載した書類

ハ　国外関連者が、ローカルファイルに相当する書類を作成している場合（法人が当該国外関連者との取引に係るローカルファイルに相当する書類に記載された事項についてローカルファイルを作成している場合を除く。）の当該書類

ニ　その他必要と認められる書類

（注）　必要に応じて、事業概況報告事項及び国別報告事項を参照する。

（推定規定又は同業者に対する質問検査規定の適用に当たっての留意事項）

3－5　法人に対しローカルファイル、同時文書化対象国外関連取引に係る独立企業間価格（措置法第66条の4第8項本文の規定により当該独立企業間価格とみなされる金額を含む。以下3－5において同じ。）を算定するために重要と認められる書類（電磁的記録を含む。以下3－5において同じ。）若しくは同条第14項に規定する同時文書化免除国外関連取引に係る独立企業間価格（同条第8項本文の規定により当該独立企業間価格とみなされる金額を含む。）を算定するために重要と認められる書類（電磁的記録を含む。以下3－5において同じ。）又はこれらの写し（以下3－6までにおいて「移転価格文書」という。）の提示又は提出を求めた場合において、当該法人から当該職員が指定する日までに移転価格文書の提示又は提出がなかったときは、同条第12項及び第17項又は第14項及び第18項の規定を適用することができるのであるが、これらの規定の適用に当たっては、次の事項に配意する。

⑴　独立企業間価格（同条第8項本文の規定により独立企業間価格とみなされる金額を含む。以下3－5において同じ。）を算定するために、移転価格文書の提示又は提出を求める場合には、法人に対し、「期日までに移転価格文書の提示又は提出がないときは、措置法第66条の4第12項及び第17項又は第14項及び第18項の規定の適用要件を満たす」旨を説明するとともに、当該説明を行った事実及びその後の当該法人からの提示又は提出の状況を記録する。

⑵　⑴の提示又は提出を求める場合には、法人に対し、ローカルファイルについては45日を超えない範囲内において、また、同時文書化対象国外関連取引に係る独立企業間価格を算定するために重要と認められる書類及び同時文書化免除国外関連取引に係る独立企業間価格を算定するために重要と認められる書類については60日を超えない範囲内において期日を指定して当該提示又は提出を求める。

（注）1　当該期日は、当該法人の意見を聴取した上で当該提示又は提出の準備に通常要する日数を勘案して指定する。

2　法人に対し、移転価格文書の提示又は提出を求める場合には、ローカルフ

ァイル、同時文書化対象国外関連取引に係る独立企業間価格を算定するために重要と認められる書類及び同時文書化免除国外関連取引に係る独立企業間価格を算定するために重要と認められる書類を区分した上で、これらの書類の提示又は提出を求めることに留意する。

(3) 当該期日までに移転価格文書の提示又は提出がなかった場合には、法人に対し、「移転価格文書が期日までに提示又は提出されなかったため措置法第66条の4第12項及び第17項又は第14項及び第18項の規定の適用要件を満たす」旨を説明する。

(4) 当該期日までに移転価格文書の提示又は提出がなかったことにつき合理的な理由が認められる場合は、当該法人の意見を再聴取し、期日を指定する。

なお、再聴取して指定した期日までに移転価格文書に該当するものとして提示又は提出された書類（電磁的記録を含む。以下同じ。）があり、当該書類を総合的に検討した結果、独立企業間価格の算定ができる場合には、同条第12項及び第17項又は第14項及び第18項の規定の適用をしないことに留意する。

（注） 法人が、指定された期日までに当該提示又は提出をできなかったことにつき合理的な理由が認められる場合には、例えば、当該法人が災害によりこれをできなかった場合が該当する。

(5) 法人から移転価格文書に該当するものとして提示又は提出された書類を総合的に検討して独立企業間価格の算定ができるかどうかを判断するのであるが、当該判断の結果、当該書類に基づき独立企業間価格を算定することができず、かつ、同条第12項及び第17項又は第14項及び第18項の規定の適用がある場合には、当該法人に対しその理由を説明する。

（注） 当該書類が不正確な情報等に基づき作成されたものである場合には、当該書類の提示又は提出については、移転価格文書の提示又は提出には該当しない。

この場合には、当該法人に対し、正確な情報等に基づき作成した移転価格文書を速やかに提示又は提出するよう求めるものとする。

(6) 同条第17項又は第18項の規定を適用して把握した非関連者間取引を比較対象取引として選定した場合には、当該選定のために用いた条件、当該比較対象取引の内容、差異の調整方法等を法人に対し十分説明するのであるが、この場合には、国税通則法第126条（職員の守秘義務規定）の規定に留意するとともに、当該説明を行った事実を記録する。

（金銭の貸借取引）

3－7　金銭の貸借取引について調査を行う場合には、次の点に留意する。

(1)　基本通達9－4－2（子会社等を再建する場合の無利息貸付け等）の適用がある金銭の貸付けについては、移転価格税制の適用上も適正な取引として取り扱う。

(2)　国外関連取引において返済期日が明らかでない場合には、当該金銭貸借の目的等に照らし、金銭貸借の期間を合理的に算定する。

（独立価格比準法に準ずる方法と同等の方法による金銭の貸借取引の検討）

3－8　法人及び国外関連者が共に業として金銭の貸付け又は出資を行っていない場合において、当該法人が当該国外関連者との間で行う金銭の貸付け又は借入れについて調査を行うときは、必要に応じ、次に掲げる利率を独立企業間の利率として用いる独立価格比準法に準ずる方法と同等の方法の適用について検討する。

(1)　国外関連取引の借手が、非関連者である銀行等から当該国外関連取引と通貨、貸借時期、貸借期間等が同様の状況の下で借り入れたとした場合に付されるであろう利率

(2)　国外関連取引の貸手が、非関連者である銀行等から当該国外関連取引と通貨、貸借時期、貸借期間等が同様の状況の下で借り入れたとした場合に付されるであろう利率

(3)　国外関連取引に係る資金を、当該国外関連取引と通貨、取引時期、期間等が同様の状況の下で国債等により運用するとした場合に得られるであろう利率

(注) 1　(1)、(2)及び(3)に掲げる利率を用いる方法の順に、独立企業原則に即した結果が得られることに留意する。

　　　 2　(2)に掲げる利率を用いる場合においては、国外関連取引の貸手における銀行等からの実際の借入れが、(2)の同様の状況の下での借入れに該当するときは、当該国外関連取引とひも付き関係にあるかどうかを問わないことに留意する。

（役務提供）

3－9　役務提供について調査を行う場合には、次の点に留意する。

(1)　役務提供を行う際に無形資産を使用しているにもかかわらず、当該役務提供の対価の額に無形資産の使用に係る部分が含まれていない場合があること。

(注)　無形資産が役務提供を行う際に使用されているかどうかについて調査を行う場合には、役務の提供と無形資産の使用は概念的には別のものである

ことに留意し、役務の提供者が当該役務提供時にどのような無形資産を用いているか、当該役務提供が役務の提供を受ける法人の活動、機能等にどのような影響を与えているか等について検討を行う。

(2) 役務提供が有形資産又は無形資産の譲渡等に併せて行われており、当該役務提供に係る対価の額がこれらの資産の譲渡等の価格に含まれている場合があること。

（企業グループ内における役務提供の取扱い）

3 − 10

(1) 次に掲げる経営、技術、財務又は営業上の活動その他の法人が行う活動が国外関連者に対する役務提供に該当するかどうかは、当該活動が当該国外関連者にとって経済的又は商業的価値を有するものかどうかにより判断する。具体的には、法人が当該活動を行わなかったとした場合に、国外関連者が自ら当該活動と同様の活動を行う必要があると認められるかどうか又は非関連者が他の非関連者から法人が行う活動と内容、時期、期間その他の条件が同様である活動を受けた場合に対価を支払うかどうかにより判断する。

イ　企画又は調整

ロ　予算の管理又は財務上の助言

ハ　会計、監査、税務又は法務

ニ　債権又は債務の管理又は処理

ホ　情報通信システムの運用、保守又は管理

ヘ　キャッシュ・フロー又は支払能力の管理

ト　資金の運用又は調達

チ　利子率又は外国為替レートに係るリスク管理

リ　製造、購買、販売、物流又はマーケティングに係る支援

ヌ　雇用、教育その他の従業員の管理に関する事務

ル　広告宣伝

（注）　「法人が行う活動」には、法人が国外関連者の要請に応じて随時活動を行い得るよう定常的に当該活動に必要な人員や設備等を利用可能な状態に維持している場合が含まれることに留意する。

(2) 法人が行う活動と非関連者が国外関連者に対して行う活動又は国外関連者が自らのために行う活動との間で、その内容において重複（一時的に生ずるもの及び事実判断の誤りに係るリスクを軽減させるために生ずるものを除く。）がある場合には、当該法人が行う活動は、国外関連者に対する役務提供に該当し

ない。
(3)　国外関連者の株主又は出資者としての地位を有する法人（以下(3)において「親会社」という。）が行う活動であって次に掲げるもの（当該活動の準備のために行われる活動を含む。）は、国外関連者に対する役務提供に該当しない。

イ　親会社が発行している株式の金融商品取引法（昭和23年法律第25号）第2条第16項（定義）に規定する金融商品取引所への上場

ロ　親会社の株主総会の開催、株式の発行その他の親会社に係る組織上の活動であって親会社がその遵守すべき法令に基づいて行うもの

ハ　親会社による金融商品取引法第24条第1項（有価証券報告書の提出）に規定する有価証券報告書の作成（親会社が有価証券報告書を作成するために親会社としての地位に基づいて行う国外関連者の会計帳簿の監査を含む。）又は親会社による連結財務諸表（措置法第66条の4の4第4項第1号に規定する連結財務諸表をいう。以下同じ。）の作成その他の親会社がその遵守すべき法令に基づいて行う書類の作成

ニ　親会社が国外関連者に係る株式又は出資の持分を取得するために行う資金調達

ホ　親会社が当該親会社の株主その他の投資家に向けて行う広報

ヘ　親会社による国別報告事項に係る記録の作成その他の親会社がその遵守すべき租税に関する法令に基づいて行う活動

ト　親会社が会社法（平成17年法律第86号）第348条第3項第4号（業務の執行）に基づいて行う企業集団の業務の適正を確保するための必要な体制の整備その他のコーポレート・ガバナンスに関する活動

チ　その他親会社が専ら自らのために行う国外関連者の株主又は出資者としての活動

（注）1　例えば、親会社が国外関連者に対して行う特定の業務に係る企画、緊急時の管理若しくは技術的助言又は日々の経営に関する助言は、イからチまでに掲げる活動には該当しないことから、これらが(1)に定めるとおり当該国外関連者にとって経済的又は商業的価値を有するものである場合（(2)に該当する場合を除く。2において同じ。）には、国外関連者に対する役務提供に該当する。

2　親会社が国外関連者に対する投資の保全を目的として行う活動についても、(1)に定めるとおり当該国外関連者にとって経済的又は商業的価値を有するものである場合には、国外関連者に対する役務提供に該当する。

(4) 国外関連者が行う活動が法人に対する役務提供に該当するかどうかについて
は、(1)及び(2)と同様の方法により判断する。また、法人の株主又は出資者とし
ての地位を有する国外関連者が行う活動が当該法人に対する役務提供に該当す
るかどうかについては、(3)と同様の方法により判断する。

(5) 法人が国外関連者に対し支払うべき役務提供に係る対価の額の妥当性を検討
するため、当該法人に対し、当該役務提供の内容等が記載された書類の提示又
は提出を求めることとする。この場合において、当該役務提供の実態が確認で
きないときは、措置法第66条の4第3項の規定の適用について検討することに
留意する。

(注) 「役務提供の内容等が記載された書類」には、例えば、帳簿や役務提供
を行う際に作成した契約書が該当する。

(企業グループ内における役務提供に係る独立企業間価格の検討)
3-11
(1) 法人と国外関連者との間で行われた役務提供が次に掲げる要件の全てを満た
す場合には、その対価の額を独立企業間価格として取り扱う。

イ 当該役務提供が支援的な性質のものであり、当該法人及び国外関連者が属
する企業グループの中核的事業活動に直接関連しないこと。

ロ 当該役務提供において、当該法人又は国外関連者が保有し、又は他の者か
ら使用許諾を受けた無形資産を使用していないこと。

ハ 当該役務提供において、当該役務提供を行う当該法人又は国外関連者が、
重要なリスクの引受け若しくは管理又は創出を行っていないこと。

ニ 当該役務提供の内容が次に掲げる業務のいずれにも該当しないこと。
(イ) 研究開発
(ロ) 製造、販売、原材料の購入、物流又はマーケティング
(ハ) 金融、保険又は再保険
(ニ) 天然資源の採掘、探査又は加工

ホ 当該役務提供と同種の内容の役務提供が非関連者との間で行われていない
こと。

ヘ 当該役務提供を含む当該法人及び国外関連者が属する企業グループ内で行
われた全ての役務提供（イからホまでに掲げる要件を満たしたものに限る。）
をその内容に応じて区分をし、当該区分ごとに、役務提供に係る総原価の額
を従事者の従事割合、資産の使用割合その他の合理的な方法により当該役務
提供を受けた者に配分した金額に、当該金額に100分の5を乗じた額を加算

した金額をもって当該役務提供の対価の額としていること。

　　なお、役務提供に係る総原価の額には、原則として、当該役務提供に関連する直接費の額のみならず、合理的な配賦基準によって計算された担当部門及び補助部門における一般管理費等の間接費の額も含まれることに留意する（以下３−11において同じ。）。

　　（注）　法人が国外関連者に対して行った役務提供が、当該法人が自己のために行う業務と一体として行われた場合には、への定めの適用に当たり当該業務を当該役務提供に含めた上で役務提供の対価の額を算定する必要があることに留意する。国外関連者が法人に対して役務提供を行った場合についても、同様とする。

　ト　当該役務提供に当たり、当該法人が次に掲げる書類を作成し、又は当該法人と同一の企業グループに属する者から取得し、保存していること。

　　㈠　当該役務提供を行った者及び当該役務提供を受けた者の名称及び所在地を記載した書類

　　㈡　当該役務提供がイからへまでに掲げる要件の全てを満たしていることを確認できる書類

　　㈢　へに定めるそれぞれの役務提供の内容を説明した書類

　　㈣　当該法人が実際に当該役務提供を行ったこと又は当該役務提供を受けたことを確認できる書類

　　㈤　へに定める総原価の額の配分に当たって用いた方法の内容及び当該方法を用いることが合理的であると判断した理由を説明した書類

　　㈥　当該役務提供に係る契約書又は契約の内容を記載した書類

　　㈦　当該役務提供において当該法人が当該国外関連者から支払を受ける対価の額又は当該国外関連者に支払う対価の額の明細及び計算過程を記載した書類

⑵　法人と国外関連者との間で行われた役務提供（⑴の定めにより、その対価の額を独立企業間価格として取り扱うものを除く。）のうち、当該法人又は国外関連者の本来の業務に付随して行われたものについて調査を行う場合には、必要に応じ、当該役務提供に係る総原価の額を独立企業間価格とする原価基準法に準ずる方法と同等の方法又は取引単位営業利益法に準ずる方法と同等の方法の適用について検討する。

　　この場合において、「本来の業務に付随して行われたもの」とは、例えば、海外子会社から製品を輸入している法人が当該海外子会社の製造設備に対して行う技術指導のように役務提供を主たる事業としていない法人又は国外関連者

が、本来の業務に付随して又はこれに関連して行った役務提供をいう。

（注）　「本来の業務に付随して行われたもの」に該当するかどうかは、原則として、役務提供の目的等により判断するのであるが、次に掲げる場合には、本文の取扱いは適用しない。

　　　1　当該役務提供に要した費用の額が、当該法人又は国外関連者の当該役務提供を行った事業年度の原価又は費用の総額の相当部分を占める場合

　　　2　当該法人又は国外関連者が当該役務提供を行う際に無形資産を使用した場合

　　　3　その他当該役務提供の総原価の額を当該役務提供の対価の額とすることが相当ではないと認められる場合

(3)　法人と国外関連者との間で行われた役務提供（(1)の定めにより、その対価の額を独立企業間価格として取り扱うもの及び(2)に定める本来の業務に付随して行われたものを除く。）について調査を行う場合において、当該役務提供が次に掲げる要件の全てを満たしているときは、必要に応じ、(2)に定める方法の適用について検討する。

イ　当該役務提供が(1)イからホまでに掲げる要件の全てを満たしていること。

ロ　当該役務提供が当該法人又は国外関連者の事業活動の重要な部分に関連していないこと。

ハ　当該役務提供に係る総原価の額が、当該役務提供に係る従事者の従事割合、資産の使用割合その他の合理的な方法により当該役務提供を受けた者に配分されていること。

（注）　次に掲げる場合には、本文の取扱いは適用しない。

　　　1　当該役務提供に要した費用の額が、当該法人又は国外関連者の当該役務提供を行った事業年度の原価又は費用の総額の相当部分を占める場合

　　　2　その他当該役務提供の総原価の額を当該役務提供の対価の額とすることが相当ではないと認められる場合

【索　引】

ら　行

【著者紹介】

髙橋 幸之助 （たかはし・こうのすけ）

中央大学商学部卒業
東京国税局調査部、都内各税務署勤務後、
平成26年8月髙橋幸之助税理士事務所開
設。
現在、税理士・研修・セミナー等の講師。
著書に「三訂版源泉所得税の誤りが多い
事例と判断に迷う事例Q＆A」「新訂版
税目別実務上誤りが多い事例と判断に迷
う事例Q＆A」「中小企業者のための費用の取扱い」「実務家のた
めの外国税額還付の手引書」（いずれも大蔵財務協会）、「実務家
のための図解によるタックス・ヘイブン対策税制」（法令出版）
がある。

調査官の「着眼点」と「指摘事項」の解説付き!!
海外取引と最新の税務調査対策

令和3年2月22日　初版印刷
令和3年3月8日　初版発行

不　許
複　製

著　者　　髙　橋　幸　之　助

（一財）大蔵財務協会　理事長
発行者　　木　村　幸　俊

発行所　　一般財団法人 大 蔵 財 務 協 会
〔郵便番号　130-8585〕
東京都墨田区東駒形1丁目14番1号
（販　　売　　部）TEL03(3829)4141 ・FAX03(3829)4001
（出 版 編 集 部）TEL03(3829)4142 ・FAX03(3829)4005
http://www.zaikyo.or.jp

乱丁・落丁はお取替えいたします。　　　　　印刷　恵友社
ISBN978-4-7547-2854-0